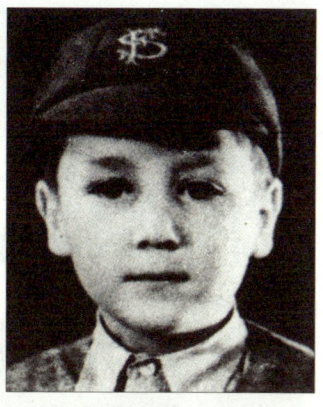

左上：妈妈的乖儿子：十岁的约翰与茱莉娅·列侬。© Getty Images/Icon

右上：在采石河岸男子完全中学就读高一时的约翰。© Getty Images/Hulton Archive

左中：约翰儿时的家，位于沃尔顿的门迪普宅。© Edward Phillips

右中："咪咪·史密斯姨妈"与戴维·斯塔克，摄于多塞特郡。© David Stark

左下：咪咪沙洲半岛家中约翰的卧室。© David Stark

右下：沙洲半岛的港缘大宅。© David Stark

左上：由现代派画家摇身一变成为贝斯手的"斯图"。© Getty Images/Mirrorpix

右上：斯图亚特·萨克利夫与阿斯特丽德·基尔赫。1961年，摄于汉堡。© Getty Images/Popperfoto

下：20世纪60年代，银色甲壳虫乐队在利物浦登台演出。从左到右分别是：斯图亚特·萨克利夫、约翰·列侬、保罗·麦卡特尼、约翰尼·"哈奇"·哈钦森（替补鼓手）、乔治·哈里森。© Getty Images/Michael Ochs Archive

"我的一生,夹在两个约翰尼之间……"

"来嘛,保罗,笑一个?"

"我觉得咱们逃过一劫了……"

与格拉纳达电视台的约翰尼·汉普一起,后者是首位让披头士登上电视荧幕的制作人。©*Johnnie Hamp Collection*

上：披头士摆姿势拍摄明信片照。© Getty Images/SEM

下：约翰尼·汉普的电视费用明细，1963年12月。招待披头士及其经纪人布莱恩·爱泼斯坦花了他15先令，相当于今天的20英镑不到。© Johnnie Hamp Collection

上："绝妙的基思"·奥尔瑟姆替《绝妙》杂志采访约翰。(©Keith Altham)（右）基思·奥尔瑟姆依然保留着这期杂志。© Lesley-Ann Jones

下：与埃德·沙利文聊贝斯：布莱恩·爱泼斯坦、埃德·沙利文、约翰、林戈、保罗（从左到右）。© Getty Images/Popperfoto

左：天伦之乐与佳人之爱：约翰同辛西娅和朱利安一起待在家里，试图说服自己…… © Getty Images/Robert Whitaker

下：……但他的目光只会在她身上停留：约翰与阿尔玛·科根在"预备跑！"录音室，1964年。主持人基斯·福代斯几乎被全然无视。

下：小辛和约翰。© Getty Images/Keystone France

上：阿尔玛·科根在自画像前微笑。© Getty Images/Popperfoto

左：1965年8月12日，纽约警察试图阻挡成群青少年冲进披头士下榻的宾馆。© *Getty Images/ Bettmann*

右：三天后，披头士在谢伊球场吸引万千目光。© *Getty Images/ Michael Ochs Archive*

左：球场内歇斯底里的尖叫声震耳欲聋，令人难以想象——所幸当时的录影片段依然可以在网上找到。© *Getty Images/New York Daily News Archive*

"场内最佳视角!":传奇四人组演奏《一夜狂欢》,1964 年。
© *Getty Images/John Springer Collection*

"你知道吧,我们可不只会演奏自己的乐器……" © *Getty Images/Popperfoto*

上：打扮一新的披头士坐在布莱恩·爱泼斯坦位于伦敦上流住宅区的家门口。© *Getty Images/Jan Olofsson*
下：披头士在裁缝街的苹果公司大楼楼顶进行最后一场现场演出。© *Getty Images/Express*

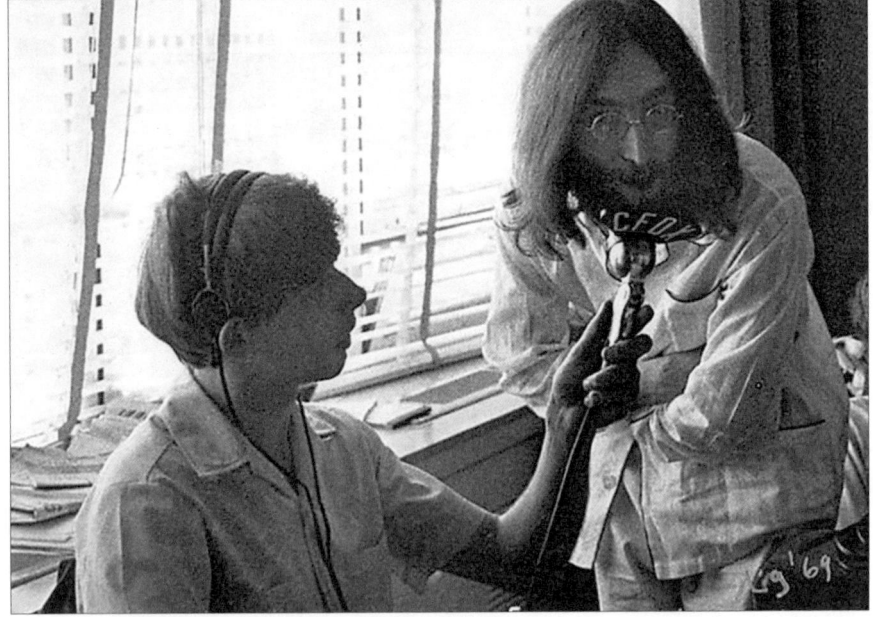

上：掌上明珠：约翰同洋子和她的第一个孩子，即约翰的继女京子。© *Getty Images/Stroud*

下：最棒的 DJ：罗杰·斯科特于 1969 年的蒙特利尔"床上和平运动"期间采访约翰。*Collection Lesley-Ann Jones*

上：在臭名昭著的"迷失的周末"期间，约翰同庞凤仪情话绵绵。© Getty Images/Art Zelin

下："我曾有过一段秘密恋情……接着便遇见了鲍伊"：约翰和大卫在第十七届格莱美奖上，纽约尤里斯剧院（现在的格什温剧院）。© Getty Images/Ron Galella

左：洋子依偎着约翰离开伦敦法院，当时两人被控持有大麻和妨碍执法。© Getty Images/Bettmann

右：在阿姆斯特丹希尔顿酒店"床上和平运动"期间。© Getty Images/Mark and Colleen Hayward

左：脏马克乐队（The Dirty Mac，成员为埃里克·克莱普顿、米奇·米切尔、约翰·列侬、基思·理查兹、小野洋子）于1968年在伦敦举行了唯一一次特别演出。© Getty Images/Mark and Colleen Hayward

上:"我们去班戈那天,不是玩得很开心吗……"披头士先去北威尔士同玛哈里希·玛赫西·优济会合,接着去瑞诗凯诗住了一段时间。© *Getty Images/Archive Photos*

下:把我的爱传递给你:1986年在蒙特勒摇滚音乐节,本书作者采访了朱利安·列侬。*Collection Lesley-Ann Jones*

上:斯塔尔和"公牛"(即恩特维斯托)一起出现,后者人还挺不错的:1985年3月,林戈、芭芭拉·巴赫、本书作者、约翰·恩特维斯托在伦敦富勒姆市政厅,为"威利和穷小子"(罗尼·莱恩 ARMS 慈善演唱会)拍摄影片。Collection Lesley-Ann Jones

左下:本书作者与庞凤仪。2019年9月摄于伦敦。Collection Lesley-Ann Jones

右下:……以及,与保罗·麦卡特尼爵士。2019年7月26日,摄于利物浦表演学院毕业典礼。© David Stark

左上：安迪·皮布尔斯与约翰和洋子，1980 年 12 月 6 日摄于纽约金曲工厂。© *Andy Peebles Collection*

右上：安迪与肖恩·列侬，1983 年，摄于从京都开往轻井泽的货车上。© *Andy Peebles Collection*

中：安迪与肖恩和洋子，摄于轻井泽的万平酒店。值得一提的是，肖恩位于照片左侧，正准备扔雪球。© *Andy Peebles Collection*

左下：2019 年，参加厄尔·斯利克在黑斯廷斯的海滨圣伦纳兹的傍晚演出。斯利克站在他同洋子一起演出的照片前。© *Lesley-Ann Jones*

右下：2019 年，本书作者和斯利克在伦敦的巴尔萨泽餐厅。© *Martin Barden*

上:"想象……"位于纽约中央公园草莓地花园的马赛克纪念处,正对达科塔公寓。© *Lesley-Ann Jones*

下(右):约翰·温斯顿·列侬。披头士乐队成员、父亲、丈夫。1940年10月9日—1980年12月8日。© *Getty Images/Allan Tannenbaum*

未读 | 艺术家

WHO KILLED JOHN LENNON?

谁是约翰·列侬

The Lives, Loves and Deaths of the Greatest Rock Star

摇滚神话的爱、生命与死亡

Lesley-Ann Jones

［英］
莱斯莉－安·琼斯
———— 著

王喆
———— 译

北京联合出版公司
Beijing United Publishing Co., Ltd.

致老爸：
斗士仍屹立。
肯尼思·鲍威尔·琼斯
1931 年 10 月 11 日—2019 年 9 月 26 日

目录

回声   001

第一章　一起来   038
第二章　遗弃   052
第三章　茱莉娅   069
第四章　月神   107
第五章　乔孔达   124
第六章　地狱   134
第七章　斯文加利   154
第八章　昆塔斯   173
第九章　亚美利哥   192
第十章　阿尔玛   206
第十一章　有生之年   213
第十二章　救世主   222
第十三章　洋子   234
第十四章　流沙   245

第十五章　天启	260
第十六章　变形	281
第十七章　京子	297
第十八章　凤仪	319
第十九章　复活	335
第二十章　重播	346
第二十一章　终曲	355
尾声	376
章节注解	448
其他说法	490
音乐	502
精选传记与推荐书目	527
致谢	533
译后记	538

谨纪念

约翰·温斯顿·小野·列侬

1940年10月9日—1980年12月8日

"我心中住着一头野兽、一位天使、一个疯子。"

——狄兰·托马斯

"怪人们有福了。

诗人、不合群之人、作家、神秘主义者、离经叛道之人、画家、吟游诗人，

他们教会我们如何透过不同的眼睛……

观看世界。"

——雅各布·诺德比

"少年，就应光芒万丈，有所作为。"

——西蒙·纳皮尔-贝尔

回声

心灵和记忆的旋律如同潮水,形态不断改变。哪怕那些当时在场,认识约翰·列侬并与他有过接触的人,也可能会忘记一些事情。于是有些人重写了历史来填补记忆的空缺,这也无可厚非。四十年,是一生的时间。对约翰来说就是如此。但他似乎从未离开过。2020 年是标志性的一年——这是约翰遇害的四十周年,披头士乐队正式解散的五十周年[1],乐队汉堡之行[1]的六十周年,若约翰还在,这一年也要满八十岁了——也该到重新思考、回溯他的时候了。如果你不满五十岁,那披头士解散时,你还没出生。如果你不满四十岁,约翰离世时,你也还没来到这个世界上。是不是觉得不可思议?你是否和我一样,觉得他依然健在?

关于约翰的故事,有多少人叙述过,就有多少个版本。若真相取决于个人观点,那事实和数据便是阻碍。若回忆被推测和理论所歪曲,那就会令人困惑。若假设是所有错误的根源,那猜测

---

1 1960 年 8 月 17 日,披头士乐队在德国汉堡圣保利区因陀罗音乐俱乐部,首度以"披头士"之名公开演出。——译者注(若无说明,本书脚注均为译者注)

就是理智的贼。到处都是绊脚石。约翰发明了一个说法（真是他发明的吗？），把它写入了《美丽男孩（亲爱的男孩）》的歌词中。这首歌收录于他生前发行的最后一张专辑《双重幻想》。歌词是这么写的："生活就是当你忙着制订其他计划的时候，发生在你身上的事。"[2]

约翰在忙碌又矛盾的短短一生中说过很多话。他不断推翻自己的话，重写自己的历史和思想过程。他的这一倾向，以及与他亲近或不期而遇之人互相矛盾、不断更迭的叙述和回忆，都让传记作家困惑不已。约翰就是喜欢让人们满腹疑团。很困惑是吧？我也不是唯一搞混的人。

*

我们都知道故事的结局。事情发生在纽约，当时是1980年12月8日星期一。那天夜里刮大风，但和往年相比非常暖和。约翰和洋子在唱片工厂完成当天晚上的录音工作后，乘坐豪华轿车回家，并于美国东部时间晚上10点50分抵达达科塔公寓。他们遇到了一个出生于得克萨斯州的无业游民，手里握着一把宪章武器公司生产的点38口径手枪和一本J.D.塞林格的《麦田里的守望者》。二十五岁的马克·查普曼（Mark Chapman）一直在等他们，他冷静地朝列侬开了五枪。四枪击中。随后列侬被警察送往位于第59街中央公园附近的罗斯福医院。在那里，二十九岁、执业三年的普通外科医生戴维·哈勒兰（David Halleran）为列侬做了心脏按压，并默默地祈祷奇迹发生。

哪个医生？之前不都说是斯蒂芬·林恩和理查德·马克斯操刀救约翰的吗？林恩医生接受了多次采访，他对自己的回忆做了不少添油加醋的事。林恩还声称洋子躺在医院地板上，不断用头撞地。但在2015年，戴维·哈勒兰在听了这么多年其他外科医生的邀功之后，基于"还原历史真相"的立场站了出来。在福克斯电视台《媒体焦点调查》节目的采访中，他说，为了保证档案记录的准确性，他必须指出林恩和马克斯两人都没有触碰过约翰的身体。他的陈述得到了迪娅·萨托和芭芭拉·卡默勒这两名护士的支持。在约翰丧命的那个晚上，她们和戴维一起在115号病房工作。洋子也站了出来，否认自己曾歇斯底里地用头撞击地板。她坚称自己考虑到五岁的儿子肖恩，自始至终都保持冷静。她支持哈勒兰医生对事件的描述。那他为何不早点出来说明呢？

"作为专业医生，站出来说：'嘿，我是戴维·哈勒兰，我负责治疗约翰·列侬。'感觉很不得体，"他说，"当时我只想挖个洞躲起来，我只想回家。我心烦又难过，总觉得自己该对没有采用其他急救措施负责。"

当时你在美国吗？那天有两千万人在家观看美国广播公司（ABC）电视台《周一足球夜》节目中新英格兰爱国者队对战迈阿密海豚队的比赛，当时评论员霍华德·科塞尔中断播报，并送上了约翰遭枪击的突发新闻，你是其中一员吗？还有数百万人从美国全国广播公司（NBC）和哥伦比亚广播公司（CBS）电视台的插播新闻中看到了这一消息，你是其中一员吗？你是前往上西城为约翰守夜的数千人之一吗？或者你当时被困在其他地方，在事后才得知消息，看到大批悲痛欲绝的歌迷瘫倒在中央公园的泥地上，把鲜花从围栏抛进达科塔公寓，哭着高唱"给和平一个机会"？当洋子被告知自己的丈夫去世的时候，医院广播正播放着背景音乐版本的《我所有的爱》，你听到了吗？电视制作人艾伦·韦斯（Alan Weiss）听到了。当时他碰巧遭遇了一场摩托车事故，躺在医院走廊的担架车上等待治疗。这些都是巧合吗？[3]

如果你当时已经出生，事发当时还在英格兰的话，那你或许睡得正香。约翰在美国东部标准时间 12 月 8 日晚 11 点左右去世（关于死亡的确切时间有不同的报道），换算成英国时间大约是格林尼治标准时间 12 月 9 日周二凌晨 4 点。这则新闻由英国广播公司（BBC）驻纽约记者汤姆·布鲁克情绪激动地传递到大西洋彼岸。他从当时在纽约的前流行音乐大亨、创作人乔纳森·金那里得知了此事。布鲁克立马赶往达科塔公寓，从人行道电话亭打电话给 BBC 广播四台的《今日》栏目。当时没有晨间电视节目，大多数人会听晨间广播。栏目组让汤姆早上 6 点半节目开播的时候再打电话过去，那时，当天的节目主持人布赖恩·雷德黑德将进行直播。布鲁克把办公室电话的听筒拆了下来，接了根连接线，传输他录下的公众对此事的反应——当时没有网络、没有电子邮件、没有手机。接着他在广播里接受了雷德黑德的采访。当时的我们刚起床，上学的上学，上班的上班，遛狗的遛狗，这个让人难以想象的消息已传遍世界各地。

*

当你听到这个消息时，你在哪里？

这是一个值得考虑的问题。它与哈姆雷特王子隽永的独白相呼应，可以说是我们这个时代需要考虑的问题[4]。出生于 20 世纪 20 年代中 / 后期到 40 年代前 / 中期的"沉默的一代"，以及战后婴儿潮一代，总会回想起约翰·F. 肯尼迪总统被刺杀的时候，自己在哪里，当时在做什么。我为撰写此书开始着手收集资料的时候，和我的三个孩子聊到了这个话题。"你们得明白，"我说，"约翰·列侬就是我们的 JFK[1]。""为什么？"我还在上学的儿子问道，"这和机场有什么关系？"

在千禧一代和后千禧一代[2]，又称 Y 世代和 Z 世代的眼里，这个问题指的是威尔士王妃戴安娜的死。尽管她发生车祸的时候，他们还在襁褓中或还没出生。只有那些夹在中间，出生于六十年代初的所谓 X 世代，最可能将这个问题同约翰·列侬联系到一起。

这三起死亡事件紧密交织，虽然乍看起来好像不相关，但其实三者有着共通之处。针对这三起事件的阴谋论一直就没断过。1963 年 11 月 22 日，美国第三十五任总统在得克萨斯州的达拉斯被暗杀，从那时起，各种揣测便风起云涌。嫌犯李·哈维·奥斯瓦尔德是独自行动的吗？他是为黑手党卖命吗？这一事件是否和

1　约翰·F. 肯尼迪的姓名首字母缩写，也可指肯尼迪国际机场。
2　前者指 20 世纪 80 年代到 90 年代中后期出生的一代，后者指 20 世纪 90 年代后期至今出生的一代。

古巴有关？一共开了几枪？是从背后的六楼窗户，还是从车队前方那个臭名昭著的"草丘"开的枪？甚至连这项调查所涉及的物理分析都长期存在争议。刺杀事件发生近六十年后，阴谋论依然没有消散。1997 年 8 月 31 日，戴安娜王妃和多迪·法耶兹在巴黎的一个隧道中身亡，一辆神秘的白色菲亚特 Uno[1] 成了那场悲剧的标志。当局调查了一百七十五项阴谋指控。首席原告埃及大亨穆罕默德·法耶兹提出了最为严重的指控：王妃是被下令处决的，因为她怀了他儿子（即继承人）的孩子。许多人至今都认为她是被英国特种空勤团（SAS）杀害的。而对于约翰，长久以来，人们觉得他的死和他早期参与左翼活动导致美国中央情报局和美国联邦调查局对他的监视有关。被判谋杀罪的马克·查普曼是个被洗脑的杀手，是被操控的傀儡。当时曾在达科塔公寓担任保安的何塞·佩尔多莫（现已离世）是个古巴难民，与 1961 年失败的古巴猪湾反卡斯特罗军事入侵有关。到头来，简单的真相无法满足阴谋论者的猜疑。同样的例子参见"地平说""奥巴马出生证事件"[2] "9·11 操控袭击世贸中心事件"。专家提出了"比例性偏差"的概念，将阴谋论解释为对无法接受的事件的应对机制。缺少理性的人们需要更为强大的谴责对象。

*

1980 年，你出生了吗？是不是已经长大，有了记忆，能记起

---

[1] 戴安娜王妃发生车祸时，这辆轿车与她坐的车发生过擦碰。
[2] 即质疑奥巴马出生地不是美国，不符合担任美国总统的条件。

发明魔方的艾尔诺·鲁比克、玛格丽特·撒切尔、罗纳德·里根，以及"谁射杀了约翰·罗斯"[1]？是否还记得世界首个二十四小时新闻频道"有线电视新闻网"（CNN）的推出？看了在普莱西德湖举办的冬奥会吗？可曾读到计算机科学家蒂姆·伯纳斯·李着手创造后来被称为"万维网"这项技术的相关新闻？尽管我们当时并不知道，但1980年上天赐予了我们麦考利·卡尔金、林-曼努尔·米兰达、金·卡戴珊。就在那一年，我们随着金发女郎乐队的《打电话给我》、杰克逊的《与你共舞》、麦卡特尼的《来吧》、皇后乐队的《名为爱的疯狂小事》舞蹈。大卫·鲍伊、凯特·布什、戴安娜·罗斯、警察乐队是这一年的主角。这一年，上天收走了让-保罗·萨特、阿尔弗雷德·希区柯克、亨利·米勒、彼得·塞勒斯、史蒂夫·麦奎因、梅·韦斯特、齐柏林飞艇的约翰·博纳姆，以及披头士的约翰。

那一年的10月24日星期五，你有没有飞奔去唱片行买他的新单曲《(如同)重新来过》？或许你在去学校或工作的路上，从电台里听到了这首歌，然后想："是不是除了我以外，还有人觉得它听起来有点像海滩男孩（The Beach Boys）的《别担心宝贝》？"《重新来过》这首歌于三天后在美国上市，成了约翰在美国最热门的单曲，这也是他一生中最后一首单曲。到1981年1月6日，有三首列侬的单曲冲进了英国排行榜前五：《重新来过》排名第五，

---

[1] 美国电视台为了宣传电视剧《达拉斯》而制作的广告语。

《圣诞快乐（战争结束了）》排名第二，《想象》则雄踞榜首。这项成就保持了三十五年，未逢敌手[5]。

三十八年后的 2018 年 12 月，我们在伦敦格林尼治半岛的 O_2 体育馆，见证保罗·麦卡特尼爵士推广他的第十七张录音室专辑《埃及车站》。这是他扣人心弦的"新滋味"巡演最后一站。曾经有一段时间，保罗习惯将先前披头士的音乐成就抛到一边，只演奏自己的歌曲，而当晚则是他过去音乐生涯的全系列庆典：披头士、羽翼乐队[1]、单飞保罗。《一夜狂欢》《我所有的爱》《让你进入我的生命》《我有一种感觉》《匆匆一瞥》。观众们欢欣雀跃，全场合唱，声浪直冲云霄。约翰和乔治的巨型影像在舞台背景墙上赫然出现。乐队演奏了采石工乐队[2]的首支原创歌曲《不惧艰险》，接着又奏起了《如今在此》，这是保罗为约翰写的悲伤纪念曲。表演正酣之际，罗尼·伍德跳上舞台，要"一同演奏一曲"。正在这时，一个七十八岁的矫健身影出现，小跑加入披头士和滚石的行列。"女士们，先生们，"保罗的沙哑声音响起，"欢迎无与伦比的林戈·斯塔尔先生！"林戈坐到架子鼓前，罗尼背上吉他，他们唱起了《回归》（*Get Back*）。全场沸腾。"用双眼记录这一刻吧，"我轻声对孩子们说，"披头士乐队一半成员同台演出，他们已经解散半个世纪了。这个画面再难看到了。"

*

我们中是否有人恰巧出生在 20 世纪 60 年代，但因为当时还

1　保罗于 1971 年创立的乐队。
2　由约翰·列侬于 1955 年组建的披头士乐队前身。

小，错过感受披头士现场魔力的机会，为之懊悔不已，或者早已沉浸其中而不自知？我属于后者。我先听的是"羽翼乐队"，然后回过头去听"披头士"，但那是我读完大学后的事了。此前，我为波伦[1]和鲍伊倾倒，且被林迪斯法恩、西蒙和加芬克尔[2]、滚石乐队、现状乐队、詹姆斯·泰勒[3]、罗西音乐[4]、平克·弗洛伊德、老鹰乐队、皇后乐队、埃尔顿·约翰，以及其他风格各异的艺人和团体深深吸引。十几岁的我，就这样在无尽的音乐中徜徉。缺少这样经历的人，怕是极难理解披头士给世界带来的冲击吧。因为在这些人一生中发生的一切，都无法与之相比。老一辈人看惯了作家回顾年少时光的大量作品。除了约翰第一任妻子辛西娅和同母异父的妹妹茱莉娅·贝尔德（Julia Baird）写的两部回忆录之外，列侬的所有知名传记都是由男性作家执笔的。他们重新想象与披头士相伴的日子，时不时地把自己形容得比真实情况更重要（因为能够提出质疑的人很少），他们没有什么能够教育那些感情充沛的年轻读者，这些读者期待读到的可不仅是无穷无尽的事实、日期和大道理。因此，去世四十年后，年轻乐迷所熟悉的列侬和真实存在过的约翰已经相去甚远，完全是两个不同的人了，不是吗？

列侬去世后，我才与这些和他共度人生的人相遇。保罗、乔治、林戈。林戈的第一任妻子莫琳·斯塔基有一段时间跟我关系

---

[1] 指马克·波伦，20世纪70年代华丽摇滚运动的先锋。
[2] 美国著名民谣摇滚音乐二重唱组合。
[3] 美国民谣唱将。
[4] 英国著名摇滚乐团。

不错。还有琳达·麦卡特尼[1]，我曾和她合作撰写个人回忆录《麦家太太》(Mac the Wife)。而这本书并没写完，也没出版，是我的一大憾事，毕竟书的内容是那么精彩。此外还有辛西娅·列侬，她请我帮她代笔撰写第二本书。她的第一本书《列侬的转变》(A Twist of Lennon)于 1978 年出版，留下了苦涩的余味。列侬为了小野洋子离开她和他们的儿子朱利安之后，拒绝与她联系，她觉得十分沮丧，给他写了"一封长长的公开信，宣泄了所有情绪"。但她事后承认，她应该换一种方式做这件事。如今尘埃落定，她很想再试一次，但她的餐馆又陷入了经营危机，所以出版计划就被搁置了。好多年过去，到了 2005 年，她为我们呈上了《约翰》，与第一本书相比，这本书内容更大胆，带着更多告解的意味。20 世纪 80 年代，我还是记者的时候，我陪同朱利安·列侬参加了蒙特勒摇滚音乐节。最终，我在纽约见到了洋子。

*

披头士解散已半个世纪有余，我们依然困惑。这一切到底是怎么回事？他们是怎么做到的？他们毕竟是史上最伟大的文化和社会现象。他们的名声和音乐的影响贯穿 20 世纪 60 年代，影响了全球各个角落的人，堪比"阿波罗 11 号"太空任务及其 1969 年 7 月的登月壮举。尼尔·阿姆斯特朗、巴兹·奥尔德林、迈克尔·柯林斯等人因登月考察成了超级巨星，巡游世界以庆祝这项

---

[1] 保罗·麦卡特尼的第一任妻子。

成就。但毕竟昙花一现。他们留下了什么？遥远星球表面上的一面褪色旗帜。尘土中的靴印。一块向未来的登月者印证这史无前例的一刻的纪念牌。"我们"曾到过这里。

但披头士可不是历史。他们的歌曲是活的，是有呼吸的。对我们来说，这些歌曲就和自己的姓名一样熟悉。这些音乐赋予其创作者恒久的意义。尽管录音设备简陋，尽管经过无数次重制、再混音、再包装、再发行，他们非凡的原声依旧鲜活。他们的音乐绝无粗制滥造。除了少数翻唱，他们的歌的词曲都是原创。他们演奏自己的乐器。他们首开先河成立了自己的唱片公司——苹果，也为其他艺人开启了音乐事业。他们自己的唱片卖出了十亿张，歌曲下载量每天都在增加。他们有十七首单曲在英国名列第一：至今无人超越。他们登上英国排行榜首位的专辑数量以及雄踞榜首的时间无人能及。他们在美国发行的专辑数量无可匹敌。他们在全球受欢迎程度似乎依旧不减。他们斩获七项格莱美奖、十五项艾弗·诺韦洛奖。作为史上最有影响力的艺人，受其荫泽走上音乐道路的人数之多，无人能望其项背：三只狗的夜晚乐队、邦佐狗狗乐队[1]、兰尼·克拉维茨、惊惧之泪乐队、科特·柯本、绿洲乐队、保罗·韦勒、盖瑞·巴洛、卡萨比恩乐队、烈焰红唇乐队、嘎嘎小姐、化学兄弟乐队，这里就列出这些，他们个个都受到了披头士魔力的影响。对比一下诺尔·加拉格的《落日》

1　The Bonzo Dog Doo-Dah Band，20世纪60年代的一支由英国艺术学院学生组成的乐队。

（*Setting Sun*，由化学兄弟录制并发行）和披头士专辑《左轮手枪》中的《明日不可知》（*Tomorrow Never Knows*）便可明白。成千上万来自各个年龄层、各个音乐流派的歌手都翻唱过披头士的歌曲。嘎嘎小姐也曾偶然说过，抛开音乐不谈，披头士也孕育了女性的性解放运动。我深表赞同。

*

我们为什么会在这里？这个最为重大的问题，长久以来不断给予艺术家和科学家启迪。这个问题驱使我们登月，驱使披头士创作歌曲。或许刚开始他们并没有意识到这一点，当时他们还在和姑娘们鬼混，歌词取材于炽烈的爱情。但他们正朝着这个问题的答案迈进。在解决这个重大哲学问题的道路上，我们并没有比他们走得更远。生命的这些层面，或许是人类理解力永远无法企及的。存在主义的认识、决定论的困境、上帝存在与否、人类未来的神秘、死后的生命与轮回，几千年来让人们不懈追寻，不断激发创造力。我们可别忘了，披头士也是探险家。他们无惧前行。他们的创造前所未有，但起先完全不知道自己拥有这种天赋。他们在电视时代开始了极伟大的冒险，当时音乐和资讯的传播能够最大化——计算机革命尚未到来，互联网还没问世，关于任何东西的信息都不甚丰富。当时还没有 24 小时不间断、全周无休的新闻频道，人们必须通过阅读日报（哪怕只是阅读头条）来了解最新资讯。大事件总是令人注目，这也是人们开始了解披头士的原因。他们过去是、现在也是时代文化和思潮的完美反映。尽管 20

世纪 60 年代的知名人士层出不穷——有被称为"那个时代的莫扎特和莎士比亚"的鲍勃·迪伦，有三届世界重量级拳击冠军、坚定反对越南战争的穆罕默德·阿里，有约翰·F. 肯尼迪，有民权运动领导人马丁·路德·金和马尔科姆·X[1]，以及那些魅力十足的好莱坞著名影星：伊丽莎白·泰勒、罗克·赫德森、加里·格兰特、多丽丝·戴、约翰·韦恩等，但披头士的光芒盖过了所有人。是不是因为他们天生具备兼容并蓄的能力，以其让人欲罢不能的吸引力，超越了阶级、种族、世代和性别？是不是因为他们为那十年谱写了时代的旋律？是不是因为他们真实且触手可及，出生于普通家庭，却共同传递出超凡脱俗的化学反应？这种情感难以言表，是全人类都想分享的。我们还会再看到像他们一样的人吗？

说实话，对此我表示怀疑。因为他们并非且从不"仅"关乎音乐。他们的影响力是诸多因素相互碰撞的结果，最终凝结成一段前所未有的历史。当时的曝光机会较少，在同一个领域竞争的艺人也较少，如果你在 20 世纪 60 年代出名，那名气就会很响——哪怕昙花一现。披头士在英国崭露头角时，英国只有两个电视频道：BBC 和 ITV[2]。BBC 二台直到 1964 年 4 月才出现。1960 年的时候，美国大多数家庭有电视，但只有三个频道：美国广播公司、哥伦比亚广播公司、全国广播公司。因此当时绝大多数人在同时收看同样的内容。现在几乎每个国家都有数不清的电视频道，因

1　美国黑人民权运动领导人物之一。
2　即独立电视台（Independent Television），英国第二大无线电视经营商。

此观众的注意力较难集中，收视数据也很分散。如果你恰巧不是见证披头士在1964年2月9日的《埃德·沙利文秀》首次亮相的七千四百万美国观众之一，当时你也没啥其他的节目可看。因此，大多数观众自然而然成了时代精神的见证者。广播电台也很有限。英国有"BBC轻松节目"[1]，但BBC一台直到1967年9月才开播，以抢回海外的"地下电台"[2]——伦敦广播电台、卡洛琳广播电台、时尚英格兰电台和卢森堡电台——主导的年轻人市场。

"伦敦广播电台播的便是披头士的音乐，"BBC主持人强尼·沃克回忆道，"流畅干净，你甚至可以回家和母亲边喝茶边听。卡洛琳广播电台则绝对会播滚石的音乐，邋遢叛逆、愤世嫉俗……它为20世纪60年代那些创造性艺术迸发提供自由精神和表达方式。"

从1963年或1964年起，美国大部分主要城市排名前四十位的电台都在播放披头士的专辑。但在1967年，调频广播（FM）的出现打破了千篇一律的局面，更多小型广播公司纷纷追捧风格特别的音乐。尽管披头士开了先例，但如今像他们那样风光无限的艺人再难寻觅了。阿黛尔、泰勒·斯威夫特、贾斯汀·比伯、艾德·希兰、史东兹（Stormzy）、莉佐（Lizzo）、比莉·艾利什显然算得上佼佼者。如今嘻哈音乐影响力巨大，涌现了一批真正享誉全球的明星：坎耶·维斯特、碧昂丝、杰斯（Jay-Z）。把披头士的成就和他们的成就相比没什么意义。从这些人的成就数据上看，我们或许会

---

[1] 英国广播公司电台在1945年到1967年推出的主流轻松娱乐节目和音乐节目。

[2] 20世纪60年代，由BBC控制的英国无线电广播专利事业，遇到来自古代堡垒和停泊在北海的船只上的非法电台广播的挑战。后者不停地播放流行音乐，收取广告费而不缴纳税款，获利颇丰。

得出不一样的结论，但我依然要说，论受欢迎程度，他们还差得远。披头士的影响无所不及，这一点就甩开他们一大截。

时常被忽视的廉价晶体管收音机的问世也是一项重要进步。绝大多数孩子都买得起一台，也可能作为礼物收到过一台。他们把收音机放在口袋或书包里随身携带，甚至晚上带上床，蒙着被子听。我就干过这种事。个人收听设备的出现被证明是音乐消费的重要转折点。如今的青少年经常戴着耳塞式或头戴式耳机，在公共交通上用智能手机听音乐，从不曾想他们的父母和祖父母或许曾经坐在公交车的上层，一只耳朵贴着晶体管收音机来听音乐，而且能听的内容非常有限。不过至少20世纪60年代的孩子能专注于某个频道，成为他们最爱的歌手和团体的忠实乐迷中的一员。

从市场和大众媒体角度来看，披头士是第一个利用这两个迅速发展的产业吸引新兴群体的流行团体。这是一个规模庞大且不断增长的青少年消费者群体。受20世纪50年代美国摇滚乐影响的叛逆年轻人，当时追寻着的身份、时尚、音乐等生活方式与父母以前强制要求的那些截然不同。维多利亚时代的传统和战后的紧缩政策成了抗争的对象。青年人穿短裙、吞药片，青年文化形成了一股难以抗衡的动荡力量。美国拥有7600万所谓的"婴儿潮一代"——在第二次世界大战结束，于1946年或之后出生的人。当时美国出生率激增，全美国有一半人口在25岁以下。披头士的营销对象便是他们，手段与推销玩具、糖果、牛仔裤一模一样。随着

"第一世界"国家社会结构的变化,许多"新"的声音亟待被听到,其中就包括女性、工人阶级、少数族群的声音。战后科技的发展、逐渐迫近的核末日、越南战争的失败等因素也都导致了社会状况的变化。

来个概括?好啊。披头士代表着变化。他们引领新的方向。他们证实了不同的思想。他们不说废话,只说自己所见,毫不避讳、鄙视规则、冷嘲热讽,拒绝自负和伪装。他们操着利物浦口音的快言快语、机智和幽默令人欲罢不能。尽管整个20世纪60年代,世界在一条显然会自我毁灭的道路上蹒跚前行,但披头士关注内心安静而微小的声音。他们变得多愁善感。他们传达真实情感。他们说出并唱出了自己的*真心话*。

一些评论者认为,肯尼迪总统遇刺是披头士在美国大获成功的决定性因素。不知所措、心烦意乱的美国人需要某些东西帮他们转移注意力,让他们不再陷于悲剧而不可自拔,弥补他们难以承受的悲伤。恰巧在这个时候,四个桀骜不驯,公然藐视传统和权威的英国人出现了。肯尼迪"人民公仆"的态度和他的人格魅力深深吸引了美国人。披头士降临美国大陆,填补空缺,表现出同样的态度,成为"英伦入侵"[1]的一部分。他们日益自信,写歌水平也越来越高,融入了灵性、哲学,以及单纯的流行音乐创作者不曾涉足的领域和层面,乐迷和他们共同成长。他们形象的每个方面都被仔细研究,他们的私生活(在当时已经是很"私密"

1　20世纪60年代中期英国摇滚乐队在美国掀起狂潮,并且彻底改变流行乐和摇滚乐历史的事件。

的了）的方方面面都被入侵和剖析。他们成了无畏青春和自由的化身，地位如同圣人。我说的这些听起来是不是太过浮夸？读者朋友，这一切都真实发生过。

不忘那些疯狂岁月的朋友们依然在思考自己当时因谁而疯狂，以及如何疯狂。如今，这些人少说都五十好几，年龄大的已八十出头，他们仍滔滔不绝地讲述自己生逢其时，得以亲身感受"传奇四人组"是多么幸运。有些人认为他们那一代人仅因为这一机缘巧合而变得"与众不同""独具一格"。其中有些人对那些"出生太晚"的人有一种近乎露骨的傲慢。真是令人匪夷所思。年轻的流行乐乐迷们（包含我的孩子），常常想不通披头士怎么能称霸全球。他们问，在披头士之后，音乐领域出现了皇后乐队、鲍伊、杰克逊、麦当娜、U2乐队、"王子"[1]、乔治·迈克尔等非凡的艺人，再往后，诞生了单向组合、渴望乐队、BTS（防弹少年团）、混合甜心等等，但为什么披头士依然被认为是典范，是流行摇滚领域做到极致的大佬？这是因为，披头士运用他们的音乐、外表和个性，打破了声音的壁垒。他们成为有史以来第一支将自身植入全世界数亿人心中的流行乐队，改变了历史进程。他们将流行乐变成了一种通用语言。他们主要通过专辑，以及影响力相对较弱但依然杰出的电影、现场演出片段和数不清的采访录像，持续影响并吸纳新追随者。或许他们会永远如此。

约翰·列侬是披头士乐队里最受欢迎的一个，他脾气火暴、

---

1 指普林斯·罗杰·尼尔森，美国音乐人。

聪明机智、天赋异禀。可以说，他是成员中嗓音最动人的一个，尽管他自己不承认。他如同吟游诗人，最能反映队员的生活和时代。他是披头士中性格最复杂、争议最大、最受名声所累，也是最和名声过不去的一个。除此之外，他还有千面万面。他就是个矛盾综合体。一会儿是搞笑的捣蛋鬼，一会儿是痛苦的傻瓜。既是穷凶极恶的坏蛋，又是爱哭爱闹的婴孩。他过分自信、不擅交际、迟钝冷漠、偏执多疑，可以纵情挥霍，也可以极度节制。他恶毒而温良，吝啬而大方，敏锐却优柔，执迷不悔的同时又深深自责。他十分嫉妒麦卡特尼创作旋律的高超技巧。跟保罗闹掰后，他难以再现披头士时期的伟大，不再有当时那种非凡的创造力（保罗也一样）。毕竟他们十几岁的时候就在一起了，当时他们迸发出的化学反应无比鲜活、焕然一新。约翰具备人们所说的"态度"，体现出"活在当下"的精神。他不讳于弊病和缺陷，勇于反抗，毫无遮掩地行走于世上。他很少关心别人对他的看法。他喜欢那些不被接受的、令人不快的、无法言说的真相。他的故事才进入高潮，便溘然长逝。故事才说了一半，死亡便将他的神话画上了句点，并使之成为永恒。尽管我们如今知晓他的大部分弱点，但我们会原谅他。关于他的回忆已被供上神龛。没有哪个艺术家能及得上约翰·列侬，他被人们视为他那个时代的象征和良心。但，他是谁？

*

对我来说，通过约翰四十年人生中那些令人敬畏的女性，可以确凿地看清他本人。不论她们珍惜或忽视、补救或毁损、强化或侵蚀他。不论她们增强还是削弱了他的男子气概。不论她们为他付出,还是从他身上索取,或对他无动于衷。传闻他母亲茱莉娅为人"粗心大意""放荡不羁",然而据他自己说,母亲其实很爱他,和母亲在一起,他备受宠爱,但母亲曾两度离他而去。第一次是父母离异时,他父亲抛弃了他们,他母亲在他五岁前,将他"送给了"姨妈(她真这么做了?)。他所说的母亲第二次"抛弃他",是指茱莉娅被一个不当班的警察开车撞倒,在他住处外面的街上殒命。从他卧室的窗户能够清楚地看见车祸现场。约翰当时只有十七岁。他每天醒来,眼前都浮现出车祸的景象。

茱莉娅专横又跋扈的姐姐咪咪姨妈无微不至地将约翰带大。他的第一任妻子辛西娅是他艺术学校的同学,在他二十一岁的时候就怀了孕,"只好"和他结婚,而当时他完全没有做好承担责任的准备。这之后,每当他想起辛西娅用完微薄的离婚赔偿金后不得不操劳奔波时,都感到非常内疚。她撰写矫情的回忆录、开餐馆、设计廉价的床上用品、和司机同居以维持生计。他的第一个非官方经纪人是名女性——蒙娜·贝斯特。他的第一个秘密爱人是流行乐万人迷阿尔玛·科根,她因癌症早逝,让他有了自杀倾向。迷人、野心十足又黏人的日本艺术家小野洋子恰巧出现,她是约翰天生的灵魂伴侣,缔造了坚不可破的第二段婚姻。他们的制作助理庞凤仪在洋子的密谋之下成了约翰的短期伴侣和情人。

他十分喜爱的继女京子在八岁时遭生父绑架。约翰对她视如己出，但再也没能和她见上一面。

他花了半辈子时间弥补自己的弱点（有点矫枉过正），构筑自己的盔甲。他很早就发现了自己描写自己情感的天赋。例如，他在年仅二十四岁的时候便创作了歌曲《救命！》，赤裸裸地呈上他脆弱的心灵，但将其包装成一首积极向上的流行歌曲。他和披头士的伯乐布莱恩·爱泼斯坦有过亲密关系，但不为别的，只是为了研究。他宣称自己的乐队比上帝之子耶稣更受欢迎，让乐队在美国的名声毁于一旦。

约翰的秘密、生活、爱情不断吸引忠实乐迷展开波澜壮阔的朝圣之旅。在利物浦，他们拜访咪咪的家"门迪普宅"；他们拜访约翰就读的学校和艺术学院；拜访他演出的场所，如卡斯巴俱乐部和洞穴俱乐部（现在的洞穴俱乐部已经不是原先那家了，但没关系）；拜访披头士最红歌曲的灵感触发地，包括便士巷（Penny Lane）的环岛、公交车候车亭和理发店，"草莓地"（Strawberry Field）救世军孤儿院，约翰在《在我的一生中》重游的从门洛夫大街开往市区的公交线路；位于伍尔顿的圣彼得教区教堂墓地里，确实有伊莲诺·瑞比（Eleanor Rigby）的坟墓：这可能是他们对老人们悲苦生活的永恒哀歌的灵感来源（尽管从未确认），其中有一句最令人回味的歌词："……戴着一张腌在门口罐子里的脸。"墓地对面是教堂大厅，1957年7月举行的一次花园聚会中，约翰和保罗在那里初次见面。

乐迷们依然涌向汉堡。1960 年至 1962 年，披头士的男孩们在那里住过，并达成了至关重要的一万小时练习量。在披头士广场（Beatles Platz）、因陀罗俱乐部（Indra club）、帝王地下室俱乐部（Kaiserkeller）、老明星俱乐部（Star Club）和前十俱乐部（The Top Ten Club）的所在地拍照都是必做之事，披头士在这些场所表演的总时数，多过世界上其他任何地方。来到海边，忠实的乐迷聚集在曾是海员慈善协会所在地的建筑外，披头士成员们曾在那里买早餐玉米片，买一荤两素的炖菜，洗内衣裤。乐迷们还会在格雷特与阿尔方餐馆（Gretel & Alfons）短暂停留，喝上半品脱啤酒，这家餐馆气氛温馨，让人想起英国家乡的街边酒吧，他们的偶像曾经常在忙完工作后来这里喘口气，歇歇脚。

在伦敦，大批歌迷依然待在阿比路录音室（Abbey Road Studio）外。1962 年至 1970 年，披头士乐队的专辑和单曲几乎都在这里录制。歌迷们在史上最著名的斑马线上自拍。从伦敦的披头士纪念品店逛到《一夜狂欢》电影开场的拍摄地马里波恩车站；再逛到蒙塔古广场 34 号（34 Montagu Square），那里是林戈的旧居，也算是披头士的休息室，接着约翰和洋子在那里租住，并因毒品被逮捕，目前转手卖给了我的朋友，现在那里挂上了蓝色牌匾[1]；再逛到伦敦守护神剧院，在那里，披头士献上了著名的演出；接着前往隔壁的萨瑟兰酒店（Sutherland House），披头士经纪人布莱恩·爱泼斯坦曾经住在那里，经营着他的北角唱片行；

---

[1] 一种公共场合的永久标志，以纪念一个地方与某个有名事件或人物之间的关联。

歌迷们还会前往裁缝街3号（3 Savile Row）的苹果公司[1]旧办公室和录音室，1969年1月30日，就在那栋楼楼顶，披头士举行了他们最后一场现场演出。

在纽约，约翰和洋子的第一个家——位于第五大道的五星级瑞吉酒店依然是披头士朝圣之路的必去之地；此外还有位于西村的银行街105号，这是约翰和洋子的第一处正式住所；以及位于72街和中央公园西街的达科塔公寓，这是他们最后的住所。约翰就是在那里被枪杀的。洋子依然生活在那里。我不知道自己能不能做到洋子那样，但也无所谓了。乐迷们依然在位于西48街的金曲工厂录音室旧址流连忘返，怀念约翰和洋子一同录制的最后一张专辑《双重幻想》。东57街上的周先生中餐馆是列侬夫妇最爱的餐馆。在达科塔公寓对面的中央公园，有永远纪念列侬的草莓地。

就连日本也成了列侬纪念之旅的目的地，那里有列侬和妻子、幼子、岳父母一起欢度家庭假日的回响。在京都的龟冈市，乐迷们会去龟峰庵温泉度假区，理由是"因为约翰去过那里"。轻井泽有列侬夫妇最爱的隐居地——万平酒店。乐迷们还常造访东京的银座，寻找更好的披头士致敬乐队——那里有几百支这样的乐队。

1　披头士乐队的唱片公司，由爱泼斯坦创立。

*

谁能想象成为约翰的感觉？或许约翰自己都无法想象。在披头士声名最显赫的时候，他十分畏惧自己内心的空虚。财富赋予他的物质生活给他带来巨大的失望与不满。赞誉和金钱都无法为那些从少年时代就折磨着他的问题提供答案。因为害怕"这便是一切"，约翰甚至想过皈依宗教。一次，他向上帝寻求"启示"，但什么都没有发生。于是他退回了自己的想象，得出总结说，"上帝"仅仅是宇宙中不停震荡的能量，而这种能量或许是良善的。但他依然寻求一个能够为之而活的主题，它能赋予他的存在以形状，赋予生命某种意义。通过药物（主要是 LSD），他将这一主题归结为爱。

1967 年 6 月，披头士受邀参加首次国际卫星电视直播表演，观众多达四亿，此次演出为约翰提供了一个绝佳的机会，向全世界推广他的新主张。约翰被自己的名声冲昏了头，发起了一项有自欺欺人性质的运动——"改善全人类"。这孕育了披头士在那场历史性的电视直播上表演的歌曲——《你只需要爱》。想要拯救世界，先要戴好自己的氧气面罩。因为爱不就是被爱的渴望吗？约翰的立场与长久以来让他保持清醒的个性有着令人不适的共同点：与生俱来的愤世嫉俗。他不顾一切地坚持，如同吸附在岩石上的帽贝，直到洋子发现了市场的空缺，将他塑造成摇滚的代言人。尽管世界和乐队自身都排斥这个神秘的亚裔侵入者，洋子还是成了约翰长久的唯一真爱。他们手牵手在夕阳下跳着华尔兹，推广世界和平。

放在今天,人们或许会对他们嗤之以鼻。但那个时代不同,政治正确还没有占据主流。人们依然可以谴责那些自私自利的大人物,揭露他们的腐化而不受报复。约翰这名寻求和平的先锋,赞颂人类的想象是拯救集体和个人的关键。约翰的代表作《想象》(*Imagine*)是他个性光辉和长年累月萦绕心中一切的结晶。这首歌格局很大,试图激励全世界各行各业的人们,超越各种障碍。这首歌提出了自己的观点,又极为理想化。它没能改变任何东西。但这并没有打消约翰认为流行乐的任务远不止娱乐这一强烈信念。

约翰是一位不折不扣的正直艺术家,他对所有人提出挑战。他甚至向自己的作品发起挑战。或许这些作品正是他的矛头所指。他首开先河,承认自己早期的歌词带有性别歧视。后来他重新调整了自己写歌的方向,反映出他对女性主义的全新认知。他勇于冒险,也经常失败,但似乎总是忠于自我……或者说尽可能地忠于自我。披头士之所以超群,因为他们打破常规:在歌曲结构、歌词创作、个人呈现以及数不清的其他方面勇于创新。而约翰则是画龙点睛之人,他机智风趣、冷嘲热讽,善于打字谜、抖包袱、玩文字游戏,对生活有独到的见解,将乐队的音乐提升到从未听闻、不曾想象的境界。他尝试种种不可能,在歌曲中塞满潜意识信息,外加强烈的情感铺陈,直至让听众几乎难以承受。重听《永远的草莓地》(*Strawberry Fields Forever*)和《穿越宇宙》(*Across the*

Universe），我们便能了解一二。被称为"白色专辑"的《披头士》，或许体现了约翰极致的刻薄、愤怒、崩溃、决心、疯狂、悲伤、谩骂、政治性与反省。话说回来，《约翰·列侬 / 塑料小野乐队》又如何呢？这张专辑传达了约翰对披头士深深的责难——"梦已结束"[1]。专辑的主打为原声民谣《工人阶级英雄》，在歌曲中，约翰沉痛地承认，因为拥有了世界声誉和超乎想象的财富，自己永远无法成为歌中写的那种人。如果他一开始就那么卑微的话。我们可别忘了，咪咪说过，门迪普家中起居室的门上，一直装着呼唤用人的铃。最后，他在生前最后一张黑胶唱片《双重幻想》中，借由《看着车轮》一曲坦白自己为何在短暂的"家庭主夫"岁月里停止了音乐创作。他找到了属于自己的人间天堂——与洋子和儿子共享天伦之乐，他以这种方式点明了歌曲的主题——"我必须放手"。

*

如果他还活着的话，会如何？这个步入耄耋之年的前披头士成员会给当下冰川融化、环境破坏、新冠肆虐、政治崩坏的世界带来什么新见解呢？如果他能有所作为的话，他会做什么呢？如今的人们还会把他当回事吗？他还意味着什么？他还具有意义吗？

我觉得他会的。因为他曾为良知发声，他曾挺身而出。右翼民粹主义正在抬头，成了政治主流。我相信约翰会挺身而出，对其厉声批判。哪怕到了八十岁，如果身体还健康，他就会这么做的。我们没见到麦卡特尼涉足政治，是吧？这便是他们两人最根

---

[1] 出自该专辑中的歌曲《上帝》。

本的不同之处。我觉得约翰会一直谈论让他义愤填膺的事情。他还会做专辑吗？可能会吧。尽管有人觉得他在音乐上已经江郎才尽。《双重幻想》专辑中有几首好歌——如《看着车轮》和《女人》，而《美丽男孩》是神作。但如果他还活着，这张专辑会取得这样的成功吗？

如果他没有被谋杀，现在还活跃着吗？

"或许不会，"《旋律制造者》（Melody Maker）杂志前撰稿人和编辑迈克尔·沃茨（Michael Watts）思考后说道，"如果他还活着，我觉得他会放慢脚步，但我肯定他依然在某种程度上是公众人物。他会针对重要事件发表自己的观点。他那么有名，影响力那么大，他和洋子会不断上电视，做节目、拍电影，在广播里频频出现，主持播客和社交媒体。我觉得他私下会讨厌这种角色，但我觉得他还是会接受。他不会让自己显得道貌岸然。他会用有趣的方式说出这一切。他会与特朗普针锋相对。媒体会争相报道他针对'那位唐纳德'的言论。这样的声音显然是缺失的，英国媒体显然如此，比如在我看来，《卫报》这个从自由主义视角报道新闻、反民粹主义、确实持反右翼立场的报纸，就应该在头版明显地刊登——'特朗普是个王八蛋'之类的标题——而不是字斟句酌地选用较为委婉的表达。约翰肯定会这样做。他不会有所保留。他有这样的号召力。而当今又有谁在做这件事呢？他不会从政，他绝无可能唯命是从。设想他加入了下议院：根本没办法想象，对吧？我觉得他只会在写作和创意圈活动，但他依然拥有成为发言人的巨大潜力。和洋子一起，没错：他们会成为强大的组合。他们会发声。这就是为何我们需要他。"

约翰和洋子还会在一起吗？他会像庞凤仪等人认为的那样，回到他"迷失的周末"伴侣[1]身边吗？还是会再找个新伴侣，因为摇滚明星都这样？他会和保罗和好吗？披头士会像人们热议的那样，分开十五年后重组，并在1985年7月的"拯救生命"演唱会（Live Aid concert）上演出吗？似乎也没那么不切实际，是吧？鲍勃·格尔多夫[2]的说服力当时正值巅峰。谁人乐队（The Who）参加了。齐柏林飞艇妥协了。麦卡特尼上台露脸了。史上最伟大的乐队怎么就不能现身呢？所以，后来会怎样呢？出一张回归专辑？和当时还在世的大师级制作人乔治·马丁来一场阿比路重聚？再办一场世界巡回演唱会？届时再不会有无数青少年震耳欲聋的尖叫声（他们在1966年8月放弃现场演出的主要原因就是他们听不到自己的演奏和歌声，也无法思考），有的是成年歌迷的聆听，真心聆听；有的是他们或许已经用上的尖端科技和舞台设备。他们是否会在2001年乔治·哈里森去世之前，再创披头士充满魔力的神话？若真这样，我愿意为见证这些倾尽所有。

约翰会不会讥笑这些想法？他或许会试图劫持温布利球场的那场"全球点唱机"[3]演唱会，将其变为"约翰与洋子"（他们如此

---

[1] 指庞凤仪。列侬和洋子1973年分手后，庞凤仪和列侬建立了一段18个月的恋爱关系，列侬后来称这段时光为"迷失的周末"。
[2] 爱尔兰歌手，"拯救生命"慈善演唱会的组织者。
[3] "拯救生命"慈善演唱会的宣传语。

自称）的和平集会？他会不会更倾向于英年早逝，在四十岁时被封存，永不老去？谁知道呢。但有一件事是确定的：他绝不会愿意成为消耗殆尽的明日黄花，再无新灵感可以分享，也不会苦思冥想谱写尚能传唱的歌曲，重新包装热门金曲，马不停蹄地进行横跨五大洲、永无止境、令人疲倦不堪的巡演，摇滚至死。

既然开了个头，就应该追问到底：是谁，或者说，是什么东西杀害了约翰·列侬？"真实的"约翰·列侬是什么时候死去的？因为凶手射出的子弹（可以说）只是封棺的最后一颗钉子罢了。为什么说列侬是被枪杀的呢？约翰童年时无忧无虑的气质是不是在他母亲茱莉娅死去时就消失了？最早激发他创造力的乔治姨父死去的时候，他是不是悲痛万分？因脑肿瘤去世的挚友斯图亚特·萨克利夫（Stuart Sutcliffe）曾经很崇拜他，却被他欺凌、嘲笑、责罚。因失去斯图亚特而悲恸欲绝的约翰，是不是再也看不到活着的意义？他是否对斯图亚特怀有愧疚，也无法原谅自己，才导致他产生自毁的倾向？把自己塑造成一个穿皮衣的摇滚乐手后，是什么让他一改先前形象，并让他创立并磨炼出来的粗犷乐队，变成留着拖把头、穿着配套西装的胆小鬼？为什么他隐藏了真实的自己，让自己被归为曲风幼稚的流行歌星，以《雷鸟神机队》[1]式的傀儡形象示人？

在披头士风光无限的时候，约翰抽身而退；他重新发掘了摇滚乐，一跃成为音乐活动家及和平主义者。但他的慈善事业难

---

[1] 英国联合电视台的科幻人偶影集。

道不是他愤世嫉俗的障眼法，以掩盖自己对人类毫不关心的真相吗？想象一个人"没有财产"[1]，却坐拥牛群、储藏毛皮大衣的冰箱，以及在曼哈顿、长岛、佛罗里达的价值数百万美元的房产？这些几十年来盛行的复杂的阴谋论是否站得住脚？约翰是否仅仅坚持了五年，便放弃了自我强加的照顾孩子的家庭主夫这一角色，因为他最终发现传统的女性家务其实（若他之前好好思考过，他也许已经猜到了。不过，他应该确实考虑过这一点）乏味到令人头皮发麻？

*

约翰的故事被人们不厌其烦地书写、修改、重新想象。无休止地以讹传讹，导致某些编造出来的说法成为事实，而真实的东西被歪曲，变得无关紧要。可以被调整的细节总是有的。会有人对萨姆·泰勒-伍德（如今姓约翰逊[2]）说"你不能拍《约翰·列侬：不羁前传》（*Nowhere Boy*），因为已经有人拍过这个故事了"吗？那些最伟大的故事：霸王龙、图坦卡蒙、恺撒、狄更斯和莎士比亚的故事，都经得起反复讲述。最伟大的摇滚明星的故事当然同样如此。

角度决定一切。时光飞逝。我们思忖，我们回顾。容纳新观点的空间总是存在的。世界上有致力于研究与欣赏披头士及其音乐的百科全书、图书馆，甚至还有这样的学位，但专家和历史学

---

[1] 歌曲《想象》的歌词。
[2] 英国电影制片人、导演。

家依然如淘金般想要找到更多东西。记忆、情境和允许偏差并非一成不变。从来就不是那样。

我并不想再写一部传统的约翰传记。本书绝非此类。本书是我在约翰的生活、爱情、死亡中的一次漫游，以致敬他从1940年到1980年的四十年伟大人生。本书是一个万花筒，是沉思，是反省：他究竟是谁？他对这些事情作何感想？驱使我撰写本书的动力是对理解他的矛盾的渴望，我想找寻他何时死去、为何死去的答案。这可不是无谓之举。我们已经知道，约翰不止一个，所以是何人，或何物杀死了本初的约翰？或者杀死了他的分身？我们认识的约翰是谁？他在21世纪代表了什么？之后他又会意味着什么？我们是否能设想一个时代，不再有人聆听、讨论、争辩、剖析约翰·列侬？我们何时会疲于前往他记得的地方，疲于了解先前的人和事，以及塑造他看法的经历？何时我们才能不再为寻找"起始之地"而操心？

在列侬和麦卡特尼碰撞出火花之前很久，音乐就已经存在了。如果非要一个原因，拿音乐当原因总不会错。很少有人拥有创造和表达音乐的能力。而所有人都能欣赏并被音乐打动。每个生命都受益于这种最普遍也最容易被接受的艺术形式。哪怕双耳失聪之人，都能感受心脏跳动的节奏。

尽管说出来令人痛心，但如今，约翰已经去世很久，久到足以被归为历史人物。所幸他留下的音乐遗产经久不衰，依旧伟大。我无法想象有一天，他的生活、爱情和死亡，他的歌曲，他对音乐、音乐人和全世界几十亿普通人的影响，会不再重要。

我在破碎的光影下摸黑跌撞，找寻他的踪迹[6]。

*

若摇滚不是神话和浮夸，又能是什么呢？打开门，让他们进来吧：让那些粗鲁的、陌生的、不惧死亡的、当代的彼得·潘进来吧；让那些无法无天的、漠然下堕的、冒险的、迎难而上寻求成功的人进来吧；让那些最杰出的首创者、最坚定的我行我素者，最黑暗、最勇敢、最不顾一切、古怪、离奇、放荡不羁、不择手段的成功或失败者进来吧。我们将至极的梦想和至狂的幻想投入摇滚乐及其创造者，甚于其他任何类型的娱乐或表演者。对数百万人来说，摇滚偶像是终极的超级明星。他们燃起想象的火焰，他们在水上行走。他们显然能够飞翔。我们认为，如果不是缺少他们弹拨、敲击、高歌、作词的天赋，缺少他们的基调强节奏，他们的旋律与和声，他们销魂又燃情的魅力，我们或许也能加入他们狂热的舞蹈，与他们一争高下。仿佛此事轻而易举。但没有什么事能光看表面就下判断，更何况对象是"稀松平常"的摇滚明星。

我一生都在迷恋摇滚明星。五岁的时候，我初次见到大卫·鲍伊，十一岁时就开始登门拜访他。在通向他闪着光芒的、如传奇一般的住宅大门步道上，我遇到了一些童话般的人，之后他们成为苏克西·苏克斯[1]、博伊·乔治[2]、比利·伊多尔[3]。披头士

---

1 英国歌手，苏克西女妖乐队的主唱。
2 英国创作歌手，文化俱乐部乐队的主唱。
3 英国歌手、演员。

乐队的制作人乔治·马丁是我的校友。我在伦敦就读的学院是平克·弗洛伊德的母校。作为伦敦首都广播电台 DJ 罗杰·斯科特的病恹恹的助理,我乘飞机前往佛罗里达同复出的戴恩·迪慕奇[1]见面。戴恩是 20 世纪五六十年代的青少年偶像,因在纽约布朗克斯区的街角清唱出道。罗杰很崇拜他:戴恩与贝尔蒙特乐队的第一首金曲《我想知道为什么》(*I Wonder Why*)奠定了他们的先锋地位。1959 年,里奇·瓦伦斯和巴迪·霍利在巡演途中丧生[2],而戴恩最终幸存,并与我们敞开心扉谈论这件事。他的个人金曲《花心苏》(*Runaround Sue*)和《浪子》(*The Wanderer*)也是罗杰·斯科特的经典放送曲目。在纽约,我们陪比利·乔尔来到苏豪区默瑟街 142 号的门口,他们在那里为他的摇滚遗产致敬专辑《无辜的人》(*An Innocent Man*)拍摄封面。在新奥尔良,我们和内维尔兄弟[3]在一起。基思·理查兹[4]把罗杰介绍给内维尔兄弟。滚石乐队曾在他们 1987 年的专辑《市郊》(*Uptown*)中参与演奏。1989 年,他们发行了《黄色月亮》(*Yellow Moon*)。或许正是这张专辑,尤其是其中的《疗伤吟》(*Healing Chant*),让饱受食道癌折磨的罗杰审视内心,打起精神。当时他在 BBC 广播一台工作,他主持的周六下午和周日晚间节目十分火爆。他辗转世界各地求医,不放弃一线希望。他于 1989 年 10 月 31 日去世。去世前,他与我分享

---

[1] 美国歌手,曾是戴恩与贝尔蒙特乐队的主唱。
[2] 1959 年,巴迪·霍利、理查森及十七岁的里奇·瓦伦斯结束在艾奥瓦州的演出后,在返家途中飞机失事,三人全部遇难。
[3] 美国节奏布鲁斯、灵魂乐、放克乐队。
[4] 英国音乐人、歌手,曾是滚石乐队的共同创立者、吉他手、第二主唱。

了那些"披头士之友"的故事，这些故事在美国大火。他还向我透露了他于 1969 年 5 月末在加拿大与约翰和洋子见面的细节，以及于 6 月 1 日在蒙特利尔的伊丽莎白女王酒店参与歌曲《给和平一个机会》录制的事。这是列侬和洋子举行的著名的"床上和平运动"。

作为舰队街[1]的记者，我采访过大多数家喻户晓的摇滚明星。我陪同他们巡回演出。我花了几百个小时同一线摇滚明星接触、交谈，和他们朝夕相处。通过共处和观察，我渐渐发现，这些人具有共同的特征、个性、思维方式，以及人生观，这都是不容忽视的。尽管他们的嗓音、装扮、创作、表演风格各不相同，但他们大多数都塑造于同一个熔炉。他们有太多东西想要证明。他们极其缺乏安全感，如饿鬼争食般渴求肯定。若深入研究，他们的艺术来源便会变得非常明显。对他们来说，艺术的源泉是震耳欲聋的海浪，是内心令人胆寒的潮汐。那是无法逾越、难以填补的鸿沟，其中充满了孩童时期的逆境、受虐经历和/或家庭功能失调。摇滚明星或许是最受煎熬、苦痛最为深刻的一群人。

我已经研究他们多年。我虽然用了"他们"一词，但毫无疑问，受害的女性艺人不比男性少。世上出现一个约翰尼·卡什——他在成长过程中饱受苦难和虐待，早年一直同毒瘾和心灵创伤作斗争，导致精神扭曲，这让他在著名歌曲《福尔森监狱布鲁斯》(*Folsom Prison Blues*) 中有所体现，有所宣泄——必然会出

---

[1] 伦敦市内一条著名的街道，曾是英国媒体机构的大本营。

现一个克里斯蒂娜·阿奎莱拉，父亲在身体和情感上虐待她，她借助音乐来治疗伤痛。世上出现一个"王子"——他两岁时父母离异，用对抗将自己层层保护才得以坚持活着，他身患癫痫、饱受欺凌，坦白自己是性瘾者，然后从宗教中找到了慰藉——必然会出现一个阿黛尔，她三岁的时候，父亲马克·埃文斯抛弃了母亲，当他发现女儿成名后，试图挽回，阿黛尔断然拒绝。世上出现一个吉米·亨德里克斯——他出生在单亲家庭，父亲入狱，基本由亲戚朋友抚养长大。对他来说，家暴和性虐待是家常便饭——必然会出现一个詹尼斯·乔普林，她的家人从未理解过她，她在学校因为体重、痤疮和对黑人音乐的喜爱而饱受欺凌。这位"珍珠"[1]被斥为"猪猡"与"婊子"。她带着最爱的金馥力娇酒离开了城镇。最终杀死她的不是酒精，而是海洛因。世上每出现一个埃里克·克莱普顿——他九岁前一直以为自己的外婆罗斯是他的母亲，而十几岁就怀上他的帕特里克是他的姐姐。帕特里克再婚并搬去加拿大，又生了孩子，却忘了自己的长子，他再次被遗弃。他当时海洛因成瘾，爱上了挚友乔治·哈里森的妻子，最终引诱帕蒂·博伊德[2]和他结婚。两人没能怀上孩子。雪上加霜的是，他还和另外两个女子有了孩子。他一生中最大的悲剧发生于1991年，当时他的一个孩子，四岁的康纳，从曼哈顿公寓房间开着的窗户中爬出并摔死——必然会有一个蕾哈娜，她在巴巴

---

[1] 出自詹尼斯·乔普林的一首歌，描写了一个如珍珠般闪耀的女性。
[2] 英国模特和摄影师，先后嫁给乔治·哈里森和埃里克·克莱普顿。

多斯出生,由有暴力、虐待倾向,对酒精和可卡因成瘾的父亲养大,十五岁时就逃离家庭,踏上了成名之路。世上每出现一个埃米纳姆——他在婴孩时期就被父亲遗弃,被母亲虐待,母亲还在书中背叛了他[1]。尽管如此,母亲罹患癌症时,他仍然帮她支付了所有医药费——必然会有一个艾米·怀恩豪斯,她崇拜自己的父亲,但一直无法接受他为了别的女人抛弃她敬爱的母亲。艾米通过自虐、吸毒、酗酒寻求慰藉,直到死去。世上每出现一个迈克尔·杰克逊——他被控猥亵未成年人,其实自己也经历过同种虐待——必然会有一个希妮德·奥康娜,她声称自己在家中的酷刑室里,被"着了魔"的已故母亲性侵,被逼一遍遍地说"我一文不值",她的精神从此崩溃。

理查德·斯塔基的父亲常常喝醉酒失踪,母亲性格飞扬跋扈。一次阑尾切除手术,让他花了一年时间康复。快成年的时候,他几乎不识字,也不会算数。他从音乐中找到了救赎,以林戈·斯塔尔的身份名利双收。1956年10月,四十七岁的助产士和保健师玛丽去世,保罗·麦卡特尼和弟弟迈克就成了没有母亲的孤儿。

明白了吧。对无数知名人士和没那么有名的歌手来说,摇滚明星的身份,自始至终都是对抗逆境的解药。

*

唯一的真相并不存在,事实亦然,但事实也有百千万种。自相矛盾吗?他就是这样。他生活的许多方面仍有待解释。理论、

---

1 其母黛比·纳尔逊在自传中写道,埃米纳姆通过种种谎言成为成功的说唱歌手。

谣言、推测和一厢情愿的想法都能够立足。约翰本人也一样。他脱口而出的话，不论是精辟评论、恶意自白还是忧郁沉思，每字每句都被他自己推翻或改口。他头脑中的所有想法都不是一成不变的。最终、确定版本的他并不存在。他时常下意识地不断重建自己，像试衣服一样，无穷无尽地换上新衣。"八面玲珑"这个词用来概括他还略显不足，但这就是约翰。早年的生活环境造就了他自我、固执、压抑的性格——被父亲抛弃，被英年早逝的母亲交给严厉的姨妈和仁慈的姨父寄养——文字是他情感和挣扎的宣泄口。性、摇滚乐，以及之后的毒品很快控制了他。他十七岁的时候，母亲意外去世。她再没机会见证儿子对全世界产生的影响，也无法为他骄傲。他也永远无法克服失去母亲的缺憾。他觉得自己受到了欺骗，生活遭到了侵夺。什么都无法抚慰，无从弥补。他太早结婚，自己都还没成熟，就有了第一个孩子。二十多岁的时候，就过早地同时承担享誉世界的声名、堆金叠玉的财富和世俗的家庭责任，而这带来了灾难性的结果。他一定说过，这一切都太多了。好在他找到了真爱。他和洋子的结合是多么庞大又单纯、复杂却契合。这种爱情同罗密欧与朱丽叶、安东尼与克莉奥帕特拉、维纳斯与阿多尼斯的爱情一样，振奋人心、缠绵苦痛、至死不渝。一对灵魂伴侣合二为一，仅凭两人之力抵挡全世界的评头论足，击溃批判和怀疑的声音，向我们这些执意相信之人证明"唯一的真爱"是存在的。约翰最终为何而活？只为洋子和他们的儿子肖恩。而这成了朱利安·列侬挥之不去的痛苦。

世界瞬息万变。几十年时光飞逝。如今，约翰是否已化为歌词与旋律？哪怕那些歌曲嵌入了我们的 DNA，让我们永不停歇地播放。他才不会那样，永远不会那样。那个自恋、自恨、自我探索的约翰，属于这个星球，但大部分时间只存在于自己的思想之中，他就活在我们中间。

第一章
一起来

有的历史学家倾向于将主题人物的成长岁月一笔带过,拽着读者一路朝"趣事"发生的那一刻狂奔。但还有什么能比出生环境、童年挑战、百衲被上的碎布块儿更吸引人呢?毕竟我们想要了解的人物,多少都是由这些东西延伸、拼构而成的。还有他们祖辈的峥嵘岁月,不更令人心驰神往吗?

约翰的一生中出现了许多强势又有影响力的男性,而占据主导地位的,或好或坏,都是女性。漫步于约翰先祖长河的浅滩,你会发现他父母的祖辈中,多的是极富勇气、坚韧不拔的女性。她们有的尝尽战乱饥荒之难,背井离乡之苦;有的常年挺着大肚子,拖儿带女十几口;有的因难产而绝望地死去;有的迫于贫困与寡居,不忍儿女挨饿,只能将亲生骨肉送进孤儿院。

尽管女性掌控着约翰的生活,影响程度却各有不同,结果也有好有坏,但约翰父母亲的祖上,都没有出现过杰出的女性。当然,这一结论取决于追溯多远。一些传记作家循着DNA的蛛丝马迹，期望找到创下丰功伟绩的约翰先人，证明约翰是得其荫庇，才有了那样的个性与才华。或许正因为人们急于发现约翰基因中的天才元素，才让约翰曾祖父詹姆斯的故事变得生动活泼。詹姆斯据传是船上的大厨，有时充当歌手，从利物浦移居美国。而詹姆斯的儿子约翰，又叫杰克（约翰·列侬的祖父），是个黑脸滑稽剧[1]演员，在19世纪后期民权运动尚未开始，奴隶制仍未废除的美国小有名气。据说约翰的祖父曾跟着"罗伯逊的肯塔基剧团"巡演，随后来到他父亲的出生地，定居在英国默西赛德郡。在那里，他的第一任美国妻子死于难产。如果这一切属实，那真是令人吃惊。可惜，约翰的出生证和1861年、1871年和1901年的人口普查结果表明，事实并非如此。列侬的传说和其他任何家族的故事一样，早已和幻想交织在一起。证伪杜撰之事困难重重。谣言和推测引人入胜。尽管事实确凿无疑，仍有人愿意相信闪闪发光的传说。

可以肯定的是，约翰的曾祖父詹姆斯·列侬和曾祖母简·麦康维尔并非出生于利物浦，而是出生在爱尔兰北部阿尔斯特的唐郡，并在1845年至1849年的饥荒时期携家带口横渡爱尔兰海。当时，爱尔兰仍是英国的一部分（直到1922年为止[2]）。詹姆斯是个箍桶匠兼仓库管理员，1849年在利物浦与简结婚，当时他二十岁上下，他的新娘只有十八岁。简死于难产，而此前，老天已经

---

[1] 黑脸滑稽剧起源于19世纪30年代，剧团主要由涂黑脸的白人挪用南方种植园的场景和黑奴传统艺术元素，在北方城市巡回演出。

[2] 爱尔兰于1922年成为自治的自由邦。

赐给他们至少八个孩子了。他们的儿子约翰，即人们口中的杰克，出生于1855年，是约翰·列侬的祖父。杰克从事运务兼簿记的工作，为人处世有点吊儿郎当。他常常会去一家很受欢迎的酒吧，以唱歌的方式换啤酒喝。杰克三十三岁的时候，与一个利物浦姑娘玛格丽特·考利结婚，两人生了四个孩子，但只有一个名叫玛丽·伊丽莎白的女儿活了下来。玛丽的母亲在生下她妹妹（也叫玛格丽特）的时候去世。杰克信仰天主教，丧妻不久，他便和信仰新教的玛丽·马奎尔"带着罪孽生活在一起"。玛丽大字不识，但似乎会通灵，人们叫她波莉。他们生了十四或十五个孩子（记载不一），其中八个夭折，两人最终在约翰的父亲阿尔弗雷德诞生三年后的1915年成婚。杰克于1921年死于肝硬化，当时他的小儿子阿尔弗雷德才八岁（或九岁），患有佝偻病——一种因缺乏维生素D而引起的儿童疾病，会导致骨骼软化、腿脚弯曲。阿尔弗雷德的双腿由于常年依赖铁支架，影响了正常发育。波莉一贫如洗，无法独自养家，不得已将阿尔弗雷德和姐姐伊迪丝送去城里严格的新教蓝衣学校孤儿院。阿尔弗雷德成了列侬父辈中受教育程度最高的人，并很快在利物浦的一家船运公司找到了薪酬不错的工作。

至于约翰母亲一支，祖籍能追溯到威尔士。兼具爱尔兰和威尔士血统的约翰托庇祖荫，得以将两股凯尔特民族和文化兼收并蓄，呈现其显著而共通的特点——天马行空的奇思妙想、偶尔的忧伤、执拗、热情、和气友善。

约翰原本还不明朗的威尔士血统如今已广为人知。他的外曾外祖父约翰·米尔沃德（John Milward，有时也会被拼成Millward）是弗林特郡高级治安官约翰·海·威廉斯爵士（Sir John Hay Williams）的主管园丁托马斯·米尔沃德之子。19世纪30年代中期，约翰·米尔沃德出生在他父亲工作的地方——宏伟的多尔宾官邸（Dolben Hall）。小米尔沃德在十几岁的时候成为威廉斯家族法务官的见习文员。二十几岁的时候，一次严重的打猎事故导致他的左臂被截肢。他在里尔的一家旅馆养伤时，爱上了玛丽·伊丽莎白·莫里斯（Mary Elizabeth Morris）。玛丽当时年方二十，家住威尔士海岸北部科尔温湾附近的利斯法恩（Llysfaen）村贝斯·依·格力德（Berth y Glyd）路。玛丽当时因为未婚生下了邻居的孩子而被逐出家族农场。这次她和新情人又有了孩子，两人担心再爆丑闻，于是逃往英格兰。约翰·列侬的外祖母安妮·简于1871年出生于切斯特的拜耳和比耶旅馆（Bear and Billet Inn）的长租房里，后来成了裁缝。这家人没多久就搬去了利物浦，母亲玛丽成了专断的一家之长，只肯讲威尔士语。夫妻关系从此破裂。约翰在五十多岁时穷困潦倒地死去，玛丽则活到了1932年，去世时八十有余。

在约翰的外曾外祖母玛丽这一支上，据说她的曾曾曾祖父是卡那封郡（Carenarvonshire）兰温达（Llanwnda）的理查德·法林顿牧师（Reverend Richard Farrington）。理查德是个受人尊敬的作家，写了不少介绍威尔士古迹的书。再往上回溯，约翰的祖先或许可以追溯到伊丽莎白时代安格尔西岛的高级治安官修之子欧文

（Owain ap Hugh）。再向前推几代人，就能推到欧文·格林杜尔（Owain Glyndŵr）的兄弟格拉法德之子都铎（Tudor ap Gruffud），15 世纪最后一位在本土长大的威尔士亲王。格林杜尔因为在莎士比亚《亨利四世上篇》中出现而名垂千古。这位威尔士的民族英雄于是成了约翰的先祖，约翰也因此被认为是 13 世纪统治威尔士的卢埃林大帝的直系后代。从卢埃林之妻琼（Joan）的家族向上追溯，约翰还是英格兰国王约翰、苏格兰国王马尔科姆、征服者威廉和阿尔弗雷德大帝的后裔。如果事实证明这一切都千真万确，约翰会如何看待如此显赫的家世呢？

约翰的外曾祖父威廉·斯坦利于 1846 年出生于伯明翰，二十岁出头的时候移居利物浦，在那里遇到了来自北爱尔兰的伊丽莎（Eliza），并与她结婚。两人在利物浦北部的埃弗顿定居。他们的第三个儿子乔治·欧内斯特·斯坦利（George Ernest Stanley）于 1874 年出生，是约翰的外祖父。乔治长大后成了一名商船海员，常年出海，同时从事高桅横帆船等远洋船只的制帆工作。他后来就职于伦敦、利物浦、格拉斯哥的拖船救助公司，公司负责当地的海事救助工作。他于 19 世纪 90 年代末遇到了前文提到的安妮·简·米尔沃德。两人在建立家庭之后完婚。尽管说法不一，但约翰同母异父的妹妹茱莉娅·贝德坚称两人的第一个和第二个孩子，即亨利和夏洛蒂，出生不久便夭折了，遗体埋葬在利物浦的圣公会大教堂里。他们的第三个孩子玛丽·伊丽莎白最终成了约翰传说中的咪咪姨妈，这名女子代替约翰的母亲将其抚养长大，并确实将他牢牢把控。对于乔治和安妮来说，一个非婚生子女显然已经足够，两人于1906年末完婚，之后又生了四个女儿，女儿们称她们的父亲为"大大"，之后又给他起了"老爹"的昵称。斯坦利五姐妹中的第四个孩子是约翰的母亲茱莉娅，她于1914年3月12日出生于利物浦南部的托克斯泰斯（Toxteth），当时第一次世界大战就要开始。

如果你对她有所了解，你觉得她是什么样的人呢？你是否觉得她行为放荡，却又心地善良？是否觉得她为人轻浮、不守妇道，在特罗卡德罗影院当服务员时看了太多银幕上好莱坞电影的超现实场景而失去理智，想法超越了自身所在阶层与经济实力？茱莉娅颧骨突出，说话刻薄，体态婀娜，穿着空姐制服，戴着药盒帽。她是那么注重自己外表，睡觉时都带着妆。她穿着褶边裙，鬈发飘香，经常出入利物浦的俱乐部和舞厅，和海员、士兵、码头工人、服务员鬼混，对别人的事问这问那，对自己的事微笑带过。她是否对所爱之人满不在乎，生下了孩子，接着把孩子送走，丝毫不关心？还是说，这位遭人误解、重重诽谤的茱莉娅·列侬（娘家姓斯坦利）深得你心？将这些幻想与先前关于她的数十万字的文章、言论、假设放在一边，你能否像我一样承认，现实生活中的茱莉娅和所有人一样，徘徊在两个极端之间？她既不是罪人，也不是圣人吧？她根本不像传闻中那样十恶不赦？约翰的生命历程由她而起，从两人出生的城市开始。约翰将她奉为偶像，为她流血，在《母亲》《茱莉娅》等痛苦的歌曲中，谴责又渴求着她。

利物浦绝非约翰母子的唯一共同点。他们都有着凯尔特人淡红褐色的头发（不过他们的眼睛并不像，茱莉娅是淡蓝色的，而列侬则是浅褐色的）。两人都在世界大战爆发前后出生，并挨过了战争时期。两人都是有音乐天赋的不合群者，都独来独往、鲁莽大胆、极受欢迎，都是焦点人物，但本质上十分孤独。两人婚姻都不美满，且都不把家庭当回事。两人都以露骨的、令人心碎的方式成为对方的灵感之源。两人都在四十多岁的时候横死于他人之手，留下了永远无法愈合的后果。

1914年的利物浦，依然是一个骄傲、富庶、强大的城市，有着令人印象深刻的建筑和惊人的成就。冠达邮轮[1]于1839年在这里诞生，引领了远洋革命。据说1870年时，利物浦的所有居民要么自己在这家伟大的航运公司工作，要么就认识在里面工作的人。农业和工业革命调动了市民的积极性，该市人口从一个世纪前的不到10万，到20世纪20年代时已增加到8倍以上。弗吉尼亚州的烟草和西印度群岛的糖是该市的主要进口商品。为加工这些商品而发展起来的工业规模巨大。酿酒业、银行业、保险业与大西洋奴隶贸易一样，都带来了财富。在天平的另一端，成千上万人在工厂和磨坊里艰苦劳作，在乱糟糟的造船厂干着危险的苦力。上层工人阶级和下层中产阶级往往从事与商业相关的工作，担任经理、文员和办公人员。具有一技之长的裁缝、制衣匠、毛皮加工商和女帽制造商满足了富裕精英对服装的需求。北部的名流和

---

[1] 英国著名邮轮公司。

首都的绅士一样衣着考究。尽管许多工人阶级女性在学校、商店、工厂和服装厂工作，但这只反映了一个侧面。与前者相较地位更低的女性数量庞大，她们只能在富商家里辛苦地充当女佣、清洁工、厨师、保姆。许多已婚和守寡的妇女靠在家帮人洗衣服挣钱果腹。在光鲜亮丽的大厦和富饶的氛围之外，普通人的生活被煤炭染得漆黑。空气中弥漫着煤烟，以及马粪和人粪的臭味。那些穿及踝镶边裤，脚踏平头钉靴，在铺着鹅卵石的道路上快速行走的人，那些轰隆隆驶过的马车，让穷人们的生活举步维艰。在被社会抛弃的人居住的贫民窟深处，暗藏着一个匮乏和穷困的地狱。

不列颠不再是海上霸主。乔治五世统治下的英国，失去了世界最强工业大国的地位。外国竞争愈加激烈。英国原先在海上立于不败之地，有着一种优越的情结，而利物浦曾是海洋时代的中心，如今，这座城市的地位因为第一次世界大战而再度提升。默西河岸，利物浦的船坞绵延数英里[1]，这座城市与大西洋彼岸的纽约之间直线距离不到三千五百海里，有着作为深水港的战略地位，还是通往欧洲的大门，种种因素让利物浦成为协约国抵御德军的前沿阵地。重要的货物、食品、燃料、制造用物料、军队、医疗队、战俘、难民在利物浦的码头川流不息。

这座城市的年轻人踊跃参军。超过一万两千名利物浦男性应征参加海军。还有三千多人响应基钦纳勋爵的战斗号召，应征加入陆军。大约一百万妇女承担起军工厂、公共交通、警察局、政

1　1英里约为1.6公里。

府部门和邮局的工作,穿着又长又脏的裙子清扫鹅卵石铺成的街道。早在 1918 年,一些妇女已经赢得了选举权。但直到 1923 年,议会中仍只有八名女性议员。直到 1928 年,年满二十一岁的女性才有资格参与选举。同时,20 世纪 20 年代的利物浦,社会变革风起云涌。在战争期间经历巨大牺牲和苦难的工人获得了权力。社会变革与其说是寻求的,不如说是要求的。公营房屋以史无前例的规模兴起。虽然英国直到 1948 年才真正成为"福利国家",利物浦下层阶级的希望和期盼正与日俱增。

对于自己历经战争磨难的幼年时期,茱莉娅没有清晰的记忆。她有三个姐姐——玛丽·伊丽莎白(也就是后来的咪咪)、伊丽莎白·简(外号贝蒂或丽兹,后来在家里被称作梅特)、安妮·乔治娜(姐妹们叫她安妮,但后来被称为南妮)。作为小妹妹,她备受宠爱。"大大"会弹班卓琴,并将这门技艺教给了四女儿。没过多久,茱莉娅就能在刚听完乐曲的时候,自信地自弹自唱了。她还熟练地掌握了尤克里里和手风琴。斯坦利家第五个女儿哈丽雅特(昵称哈丽雅)出生时,茱莉娅已经成长为家族中早熟的"漂亮姑娘","害群之马"的气质已初现端倪。家人看不惯她的做法,但又漠然置之。她还是家族中的"小音乐家"。因为这一点,也因为她那热情洋溢的性格,她一直被纵容着。她无心学业,1929 年时,十五岁的她便早早辍学,前途渺茫。她在利物浦的塞夫顿公园的湖边巧遇阿尔夫·列侬(Alf Lennon)。两人调笑嬉戏。这次相遇就算不是一见钟情,也必然奏响了爱情序曲。

但阿尔夫早已情有所归，汹涌的大海在向他招手。年轻的他放弃了陆地，选择在波涛之上开启新人生。他报名成为商船海员，出航探寻世界。他被人们唤作"弗雷迪"（Freddie）或"列尼"（Lennie），从事日进斗金的工作——他所喜爱且暴利的走私行当。他一路晋升。这个乳臭未干的门童一路爬到了资深海员的位置，嗜酒如命，一步步艰难前行。他给自己的心上人写浪漫的长信，但从未得到回复。和茱莉娅一样，他对音乐也很有天赋。阿尔夫的口袋里装着一支口琴，心中藏着一首歌。茱莉娅几乎没有动情。她根本不在乎。她很清楚家人觉得列侬这个小伙子配不上她，美丽、倔强、迷人的茱莉娅给自己留有选择的余地，绝不轻易交心。她四处留情。在阿尔夫时远时近的日子里，两人似乎都不可能对彼此保持忠贞。或许阿尔夫在每个港口拈花惹草——老水手都擅长这种把戏。或许对茱莉娅着迷的追求者中有那么几个能让她接受，无法拒绝。或许如传闻中那样，她自己向阿尔夫求婚，以此奚落对方，也可能阿尔夫最终向她求了婚，茱莉娅嘲笑她身材矮小的男友永远都成不了男子汉。不论真相到底如何，两人于1938年12月3日在博尔顿街登记处结了婚，距离两人初次见面大约过去了九年。茱莉娅当时二十四岁。双方家属都没有接到通知，没人来参加两人的婚礼。两人在电影院度了蜜月，新婚之夜就分居——她住回娘家，他住回自己租的房子，似乎准备迎接来自家人的愤怒。第二天，阿尔夫就出海了。他花了三个月的时间往返于西印度群岛。

*

除伦敦外,没有哪个英国城市遭受的轰炸比利物浦更严重。利物浦之所以成为目标,因为它是英国西海岸最大的港口,运送着重要的食物补给和其他货物。切断这条补给线必然会导致英国战败。1940 年 8 月至 1942 年 1 月,纳粹德国空军在默西赛德郡发动了大约八十次空袭。在 1941 年 5 月,空袭强度达到顶峰,一连持续了七晚。虽然码头、工厂、铁路是主要目标,但默西河两岸的大片区域也被夷为平地或遭到严重破坏。德国轰炸机从法国、比利时、荷兰、挪威等被征服国家的机场起飞,向利物浦发动了奸诈的夜袭,以此加大打击力度。1940 年 8 月 28 日,一百六十架轰炸机在默西赛德郡投下炸弹,当时茱莉娅·列侬腹中的约翰已经六个月大了。那年圣诞空袭,利物浦城遭受了最为严重的打击。约翰生命最初的六个月里,空袭不断发生。到 1941 年 4 月末,大利物浦地区遭受了六十多次空袭。码头被炸毁,船只被击沉。包括著名的棉花交易所(Cotton Exchange)、海关大楼(Custom House)在内的公司大楼,以及罗屯达剧院(Rotunda Theatre)、医院、教堂、学校、房屋等都被夷为平地。公路、电车轨道、铁路等都遭到损毁。截至 1942 年,大约四千人丧生,还有数千人受重伤。这些破坏多数要历经多年才能修复。

尽管十八至四十一岁四肢健全的男性被强征入伍,当时二十六岁的阿尔夫·列侬却因为从事海上工作而免服兵役。茱莉娅的双亲——老爹和妈咪,以及女儿咪咪、安妮、茱莉娅,从内城区撤了出来，租住在纽卡斯尔路9号，韦弗特里郊区的便士巷。阿尔夫的船靠岸后，他直奔妻子身旁，后来声称他们在斯坦利家连排屋的厨房地板上怀上了约翰。就算是最有经验的妇产科医生，怕也不能把怀孕时间计算得如此精准吧？阿尔夫又走了，上了一艘保护北大西洋贸易航线的船只，不知是否能和自己的爱人再相见。

尽管宠爱约翰的咪咪姨妈一口咬定约翰在空袭期间降生，但并非如此。茱莉娅在牛津街的利物浦妇幼医院生下自己第一个，并且也是唯一的儿子时，一切太平。这家医院现在是学生宿舍，如今依然保留着当时弹片飞溅的痕迹，以及一块宣称约翰·温斯顿·列侬于此地诞生的纪念匾。拜访这座建筑是一次令人难以忘怀的经历。我去过好多次中央公园纪念约翰的草莓地，几乎不为所动，但这座建筑的记忆让我好几天心绪不宁。没去过？去看看吧。

不久后，爱国的茱莉娅（她为儿子取的中间名，就是在为祖国摇旗呐喊[1]）把自己的孩子带回了纽卡斯尔路上的家。咪咪终于嫁给了那个几乎要放弃她的痛苦的求婚者，成了乔治·史密斯太太。她的丈夫是当地的奶农，在几英里外的伍尔顿有一间继承下来的农舍，茱莉娅和她的孩子，偶尔还有阿尔夫，有时会去那里避难。约翰直到两岁多才知道自己父亲是谁。茱莉娅在丈夫长期离家的时候，并没有独守空房，而是像所有战区醉生梦死的姑娘一样肆意寻欢，和军人厮混。阿尔夫也并非善类：他不仅擅自离船，还在另一条船上偷窃货物，最终被逮捕，拘留在阿尔及利亚。习惯收取阿尔夫寄回家的部分工资和不知所云的信件的茱莉娅发觉，商船局里没有寄给她的东西了。没有来自阿尔夫的消息，也不知道他遇到了什么事，茱莉娅一定以为他无情地抛弃了娘俩，于是决定和阿尔夫恩断义绝。为了生计，她在当地一家酒吧找到了一份女招待的工作。就在那里，她遇到了一个全名不详，被称作"塔菲·威廉斯"的威尔士军人。一年半之后，阿尔夫敲开家里的大门，发现他的妻子显然怀上了塔菲的孩子。于是两人闹了个天翻地覆，约翰长大后应该还记得此事。但茱莉娅矢口否认，坚称自己是被一个不知名的士兵强奸了。她确实有可能不知道孩子的父亲是谁。威廉斯不假思索地否认了孩子并非自己骨肉的想法，愿意抚养母子俩。但他要茱莉娅抛弃幼子，这个要求终结了他和茱莉娅在一起的可能。茱莉娅拒绝抛弃约翰，于是她和威尔士人的关系走到了终点。阿尔夫请求茱莉娅，让他能以父亲的身份抚养还未出生的孩子，组建起四人的家庭。茱莉娅没有答应。按理的确可以设想她正直的父母和强势的姐妹担心社交上的尴尬，害怕邻居们会怎么看，一定也担心自己深爱的小外孙和小外甥会因此不幸福。

阿尔夫并没打算放弃自己的儿子。不知道他通过什么手段，说服约翰离开了斯坦利家，住在他哥哥希德位于马格尔的家里。茱莉娅怎么就允许他将儿子带离自己身边，住到利物浦以北几英里的希德家，一住就是几个星期，后来又连续住了几个月？或许她的抑郁症是原因之一。希德的妻子玛奇四处打听，试图让约翰留在当地读书。希德夫妇对约翰尽心尽力,甚至想要争得约翰的合法监护权。约翰的父母哪里去了?在此期间,希德和玛奇连茱莉娅的影子都没见到。1945年春,任性而为的阿尔夫毫无征兆地造访,告知兄嫂自己是来接儿子的,这让希德夫妇伤心不已。

茱莉娅·列侬于1945年6月19日在当地的救世军妇产医院——榆林医院(Elmswood Infirmary)生下了第二个孩子。茱莉娅家人强烈谴责了她的放荡行为,认为她让斯坦利家族蒙羞。迫于家庭压力,她不得不答应让人领养自己的孩子。她给小女儿起名为维多利亚·伊丽莎白·列侬(Victoria Elizabeth Lennon),然后送给了当地的一对夫妇——佩德和玛格丽特·佩德森,丈夫佩德出生在挪威。佩德森夫妇将领养的女儿改名为莉莲·英格丽德·玛利亚(Lillian Ingrid Maria),在茱莉娅常住之处只有几英里的克罗斯比抚养她长大。但这个被人唤作英格丽德的姑娘从未见过自己的亲生父母,也没见过同母异父的哥哥约翰。直到她决定结婚,需要出生证明的时候,才发现自己的真实身份。英格丽德吃惊不已,但她态度坚决。她做不到在养母还在世的时候去找亲生父母。1998年,玛格丽特·佩德森去世,英格丽德这才行动。她似乎一度认为自己的养父其实就是自己的生父,有传闻海员佩德与茱莉娅发生过婚外情。维多利亚·列侬的出生证明上,并没有写父亲的姓名。

第二章

遗弃

茱莉娅·列侬为抗战做出贡献了吗？据我们了解，她没有应征入伍。这似乎有些出人意料，因为在20世纪40年代，大多数心智健全、身体健康的女性都应征入伍了。从1941年春开始，所有十八到六十岁的英国女性都必须登记并接受面试，大多数人都被要求在一系列工种中选择一项。带孩子并不能成为免责的理由。人们期望并要求女性两者兼顾。1941年12月出台的《国家义务兵役法》使服役合法化。尽管一开始只有二十到三十岁的单身女性被征召，但到了1943年，近90%的单身女性和80%的已婚女性都在积极备战，有的在工厂工作，有的在田里干农活，有的在军队工作。这些女性组成了皇家海军妇女勤务队（WRNS）、空军妇女辅助队（WAFF）、本地辅助服务团（ATS），以及特别行动处等组织。数千女性驾驶救护车和非武装飞机，在火线后方充当护士和服务人员。甚至伊丽莎白公主殿下（也就是未来的女王伊丽莎白二世），1945年时也曾在ATS工作。当时她只有十九岁，接受了驾驶和机械训练，获得了中尉军衔。首相温斯顿·丘吉尔的小女儿玛丽，即未来的索姆斯夫人，也在 ATS 工作过。

八万人加入了妇女地面军（Women's Land Army），负责耕种和收获粮食。女性志愿服务队（WVS）是城市里不容忽视的一支生力军，特别是在首都。她们驻扎在伦敦地铁的避难所，冲泡了数百万杯茶。先前的家庭妇女如今套上连体裤，撸起袖子，扎起头发，在工厂里辛勤劳动，制造交通工具、飞机、药品和军需品。船坞、铁路、运河、公共汽车上都能看到她们勤劳的身影。三百五十名女性建造了伦敦的滑铁卢桥，它又被称作"娘子"桥，尽管这一事实直到半个多世纪后才被承认。到1944年，约有两万五千名女性在英国建筑业工作，但她们的薪水远远低于从事相同工作的男性！

如果茱莉娅成功避开了生产线和船坞的工作，她有没有加入战时"修补将就"（Make Do and Mend）和"缝纫节约"（Sew and Save）计划？虽然战争期间全国女性都在搞编织，但很难想象一个风情万种的女招待在当地酒吧的啤酒机后面织毛衣。

我对茱莉娅念念不忘。多年来，她一直萦绕在我脑海中。关于她的回忆如影随形地伴着约翰，她也因之变得迷人。在我脑海中，她是一个丽塔·海华斯[1]那样的勾魂女性，穿着衬裙坐在梳妆台前，给鼻子扑粉，将嘴唇抹红，再喷些香水，打扮一新，迎接又一夜不羁的欢愉。她回忆起这段醉生梦死的日子，给自己找的借口是战争时期什么都无所谓。通常的社会习俗和规则不再适用。就像达摩克利斯之剑正悬于他们头顶，人们也确实面临着随时被炸飞的危险，谁又能指责他们放纵自己、肆意妄为呢？彼时的英国，性病病例激增，怀孕人数也是如此。堕胎尚未合法化，这在1967年前都是一种犯罪行为。而这并不能阻止一些走投无路的女性诉诸土方。烫水浴、杜松子酒、编织针、刀具、卷发棒，以及蹲在开水壶上用水蒸气熏蒸，这些方法和巷子里的人流小诊所的野蛮处理方式一样，会损害健康甚至危及生命。[2]尽管未婚生子依然不被社会接受（在之后的几十年间都将是这样），但单身母亲生下孩子的数量依然激增。性教育因此发展起来。针对茱莉娅这类人的流言蜚语一直不断。

深受爱戴的斯坦利家女主人妈咪已经过世。"老爹"长寿一些，活到了1949年。据说小约翰和他严厉的维多利亚时代的爷爷感情颇深，两人常常在码头闲逛或"去河边散步"[3]，他们会眺望默西河对岸，辨认那边的房子。咪咪姨妈曾是伍尔顿康复医院（她在这里结识了心中所爱：当时前来送牛奶的乔治）的实习护士，是家里的长姐，一直照顾着弟弟妹妹和他们的孩子。她把每个人的事情都当成自己的事情，也时常和父亲闹矛盾。咪咪承担着一切，并敏锐地关注事态发展。她无疑担心约翰母亲的生活方式会对约翰产生影响。她下定决心，一定要以"最有利于孩子"的方式处理问题。

这句含糊又不详的话，到底是什么意思？简言之，它提出了一个显而易见的问题：如果孩子的母亲结识了新男友，为对方而非孩子投入过多的感情和关注，那孩子肯定会受苦。如果那个男朋友蔑视孩子，或者更糟糕的话，对孩子冷酷无情，那母亲对男友的公然偏爱就是对孩子的忽视和虐待。而茱莉娅不这么看。在那个时代，这种问题很少被公开讨论。在当今更为开明的时代，我们拥有对儿童福利进行广泛科学研究的优势。创立于20世纪80年代的"童年不幸经历"（简称ACE）研究，是有史以来规模最大、最全面的评估童年虐待与日后个人健康幸福的调查。[4]该研究的发起者是美国圣地亚哥的凯撒医疗集团预防医学部的文森特·费利蒂医生（Dr Vincent Felliti），随后传播到全世界。该研究的结果令人震惊。如今我们都非常清楚威胁孩子基本自我感知和健康发展的因素。幼儿通过与父母及看护人的关系来体验世界。在受关爱的环境中，他们的情感和身体都能茁壮成长。积极育儿的基本元素很简单：安全、稳定、连贯；常规、持续、纪律。而情感的影响是未知的。我们将其称作"爱"吧。不能强迫孩子东奔西跑，父母吵架的时候也不能波及孩子。不能将孩子当棋子使。在任何情况下，都不能让他在父母之间做选择。我们现在知道，童年时期的创伤往往会导致成年后的抑郁症和其他精神或生理疾病。为什么会这样？因为压力是有毒的。人如果接触太多应激激素，大脑发育会被抑制，大脑回路的连接也会被阻断，而这些回路在童年早期都十分脆弱，都还在发育。免疫系统受到抑制，会让孩子容易受到感染，出现慢性健康问题。应激激素还会损害大脑中负责记忆和学习的区域，导致缺陷，可能会对个人造成终身伤害。

咪咪·史密斯对这些几乎一无所知。也就是说，她应该并不具备能表达她所担心之事的词汇和医学知识，但她很有判断力。她靠的是直觉。她能够敏锐地感知对错。对大多数人来说，她有点过于像海辛斯·巴凯特（Hyacinth Bucket）[5]，过于注重别人的想法。她爱生气，而且喜欢评头论足。但她至少是负责且靠谱的。她亲眼看到妹妹茱莉娅自私自利，将自己的需求置于约翰之上。没人觉得茱莉娅不爱自己的儿子。人人都说她溺爱他，甚至崇拜他。但她是个一塌糊涂的家长。她不愿把儿子放在第一位。咪咪的直觉告诉她，约翰需要更好的母爱。尽管她一直坚持不想要孩子，但她的自尊心让她相信，她便是能给予约翰母爱的那个人。因而她着手让约翰融入自己舒适、秩序井然的家庭。她和丈夫乔治会平静地、有尊严地抚养他，对其视若己出，并将其养育成让整个家族引以为傲的好男孩。

1945年5月8日，盟军举杯庆祝德国投降。狂欢者如潮水般从林荫大道[1]涌向白金汉宫，为乔治六世国王、伊丽莎白王后，以及他们的女儿伊丽莎白公主和玛格丽特公主欢呼。口粮已经省了下来，全国各地都在举行街头派对。想象一下，约翰的下巴沾着果酱，膝盖上有擦伤，穿着短裤和家里织的毛衣，和几十个孩子一起围坐在路中间首尾相连的桌子旁，笑逐颜开，往嘴里大塞三明治、杯子蛋糕、果冻，头顶上飘扬着彩旗和英国国旗。当时他只有四岁半，后来声称对欧洲胜利日没什么记忆。他记得一些地

---

1 英国伦敦的一条马路，从西面的白金汉宫到东面的水师提督门和特拉法加广场。

方,但那不在其列。

茱莉娅换了工作,爱上了现在工作的酒吧里的常客——约翰·迪金斯(John Dykins),一个皮肤黝黑,长着棕色眼睛,戴着软毡三角帽的上门推销员。此人是当地的一个混混,由于呼吸系统疾病而被免除兵役。现在,他在酒吧炫富,以吸引年轻漂亮的女招待。茱莉娅的家人不同意他俩在一起,但她会在乎吗?她叫自己的新情人"博比",或许是为了让儿子独享"约翰"这个名字。

1945年11月,过完五岁生日一个月,约翰开始在莫斯匹斯(Mosspits)巷小学上学。从第一次点名开始,他就感到各种不适应。他早已学会读书、写字、画画,会照顾自己的需要,会独立思考,乐于探索,似乎已经甩开同班同学几条街。从一开始,他所需要的就比标准公立教育所能给予的更多。或者说,他需要的不是这些,而是另一种激发创造力的教育方式。或许茱莉娅都没发现这一点。她会走路接送约翰上下学,在酒吧上中班,一直上到约翰放学。五个月后,她搬出了"老爹"的家,和博比一起在盖塔克(Gatearce)的一间小公寓同居,她和男友还有儿子同睡一张双人床,约翰肯定对两人所行之事一清二楚。咪咪自然对此怒不可遏。她冲到茱莉娅的住处,准备好好教训一下这两个不知廉耻的人。咪咪被博比逐出门外,一怒之下去了利物浦市政厅,向相关社会服务部门举报他们。她如此鲁莽行事,显然没有停下来思考一下背叛自己亲妹妹的后果。公共援助人员了解到情况后,跟她回到了她口中的邪恶窝点。咪咪当下就获得了临时照顾约翰的权利,直到进一步调查结果出台,而该调查或许永远都不会取得进展。她一定兴高采烈地收拾好约翰的东西,抓起他的小手,把他带回"门迪普宅"——位于伍尔顿门洛夫大街251号的家。在那里,约翰再不需要与人同住一个房间,也不用同睡一张床了。

约翰的父亲,被戴了绿帽子的阿尔夫,如今算来,和茱莉娅结婚已经七年,他现在如何?他从海上休假回来,发现自己的儿子如今同暴脾气的大姨和她的老好人丈夫住在一起,便火速赶往那里。对于咪咪已经把约翰从莫斯匹斯巷小学转到多夫代尔路小学(Dovedale Road Infants'),他一定很困惑。他许诺第二天再去,他的确这么做了,要带约翰出门逛街。他并没去逛街。而是送自己的儿子去了利物浦莱姆街火车站,搭上一列开往布莱克浦[6]的火车,去那里拜访和他在一艘商船上工作的海员比利·霍尔(Billy Hall)。尽管关于接下来发生的恐怖故事的说法层出不穷,但真相并没有那么夸张。据说阿尔夫准备带着儿子移民去新西兰,将儿子托付给比利的父母照看,茱莉娅冲到布莱克浦,要求阿尔夫把儿子还给她。于是约翰被迫在父母之间做选择,刚开始他选择和阿尔夫一起,经过一番痛苦的考虑,他跌跌撞撞地沿路狂奔到母亲身边,紧紧抓住母亲不放。他有没有这样呢?说法不一。比利·霍尔对此的描述就与当事人不同。他记得茱莉娅和博比·迪金斯一起来到自己家,在他母亲房间的前厅举行了一场文明的"峰会"，会议的决定让阿尔夫很满意，他觉得该决定是正确的——约翰将回到利物浦和茱莉娅一起生活。[7]

一切都挺好。但在1946年6月那个宿命般的日子之后，事情的发展就很不理想了。阿尔夫在当地酒吧借酒浇愁，随后回到了海上，这之后的二十年都没能见上儿子一面……到那时，披头士已经征服世界，约翰成了国际巨星。至于茱莉娅，她只能接受这个决定带来的结果。再者，她又一次怀孕了。茱莉娅和迪金斯搬去和老爹同住，一起负担日常开销，照看这位年迈体衰的老人。约翰又回到了门迪普宅，由咪咪姨妈和乔治姨父照顾。事情到此告一段落。从五岁起，尽管茱莉娅还住在步行就能到的地方，但约翰再也不会和父母住在一起了。

咪咪四十岁，乔治四十三岁，两人住在一栋以英格兰西南部山脉命名的房子里，家窗户上安着含铅的花玻璃，他们常穿羊毛衫，行事作风迂腐而正派，养了条名叫萨利的混种狗和一只暹罗猫。对约翰来说，与其说他们是养父母，不如说像祖父母。乔治家几代人一直经营的奶制品生意和奶牛场被英国政府征用。乔治应征入伍，三年后退伍，"二战"结束前一直在斯皮克（Speke）的一家飞机厂工作。他一度在伍尔顿车厂上夜班，清洗公交车和有轨电车——当时门洛夫大街上依然行驶着有轨电车，不过现在已经成了草坪。乔治一定会因为财富消散，无法指望轻松退休而悲伤不已。但总算还能勉强维持生计，节俭为第一要务。配给制还在实行（直到1954年才彻底取消）。咪咪自己做饭、打扫、洗衣，但依然保持着乡绅住宅的风范。虽然召唤仆人的老铃铛早已废弃，但厨房外小得可怜的吃早餐的隔间，依然被煞有介事地称为"起居室"，擦拭一新的珍贵瓷盘被骄傲地摆放着。哪怕是室内，咪咪也一直维持着排场。尽管如此，一家人生活依然拮据，最终不得不把房间出租给学生来贴补家用。

约翰一定觉得环境发生了天翻地覆的变化。他是如何应对的？五岁的他，依然在学着管理自己的情绪，依然在学着控制自己，依然容易因小事而情绪失控，而这是咪咪绝不能容忍的。五岁的他，依然在与穿衣服、扣纽扣、系鞋带的繁复过程作斗争。他依然努力抓牢自己的牙刷，并为乳牙的掉落而苦恼。咪咪是否把他最需要的爱、关心、肯定都慷慨给予了他呢？还是经常责备他，让他觉得被疏远？她对约翰的期望是否超出了他的能力范围？似乎是的。咪咪总要求约翰餐桌礼仪要得体、睡觉要按时、别人对他说话的时候要给回应、吐字发音要清晰。如果约翰操着利物浦方言[8]说话，咪咪是不会搭理的。她还觉得约翰必须上伍尔顿圣彼得教堂的主日学校，约翰在那个教堂的唱诗班待过一阵子。作为一个历经磨难的小男孩，约翰是怎么看待这些事的呢？他是如何消化妈妈因为有了新男友而不要自己这个事实的？为什么爸爸让她把自己从那个男人的家里接出来，却把他带回姨妈家，并将他永远遗弃在那里？他一个人躺在冷冰冰的前门门厅（门厅是1952年另建的）对面的那个狭窄单人间里的狭小单人床上，床上铺着烛芯纱盘花床单，穿着睡衣的他思忖自己做了什么，让妈妈和爸爸不再喜欢他,决定把他送掉。想到这些画面,真令人心碎。如果约翰因而变得内向,变得容易分心,变得辨别不清现实和幻想的界限,又有什么好奇怪的呢?

幸好,约翰还有乔治姨父。乔治姨父身材高大,头发花白,喜欢抽烟斗,他心地善良,富有耐心,爱开玩笑,分担了约翰持续多年的痛苦。乔治对妻子言听计从。在约翰找不到归宿的那段迷茫岁月中,乔治成了他最忠实的盟友。约翰拖着疲惫的身躯从学校回家,本就闷闷不乐,还要被咪咪责骂,让他摆放餐具,放好衣服,但约翰姨父会在她身后对约翰做鬼脸来取笑妻子,活跃气氛,每每让约翰忍俊不禁。尽管约翰对运动没有兴趣和天分,他还是会和乔治一起在整洁的后院玩球,那里长着苹果树,有储煤仓和剪草机。在乔治的帮助和鼓励下,约翰学会了骑自行车。尤其要感谢乔治的一点是,约翰因为他变得酷爱读书。咪咪和她的丈夫嗜书如命,他们家里有许多书,不同类型应有尽有。约翰小时候特别爱读《爱丽丝梦游仙境》和《淘气小威廉》的故事,以及《柳林风声》[9]。乔治还教约翰读报纸,这加强了约翰画素描、画卡通和讲故事的能力。他还教他玩填字游戏。约翰能在小小年纪就插上想象的翅膀,乔治功不可没。

上面这些并不是要抹杀咪咪为了给自己外甥一个美好生活开端所做的努力。无论人们怎么说她,她都很关心约翰,她的本意是好的。她扮演母亲的角色,但并不是要成为他的"妈妈":他已经有妈妈了。她会陪同约翰上下学,并清楚表示自己会一直在那里等他，不让他晚上在街上闲逛。除非她死了，否则不会让约翰挂着钥匙自己独自回家。如果他一直由茱莉娅和博比放养，结果很容易就会大不相同。在那种情况下，青少年犯罪以及更糟的情况可能都会发生。

茱莉娅这边又如何呢？她确实去探望过儿子。而探望次数是否越来越少，间隔越来越长，直到她几乎成了记忆？她并没有完全抽身不管。她的其他几个姐妹也去了，每个人都为约翰的幸福出了力，也出了主意。五姐妹毕竟是五姐妹。据说咪咪不让茱莉娅探望约翰，因为她决心要行使自己的纪律和权威。这可能有些牵强。但不管真相如何，似乎没人质疑这种安排。仿佛茱莉娅从未试图将约翰带回。她和迪金斯生了两个女儿，小茱莉娅和杰基，住进了属于她自己的政府救济房。这套房位于布洛姆菲尔德（Blomfield）路1号，离门迪普宅很近。这套房里有足够的房间给约翰住，但他从未被邀请和他真正的家人一起生活。母子之间的距离越来越远。就这样，茱莉娅开始成为约翰幻想中无意间出现的焦点。

约翰童年生活中的一个重要方面是他的朋友圈子，咪咪对此几乎没有影响。作为一个寄人篱下，同时是独生子女的孩子，约翰必然会寻找能够替代兄弟姐妹的人及玩伴。在这方面，约翰很幸运。他混进了一个调皮捣蛋的小团体："书呆子艾福"（他们喊他"艾维"）艾文·沃恩（Ivan Vaughan）、警察之子奈杰尔·惠利（Nigel Whalley），以及"雪球"皮特·肖顿（Pete Shotton），他之所以得了这个绰号,因为他长着一头浅金色的鬈发。这些人的名字之所以被人记住,是因为他们的童年与约翰和披头士的雏形有关。皮特和约翰很快便以"肖侬与列顿"(或"列顿与肖侬")的双人组出了名,两人几乎一辈子形影不离。约翰很快就取代皮特,成了小团体的首领——他天生就适合扮演这个角色。皮特很快也实施了报复:在主日学校,孩子们必须报上全名来证明自己到场。当皮特听到约翰说出自己的中间名"温斯顿"的时候,他兴高采烈地给自己的新伙伴起了个绰号叫"维尼"。每次他想灭灭约翰威风的时候都会这么叫他,而这样的时候还挺常见的。尽管如此,两人的友谊还是茁壮成长,长久维持。

约翰和皮特无时无刻不在损对方。他们很快成了两个满嘴脏话、无法无天、尖酸刻薄的捣蛋鬼,在伍尔顿乱闯乱闹、大搞破坏、偷鸡摸狗。他们喜欢冒险,两人会把绳子绑到树上,然后对着开来的公共汽车荡过去,还会朝铁路桥上行驶的蒸汽火车扔土块,朝街灯扔砖块,仅仅为了取乐。这些恶作剧大多数都是由约翰构想并策划的。咪咪一定大为光火,但这个约翰和她所了解的在家的那个孩子判若两人。就算她从一开始就知道这些事,她肯定也不相信自己的外甥在家外面过着双重人生,甚至讲的话也好像完全不同。

"约翰天生就是人们的关注焦点,"皮特在1983年回忆道,"他强大的魅力总能让他拥有一大批崇拜他的听众。在我们这伙人看来,约翰是我们的常驻喜剧大师和哲学家,也是草莽英雄和明星。

跟奈杰[1]和艾福一样,我逐渐发现自己很愿意接受他的大多数想法和提议。"[10]

皮特很快便成了约翰不可缺少的捣蛋小跟班、小助手、采石工乐队成员(肖顿在约翰的首支正式乐队中演奏刮板)、合伙人、司机、护卫、写歌搭档。皮特协助约翰创作了《我是海象》,并为保罗·麦卡特尼的《伊莲诺·瑞比》的故事情节做出贡献。[11]皮特承认,他和约翰甚至分享过女友和床伴,有时候还是堂而皇之地共享。肖顿从警官学员和超市老板一跃成为披头士的苹果精品店店长和苹果公司的首任总经理。苹果公司"搞砸了"之后,他退而成为约翰的私人助理,后来又自谋财路,在20世纪80年代开了美国风格的胖阿巴克尔(Fatty Arbuckle's)连锁餐厅。

据约翰在利物浦艺术学院的好友、报纸《默西之声》(Mersey Beat)的创始人兼撰稿人比尔·哈里(Bill Harry)[12]说:"除了披头士成员,皮特是约翰最好的朋友。约翰尊重皮特,因为他会和自己对着干,而且皮特和约翰挺像的——有点尖酸和情绪化。约翰在许多事情上都会向皮特寻求建议,他们的友谊从学生时代一直持续到20世纪60年代。我知道70年代时他们还在纽约见过面。"

享誉世界的摇滚明星竟死命抓着童年时代的挚友不放,这类一开始会让人觉得不太可能甚至吃惊的事,其实并不稀奇,而且时常发生。大卫·鲍伊和他的童年玩伴乔治·安德伍德(George

---

[1] 即奈杰尔。

Underwood）便是一个比较著名的例子，安德伍德臭名昭著的事迹是"导致"大卫的瞳孔变大[13]。两人八岁的时候，相遇在布罗姆利（Bromley）的一家教堂的幼童军队伍中。"我们一见如故，从此便是最好的朋友，"安德伍德对我说，"我们一开口谈的就是音乐——噪音爵士[1]……基本就是把布鲁斯、爵士、民谣混在一起，用自制的乐器演奏……只要有老妈的搓衣板，就是那种有棱纹的木板，拿来搓衣服用的，再加一个茶叶箱当贝斯就行了。"巧的是，皮特·肖顿在早期采石工乐队（这个乐队名就是他取的）阵容中演奏的乐器就是搓衣板。鲍勃·迪伦也能算一例。1953年，他还叫博比·齐默曼[2]的时候，在威斯康星州韦伯斯特的赫茨尔夏令营结识了好友路易·肯普（Louie Kemp），当时两人一个十二岁，一个十一岁。他们五十年来一直亲密无间。乔治·迈克尔、安德鲁·里奇利（Andrew Ridgely）和戴维·奥斯汀（David Austin）在孩童时候就是挚友，长大后携手创作世界级的音乐。乔治于2016年圣诞节去世，安德鲁和戴维都为此悲痛不已。"王子"在七年级时认识了童年最亲密的伙伴安德烈·西蒙尼（André Cymone），他们当时都是十二岁。两人在"王子"创建的"革命乐队"的前身乐队中一起演出。"王子"后来搬去和西蒙尼一家同住。两人对许多事都表现出第六感，从音乐到女孩等等。"你知道对方在想什么，都不用开口说。"西蒙尼对此评论道。这肯定就是

1　流行于20世纪50年代，常使用自制或临时拼凑的乐器。
2　鲍勃·迪伦的原名叫罗伯特·艾伦·齐默曼。

关键所在。

这样的友情是个奇特现象，在其中一人名利双收，而另一人仍然默默无闻的情况下尤其如此。明星成名之前的关系的美好之处在于，它不会受某些在其他情况下会使关系失衡的因素影响。无名之辈几乎不可能接近名人（更不用说不切实际了），正因如此，明星身边对其知根知底的无名好友是无价的。不仅如此，对一个名人来说，和先前就认识他的朋友保持关系可谓至关重要。只有他们知道真实的他。只有和他们在一起，他才能做真实的自己，能够放松下来，不拘礼节、卸下防备。正因为认识到这一点，儿时玩伴才被赋予了一种独一无二的优先地位。他也会因此得以退后一步审视自己。名人们常常难以接受自己名利双收、非同凡响的形象，因为他知晓并且欣赏真实的自己。艺人越是被粉丝崇拜，就越发怀念并拼命想重回疯狂岁月之前的日子。因此，他会越来越无法离开生命中最初的几个好友，和他们聊起过去共度的美好时光。儿时的伙伴、无声的见证者、胡闹的老拍档，成了通向更为简单的"幸福"时光的珍贵渠道。超级巨星们朝后视镜里窥探，看到的都是玫瑰色的幸福时光。而约翰的时光倒回的工具更加复杂。他显然拿着万花筒在四处张望。

那时，咪咪并不知道自己打的是场必败的仗。她付出的所有努力——想把约翰培养成一个受人尊敬的、富有责任心的学生，随后成长为文法学校的优等生，进入大学，最终出人头地，成为医生、律师、会计或教师——都将付之东流。

以乖张的行为对抗不正常的童年。一个激励人心却十分严格的、令人窒息的家庭环境造就了叛逆精神。在一群仰慕自己的观众面前表演、昂首阔步,约翰正朝着这个方向进发。他现在需要的是一个发泄愤怒与沮丧的出口,一个表达和缓解他无法理解或控制的痛苦的途径。他心中已经有音乐了吗?我觉得应该有了,哪怕不是刻在基因之中。哪怕没有受过正式训练,他的父母阿尔夫和茱莉娅也都能演奏音乐。现代研究表明,音乐能力可能会遗传,而且早期接触音乐也能创造并增强天赋。约翰触碰的第一件乐器可能是他外祖父的班卓琴或尤克里里,老爹曾教过自己女儿茱莉娅弹奏。约翰演奏过的第一件乐器同样可能是一支不起眼的口琴,是咪咪家一个学生租客的。讽刺的是,他的亲生父亲会吹口琴,还随身携带着一支口琴,本来他很容易就能亲自教约翰吹奏。那个叫哈罗德·菲利普斯的学生答应约翰,如果约翰能在第二天拿口琴吹一整首曲子,就把口琴送给他。约翰吹了两首曲子,但依然没有获得口琴,直到圣诞老人光临。但天哪,这对于约翰来说,是多大的惊喜啊。他永远都忘不了这件事。他后来将1947年的圣诞节早晨发现圣诞袜里的礼物那一刻,描述为"生命中最伟大的时刻之一"[14]。

七岁的约翰遗传了母亲的近视,戴着呆呆的眼镜,口琴吹得很好。口袋里紧紧揣着这两样工具,心中惦记着大个子哥们儿,他时刻训练着自己的拳脚功夫、挖苦技能、机灵才智。他去到更大的学校后,除了这四样东西,还需要更多才能。

沿着花园走，爬上一棵树，约翰能清楚看到一座可以追溯到 19 世纪 70 年代的哥特复兴风格的大楼，坐落在曾长着野草莓的土地上。这座楼在 20 世纪 30 年代被捐给救世军，后来作为名为"草莓地"的女童孤儿院重新开放。约翰能听到里面孩子们的喊叫和嬉闹声，他被这种满溢的热情深深打动。他很快爬上墙，跳进院内，和孩子们玩到了一起。

第三章

茱莉娅

天资太过聪颖的约翰在通过 11+ 考试后，已然对教育感到厌烦。被迫强记无用的信息，死记硬背乘法表在他看来都毫无意义。尽管兴趣寥寥，他依然争得了利物浦最负盛名的采石河岸男子完全中学的入学资格，并于 1952 年 9 月 4 日开始中学阶段的学习。分离是令人心碎的，所幸，皮特也成功考进了这所学校。艾文·沃恩在市中心的利物浦男子中学就读，奈杰尔·惠利则被蓝衣学校录取，和这两位小伙伴道别后，穿着黑色校服的"肖侬与列顿"在学期期间，每天结伴从伍尔顿的门洛夫大道和山谷路的岔路口骑车前往一英里外的采石河岸完全中学。约翰骑着他引以为豪的兰令牌伦顿系列（Raleigh Lenton）自行车，一如往常。两人之前都是优等生，但从他们的期中和期末成绩单来看，没过多久，两人成绩每况愈下。幸运的是，两人的成绩是同步下滑的，所以在那所学校学习的五年里，这对唱双簧的搭档一直没散伙。如果给顽皮捣乱打分，两人的分数一定很高。他们折磨老师的手段层出不穷，干坏事的恶习难以计数。堂而皇之迟到、逃学、爆粗口、没礼貌、用墨水泼老师、破坏教室设备、把外校学生偷偷带进学校，这些都是家常便饭。干坏事的结果就是经常放学后被留下，约翰和皮特大多数时候放学后都走不了。但两人的恶行并没有因此而收敛，气不打一处来的老师们抓狂不已，但束手无策，只好把两人送去找校长谈话。换句话说，就是让他们领"六棍之赏"——用藤条狠抽屁股。雪上加霜，两人的捣蛋行为的体罚记录还会被记在学校惩戒簿上，有时两人还要手写几百行"我一定不会……"的保证书。

抽打屁股和手心尽管和虐待无异，但在20世纪50年代的英国学校依然是合法的，而且屡见不鲜。尽管如今看来不可思议，但当时，在其他矫正措施失效的情况下，老师对犯错严重的孩童实施暴力是被允许且被认为是可以接受的。教育工作者被视为父母的代理人，是权威的象征，拥有和父母相同的权利。在英国公立学校中，体罚一直到三十多年后才被定为非法。尽管到了1986年，主流教育机构已经禁止体罚，但直到1998年，英格兰和威尔士的私立学校才取消体罚，至于苏格兰和北爱尔兰的私立学校，则分别要到2000年和2003年才根除体罚。光想想就令人心惊肉跳。打孩子怎么都是不对的，不是吗？成人对孩子身体的任何部位施加痛苦怎么都是不对的。可接受的体罚行为和虐待儿童之间有界限吗？没有。

联合国儿童基金会、联合国和其他组织做了大量研究，确定体罚是一种普遍的暴力形式，被全世界许多国家明令禁止。联合国秘书长于2001年启动并于2006年出版的《全球针对孩童暴力的研究》，记录了针对孩童的暴力问题涉及面之广泛。证据确凿。通过体罚来纠正孩子行为会让孩子具有攻击性、倾向于毁坏东西、举止粗暴；做出反社会、扰乱秩序的行为；智力成就低下；社交能力匮乏、引发焦虑、抑郁、低自尊等心理问题。会让孩子冷漠、难以集中注意力、逃学，最终导致退学，还会引发注意力缺失症和药物滥用，甚至脑损伤。遭受过体罚的青少年将来虐待自己孩子和配偶的概率是没遭受过体罚的人群的三倍以上。殴打孩子是在告诉孩子打别人是对的，解决问题的最佳方式就是动手。[1] 将这些都考虑进去，就不难理解约翰为什么厌恶学校和老师，为什么藐视权威，以及他十几岁时形成的个性和行为举止了。他天生早熟，导致他穷极无聊又不守规矩，并因此受到了暴力惩罚，使他的行为变得消极而野蛮。他甚至会伤害身边最亲近的人，包括他的挚友皮特。

好在约翰在绘画和写作方面天赋异禀。受刘易斯·卡罗尔[1]启发，约翰模仿他，淘气地画了丑化老师的漫画，并驾轻就熟地给画配上了戏谑的小诗。皮特对好友的才能惊叹不已，怂恿约翰多画点。约翰很快就养成了每晚画一张的习惯，于是他自创的讽刺小报《每日一嗥》(*The Daily Howl*)诞生了。其实这份小报充其量也只是一本充满恶趣味搞笑段子的练习簿，被拿到班里传看，

---

1 英国数学家、童话作家、牧师、摄影师，代表作品为《爱丽丝漫游仙境》。

没过多久，想要看上一眼就得排队了。约翰创作的词句和图画有一种怪诞的特质，揭示了一种对残疾之人、下层之人、畸形之人的兴许有些病态的迷恋。约翰显然在某种程度上认同那些受苦之人。但是他的同班同学肯定无法理解导致这一心理的原因，他们只是很自然地觉得约翰的漫画好笑得令人喷饭。学龄男孩的幽默和对荒诞、低级和色情的痴迷是无人能比的。《每日一嗥》可以让我们一窥约翰扭曲的心灵，其中显然藏着黑暗和邪恶的一面。

"我这类人八九岁或十岁时就知道自己具备的所谓天分，"约翰在 1971 年说道，"我时常会想：'怎么就没人发现我呢？'在学校里，难道他们没发现我比全校任何人都聪明吗？老师们也傻吗？他们知道的东西都是我不需要的。我在中学就迷失了。对我来说显然是这样。为什么不把我送进艺校？为什么不培训我？他们怎么总强迫我和其他人一样去做个蠢蛋奸商呢？我不一样，我一直都和他们不一样。怎么就没人注意到我呢？"[2]

约翰打小就显露出毫不掩饰的傲慢，几乎可以肯定是由于缺乏自尊心。这种个性特质通常在孩童时期形成。这也引起人们对于他精神状态的无尽猜想，以及他是否患有某种当时连名字都还没有的综合征或精神障碍。我们知道，约翰从未正式确诊。多年来，数不尽的评论者扮演了业余心理学家的角色，描述他患有自恋人格障碍、边缘性人格障碍、多重人格障碍、依恋障碍，等等。有些人断言他"一定是双相障碍患者"，或是"典型的先天家族性亚斯伯格症候群患者"。他们是怎么知道的？但随便你说什么，约翰·列侬显然都能被对号入座。另外,他还痴迷于海洛因、性、酒精,以及万贯家产和国际声名,他的问题很明显。他需要被关注、神经质、不可靠、情绪多变、幼稚、自我中心、残忍。他竭尽所能吸引别人注意。他对自己的弱点矫枉过正。他不善于接受批评。他表现得很有魅力,性格外向,用自己的魅力、才能、风趣轻易地诱惑他人,但他缺乏共情能力的特点很快就会暴露,更别提目中无人了。他无法控制这一点。我们知道,他打老婆,精神折磨他人——对他的儿子朱利安尤其如此。他是一个伪君子,一个病态的说谎者。他不断重写自己的人生,在此过程中还时常自相矛盾。

但把约翰复杂的性格归结为"缺少自尊",非但不能解决问题,反倒会带来更多疑问。

"我会把约翰描述为'受过自恋创伤',"心理治疗师理查德·休斯(Richard Hughes)说,"缺少自尊只是它的一种结果,和前者不是一体的。

"将某人描述为'受过自恋创伤'并不是一种诊断。这更像是一种'性格类型',这不是个病理学名词,而是心理治疗师和精神科医生会使用的术语,被用来从成长和人际的角度探索人们的性格。重要的是要记住,我们都有点边缘性人格,多少都受到过自恋创伤。

"我们不要试图诊断约翰。这么做就等于说约翰有病,即便回过头来看,我还是觉得这没有必要。通常来说,人们只有出现严重的精神崩溃，需要心理治疗的时候，才会被诊断为'障碍'。因为病症谱系有许多层次，以及我们掌握的资源不充分的事实，将某人诊断为'在某某病症谱系之内'是极为困难的。无论如何，亚斯伯格症候群的现代观念在1981年才出现，而列侬在此前一年就去世了。"

休斯指出，虽然人们倾向于关注个人的成长和人际关系背景，但我们不能忘了他所处的环境。他生长在战后的利物浦：一个生活艰苦的移民城市，信仰核心是天主教，战时被炸得满目疮痍、伤痕累累。

"有证据表明，如果成长需求没有得到满足或缺乏持续性，孩子将无法发展自我约束的能力，"休斯解释道，"作为一个成人，他会在自我评价过高和低劣感或低自尊之间摇摆。缺乏持续的亲密关系会导致诸如离散、分手等防卫机制，以及使用酒精和毒品等自慰策略，而导致深深的疏离感，并无法维持有意义的、亲密的关系。当然，对于自恋的人来说，这总是别人的错。"

众所周知，有自恋缺陷的人常常难以产生共情。他们作为成人能做到善与人交、充满诱惑、魅力十足，但同时，当关系发展到需要暴露脆弱一面或表现亲密感的时候，他们就会把对方推开。

"尽管如此，"理查德·休斯说，"自恋的人又常常渴求与他人'结合'。列侬就是这样。并将其理想化。他需要'孪生的自己'，他'复刻自己'。我想了想他的几段重要关系，尤其是和布莱恩·爱泼斯坦、保罗·麦卡特尼、小野洋子的关系，显然有一种一段刚结束，另一段就紧接着开始的感觉。

"名人的身份给此事又添上了一层复杂性，因为有那么多人都把自己的情感投射到列侬身上。他代表了现代和战后的一切。人们想要他成为偶像，成为哲人。这既关于列侬的生活环境，也关于人们自身的缺陷。它助他形成后天养成的自我，为他的自恋创伤推波助澜。鉴于披头士所取得的成功，付出这个代价似乎划得来。"

尽管如此，我们依然对他不断增长的自我意识，对他仍然不满足于自己的能力和成就而充满好奇。我们可以合理推测，他还需要其他东西：为了他自己，也为了这个世界。毕竟，正如他所写："你需要的就是爱。"[3]

*

讲回学校。约翰承认某些老师确实注意到了他，也鼓励他画画，这是他表达自己的最佳方式。

"但绝大多数时候，他们总试图强迫我成为该死的牙医或老师……我并不是在披头士成名或你听说过我的时候才成名的，我这辈子一直都是这样。"

对咪咪来说，她觉得约翰不守规矩，不用功读书是不尊敬自己，毕竟他拥有的一切机会都是她给的。日复一日，她越想越气，觉得怎么都要教训他一下。她把约翰的画作和文章都扔进了垃圾桶。

"我对我姨妈说过：'你把我的诗扔掉，等我出名了，你会后悔的。'然后她就把那些倒霉东西一股脑倒掉了。"他后来抱怨道，

"我永远不会原谅她,我小时候,她没有把我当成一个天才或不管什么人物来看待。"

*

1955年6月4日星期六,当时约翰十四岁,他深爱的乔治姨父突发肝脏大出血,被救护车送去塞夫顿综合医院,第二天就去世了。他并没有重病的迹象,而且才五十二岁。他的死因被诊断为非酒精性肝硬化加腹腔破裂。约翰当时的行踪令人困惑。他是不是已经按惯例去度暑假了,和"爱丁堡的姨妈"梅特、她的第二任丈夫伯特,还有表哥斯坦利一起住在伯特的位于德内斯(Durness)桑戈湾(Sango Bay)的小农场?他同母异父的妹妹茱莉娅坚称是这样,她记得约翰每个夏天都会被咪咪送出家门,长途跋涉前往苏格兰,以便"让他同母亲分开"。

"过完那个假期回来,约翰不得不面对另一种苦痛,"茱莉娅说,"他的乔治姨父,也就是咪咪的丈夫,在他离家的时候去世了,当时是一个周日(原文如此)的下午,乔治正准备去上夜班,在下楼的时候倒下了。咪咪和一个叫迈克尔·菲什威克的租客叫了救护车……"[4]

不过,无论乔治姨父去世时约翰是否在那里,他其实并不抗拒去拜访爱丁堡的亲戚。他喜欢和他们一起前往高地西北部的偏远之地,欣赏未经雕琢的美景,那里有原生态的沙滩、洞穴、瀑布、海狮、鲸鱼,还有各种各样的鸟。对于一个利物浦城市男孩来说,那里一定如同天堂。[5]

斯坦利表哥的父亲早逝，斯坦利被送去苏格兰边境的皮布尔斯（Peebles）的一所寄宿学校上学。他母亲梅特再婚，成了爱丁堡一个牙医的妻子。那个城市也成了他们的新家。

"从那时起，约翰就开始搭公共汽车来爱丁堡看我们，"斯坦利回忆道，他比约翰大差不多七岁，对约翰关照有加，"总共加起来，我们有六个表亲，但约翰、利拉表姐和我最亲近。"

大人和孩子们会挤进家里的车，一路向北，开启一段长达六小时，大约三百英里的旅行，这样的旅行从约翰九岁开始，一直持续到了十六岁。

"他喜欢去那里度假，"斯坦利回忆道，"他会在山坡上狂奔，建小水坝，在沙滩上捡东西，画农场和自然风光的素描。他从未忘记那段时光，我们长大后聚在一起时，他还常常说起。"[6]

约翰住过的那个农场小屋还在那里。他在那里写的一首诗是披头士《橡皮灵魂》（*Rubber Soul*）专辑里的歌曲《在我的一生中》的最初灵感来源。

也有人提出，在那个年代，按道理不是应该让孩子一起参加葬礼吗？仅仅因为约翰离家近五百英里，除了信件，别的方法都无法联系上他，而信件从寄出到接收需要的时间太长？咪咪是否并未试图让约翰知道他失去了过去九年来如同父亲一般的姨父？或者当时约翰根本就不在苏格兰，他七月学期结束了才会去，而可怜的咪咪正因为压力和抑郁住院？是不是乔治姨父病倒的那个命中注定的周六，他就是不在家罢了？事实并不明朗。而对约翰来说，六月第一周就离家过暑假是挺早的——不过在那个年代，在学期内以出游为理由请假是可能得到批准的——对于这个时间点有一种解释是说得通的，即苏格兰的期中和假期跟英格兰和威尔士不一致，而且在 20 世纪 50 年代可能差得更远。

咪咪是否真的没喊约翰回利物浦参加出丧和葬礼，当他回家的时候，姨父已经全身冰冷，葬在圣彼得教堂的家庭墓地了？或者他一直就待在伍尔顿，并且参加了葬礼？我们知道，他在咪咪丈夫的葬礼那天给咪咪写了一首温柔的悼念诗，咪咪一生都珍藏着这首诗。我们不知道他写诗的时候身处何方。但我们知道他悲痛欲绝，不知如何表达。据他后来回忆，他和利拉表姐一起因为乔治的死而笑得停不下来。喜剧和悲剧、欢笑和伤痛之间只有一线之隔。约翰的伤痛是如此深刻，让他觉得全然无助。他用大笑的方式来表达痛楚。利拉对此束手无策，只能跟着一起笑。但约翰独处的时候，则为姨父痛哭流涕。此举完全在情理之中。他该如何应对这天塌地陷的损失？他被亲生父母抛弃，现在姨父也离开了？以后还有谁会袒护并支持他呢？咪咪已经穿着丧服守寡，将来脾气会变得有多坏？约翰开始穿乔治的旧大衣，仿佛这样就能让乔治友善的灵魂将自己包围，仿佛这样就能用乔治那中年男子的陈腐气息来保护自己，仿佛这样就能吸取乔治的 DNA。[7]哪怕这件大衣被穿得破旧不堪，他也不愿扔掉。他坚持穿着它度过了在艺术学院读书的时光。而咪咪则依然不肯服软，她太过刻板严肃，无法容忍自己在人前沉溺于伤感。但她确实隐约流露出了自己的痛苦。她再也不用那个曾和丈夫一起休息、阅读的客厅。只在厨房和她小小的起居室活动，任凭曾经温馨的客厅变得冷清。尽管约翰继续和咪咪一起住在门迪普宅，但没有了乔治，生活再也回不到从前。

*

尽管不清楚是什么原因导致，但在姨父去世的悲剧发生时，约翰私下同母亲重建了关系。约翰开始背着咪咪，在放学的时候绕路去见茱莉娅，度过秘密的美好时光。据皮特·肖顿回忆，他和约翰因为干了一件坏事，双双被停学，他们不敢回家坦白自己被学校除名，怕挨收拾。所以他们每天照常起床，例行公事。他们扣好校服纽扣，快速吃完早餐麦片，跨上自行车去上学。只是他们没有去学校，而是去了茱莉娅在阿勒顿（Allerton）的家，也没几英里远，可以经常去拜访。她敞开双臂欢迎这两个爱闯祸的小伙子。

约翰对茱莉娅的感情夹杂着敬爱与敬畏。咪咪脾气很差，像个斯多葛派一样整天念叨着"这是为你好"，对行为和道德都有严格要求，她刻板的作风和一尘不染的瓷器在她迷人的妹妹面前败下阵来。茱莉娅热情好客、无拘无束，有着廉价却迷人的魅力，而这种魅力是十几岁的男孩无法抗拒的。她性感妖娆不知收敛，讲荤段子咯咯直笑，她会踩着高跟鞋去买东西，会拿着鸡毛掸子蹦蹦跳跳，会给他们吃甜食，还会给他们喝不该喝的汽水，同时不忘对他们眨下眼示个意。她的家充满了母性、女性、欢快的气息，是乱糟糟的家庭生活的典范。来者不拒，人越多越开心，饭管够。更棒的是，约翰还能和同母异父的妹妹茱莉娅和杰基这两个可爱的小女孩一起玩。从各种资料来看，列侬非常开心，而且很喜欢和她们在一起。[8]

茱莉娅和儿子像极了彼此。两人都无所畏惧、充满激情、活在当下、藐视权威、厌恶传统和规则。两人都很古怪、天生搞笑，好像非得把别人逗笑不可。最关键的是，两人都热爱音乐。差不多直到与茱莉娅一起，列侬对音乐的热情才迸发。她不仅一直保留着班卓琴，并教列侬弹奏，还收藏了许多唱片和一台留声机，甚至还在其他房间装了扬声器。茱莉娅以她的方式，做到了我们常说的"潮"：是个紧跟潮流的人。当时并没有多少家庭拥有留声机。咪咪家肯定没有。每分钟33⅓转的密纹唱片每面可以录二十五分钟音乐，一直到1948年才出现，而每分钟45转的单曲唱片（可录八分钟音乐）则在一年后才上市。博比和茱莉娅当然收藏了一些"大乐队"[1]唱片，里面有格伦·米勒[2]、本尼·古德曼[3]、阿蒂·肖[4]，还有些20世纪40年代爵士、布鲁斯、迪克西爵士[5]；或许还有几个大牌乡村音乐明星的唱片，比如佩茜·克莱恩和切特·阿特金斯；当然还有唱慢歌的当红男歌手，比如因为翻

---

1 即演奏爵士乐的乐团，流行于美国20世纪30年代初到50年代末，通常有10到25位乐手。
2 美国摇摆年代的爵士大乐团乐手、作曲家和乐队领袖。
3 美国著名单簧管演奏家，被称为"摇摆乐之王"。
4 原名亚瑟·雅各伯·阿肖斯基（Arthur Jacob Arshawsky），美国爵士单簧管演奏家、作曲家、乐队指挥、演员、作家。
5 即迪克西兰爵士乐，又称"热爵士乐"或"传统爵士乐"，是一种相对早期的爵士乐类型，源于美国路易斯安那州新奥尔良。

唱黑人节奏布鲁斯（R&B）而爆红的帕特·布恩。博比·达林、弗兰基·阿瓦隆、尼尔·萨达卡、康妮·弗朗西斯、瑞奇·尼尔森（Rickie Nelson）等艺人的歌曲，列侬都可能听过，此外还有卡尔·帕金斯、杰瑞·李·刘易斯、佩里·科莫、纳京高（Nat 'King' Cole）、托尼·班奈特、多丽丝·戴、朱莉·伦敦、吉姆·里夫斯、哈里·贝拉方特等。还有团体，数不清的团体：企鹅合唱团[1]、乌鸦合唱团[2]、包头巾合唱团[3]、纺织工合唱团[4]、丰坦姐妹合唱团[5]，此外还有派特斯合唱团[6]，他们的歌曲《善于伪装的人》（*The Great Pretender*）在1955年成绩斐然。

如果说在20世纪50年代，原生态布鲁斯和厌世的节奏布鲁斯通过美国电台获得新生，填满了不知餍足的人们的胃口，此时则到了转折点。这类"新"音乐（其实已经存在了很长时间）仿佛横空出世，成了青少年亚文化爆发的跳板，此类现象前所未有。数百万孩子听到了这一号召。他们蜂拥追捧好莱坞当下推出的反叛偶像——《飞车党》中的马龙·白兰度、《无因的反叛》中的詹姆斯·迪恩——年轻流氓的行为和被称作节奏布鲁斯的音乐就这么联系到了一起。事实上，电影业也在争相赚这桶金。1955年，《黑板丛林》标志着一个转折，由比尔·哈利和他的彗星乐队演唱

---

[1] 企鹅合唱团（the Penguins），活跃于20世纪50年代至60年代的美国嘟·喔普（doo-wop）重唱组合。
[2] 乌鸦合唱团（the Crows），美国节奏布鲁斯合唱组合。
[3] 包头巾合唱团（the Turbans），美国嘟·喔普重唱组合。
[4] 纺织工合唱团（the Weavers），成立于美国纽约格林威治村的四人合唱民谣组合。
[5] 丰坦姐妹合唱团（the Fontane Sisters），来自美国新泽西州新米尔福德的三人合唱组。
[6] 流行音乐史上第一支在热门流行榜上拥有冠军歌曲的黑人合唱团体。

的该电影主题曲《昼夜摇滚》成了永恒的经典。这部史无前例的电影如此震撼人心,让观众们激动得不能自已。穿着悬垂剪裁的西装搭配紧身裤的泰迪男孩[1]会带刀片进影院,在电影放映时疯狂地把影院的椅子划个稀巴烂。

经过布鲁斯和乡村的融合、黑人和白人的融合,山地乡村摇滚(rockabilly)诞生了。这种山地乡村摇滚,借由这些名字如同咒语的音乐人——约翰·李·胡克、马迪·沃特斯、丁骨·沃尔克(T-Bone Walker)[2]、波·迪德利[3]——的演绎,透过无线广播的音乐和虚幻的银幕呈现,孕育出了摇滚乐这一文化冲击。从非洲鼓和非洲舞节拍到灵魂乐、朱巴舞[4]节奏和受夏威夷启发而出现的钢棒吉他[5],摇滚乐在发展中兼收并蓄,它的适应力、洋溢的热情、不断变化的倾向和让人不禁起立摇摆的魔力,令它源源不断地散发魅力。由此,小理查德[6]、"胖子"·多米诺[7]异军突起;由此,巴迪·霍利和埃尔维斯·普雷斯利一举成名。1956年9月9日,当猫王穿着格子西装在《埃德·沙利文秀》上首次登台表演,第一代摇滚乐迷经历了"耶稣再临":《别残忍》(Don't be Cruel)、《温柔地爱我》(Love Me Tender)、《准备好了泰迪》(Ready Teddy)、

---

1 英国亚文化,20世纪50年代在英国伦敦开始形成,随后在英国各地迅速蔓延,与摇滚乐联系紧密。
2 美国布鲁斯吉他手、创作歌手、多乐器演奏家,是跳跃布鲁斯和电子布鲁斯声音的开拓者和创新者。
3 美国节奏布鲁斯歌手、吉他手和词曲作者,是布鲁斯过渡到摇滚的关键人物。
4 一种美国黑人舞蹈,以复杂而有节奏的击掌和身体动作作为特征。
5 一种滑棒吉他,亦是夏威夷的特色乐器,和夏威夷音乐、乡村音乐和蓝草音乐联系尤为密切。
6 全名理查德·韦恩·彭尼曼(Richard Wayne Penniman),美国摇滚歌手、作曲家。
7 美国节奏布鲁斯和摇滚钢琴家及创作歌手。

《猎犬》(*Hound Dog*)四首歌在当晚《埃德·沙利文秀》的季度首播亮相,全美电视观众收视率高达82.6%。虽然普雷斯利让女性神魂颠倒的扭臀和双眼放电的镜头遭到删减,但录播室内观众的尖叫声让在家收看的观众如临现场。

这种说法广为流传:将来组成披头士乐队的四个人之所以早年能接触到这些歌曲和音乐家,并从中汲取创作灵感,应该归功于美国跨大西洋的水手。他们会在航行时顺便进口一些黑胶唱片,并在港口周边交易。美国水手会把他藏匿的美国最新发行的唱片从利物浦港卸下,就地卖些钱。外国的和鲜为人知的艺人能进入英国主流,他们功不可没。如果他们把这样的专辑卸下船,他们会在哪里卖?什么样的经销商会采购这些唱片?当时利物浦的商店里还买不到美国进口商品,就算存在黑市,那些交易也很隐蔽。当时这座城市在音乐方面依然与世隔绝。不如说,一开始点燃约翰想象的,是那些流行而非默默无闻的美国音乐人。例如杰出的爵士、布鲁斯钢琴家兼歌手约翰尼·雷[1],以及20世纪40年代末至50年代初最伟大的唱片艺人弗兰基·莱恩。他被誉为"美国首屈一指的歌曲造型师""老皮肺""钢扁桃体先生"。莱恩不仅为许多著名的美国西部电影演唱主题曲,而且几乎能胜任所有风格,流行、福音、民谣、布鲁斯都不在话下,宾·克罗斯比和弗兰克·辛纳特拉与他相比都略逊一筹。雷的《送我宝

---

[1] 全名约翰·埃尔文·雷(John Alvin Ray),以其受爵士和布鲁斯影响的音乐以及充满活力的舞台个性被评论家誉为摇滚乐的主要先驱。

贝回家》(*Walking My Baby Home*)和莱恩的《凉水》(*Cool Water*)这类歌成了约翰在朋友们面前表演口琴的曲目,如今他出家门时都会随身携带口琴。[9] 1955年的夏天酷热难耐,又是长达六周百无聊赖的日子,没有闲钱花,没有地方去,这群顽劣少年会在公园聚头,在太阳下闲逛、抽烟、和姑娘调情,但她们大部分人只看着约翰。男孩和女孩都会随着约翰的口琴放声歌唱。他正在走向成功。事实证明,那是一个独一无二的夏天。它预示着暴风雨的到来。安全无虞、全家共享的音乐正受到气势汹汹、扣人心弦、让家长为之变色的摇滚乐的冲击。在他们享用的音乐大杂烩中,一首歌改变了约翰的人生。

"《昼夜摇滚》可谓第一张摇滚唱片,吵闹、粗糙、性感,是我们之前从未听过的那种,"皮特·肖顿说,"约翰和我几乎一下子就认同了它。其实这首歌只有一个毛病,就是歌手的形象,不过我们当时几乎没有意识到这一点。比尔·哈利很胖,已婚,外表和气质都保守至极。"[10]

但紧随哈利出现的是埃尔维斯,他每次表演都把这个彗星乐队主唱想表达的东西展现得淋漓尽致。埃尔维斯的形象、态度和声音都是那个传说中的庞大国度的缩影,而此前人们只能通过兜售美国梦的电影来体验。猫王以充满挑逗的方式拉近了应许之地,他的一举一动对每个叛逆青少年来说都充满魅力。在那个阶段,连约翰都不敢相信自己能追随猫王的脚步。就凭这个不知从哪里冒出来的无名小子?他甚至连吉他都没有。

但他能聆听。他能梦想。

母亲家里还有另一个吸引人的地方。茱莉娅和咪咪不同,她依然有一个伴侣,而约翰碰巧并不介意他。乔治姨父不在了,约翰身边缺少男性偶像,博比·迪金斯没花多大力气就赢得了约翰的信赖。迪金斯不再做登门推销的工作,他现在成了阿尔夫之前当过的船上服务生的陆地版本,在利物浦的大酒店工作。约翰发现迪金斯喜欢喝酒,因此对他暗生敬意。另外,他的脸还会常常禁不住地抽搐,这让约翰和皮特觉得很好笑。他们很快就给他起了个"抽抽"的绰号,不过并非出于恶意。两个男孩对他很有好感,最主要是因为他有把赚来的小费分一些给他们的习惯。

"茱莉娅的家"如今成了两个男孩离家后的另一个家。在茱莉娅看来,两人一旦想逃课就会造访。两人也知道在约翰的母亲看来,他们是烦琐家务和接送女儿上下学之间的令人愉悦的调节剂。她不会责骂、惩罚或告发他们,也不会跑去找校长,更不会找脾气火暴的大嗓门咪咪。她的家氛围轻松,是一个避风港,他们能在那里吃好喝好,放松地做自己喜欢的事,而不会被反对或惩罚。难怪约翰和皮特在那里越待越久。约翰和咪咪吵得越来越频繁,越来越凶,他甚至开始在母亲家过夜。每当约翰无法忍受在门迪普宅的争吵,他就会对咪咪放狠话,说自己要离家出走,再也不回来。

"为了报复,"皮特·肖顿说,"咪咪有次甚至把约翰心爱的小狗萨利处理掉了。他从茱莉娅家回家后,发现萨利不见了。我没见约翰哭过几次,那就是其中一次。咪咪为自己的极端行为辩解:谁让约翰发誓再也不回门迪普宅?她争辩道,既然约翰不再遛狗,那她没办法,只好把狗杀了。"[11]

"咪咪姨妈杀了约翰·列侬的狗。"啊,咪咪,你真的会做这种事吗?这实在令人难以置信。如果是你做的,就像皮特说的那样,该是多强烈的愤怒,多不稳定的情绪才让你犯下这样的暴行?不论在什么情况下,将一个无辜的生命从热爱、关心它的孩子身边剥夺都是一件残忍的事。萨利早就成了约翰的生命,是约翰回家的理由,是他毋庸置疑的挚友,是慰藉和无私之爱的源头。它还联结着乔治姨父,姨父的逝去依然历历在目,时常令人无法忍受。它也联结着家里曾经的样子。心理学家伊丽莎白·安德森评论道:"动物和孩子在一起的时候,会发生炼金术般的反应,由此生成的魔法有非常好的治愈作用。"[12]

和学校的糟糕关系本就让他心烦,加上青春期激素作祟,他越发找不到自己的定位,对自己、对整个生命的迅速变化的看法让他困惑,对于约翰来说,萨利永远都在那里,是他一直以来依恋的对象。但它不在了,约翰非常崩溃。于是他不可避免地和咪咪渐行渐远,越来越喜欢和茱莉娅待在一起。姐妹俩都不对这样的结局感到意外。

约翰和皮特在生活不如意的时候,有时会说起偷偷溜去海上过日子的事。其实,咪咪早就担心过这一点,怕她照顾的孩子会试图跟随他窝囊废父亲的脚步。对于海滨城市的孩子来说,这是一条明显的逃离路线。谢天谢地,对这两个形影不离的好兄弟来说,这是个不到万不得已不会施行的方案。

*

随后,两人发现了性。和所有青少年一样,他们经年累月地谈论性,想知道其中奥秘,尽管手头的相关信息少之又少。学校只教了些皮毛,一旦涉及细节,则红着脸羞于谈论。皮特的父母觉得给儿子性启蒙不合适,而约翰当然不可能从咪咪那里获得任何信息。皮特估计,约翰十一岁便尝到了自慰的快感。就这一点来说,约翰在两人中遥遥领先。他赶紧向好友演示了这项令人兴奋的新技能,皮特虽然惊奇不已,但掌握得有点慢。没过多久,聚众手淫就风靡起来,有时甚至吸引了一大批对此感兴趣的人。大家似乎都不觉得羞耻。大多数男孩似乎都想参与,互相测量,对比各自的形状、大小和结果,一同幻想,在高潮的时候互相学习。约翰毫不掩饰地说自己会对着法国银幕女神碧姬·芭铎的照片浮想联翩。他脸不红心不跳地向朋友吹嘘,自己把心仪女子的杂志小海报贴在小卧室的墙壁和天花板上,尽情放纵自己。

在便士巷旁的阿比电影院里,约翰迎来了告别童贞的下一步。周六下午,他会在电影院的前排座位和一些不知姓名的当地女孩亲热。一来二去,他们发展出互相慰藉的友谊——对自命不凡、风趣幽默的约翰来说,这是他的拿手好戏。鉴于约翰有着北方人特有的大男子主义,女性对他来说只有一个好处,除此之外他都懒得理会,于是他成了逍遥自在的负心汉。他的第一个正式女友名叫芭芭拉·贝克，赢得了她的芳心之后，他便不把她放在心上，百般敷衍。除非有机会能说服她滚床单[13]——皮特和他新交的女友（或类似关系的朋友）常常会一起参与——否则芭芭拉登门找他的时候，他甚至会装作不在家。他越是百般回避，女朋友越是疯狂地追求他。尽管我们讲的是 20 世纪 50 年代中期的事，他那时的态度依然令人惊愕。约翰来自一个女性占主导地位的家庭。他四个不服输的姨妈和他坚强独立的母亲都不是软柿子。尽管不情不愿，但他对咪咪姨妈一直很尊敬，姨妈付出了巨大牺牲把他拉扯大。他也对那个孕育他的迷人女子十分着迷，就算他把母亲塑成雕像，人们也不会讶异。那他又为何如此轻视女性？他丑陋的自卑感再次抬头。凭借着漫不经心、控制欲强、不屑一顾的态度，神气活现的姿态和粗鲁无礼的语气，他在自己的小圈子里占据上风、提升地位、积攒人气。

*

与此同时，约翰的音乐品味也在不断提升。他和皮特都是卢森堡电台的拥趸，他们会在夜里钻进被窝——约翰会戴着接着延长线的"胶木牌"（Bakelite）耳机——津津有味地收听吉尼·文森特、埃尔维斯·普雷斯利、比尔·哈利等人的歌曲。他们通过共同的朋友唐纳德·贝结识了麦克·希尔，这个小伙子愿意与他们分享自己的电唱机和一大堆美国唱片。多亏了麦克，他们发现了小理查德、查克·贝里、巴迪·霍利。尽管对约翰来说，这些珍贵又酷炫的艺术家并不是自己找到的让他有些不爽，但他忍了，并任由自己每日沉浸在音乐中。

"我十五岁经历了那些事之后,这是唯一能触动我的东西,"他在多年后的一次访谈中,对《滚石》杂志的詹恩·S. 温纳说,"摇滚是真实的,此外一切都不真实。摇滚的特点,好摇滚——不管你如何定义'好'——的特点,就是真实。而且这种真实直指人心。你会发现摇滚里包含的某种东西,也就是真实……"

除了音乐,两个男孩子还开始注重打扮。茱莉娅会尽己所能给约翰买东西,在她的支持下,约翰把自己改造成一个泰迪男孩。"泰迪男孩"是一群无法无天的团体,他们用爱德华七世时代装束的夸张版本来打扮自己,穿着天鹅绒领的外套、麂皮厚底鞋,系着波洛领带,打街骂巷,横行霸道。这并不是说约翰或皮特加入了帮派。绝非如此,他们只是想看起来桀骜不驯。约翰很快便打扮成了廉价版泰迪男孩,还梳了猫王式的大背头。手头更拮据的皮特则尽全力效仿。但这股热度很快退去,两人转而迷上了朗尼·多尼根(Lonnie Donegan)[1]。他俩不是特例。当时全英国的孩子都通过卢森堡电台听到了多尼根的噪音爵士乐团翻唱利德·贝利的《罗克艾兰线》(*Rock Island Line*),数以百万计的人幡然醒悟,摩拳擦掌地喊道:"我们可以搞这个!"

《罗克艾兰线》是第一张在英国获得"金唱片"殊荣的艺人出道唱片。这张唱片在全世界销售了一百多万张,掀起了一股席

---

[1] 英国噪音爵士歌手、词曲作者、音乐家,被誉为"噪音爵士之王",影响了20世纪60年代英国的流行乐和摇滚乐。

卷英国的热潮。据说英国境内一度有三万到五万个噪音爵士团体。查斯·麦克德维特噪音爵士乐队（Chas McDevitt Skiffle Group）、约翰尼·邓肯（Johnny Duncan）、蓝草男孩（the Bluegrass Boys）、毒蛇乐队（the Vipers）是其中最多产的乐队。由杰克·古德（Jack Good）制作的《六五特别节目》（Six-Five Special）于1957年在BBC播出，成为首个用噪音爵士当开场曲的面向英国年轻人的音乐节目。节目邀请了一批噪音爵士乐团体和流行乐艺人，如特里·德恩（Terry Dene）、佩图拉·克拉克、马蒂·怀尔德（Marty Wilde）、汤米·斯蒂尔（Tommy Steele）等。约翰此时已经在考虑组建自己的采石工乐队。他的"第一把吉他"是借来的。这件并不昂贵的乐器是从那家位于斯坦利街，最终成为传奇的荷西乐器行（Hessy's music shop）购买的吗？约翰的"第一把吉他"（严格来说这其实是他的"第二把吉他"）是咪咪还是茱莉娅买的？大多数人认为是茱莉娅买了这把吉他，但关于此事的谣传非常多。约翰的第一把正式的吉他是通过大众刊物《起床号》（Reveille），向一家总部在伦敦南部的公司邮购的。"摇滚吉他"的广告登在该杂志1957年3月刊上，可以购买或租借，而茱莉娅似乎签了购买订单。约翰收到的吉他是一把价廉物美的36英寸加罗顿冠军牌（Gallotone Champion）原声吉他。他马不停蹄地创作了自己的第一首歌曲《卡利普索摇滚》（Calypso Rock），但是这首歌并没有被录下来，后来他也记不得了。它的旋律和歌词都石沉大海，只留下了歌名。

尽管有那么多人把约翰获得第一把吉他一事归功于咪咪,皮特·肖顿却坚称是茱莉娅付的钱。无论如何,确实是茱莉娅教他弹班卓琴,并在儿子首次尝试弹奏"胖子"·多米诺的《多么遗憾》(*Ain't That a Shame*)时为他打气,而咪咪姨妈则一直在反对。茱莉娅邀请约翰去她家练琴,而咪咪则会把他从后门赶出去,整条街都能听到她的谩骂。

虽然皮特·肖顿不是很情愿——他承认自己毫无音乐细胞,也看不出自己的加入能给乐队带来什么好处——采石工噪音爵士乐队成员还是这么凑齐了,约翰担任吉他手,皮特担任刮板手。同样来自采石河岸男子完全中学的比尔·史密斯(Bill Smith)则被找来演奏茶叶箱贝斯。不靠谱的比尔很快就被换下,取而代之的是他们的小团体成员伦·盖瑞(Len Garry),而他的替补则是老朋友奈杰尔·惠利和艾文·沃恩。另一个同学罗德·戴维斯(Rod Davis)入伙演奏班卓琴。埃里克·格里菲斯(Eric Griffiths)作为第二个吉他手也加入了乐队,此外入伙的还有鼓手柯林·汉顿(Colin Hanton)。尽管写作"采石工"(The Quarrymen),但皮特坚称他们的乐队名由三个英文单词构成。奈杰尔·惠利很快就被任命为经纪人,着手打广告办演出,但并没有办成。接着,在他们将从采石河岸男子完全中学毕业的时候,皮特的妈妈帮他们搞定了演出的事,安排他们于1957年7月6日在伍尔顿村每年一次的圣彼得教堂花园庆典上给大家露一手。

这场庆典改变了约翰的命运。因为就在这里,在这片空地上，不远处有埋葬着乔治姨父的墓地，竖立着现实生活中的伊莲诺·瑞比的墓碑，在利物浦的最高建筑——由红色砂岩筑成、装饰有扶壁和滴水嘴兽的哥特复兴式教堂，在约翰曾上过主日学校，参加过唱诗班的地方，他遇到了对手。当时的采石工乐队在一辆卡车后面表演，约翰担任吉他手和主唱，埃里克弹另一把吉他，罗德弹班卓琴，柯林敲架子鼓，皮特刮搓衣板，伦敲茶叶箱贝斯。围观欢呼的群众中有约翰的母亲，还有同母异父的两个妹妹。玫瑰女王[1]戴上王冠后，蛋糕被一扫而光，警犬也被送回基地。杂耍舞台被拆除，套圈游戏用的圈子也被收了起来，准备来年再用，穿着游行华服的人们换回了朴素的衣裳，这支噪音爵士乐队转场前往马路对面的教堂大厅，为晚上的正式舞会做排练，同台演出的还有柴郡骑兵团乐队。就在这时，艾文·沃恩带着一个同学晃了进来——詹姆斯·保罗·麦卡特尼。

后世之人一定处理、分析、重提、重写过数百万次这场撼动世界的事件。但关于这个"现代音乐史上的关键日子"，并没有正式记录。除了在场之人的第一手回忆和目击者描述之外，没有什么可以证明此事发生过或者对话的真伪。但确实有一段那天下午约翰和采石工乐队表演《扮酷》（*Puttin' on the Style*）和《宝贝来玩过家家》（*Baby Let's Play House*）的录音——歌声虽然青涩，却无疑是约翰·列侬——不过关于十六岁的列侬和刚满十五岁的麦

---

[1] 英格兰风俗。非教会组织的庆典游行中，常有一个年轻女子带队，并被冠以当年的"玫瑰女王"，代表整个村子。

卡特尼的首次交谈，以及两人给对方弹的第一首曲子，都没有录音佐证。[14]

约翰当时不知道，保罗那天下午看了采石工乐队的表演，大为震撼。

"我记得自己很惊讶，想着，哟，真不错，因为我很喜欢他们的音乐，"保罗回忆道[15]，"我记得约翰唱了首《来跟我走》（Come Go with Me）。[16]他在电台里听过这首歌，记不得歌词，但知道怎么唱副歌。于是他就靠瞎编把这首歌唱完了。

"我就觉得，嗯，他长得不错，唱得可以，感觉是个很好的主唱。当然，他当时没戴眼镜，看起来挺温和的。我记得约翰很不错。他确实是乐队唯一出彩的成员。其他人跟他一比就有点暗淡无光了。"

他们一见如故，也如鲨鱼般角逐。约翰很冷漠，无声地挑衅。保罗很温顺，带着一丝敬畏。约翰穿着休闲格子衬衫，梳着抹了油的大背头。保罗干净清爽，白夹克搭配休闲紧身牛仔裤。约翰弹着班卓琴和弦，吉他调到了A弦，底部的E弦是松着的。左撇子保罗把乐器倒着弹，并给约翰展示如何正确调弦，然后演奏了埃迪·科克伦的《二十段台阶摇滚》（Twenty Flight Rock）。他还弹奏了吉尼·文森特的《碧波帕露拉》（Be-Bop-A-Lula）和小理查德的几首歌。约翰总是忘词。保罗则过目成诵。他凭记忆随手写出约翰最喜欢的几首歌的歌词，让乐队成员惊讶不已。约翰不情愿地承认这个大眼睛、娃娃脸的狂妄新人让自己眼前一亮，但似乎本能地知道某件特别的事正在发生。他对保罗所展示的一切既敬佩又不平。他一定立即想到，如果这小子能入伙，整个乐队肯定会受益。但如果他邀请保罗加入，会不会让自己被对方盖过风头？

"我心想，他和我一样好，"约翰后来承认，"到那时为止，我一直是乐队的老大。现在我想，如果我拉他入伙，会发生什么？"[17]

几年后，约翰条理清晰地表达了当时的困境——"我有个乐队，"他说，"我是主唱兼队长。之后我遇见了保罗，我必须做出决定：让一个比乐队中其他成员都厉害的人加入是不是好事？让乐队变强，还是让我变强？"[18]

约翰的难处在于放弃控制权。从第一次见面开始，他就凭直觉知道，如果拉保罗加入，自己肯定要跟他平等合作，而不能仅仅让他成为乐队的一名成员。他想继续领导自己组建的乐队，也知道让保罗共同掌舵对乐队来说将是多大的好事，而这反过来也会对他有所裨益。尽管约翰会花些时间适应，但他接纳保罗是采石工乐队继续发展的极为关键且不可避免的一步，当天此事基本就板上钉钉了。如果他们能看到未来，看到将来会发生的权力争斗，时而如胶似漆，时而恶语相向，有最伟大合作的高峰，有极恶毒斗争的低谷，他们有可能当时就各走各路了。就目前的情况来看，他们只能赌上一切，就算失败也不会有什么损失。他们还年轻，就已经很清楚这一点。

一个多世纪以来，研究人类潜能的临床心理学家和科学家一直在思考富有创造力的伙伴关系的秘密。两个有才华的个体之间发生了什么化学反应，让他们的艺术能力飞跃，使两人协同合作的结果远胜一人单打独斗？无论如何，列侬和麦卡特尼就是最好的例子。如果两个个体组成搭档，是因为能在激发彼此强项的同时掩饰彼此的弱点，并在让彼此闪耀的时候创造成功机会，我们就没必要担心他们的未来。将保罗充满亲和力的脸、矫情的歌词、华丽的旋律，配上约翰如愤怒咆哮般猛烈、布鲁斯风格的连复段和小过门；将约翰的忧虑与狂暴，融合保罗腼腆的个人魅力和古灵精怪；用约翰的浪荡和愤世嫉俗，来玷污保罗的感性和天真，会发生什么？我们可以称之为魔法。从本质上说，这就是魔法。两人将彼此诱出舒适圈，把对方最好的东西激发出来，从而成就对方。无惧互相检查，甚至彼此奚落，他们很自然地激励对方进步。这种相互作用大繁若简。作为歌唱、创作、录音、表演的搭档，两人携手，胜过各自为政。

*

倒回到约翰对那个害羞但对音乐很有自信的新人表示"我觉得可以"的时刻。想想皮特·肖顿的感受。列侬现在把所有时间都花在和那个漂亮聪明惹人厌的小子学吉他和弦与练琴上，这让他气不打一处来。而这个聪明惹人厌的小子到底是从哪里冒出来的？

他来自南利物浦的斯皮克。詹姆斯·保罗·麦卡特尼出生于沃尔顿综合医院，母亲玛丽信仰罗马天主教，父亲吉姆是新教徒。

两人都待人亲切、举止得体、工作勤奋，忙于自己的工作，不善交际。保罗的父亲为一个棉花经纪人工作，下班后会在他的非正式乐队"吉姆·麦卡乐队"里弹钢琴。保罗的母亲是一名护士兼助产士，还因为这份工作解决了住房问题。两人在战争期间走到一起并结了婚，他们的第一个孩子于1942年6月18日诞生。18个月后，保罗的弟弟皮特·迈克尔也出生了。根据传统，这个孩子会被叫作"迈克尔"和"我们的孩子"。[19]和约翰一样，保罗也习惯了家庭聚会和七大姑八大姨对他的宠爱。他通过观察父亲弹琴学会了钢琴。家里也花钱给他安排了正规钢琴课，但他对"正经"的教学没有耐心，抗议说还不如自己摸索。他从没学过读谱或作曲。他用自己的二手乐器学会了小号的基本吹奏技巧，并且在自己拥有吉他之前，就在朋友的吉他上摸索出了 C、F、G/G7 等和弦的指法。这个聪明伶俐、开朗直率，曾经胖乎乎，如今瘦了且魅力十足的孩子，在上下学搭乘的公交车顶层找到了第一个一起抽烟的伙伴。此人在利物浦学院男子中学比保罗低一年级，名叫乔治·哈里森（前文提到的拥有吉他的那个朋友）。乔治作为披头士中最年轻的成员，也在政府救济房中长大。父亲哈罗德是由轮船乘务员转行的公交车售票员，母亲路易丝是个爱唱歌的店员。他在1956年听了《伤心旅馆》后，与保罗和约翰同时喜欢上了埃尔维斯·普雷斯利。

1956年是改变人生的一年。保罗一家从满目疮痍的斯皮克搬到了周边环境相对宜人的另一所政府救济房，在福斯林路20号

（如今属于阿勒顿），到门洛夫大街的门迪普宅只需步行十分钟。他母亲玛丽在那里担任卫生随访员，那间不起眼却整洁的房子原本是他们租的，如今作为母亲的工作福利房被分给了他们。就在那里，保罗在十四岁生日前夕开始创作歌曲，并发现自己写起歌来毫不费力。就在那里，他用家里的钢琴创作了《在我六十四岁时》[20]。就在那里，他四十六岁的母亲第一次感觉身体不适，但她将其当作绝经的前兆不予理会。她吃了些缓解消化不良的药，就这么忍着。她的大儿子从柯里唱片行买了平生第一张专辑——吉尼·文森特的《碧波帕露拉》，然后得意扬扬地拿回了家。玛丽被诊断出罹患肿瘤，并入院接受乳房切除手术，而她决定对孩子们隐瞒这个可怕的真相，所以保罗对此一无所知。而此刻为时已晚。她的乳腺癌转移到了脑部，无法控制。她的儿子们见她最后一面的时候，仍然不知道自己将永远失去她。她于10月31日去世。当时保罗还不满十五岁，他弟弟只有十二岁。两人都没参加她的追思弥撒，也没出席她的葬礼。他们心碎的父亲不知该如何应对这一变故。他妻子预料到他对家务一窍不通，在最后出发去医院之前，她在房子的各个角落都留下了详细的说明便条。这个小家庭又重新振作。保罗退回自己的保护壳，一头扎进音乐，写了一首歌，这首歌可能在潜意识里受到了母亲去世的影响：《我失去了我的宝贝》(*I Lost My Little Girl*)[21]。

*

1957年1月，年轻的利物浦见习证券经纪人和爵士乐迷艾伦·赛特纳（Alan Sytner）在马修街的一间旧仓库的地窖里开了家洞穴俱乐部，《每日电讯报》是这么形容这家俱乐部的："十八级滑溜溜的石阶向下通向散发恶臭的地下墓窟"。赛特纳在欧洲旅行时去过地下爵士酒吧，比如位于巴黎拉丁区塞纳河下的于歇特街著名的于歇特小地窖（Le Caveau de la Huchette），于是决定依样画葫芦。[22] 马修街位于利物浦果蔬批发市场中心。这个地窖与于歇特小地窖的 16 世纪粗糙的建筑风格相呼应，有砖砌的拱门和迷宫般的通道。这些通道在"二战"时被用作防空洞，可以容纳六百多名乐迷。虽然最先在那里表演的音乐家都是爵士乐手，很快节目单便加入了噪音爵士乐队，而这种风格的乐队在利物浦地区有几百个。采石工乐队的"经纪人"奈杰尔·惠利退学后在加塔克的李园高尔夫俱乐部（Lee Park Golf Club）担任实习职业高尔夫助理，恰巧因为工作碰到了艾伦·赛特纳的全科医师父亲。机不可失，奈杰尔请求他将自己介绍给艾伦，以便让自己的乐队在洞穴俱乐部演出。老赛特纳大方地提议乐队在高尔夫俱乐部试演，随后采石工乐队便受邀在洞穴俱乐部的爵士乐队表演间隙演出。1957 年 8 月 7 日星期三，他们在俱乐部举行了首场历史性的表演。乐队收到严格指示，演出风格必须是噪音爵士。而约翰自然有其他想法。当天晚上，约翰按照指示温和地开始表演，随后肆无忌惮地唱起埃尔维斯的《别残忍》。目瞪口呆的采石工乐队成员别无选择，只能跟着他演奏。赛特纳被这种违抗行为激怒了。他挤开人群，把一张匆忙写好的字条塞在约翰手里，让他"把这该死的摇滚停了"！

艾伦·赛特纳在 1959 年把洞穴俱乐部卖给在推广上有一手的雷·麦克福尔（Ray McFall），后者拓展了俱乐部乐队表演风格，将当时需求正在上涨的布鲁斯和摇滚纳入其中。然而，多年来，赛特纳一直努力向外界表明自己在推广这几个利物浦最出名的年轻人一事中举足轻重。

"没有我，就没有洞穴。没有我，就没有披头士。"他在 1998 年如此断言，"没有我，啥事儿都不会有。噢，显然列侬和麦卡特尼会成为天才和大艺术家，但你说，没有'洞穴'的话，他们会有今天的成就吗？如果披头士只在马格尔教堂表演的话，谁会注意到他们呢？"[23]

1959 年，有艺术天赋的见习会计麦克福尔用 2750 英镑买下了洞穴俱乐部，重新开张的时候邀请了阿克·比尔克和他的无上爵士乐队表演。他已经意识到节奏音乐的崛起让传统爵士乐逐渐失势，于是着手邀约新乐队表演。1960 年 5 月，罗里·斯托姆与飓风乐队（Rory Storm and the Hurricanes）在洞穴演出，林戈·斯塔尔担任鼓手。经由俱乐部的 DJ 鲍勃·伍勒推荐，披头士引起了麦克福尔的注意。他们收到邀请，于 1961 年 2 月的午间场在洞穴首次亮相——当时他们刚从汉堡回国，风尘仆仆。麦克福尔命令他们收拾打扮，以吸引较为体面的顾客。布莱恩·爱泼斯坦于 1961 年 11 月拜访了洞穴俱乐部，并于 12 月签下了披头士。他们之后又在洞穴表演了 292 场，直到 1963 年 8 月为止。根据麦克福尔的说法，他们每场收入 25 先令（相当于 1.25 英镑），尽管针对爱泼斯坦后来是否协商提高了出场费说法不一。1964 年披头士狂热爆发后，洞穴俱乐部成了他们的圣地。它甚至在卢森堡电台有自己的每周节目，吸引了当时最出名的演出团体，包括谁人乐队和奇想乐队。

由于负担不起排水系统维修的高昂费用，麦克福尔于 1966 年卖掉了俱乐部并宣布破产。俱乐部换上新管理层后确实重开了，但最后还是在 1973 年被拆除。如今的洞穴俱乐部坐落于马修街，是利物浦参观人数最多、最受欢迎的景点，离旧址只有几码[1]。

*

保罗于 1957 年 10 月受邀入伙，距离他和约翰初次见面过了大约 3 个月。10 月 18 日，星期五，他和采石工乐队在新俱乐部摩尔大楼——利物浦北部的一个保守党男子俱乐部——首次公开演出。他们于 11 月 23 日又一次在那里表演，服装几乎一模一样：白衬衫、黑裤子、细领带。他们翻唱了埃尔维斯、吉尼乐队、巴迪、卡尔、小理查德的歌曲。噪音摇滚的元素越来越少。他们搭乘公交车去各个场地表演。保罗和采石工乐队于 1958 年 1 月 24 日在洞穴演了第一场演出。[24]当时他离十六岁生日还差近 5 个月。约翰才十七岁。你知道我的意思。[2]

两人从此形影不离，一有机会就见面，去哪里都带着吉他。

---

1 长度单位，1 码约等于 0.9144 米。
2 出自披头士的歌曲《我见她站在那里》。

在咪咪的门迪普宅，在福斯林路 20 号吉姆·麦卡特尼的家，在布洛姆菲尔德路 1 号茱莉娅的家，以及两人一起去的所有地方，多亏保罗的不懈努力，约翰逐渐蜕变成一个技术过硬的吉他手。保罗的课业成绩在下滑，他父亲因为儿子总和新交的小流氓朋友混在一起而怒不可遏，但保罗期盼的未来正在成形。他们敢于做梦。多亏奈杰尔·惠利，演出邀约接连不断。他们在利物浦走街串巷，参加各种社交俱乐部、大派对、舞会，这些活动大都安排在学生返校的前夜。皮特·肖顿依然和他们在一起。虽然他已经退出了采石工乐队，他和约翰仍然是最好的朋友。皮特和保罗在争夺约翰的关注和喜爱。约翰并没有因为两人如同女孩子般争风吃醋而烦恼。他对此一笑了之，随他们闹。此外，还有更重要的事要操心。乐队显然需要另一个吉他手，一个能够驾驭复杂独奏，把他和保罗都比下去的人。1958 年即将来临，保罗的老同学乔治开始看他们的现场表演。1958 年年初，他被保罗介绍给约翰，并试弹了一次。第二次试弹是在一辆公交车上层进行的。这小子弹得不错，行吧，但搞不起来啊？约翰是个男人，保罗是个男孩，但小乔治·哈里森连十五岁都不满，还是个孩子。 不会太久了。1959 年 2 月，乔治年满十六岁，他离开学校，成为一家百货商店的见习电工。他现在有工作了，或许约翰会把他当回事了吧？

*

约翰遇害后，一些他从未打算发表或传播的私人录音进入了公众视野。被他录音中的暗示所刺激，一些评论家夸夸其谈，认为约翰可能对母亲怀带情欲，而这可能只是幻想罢了。有些人甚至认为两人确实发生了亲密行为。这种说法毫无根据。茱莉娅从未对此发表回应。她应该会否认这一点，以及所有相关问题。

既然约翰对正规学习毫无兴趣，还公开鄙弃学校，那他除了把普通水平考试[1]考得一塌糊涂之外，还有没有其他可能？咪咪一定祈祷他能悬崖勒马、重新振作，把握她自己从未享有的机会，让她的努力和投资都值得。约翰的母亲则毫不在乎，她在约翰身上认出了和自己一样特立独行的性格，约翰如同她的回声和倒影，是个"特别""不同的""人物"，会做出自己的成绩。约翰太过聪明，不可能遵守任何规定。咪咪或许认为妹妹是不支持自己传统思想并怂恿约翰自行其是的罪魁祸首。但约翰早已亮明了自己的喜好：姑娘和音乐。音乐和姑娘。摇滚是最重要的东西。他早晚会"得心应手"，记住他说的话。

与此同时，咪咪姨妈决心亡羊补牢。尽管约翰甚至在他擅长的艺术课上都挂了科，咪咪依然找到采石河岸完全中学的校长普乔伊先生，说服他去利物浦艺术学院为约翰说句话。她的计策成功了。想到约翰终于能以一个商业艺术家的身份过上还算体面的生活，她至少有了些许安慰。1957年9月16日，还有三个星期就满十七岁的约翰成了一名艺术生。他迫不及待，抓住机会从一开始就让自己与众不同。他穿着不伦不类的奇装异服，上身永远

---

[1] 在使用英语教育系统的国家中，高中毕业生（十六岁）要参加普通程度考试（GCE O Level），大学预科毕业生（十八岁）要参加高级程度考试（GCE A-Level）。

套着乔治姨父的那件旧大衣。他名义上依然住在咪咪家，但在那里"他的"音乐不被认可，只能在后院或前廊练习。他尽可能久地待在茱莉娅家，在那里他能尽情弹琴、歌唱、听唱片、撒欢。就在茱莉娅家，他创作了最早的歌曲之一——《你好，小姑娘》(*Hello Little Girl*)[25]。

约翰沉迷音乐，一心想着乐队发展，并没有把精力放在艺术学院的学业上。虽然他的天赋有目共睹，他在作业上交期限快到的时候三下五除二解决困难的能力令人印象深刻，但在第一学年结束的时候，他厌倦了。除了和那些没法带回家见母亲（别说见咪咪了）的女人瞎混之外，他就在咖啡馆和当地酒吧胡吃海喝，和狐朋狗友虚度光阴，于是他一无所成。他只在名义和形象上是个艺术生。对于他这样有能力的人来说，这种情况着实令人惋惜。与此同时，他的乐队也没有先前那么受欢迎了，主要是因为乐队"经纪人"奈杰尔·惠利由于长期生病而不得不辞职，也没有其他人负责寻找机会并安排演出。采石工乐队需要再谋出路。

茱莉娅·列侬的生活也碰到了困难。不幸事件接连发生，在她的伴侣博比·迪金斯被捕时到了顶峰。他因为醉驾被罚了巨款，后来还丢了工作。这一切让她不得不找姐姐咪咪好好谈谈，而这实非她所愿。此次谈话发生于1958年7月15日，星期二。她把约翰留在布洛姆菲尔德路1号的家中，带着博比的最后通牒去见咪咪。由于经济实在窘困，他坚持要茱莉娅告知咪咪，他们不会再让约翰住在茱莉娅家了，也不会再供他三餐。十几岁壮实男孩的开销可能比家里其余成员加起来还要大,人们完全可以理解博比的观点。但让茱莉娅对咪咪说出这样的话,是多大的伤害和羞辱啊!尤其她姐姐已经为约翰付出了那么多,已经替茱莉娅扛下了抚养约翰的重担和开销。咪咪自己也不富裕,依然打理着出租的房间,一方面为自己养老,另一方面也是为约翰的前途考虑。

茱莉娅完成了这项不愉快的任务,随即起身,于当晚将近9点45分时悲伤地离开。虽然时间已经很晚,但天还没有完全黑下来。咪咪刚在前门和妹妹道完别,只见奈杰尔·惠利一摇一摆地走来,他是来找约翰的。茱莉娅寻他开心,让他陪她去公交车站。两人走到街角后互道晚安。茱莉娅穿过门洛夫大道,而奈杰尔转身朝另一个方向走去。就在这时,一阵刺耳的刹车声突然传来,接着是可怕的撞击声,奈杰尔吓得仿佛全身血液都凝固了,这只可能意味着一件事。他转过身,看见茱莉娅被撞飞。她被一辆标准先锋[1]迎面撞上,肇事者是无人陪驾的实习司机、不当班的警察埃里克·克莱格,属于利物浦市警察局,编号126C。茱莉娅的生命在她的躯体着地前就离开了。她在到达塞夫顿综合医院前就已经死亡,死因是颅骨碎裂导致的脑部大面积损伤,享年四十四岁。验尸官出具了意外致死的报告。

约翰是否参加了一周之后母亲的葬礼?他从未提起过。当时在爱丁堡学医的表姐利拉证明她和约翰一起参加了葬礼。他同母异父的两个妹妹——十一岁的茱莉娅和八岁的杰基甚至没有被告

---

[1] 标准汽车公司(the Standard Motor Company)生产的斜背车。

知母亲已经去世。她们被带出家门，到几乎不认识的梅特姨妈和伯特姨父家"度假"。她们出门前并没有意识到自己再也回不到自己的家了。两人回到利物浦后，被安排和哈丽雅姨妈及其丈夫诺曼姨父住在一起，他们的家冰冷且缺乏感情。两人还被剥夺了见父亲的权利，而且并没有得到任何合理的解释。两个女孩直到多年后才知道，她们被法院监护了。茱莉娅后来激动地将这种可怕的处境描述为"虐待儿童"[26]，对此我只能表示同意。

约翰是否会破口大骂、咬牙切齿、抱头痛哭？他是否以酒浇愁，喝个烂醉，变得更加顽劣暴躁？他是否卧床不起，无助且无声地悲痛欲绝？他是否变得比以前更冷酷、更狂暴、更恶毒、更愤世嫉俗、更乖戾、更叛逆？他是否从此藐视权威，唾弃"既定规则"，彻底地谴责两者（这一立场让他日后成了一个完完全全的煽动者）？他的经历让他把上面的事做全了，甚至做得更多。矛盾似乎是合理的。所有这些都是事实。

"这是发生在我身上最糟糕的事，"约翰在悲剧发生十年后说道，"她很伟大。我觉得……我现在无须对任何人负责了。"[27]

就在他1980年去世前，他对此事的回忆依然清晰：

"我两次失去我的母亲，"他说，"一次是我五岁搬去和姨妈住。还有一次，是她真正死亡的时候……那段时间对我来说真的很艰难。这件事真的让我非常非常痛苦。我年轻时本来就敏感，那阵子尤其严重。作为一个青少年、一个摇滚乐手和一个艺术学生，母亲在我和她重建关系的时候去世了……我们才花了几年就弥补了好多缺失。我们能交流。我们相处得很好……这对我造成了非常大的创伤。"

他对死亡和失去怒不可遏。这股怒气必然会在他和咪咪之间爆发，他当时已经无法忍受和咪咪同住了。他每天早上醒来，拉开窗帘，看到的就是母亲身亡之处。想象一下这一场面。我曾站在约翰儿时房间的那扇窗边，像他当年一样看着窗外。太难受了。他是如何保持理智的？他在极度痛苦中孤立无援，无法将痛苦言表，哪怕是对皮特也不行，他怕影响到两人的友谊。他被剥夺了见两个可爱的妹妹的权利，而妹妹本可以给予他手足的慰藉。他如今和自己最为亲密的音乐伙伴倾诉这段最糟糕的经历，但他无法和保罗说这件事。约翰极度需要某个可以依靠的人。而谁能做他坚实的后盾？

第四章
月神

他找到了两个人。她们都已经在他面前出现过一阵子了,都是他在艺术学校的同学。

辛西娅·鲍威尔常被人形容"一本正经"。她是个"上流女郎",漂亮、端庄、说话温柔,庄重而内敛,从不出风头。她来自霍伊莱克,这个位于威勒尔半岛的富庶海滨城镇,拥有贾格尔设计的战争纪念碑[1]、著名的老灯塔、许多被列入文物保护单位的建筑、一个帆船俱乐部,还有一个海滨浴场。这儿还是皇家利物浦高尔夫俱乐部的总部,有英格兰第二古老的高尔夫球场,至今依然是英国高尔夫球公开赛的举办场地之一。

1939年9月,辛西娅出生于布莱克浦,是家里三个孩子中的老幺。因为有两个哥哥,她对年轻男子不感兴趣。她的父亲查尔斯曾供职于通用电气公司。她母亲莉莲怀着她的时候,和许多孕妇一起被疏散至布莱克浦,这样她们就能在远离空袭的地方安全地生下孩子。辛西娅出生后,她父母决定不在德军的持续空袭下冒险度日。他们搬到了海边,辛西娅就在那里长大。她很早就显露出艺术天赋,多次参加比赛并获奖,考上了市里的艺术中学,并有望升入利物浦艺术学院。但她父亲罹患肺癌生命垂危,命令她别再想考大学的事,她原本可能无法进入这所学校,历史可能会被改写。她父亲说自己命不久矣,无法支持她母亲的生活,所以辛西娅必须找份工作,养活母亲和她自己。她十七岁的时候,父亲去世。她母亲做了和咪咪姨妈一样的事——出租家里的房间,让辛西娅追逐自己的梦想。她和约翰一样,于 1957 年 9 月进入艺术学院学习。她读的是绘画专业,原本可能永远不会遇到列侬,但两人都选了字体艺术课。

"小辛"比约翰大一岁,这一点很明显。丢三落四、独行其是的约翰经常两手空空、文具都不带就冲进教室——当然,前提是约翰还愿意来上课。凭着他一贯的厚脸皮和自以为是,约翰常常随意拿她的铅笔、钢笔、尺子和其他文具用。他从不归还,她也从来不敢找他要。约翰经常迟到,总是宿醉未醒、不修边幅,谁都觉得整座教学楼里他是最不可能和白净的"霍伊莱克小姐"走到一起的。他真的只是因为其他课的老师都把他赶出了课堂才上字体艺术课吗?就像在采石河岸完全中学一样。约翰学到了什么吗?怕是没有。谁知道辛西娅怎么喜欢上他的。他对她并不友好。虽然他忍不住嘲笑她的口音、她的着装、她的"一本正经"、她的高冷,但她身上有一些他捉摸不透的东西。她不是他喜欢的类型。反之亦然。但感觉来了,丘比特出现了,他俩只能缴械投降。

两人开始交往。约翰迫不及待地把她介绍给已经是见习警员的皮特，皮特大吃一惊。天差地别的两人竟然成了一对，这让他困惑不已：

"我立马惊到了。这个迷人、有教养的年轻姑娘和约翰最近招惹的那些贱婊子的差别实在太大了，"他直率地说，"小辛特别客气，腼腆得让人心疼。我不禁想，她就像一朵柔弱的花，放在约翰手里怎么能行。"[2]

不是冤家不聚头？虽然最新的科学研究否定了这种观念，但1989年，辛西娅和我为了一部回忆录进行过几次面谈（虽然该书最终并没有进展），在谈到他们关系的各个方面时，她确实是认同这种观念的。她的那家时运不济的餐馆"列侬记"（Lennon's）坐落在伦敦剧院区边缘，面谈就发生在餐馆开张前不久。尽管她与合伙人确实为了该店不惜血本，她甚至挖来了同样位于圣马丁巷上段的彼得·斯特林费洛[1]家的总经理——浮夸的彼得·斯托克顿——为她经营这家餐馆，但它依然昙花一现。在餐馆开业那一周的一个下午，她邀请我到餐馆参观。

辛西娅与列侬离婚之后，又离了两次婚。1970年，她对意大利酒店老板、第二任丈夫罗伯托·巴萨尼尼说了"我愿意"。他们的婚姻持续了三年。她的第三任丈夫约翰·特威斯特是个来自兰卡斯特的工程师。两人于1976年结婚，但七年后婚姻也走到了尽头。我们见面的时候，她正和来自利物浦的司机吉姆·克里斯蒂

---

1 彼得·斯特林费洛在圣马丁巷上段开了一家夜店。

同居。他比她小四岁，在湖区的彭里斯镇工作。

她改回了第一任夫家的姓氏。她说这"对生意比较好"。她用这个姓为维耶勒面料公司设计家居用品，还推出了她自己的香水"女人"，以回应 1980 年约翰为洋子创作的同名热门歌曲。作为烹饪爱好者，辛西娅还在威尔士北部的里辛拥有一家餐馆兼住宿加早餐酒店，名为"奥利弗的小餐馆"。她对自己赚钱的意图直言不讳。"没办法，"她耸了耸肩说，"约翰给我的离婚补偿金非常有限（10 万英镑外加朱利安的抚养费），当然都花完了。为了养家糊口我什么都做。我和所有人一样，都要承担生活开销。"

我和辛西娅见面是由保罗·麦卡特尼已故的妻子琳达牵的线。我和琳达有过短暂合作，试着写一本名为《麦家太太》的书，但她中途决定不出版。列侬夫妇婚姻破裂后，保罗依然和辛西娅有联系，还为朱利安创作了披头士的《嘿裘德》[3]。披头士乐队于 1968 年 8 月发行了这首歌，当时约翰的长子才五岁，这首歌至今依然是他们最受欢迎的歌曲之一。保罗创作的初衷是为了安慰这个经历父母分手苦痛的孩子。

我和辛西娅见面是为了讨论她想写的一本新回忆录。她的第一本回忆录《列侬的转变》于 1978 年出版，留下了苦涩的余味。由于列侬为了小野洋子离开她和他们的孩子朱利安之后拒绝与她联系，她万分沮丧，把这本书写成了"一封长长的公开信，宣泄了所有情绪"。她事后承认，如果可以，她会换一种角度来写这本书。现在她已经接受了列侬于 1980 年 12 月遇害的事实，她恳切地想重新写本书。她需要以她的视角说出这些故事，以留作记录。她不用害怕被约翰指责了。她找人咨询过，最后觉得自己需要专业协助。但她又把全部精力都投进了新餐馆，写作项目就被搁置了。许多年后，在2005年，她自己撰写并出版了第二本回忆录。这本书就叫《约翰》，与第一本回忆录相比，它的内容更无拘无束，带着更多告解的意味。

1989年的那一天，辛西娅在她单色系的餐馆里，坐在一张角落的桌子边上，一根接一根地抽烟，不停地给葡萄酒续杯。

"一切都由约翰母亲去世而起。"她说。她巧克力色的眼睛在巨大的金框眼镜后闪闪发光。她时不时地用手指拨弄自己厚厚的金色刘海。她悦耳的说话声带着一丝利物浦口音。她已经五十岁了，尽管算不上诱惑，但依然惹人注目。毕竟她曾经是列侬家的媳妇。

"这一切颇为复杂，"辛西娅解释道，"母亲的死对约翰心理的影响和伤害巨大。他当年十七岁，我不信他能从中走出来。这件事破坏了他与女性建立正常关系的能力。

"他从未和我坐下来详谈这件事。我不确定他是否能把这件事表述清楚。我只能把他不经意说出口的只言片语以及其他人对此事的评论拼接到一起。我知道他母亲是人们所说的'波希米亚人'，挺不羁的，在儿子开始上小学的时候就把他抛弃了。约翰说他去和'咪咪姨妈和乔治姨父'，也就是他母亲的姐姐和姐夫一起住，我知道约翰和他们很亲近。他很少提起自己的父亲，有人叫他'阿尔夫',也有人叫他'弗雷迪'。我知道约翰的母亲和父亲分居,一直和另一个叫博比·迪金斯的人生活在一起,两人生了俩孩子。我知道他很崇拜他的母亲,是她教他弹班卓琴,也是她给他买了第一把吉他。咪咪则截然不同。说到这里,我要注意自己的言辞,因为她肯定还在世(咪咪于两年后,也就是 1991 年 12 月去世,享年八十五岁)。她非常严格地将约翰抚养长大,规矩很多,期盼很高。这么说吧,她很难取悦,容易失望,而且她会让别人知道这一点。据约翰描述,她妹妹茱莉娅一点也不像她。茱莉娅不那么死板,更加快活,更加随和。约翰显然跟她合得来。在我看来,他和他母亲非常像。咪咪当然爱约翰,但显然也对他失望。在她看来,约翰从未发挥自己的全部潜力,还浪费了很多机会。

"我知道约翰在学校成绩不好,尽管任何人都看得出他有多聪明、多机智、多胜人一筹。我知道他的许多烦恼都源于无聊,这可以解释为什么他无法花心思在学业上。他侥幸被艺术学院录取——他可能根本就不应该去那里,真的——我们是在他上课坐在我后座的时候认识的。他会戳我后背问我借铅笔之类的东西,当然,我借出去的东西都再也没能拿回来。"

辛西娅亲口承认,她的朋友和家人都无法理解她怎么就看上了约翰。

"我们甚至看起来都不像一对,"她咧嘴一笑,"他的'一身行头',如果可以这么形容的话,几乎就像流浪汉。事实上,比他穿戴更整齐的流浪汉我都见过。他就是不愿给靴子绑鞋带。他会把一件老式外套的口袋扯下来，然后穿着它到处走，哪怕那件衣服对他来说太小了，磨坏的袖子才勉强遮住手肘。他穿着那件破旧的大衣四处游荡，如果你问我，我会以为那件衣服是在狗窝里捡到的。我后来才知道，这件衣服是他乔治姨父的，他舍不得扔。他一定觉得穿这件衣服能让他和姨父更接近，感到安心。"

从一开始，对辛西娅来说，约翰就是个挑战。

"他大多时候都郁郁寡欢，喜怒无常，愤怒起来难以自制，"她说，"他会不停咒骂。说特别粗鲁和恶毒的话，这些话常人是不会在女生面前说的。我不习惯听到那种语言——我父母自然从不骂人——而且我以前确实觉得很尴尬，我不介意承认这一点。当年我常常因此而面红耳赤，但约翰似乎毫不在意。我觉得他还很享受让我难为情。这给他一种占了上风的感觉。"

最困扰辛西娅的是约翰胸无大志，缺少动力。

"好吧，"她勉强承认，"我们当时还很年轻。但约翰从不做计划这一点还是让我很困惑。我的意思是，他知道自己周末准备做什么，当然，他的计划通常不包含做作业。但他从不谈自己的未来或生活。这些问题约翰是想也不会去想的。我有时候觉得他不想活太久，而这点让我很烦恼。这么说吧，他似乎对生命毫无敬畏之心。或许是他经历的一切所导致的吧。妈妈抛弃了你，爸爸也离你而去，接着抚养你长大的姨父也撒手人寰，然后你整天都得应付那个难搞、老是生气、看什么都不顺眼的姨妈，而姨父再也不能在旁打圆场，后来你的狗又发生了特别糟糕的事，接着正当你和母亲的关系变得亲近的时候,母亲又离世了……好吧,经历了这么多,全是悲剧,不是吗?难怪约翰变成了那样。他非常脆弱,显然需要母爱。如果你好好想想,会发现约翰只是个孩子,虽然对我来说,他许多时候似乎像个中年人。有时候他确实如此。但大多数时候,他只是个男孩。在那粗鲁又狂妄的外表下,是一个迷茫和脆弱的小男孩。"

辛西娅觉得约翰确实激发了她的母性。

"我对他很有保护欲。我总是告诉自己,其他人根本不理解他。"她对我说,"我常常觉得自己就像他的母亲,而且不止体现在一个方面。我很独立,也很努力。我工作,学习,按时完成作业。我喜欢保持忙碌,喜欢为了一个目标而努力。约翰除了音乐之外,似乎对什么都提不起劲。仿佛他母亲的死导致他将自己的生活喊停。我有时会觉得,他对自己的生死毫不在意。"

她想改变他吗?

"想,当然想了。但也不想。我暗暗羡慕他的样子。他能摆脱一切。我不够勇敢,做不到像约翰那样不管三七二十一,虽然有时候我确实很想那么做。所以约翰的所作所为对我来说是一种替代性的刺激。他很危险。他以一种我绝对不敢做的方式引人注意。他有某种特质。他令人无法抗拒。他是个反叛者。他可以什么都不做,就引起所有人的关注。"

所以学院里最坏的男生俘获了最冰清玉洁的女生的芳心?他真能做到吗?

"我觉得并没有那么刻意，"辛西娅反驳道，"做'他的女友'有点一言难尽，因为这出乎所有人的意料。坦白说，万众瞩目的他确实让我有些沉醉。我无法解释原因，真的，但我确实有这种感觉。我当时害羞而低调，和他在一起的确令人震惊。和约翰一起，作为他小圈子的一员，任何人都会变得更有趣。同时，我母亲无法忍受他也是实情，她非常清楚地表达了自己的感受。她警告我，他会对我造成极坏的影响，和他在一起不会有任何好处。当然，这只会让我更想得到他。警告你的子女不要陷入不好的感情就如同火上浇油，不是吗？对咪咪来说也一样。她无视真实的他，她就是看不到其他人看到的东西。他是她的心头肉，根本没有哪个女生配得上她的约翰。即便像我这样体面成长的女孩子都不行，哪怕我自己表白都不行。咪咪无法接受或允许任何人比她更亲近约翰。"

他们刚开始交往的时候，辛西娅就知道约翰是自己的真命天子吗？

"我们才十八岁，知道什么？"她的笑带着一丝后悔，"别忘了，他年纪最小，而女生在这个年龄段比男生成熟多了。但就我俩来讲，他是那个稳重老成的，而我则是那个害羞、天真、爱幻想的。我们在一起的时候，只要想到他，我就小鹿乱撞，喘不过气，双颊绯红。约翰真的让我无法呼吸。我似乎别无选择：我必须和他在一起，就是这样。因某人引发的爱情之力能控制另一个人，你不觉得这种力量莫名地性感吗？每当你看到对方，甚至只是想到对方，肾上腺素就会飙升，我是这么觉得的。一个人身上的那种自信与脆弱兼具的气质，着实令人着迷。这并不是说他觉得自己比别人好，而是他根本无所谓谁好谁坏。

"不管哪个女生，约翰可以随便挑。他可以和我们中的任何一个在一起，但他要的是我。说实话，我可以为他付出一切。在我们离婚很久之后，我依然是这么想的。尽管一路荆棘，但都已经过去了。约翰很复杂。他比大多数人知道的都更神经质。我最希望他能幸福。而我并不觉得他曾幸福过，这一点让我心如刀割。"

约翰可以对"任何女孩手到擒来"。他日思夜想的女性是银幕上的性感女郎，和绝大多数热情似火的年轻男子的梦中情人一样，秀发更为金黄，嘴唇更为丰满，身材更为婀娜。奥莉维亚·纽顿-约翰[1]在20世纪50年代美国高中怀旧电影《油脂》中饰演的人物桑迪，甩掉自己如桑德拉·狄[2]一般的乖乖女形象，穿上皮衣，和女混混同流合污。小辛也抢先一步，用双氧水将头发漂成金色，涂了大红唇，将自己打扮成芭铎的模样。咪咪对此大跌眼镜。她公开强烈反对霍伊莱克小姐的放荡行为。小辛选择无视她。如果她主日学校老师一般的形象都无法赢得约翰姨妈的肯定，那破罐子破摔也无所谓了。只要能把控住她的约翰，做什么她都心甘情愿。

*

姐妹都是一回事。不论有无血缘关系，是否朝夕相处，往坏

---

[1] 澳大利亚流行音乐及乡村音乐歌手。
[2] 美国女演员，以其电影生涯早期干净利落的形象而闻名。

了说,她们会被自己的哥哥或弟弟无视;往好了说,也不过是被他们容忍。可以有,也可以没有。男孩需要兄弟。没有兄弟的男孩会寻求替代者,约翰便是如此。他有表兄弟,但由于相距太远,他们偶尔才能见面,长大后更是鲜有交集。他身边的小圈子最终组成了一个乐队,还短暂地起名为"约翰尼与月亮狗"。皮特·肖顿和约翰一直是同学,他半推半就地加入了乐队,还成了约翰一辈子的朋友。而现在,皮特成了见习警察,约翰需要找到另一个与自己频率相同的人。他需要找个能提高自己演奏水平的人,找个他潜意识知道具备他所需要的能力的人,而且他能够掌控的人。

他选择了斯图尔特·萨克利夫,或许起先会让人觉得奇怪。或许更重要的是,斯图在约翰面前屈服了。两人完全不合拍。一边是约翰:人高马大、气势汹汹、略显蛮横、痞里痞气、脾气火暴、目光犀利,对权威嗤之以鼻、不屑一顾。一边是斯图:出生于苏格兰,身材矮小、气质忧郁、戴着眼镜、长相清秀、手指修长,完全不像个清洁工(为了赚第一年的学费,他兼职驾驶垃圾车)。就这么一个专心致志、天赋异禀,平时几乎连"嘘"人都不会的艺术家,却深深吸引了约翰。斯图看起来比较小,但行为举止更为老成。他一度留着朴素的梵高式小胡子,大概是为了让自己显得更成熟。他为艺术受苦,拥有真正的艺术天赋。他生活凄凉,住在阴冷又单调的阁楼里。阁楼只有一个房间,床垫就放在地板上,还有一口旧棺材和一盏贝利沙灯。约翰于 20 世纪 60 年代初搬了过去,和他同住了一段时间,当时咪咪就崩溃了。她拜托小辛说服约翰不要离开家，而小辛解释说她不能强迫约翰做他不愿做的事，咪咪坚持说至少让她为约翰洗洗衣服，这样他一周也会回家一两次，吃上热腾腾的饭菜。

尽管约翰自认为是个艺术家，但他投入的努力却仅限于速写和漫画。他喜欢说艺术是他的"第一爱好"，但一腔热血的他，从来没有相应的产出。要知道，他的石版画和限量版印刷品在今天以高价转手并不奇怪。他天马行空的图画、私人的肖像、探索"和平""爱""真理"的漫画（其中许多是由洋子手绘上色的），在今天大受欢迎，且近年价格飙升。一旦某个著名的艺术家不再创作新作品，结果总是这样。2014年，纽约苏富比拍卖行以一幅题为《无题四眼吉他手肖像》的列侬手绘创下了拍卖纪录，该画的成交价高达109375美元。这幅潦草的钢笔速写的成交价比其高昂的预估价还高出四倍多，跻身被拍卖的最昂贵的约翰原创艺术品和手稿的行列。这场海报上印着"也许的诘问：1964年至1965年原创绘画与手稿"的拍卖展，商品全部售出，拍得近300万美元。作为艺术家的约翰毋庸置疑有着强大的追随者群体，但这有多少是因为这些作品出自世界上最伟大的摇滚明星之手呢？

我们都很熟悉"作为视觉艺术家的音乐家"这一概念。鲍勃·迪伦的毕加索风的绘画和色粉肖像、约翰·梅伦坎普的巨型油画和综合材料作品、凯特·斯蒂文斯的迷人专辑封面、吉姆·莫里森的抽象表现主义作品、迪迪雷蒙（Dee Dee Ramone）的涂鸦风绘画、罗尼·伍德对滚石乐队（和其他艺术家）的雕琢刻画、帕蒂·史密斯的绘画和摄影，布莱恩·伊诺、琼妮·米切尔、格蕾丝·斯利克（Grace Slick），以及大卫·鲍伊的艺术作品（他画出了"音乐的声音"），此外还有许多例子。擅长线条画的约翰并非披头士乐队中唯一涉猎绘画之人。麦卡在20世纪80年代开始画画。林戈实验了波普艺术。乔治·哈里森于1986年和基思·韦斯特合作，根据自己最著名的歌曲创作艺术作品。还有专门展出四位披头士成员艺术作品的展览。

约翰究竟是个创造艺术的音乐家，还是做音乐的艺术家？是否抛开分类的习惯，承认他能够通过不止一种媒介创造性地表达自己会更好呢？用来构思、创造绝美音乐的想象、心灵和远见不过就是通过其他媒介进行表达，这并不罕见。毕加索写诗和超现实主义戏剧。萨尔瓦多·达利与路易斯·布努埃尔合作了电影剧本，还写了小说《隐藏的面容》。新印象派画家朱利安·施纳贝尔也拍过叙事电影，其中就有以艺术家让·米切尔·巴斯奎特为原型的著名的《轻狂岁月》（*Basquiat*）。电影配乐非常动听，由大卫·鲍伊饰演安迪·沃霍尔。波普艺术之王自己也拍了数百部电影，执笔撰写了一部支离破碎的小说《A》。如果我们这么做，就不应该忽视观念艺术家小野洋子，她在十九岁时就写了童话《隐形花》（该书2012年才在其子肖恩的坚持下出版），又于1964年出版了一本奇特的教育诗集，名为《西柚》，她还同丈夫一起（或独立）做音乐。我们也不该忽视这样一个事实：一些摇滚明星画家创作的艺术作品让他们自己的音乐佳作都黯然失色。约翰或许会觉得当今所谓的明星艺术运动十分自以为是,有点像国王的新衣。画廊纷纷展出那些已经在非视觉领域获得成功的艺术家的作品,而对那些能力相当却默默无闻的艺术家不屑一顾。这对维持"为艺术而艺术"的纯粹性毫无裨益。

*

斯图亚特·萨克利夫不仅帮列侬做作业,他还打开了朋友的眼界,使其接触到了法国印象派艺术家。皮埃尔-奥古斯特·雷诺阿、克劳德·莫奈、爱德华·马奈、亨利·德·图卢兹-劳特累克等画家深受列侬崇拜,列侬也从他们身上汲取了创作灵感。这些以巴黎为据点的艺术家不断精进画技,以微妙、精细的运笔,描绘出摇曳着光、时间、物体的画作,在19世纪末享有盛名。他们打破了当时的绘画惯例。这种较为抽象、轮廓较为模糊的艺术形式传达了情绪与情感,塑造了氛围,潜移默化地影响了音乐和文学。它也启发了文森特·梵高。梵高从荷兰前往巴黎,向前辈高更、毕加索、莫奈学习,并尝试用色彩表达情感。他发现了如何将痛苦、抑郁、苦恼融入艺术。他的画布上仿佛铺满了他割开的静脉。对一个艺术家来说,通过绘画表达灵魂与情感是一项革命性的创举。梵高创造了一种新流派,后世称之为表现主义。而他或许也因此耗尽了心智:三十七岁那年,他用一颗子弹结束了自己的生命。

对于艺术之所知,过犹不及。任何一种艺术形式,神秘性才是最吸引人的地方。画作上的留白,未奏响的音符。不论哪个领域的艺术家,与其说在尽力向我们展现些什么,不如说在竭力理解自身的存在。而约翰很赞同这一观点。

"如果我能成为另外一个人,我会很愿意试试。"他在1971年的时候表示,"做个艺术家并不有趣。你知道的,写作是如此煎熬。我读过有关梵高、贝多芬之类浑蛋的书。如果他们有心理医生,就不可能存在高更的伟大作品了。这些浑蛋把我们往鬼门关推,而我们能做的,便是当马戏团里的猴子。

"从这个角度来讲,我不喜欢做一个艺术家,我痛恨为那些什么都不懂的白痴表演。他们不懂感受。我能感受,因为我在表达。他们间接地活在我和其他艺术家的生活中……"[4]

*

尽管斯图和约翰一样热爱摇滚,尽管他一副很酷的摇滚乐手装扮,但他和冉冉升起的摇滚明星八竿子打不着。他的唱功在短暂的唱诗班期间就已经捉襟见肘。尽管他坚持上钢琴课,在空军训练团吹过军号,他父亲也教过他吉他的几个和弦,他依然谈不上是个出色的乐手。他之所以遇到保罗·麦卡特尼和乔治·哈里森,仅仅因为他们住得近。在艺术学院旁边的利物浦男子学院中学就读时,他们常常串门,和约翰一起在空教室里排练。斯图被这几个男孩折服,为他们的乐队倾倒,总会参加派对看他们表演。

一个关键性的时刻到来了,斯图的油画《夏日之画》入选了约翰·莫尔绘画奖[5],在利物浦沃克美术馆展览。该画将从1959年11月一直展出到1960年新年。莫尔本人花65英镑买下了这幅画，此事对于这名尚不够格的年轻艺术家来说，是一个重大转折点。这也是一笔巨额的意外之财。约翰、保罗、乔治则马不停蹄地帮他把这笔钱花完。乐队当下缺少鼓手和鼓组，也缺贝斯手和贝斯，所以乐队决定斯图可以二选一加入，只要他能自己掏钱买乐器。斯图无法想象自己能敲好鼓，在其他人的劝说下，他准备试试弹贝斯，于是他从弗兰克·赫西乐行买了一把霍夫纳总统500/5型贝斯。

"问题是，"保罗·麦卡特尼说，"他弹不好。这多少是个缺憾，但他外形不错，所以问题不大。"

斯图亚特于1959年圣诞节加入这个不断壮大的乐队。保罗坦白，他和乔治当时感到十分嫉妒。

"我当时没处理好此事，"保罗说，"我们总是对约翰的其他朋友抱有些许嫉妒。他资历比较老，就是这样。斯图亚特进队后，仿佛把我和乔治的地位夺去了。我们有点靠边站的感觉。斯图亚特和约翰同龄，进了艺术学院，是个很不错的画家，约翰对他的信任是我们所不能及的。"[6]

乐队在当时取名叫"银色甲壳虫"（Silver Beatles），无疑是受到以"生物"命名的节奏布鲁斯和嘟·喔普团体影响。当时这类乐队泛滥，占据了20世纪40年代美国各大唱片排行榜。其中有许多"鸟"乐队：乌鸦乐队（the Crows）、火烈鸟乐队（the Flamingos）、拟黄鹂乐队（the Orioles）、旅鸫乐队（the Robins）、渡鸦乐队（the Ravens）、云雀乐队（the Larks）、企鹅乐队（the

Penguins）、燕子乐队（the Swallows）、鹪鹩乐队（the Wrens）等。还有一些"动物"乐队，如西班牙猎犬乐队（the Spaniels）、响尾蛇乐队（the Rattlesnakes，巴里·吉布的噪音爵士/摇滚乐队，后于1958年更名为比吉斯乐队）、黑斑羚乐队（the Impalas）、泰迪熊乐队（the Teddy Bears），以及著名的蜘蛛乐队（the Spiders）。最关键的是，巴迪·霍利的蟋蟀乐队（the Crickets）致力于同以鸟命名的乐队一较高下。尽管巴迪及其乐队成员十分热衷用昆虫给乐队命名，但他们一开始没有注意到有一个布朗克斯节奏布鲁斯（Bronx R&B）合唱组也叫蟋蟀，于是他们后来改变主意，把乐队更名为甲壳虫（Beetles）。没过多久，真正的"甲壳虫乐队"（Beatles）再起名的时候，多少有向蟋蟀乐队致敬的意味。真是个轮回。

第五章
乔孔达 [1]

约翰强迫琴技捉襟见肘的斯图亚特·萨克利夫加入乐队,有多少是因为他自己缺乏安全感?当时除咪咪之外,几乎所有人都会在他的个人魅力和花言巧语下被他牵着鼻子走,所以他的身边人通常看不穿他使的障眼法。不情不愿的斯图在音乐能力上并不比皮特·肖顿强。肖顿承认自己的短处,在 DIY 乐队期间,他在团员劝说之下演奏刮板,但没多久就退出了。但斯图有艺术家天分。他大有可为。他的长相和乐队气质很搭,是女孩子喜欢的那种。音乐对约翰来说手到擒来,他或许以为所有人都能把它做好,特别是有创作意愿的人,只需下定决心、付出时间,再例行公事排练几回即可。斯图是他乐队的成员了,就是这样。而更下意识、更阴险的原因是,约翰需要他在乐队里。从一开始,约翰就觉得保罗超越年龄的才能对他是个威胁,自己的风头可能会被乐队里更年轻、更善良、更帅气、更有音乐才能的成员盖过。如今乐队

---

[1] 达·芬奇名画《蒙娜丽莎》的意大利名,暗指本章中的蒙娜·贝斯特。

成员的安排已经不再纯粹，这一点其他人应该也感觉到了。斯图主要扮演了衬托约翰的角色。

尽管约翰肯定会对此嗤之以鼻，不过如果当时可以做心理疾病诊断，他在那时就已经表现出我们现在所谓的自恋型人格障碍的迹象了。他会本能地挑剔、评判他人，有时甚至怒不可遏，仿佛别人存在的唯一意义便是衬托他的地位和重要性。他喜欢抨击和贬低他人，从而获得虚妄的优越感。他当时年纪尚轻，并不知道正因为自己极度缺乏自尊心，才想要控制、贬低他人。他同斯图的关系便是一例。他想要斯图加入自己的乐队，却又讥笑对方音乐能力不够，达不到他期望中的标准。约翰并没有试图帮助对方改正"坏"习惯，或建设性地帮助对方提高贝斯演奏水平，而是不厌其烦地斥责对方，伤害对方，打击对方的自信。约翰会使用可怕的冷暴力，甚至直接付诸暴力，让他圈子里的人在他身边小心翼翼，生怕招惹到他，从而做出伤人的事，说出伤人的话。他总会滔滔不绝地讽刺并恶意地揶揄他们，如开机枪般损人，让他人如坐针毡，还拒不承认自己的感受和缺点。他动不动就愤而离席，让朋友们冥思苦想到底自己的什么举止言谈惹到了他。

我们都碰到过自恋的人。我们通过血泪经验知道和这类人交朋友能有多伤人。他们将自己看作上天的礼物，站在高处看低我们，拒绝妥协，总要成为人们关注的焦点，前一刻热情似火，后一刻尖酸残忍。他们常常下意识地以消极的眼光看待自己接触的所有人。传记作家和心理学家在这个层面上兴致勃勃地研究了约翰。虽然即使是拥有专业资质的人，也不可能诊断一个从未见过的个体，况且对方已经不在人世，然而我们能够自由地反思塑造他的经历。我们可以合理推断，他那十分复杂、扭曲的童年是他性格问题的根源。他是万千矛盾纠葛的产物，是多个善人恶人的集合。如今，人们对于人脑在幼年关键时间段发育的了解和20世纪50年代与60年代相比已经不能同日而语。我们可以从一个遥远、抽离却有根据的视角做出总结，约翰是一个如同彼得·潘一般遭人抛弃、缺乏自信的孩子。[1]他从未长大。他憎恨自己。在这期间，他裹着厚重的皮夹克，当作自己展现给世人的"形象"，这一点是有象征意义的。这件皮夹克遮掩并保护了他纤薄的皮肤。任何刮、抓，或者探到皮夹克里面的人，都将面对他的暴怒以及野蛮行为。缺乏自信的他不得不这么做。他控制不了自己。对他来说，伤害、拒绝他人不算什么，但如果别人也这样对他，就要倒大霉。尽管他有能力维持亲密的人际关系，但他总会把自己放在首位。他很快就会通过公然自我伤害的行为，以某种方式破坏亲密关系。没过多久，他便在自己的生活中投入难以计量的声名和财富，再搅入药物滥用，又撒上出轨、家暴等行为，点燃汽油，然后站得远远的。或许约翰从未有机会过"正常的"生活。如果真的存在所谓"正常的"生活的话。

"和所有伟大的艺术家一样，他也是残缺的。"西蒙·纳皮尔-

贝尔（Simon Napier-Bell）如此表示。西蒙是个富有传奇色彩的摇滚经理、创作人、电影制作人、作家。他为马克·波伦、埃里克·克莱普顿、杰夫·贝克、乔治·迈克尔的事业添砖加瓦。他在六十年代初期和约翰有私交。

"他绝大多数时候都咄咄逼人、怒火冲冲、愤愤不平，"西蒙说，"但有些时候，他又特别善于伪装。我从没见过保罗这样：他以一种不同的方式在大红大紫后幸存。他一直是最彬彬有礼的披头士成员。约翰总要嘲讽别人，总要说一些抬高自己、贬低你的话，或者直接无视你。他不喜欢自己，而且他有求死之心。但听好了，你是在描述*艺术家*。他们不是普通人。鉴于我的弱点是喜欢难相处的聪明人，我从没被他吓倒过。我们同龄。我看他的方式或许和其他人不同。对我来说，他挺不错的。"

从爱情到职业成功，他在近二十岁时，有意摧毁几乎所有这些对他好的东西，这是他生活、爱情、死亡的关键所在。谁杀了约翰·列侬？是他自己。

*

如今，人们对女性担任摇滚经纪人、俱乐部发起人或娱乐圈风云人物等并不会感到惊讶。我们对莎伦·奥斯本[1]效应已经见惯不怪，对从阿波罗尼·卡特罗[2]到蒂娜·戴维斯，从珍妮特·比利希·里奇[3]到黛安娜·哈特等各领域的女性名人已经习以为常。[2]

1　音乐经纪人，成功的女性自传作家。
2　美国歌手、演员、前模特、经纪人。
3　艺术经纪人、音乐导师、制作人。

但在当时,这样的女性十分稀罕。后来,在不同的情形之下,蒙娜·贝斯特的个人故事,以及她作为"披头士之母"的重要角色,或许能让该乐队走上不同的道路。她或许能打造出一个能够较好应对声名所带来的难以预料和疯狂之事的乐队,这样披头士可能不会在红遍全球的事业巅峰解散,或许直到 21 世纪都会不停地演出、录唱片,哪怕约翰和乔治分别于 1980 年 12 月和 2001 年 11 月离世也不会影响乐队的存续。

  风情万种、秀发乌黑的蒙娜是卡斯巴咖啡俱乐部的老板。1959 年 8 月,该俱乐部在她利物浦家里的巨大又杂乱的地下室中开业。她开这家俱乐部的灵感来自她在电视上看到的开在伦敦苏豪区老康普顿街上的二伊咖啡馆(2i's)。这家咖啡馆是一对伊朗兄弟在三年前开的,所以叫这个名字。卡斯巴俱乐部是"披头族"时常光顾的据点。披头族是美国垮掉的一代的衍生产物,而"垮掉的一代"这一说法因杰克·凯鲁亚克、艾伦·金斯伯格这类作家的作品而广为人知。在纽约,心怀不满的青少年和被压迫的披头族有了一大群追随者,而且这一群体不断壮大,成为席卷全球的嬉皮士运动。伦敦的披头族则蜂拥进新开的咖啡馆,背诵诗歌、谈论音乐和文艺电影,翻看意大利杂志寻找穿搭灵感,跟着自动点唱机播放的音乐跳舞。这些咖啡馆吸引了大批年轻人,起初的原因很简单:它们的关门时间比酒吧晚。尽管二伊咖啡馆的名字里的撇号用错了,但依然不影响它后来获得"欧洲第一家摇滚俱乐部"的传奇地位,这家咖啡馆提供了一个磨炼的场所。在这里,伊恩·"塞米"·萨姆韦尔[1]结识了哈里·韦布（也就是后来的克里夫·理查德），并在1958年8月为其创作了第一张畅销唱片《动起来》(Move It)。四个月前，"大帐篷俱乐部"在牛津街165号开业。四年后，也就是1962年，滚石乐队在那里举行了首场演出。1964年，大帐篷俱乐部搬到了华都街90号。说到这，不能不提南莫尔顿街上的储备唱片行（Stock Records），因为它引进了别处买不到的节奏布鲁斯、布鲁斯和摇滚唱片。布莱恩·琼斯、埃里克·克莱普顿等诸多冉冉升起的年轻摇滚明星都搬到了苏豪区。蒙娜赚得盆满钵满。

她的卡斯巴俱乐部只接待会员，以避免人们蜂拥而入。第一季度，大约三百位顾客支付了2先令6便士（半克朗）获得了一年的会员资格。她在俱乐部配备了浓缩咖啡机（这极为少见），还提供小吃和无酒精饮料，并在小小的丹赛特牌电唱机上为急切的客人们播放唱片。

俱乐部开业当晚，由于某个乐队退出，约翰的采石工乐队获得了上台演出的机会。乔治·哈里森不仅要在开场的时候在莱斯·斯图尔特四重奏[2]里弹吉他，该乐队还有一项工作便是帮女老板装修店面。她要的可不仅仅是一个替补上场的乐队，还需要人手帮忙粉刷。约翰、保罗、乔治和斯图亚特·萨克利夫同意帮忙。一群艺术家在场，是不会让一面墙留白的。他们在空白的墙上画

---

[1] 即伊恩·拉尔夫·萨姆韦尔，英国音乐人、歌手、创作人、唱片制作人。
[2] 成员为莱斯·斯图尔特、乔治·哈里森、肯·布朗、杰夫·斯金纳。

了星星、彩虹、飞龙、蜘蛛，甚至还画了只甲壳虫。这些洞穴图画，外加约翰女友小辛画的一张约翰的侧影，自然被保留至今。与此有关的故事也是如此。据蒙娜家人说，蒙娜发现十九岁的约翰在地下室墙上刻了自己的名字，"朝他后脑勺狠狠打了一下"。

"这让他的眼镜飞到了地板上，他一个趔趄踩了上去。"蒙娜之子罗格说。

这让近视的约翰乱了方寸，不知如何回家。蒙娜收拾了残局。

"于是约翰·列侬在接下来的一个月里戴的都是我祖母的眼镜。"罗格说。他的言下之意是，正是他们家里的这副"祖母眼镜"传家宝，影响了约翰之后的形象。[3]

2006年，海曼斯格林街（Hayman's Green）8号的地下老煤洞被定为二级登录建筑。该地最终作为旅游景点重新开放，成为披头士利物浦旅游线路的人气之站。

约翰的乐队当时已经换了好几个名字——约翰尼与月亮狗、约保乔三人组（Japage 3）、偏执狂（Los Paranoias），后来又改回"采石工"——他们从1959年8月到10月，举办了近7场周六晚间演唱会，和约翰、保罗、乔治一起表演的还有莱斯·斯图尔特四重奏的肯·布朗，出场费为每人15先令。他们没有鼓手，甚至没有扩音设备。尽管如此，三百多个当地年轻人依然蜂拥而至，观看他们的初演，在令人窒息的地下室流着汗彻夜舞蹈。是约翰找到蒙娜，商量让一个名叫哈里的业余吉他手在他们表演之前做开场演出，这样他们就可以借用他小小的电吉他放大器。鉴于他们第一晚的成功，蒙娜请他们定点驻唱，经过商量稍稍提高了待遇。她坐在后头，一边清点收取的入场费，一边看着蜿蜒的队伍一直排到格林街的转角处。每次周六晚上表演结束后，"蒙姐"会请这几个年轻的音乐人去她家休息。她谈论东方哲学和印度传统，极富魅力，深深打动了乔治·哈里森。

好事接踵而至。保罗和乔治在利物浦男子学院中学同尼尔·阿斯皮诺尔（Neil Aspinall）成了朋友，他成了他们乐队第一个随团技术人员。他开着蒙娜买的二手科默面包车在利物浦穿梭，为乐队运送演出设备。1960年3月，斯图和约翰将乐队改名为"披头士"，尽管无法理解这个"怪"名字的俱乐部常常以"银色甲壳虫"为名为他们做推广。尼尔和蒙娜的儿子皮特成了挚友，1961年，阿斯皮诺尔在贝斯特家租了一间房。尼尔年方二十，难以抵御诱惑，和比他大十七岁的蒙娜搞上了。蒙娜怀孕了。尽管俱乐部获得了空前成功——会员超过一千人——她还是选择于1962年6月她第三个孩子出生前夕，邀请披头士在这里做最后一场演出，永远地关闭了卡斯巴俱乐部。文森特·"罗格"·贝斯特于1962年7月诞生。阿斯皮诺尔继续为披头士工作，一直持续到他逝世。当过电话工程师，在洞穴俱乐部兼职技术人员的马尔·埃文斯（Mal Evans）开始负责运送设备，而尼尔晋升为私人助理。蒙娜和尼尔于1968年分手。尼尔后来一跃成为苹果公司的首席执行官。他于2008年因肺癌去世，享年67岁。临终时，保罗·麦卡特尼陪伴在他床头。

蒙娜就读于文法学校的儿子皮特也走了音乐这条路。母亲给他买了第一套架子鼓之后，他组建了第一个乐队：黑杰克。在因演出费问题发生争执后，约翰和采石工乐队离开了。皮特的黑杰克乐队便接替前者，成为卡斯巴俱乐部的驻场乐队。在当时，卡斯巴是当地唯一会给业余乐队提供表演机会的俱乐部，所以众人瞩目，竞争激烈。默西赛德郡的大多数初出茅庐的乐队都在那里表演过，包括格里和带头人乐队与找寻者乐队。采石工乐队不久就回来了，并时不时来这里表演。就是在蒙娜的地下室，约翰和保罗说服斯图买贝斯加入乐队。也就是在那个地下室，蒙娜的儿子皮特加入了披头士乐队，成为他们急需的鼓手。他同母异父的弟弟罗格出生不久后，皮特就被披头士除名了。但我们先说说在汉堡发生的事吧。

当自己的儿子成了披头士的一员，蒙娜便担起了这个乐队事业发展的责任，很快成了他们的第一任经纪人。正是她游说洞穴俱乐部的老板雷·麦克福尔让乐队在那里做午间驻唱。麦克福尔当时痴迷爵士乐，但随着摇滚乐的兴起，他最终改变了立场。如果唱片行经理布莱恩·爱泼斯坦没有出现，蒙娜应该会继续担任披头士的经纪人。布莱恩·爱泼斯坦足智多谋，如同一个老练的企业家。蒙娜或许被他唬住了，让出了控制权。但哪怕披头士与爱泼斯坦签订了协议，蒙娜依然对他们十分关照。她让他们来自己家里，为他们做吃的，给他们提供现金，为他们出谋划策。乐队成员后来表示，蒙娜对他们的关照超越了他们的亲生父母。爱泼斯坦视她为眼中钉，称她为"那个女人"。

1960年11月，皮特、保罗、乔治三人从汉堡被驱逐出境，是蒙娜让他们安心，并把他们的装备运了回来：在当时，通信不发达，语言有障碍，她能做到这样，实属不易。第二年，是她对格拉纳达电视台软磨硬泡，就为了让他们几个在约翰尼·汉普（Johnnie Hamp）大受欢迎的节目《名人名地》(*People and Places*)中争得一席之地。1967年，当时披头士正在为他们的《佩珀军士的孤独之心俱乐部乐队》专辑准备封面，约翰觍着脸问蒙娜能不能借用她父亲在印度获得的战争勋章拍摄照片。蒙娜还在为他们开除皮特而伤心，不过她还是同意了。显然，披头士乐队所有成员始终非常敬重蒙娜。他们以其特有的笨拙又腼腆的方式，永远感激她为他们所做的一切。即使他们红极一时，依然和她保持着联系，会沿途给她寄小礼物。她有没有因为与史上最伟大的乐队有牵扯而遭受苦痛呢？这么说吧：她再没有开新俱乐部，再没有为其他乐队做经纪人，除了接纳少数客人来参观自己已被捧上天的家之外，再没有全身心地投入做其他生意。她从未搬离海曼斯格林街上那栋巨大的房子，可见她对那里有着深深的感情，那栋房子代表了她在披头士的非凡故事中扮演的角色。约翰去世八年后，一次心脏病发作夺走了她的生命。她死去的当天，本该是约翰四十八岁生日。她享年六十四岁。

第六章
地狱

艾伦·威廉斯曾经当过歌手，后来开了一家叫"蓝花楹"的咖啡吧兼脱衣舞俱乐部兼夜店。这个说话尖声尖气的威尔士小个子，帮经常光顾他的店，时不时演出，偶尔为他当油漆工的披头士乐队搞定了在汉堡演出的事。恶名昭彰的因陀罗和帝王地下室两个俱乐部至今依然坐落在圣保利的大自由街上，那儿是圣若瑟皇家天主堂附近的一块不洁之地。这两个俱乐部的老板是痴迷英国乐队的德国企业家布鲁诺·科斯密德（Bruno Koschmider）。"科斯"还拥有斑比电影剧院，又名"斑比影院"。这家小电影院位于大自由街拐角处的保罗-罗森街上。

不论是伦敦的苏豪区还是阿姆斯特丹的德瓦伦区，都比不上绳索街红灯区。绳索街在20世纪60年代初是海员中心，它靠近汉堡的巨大港口，妓院、脱衣舞俱乐部、夜总会多如繁星，到处都是娼妓、皮条客、易装癖者、黑帮、毒贩，吸引了大批人前来喝啤酒、看演出、寻欢作乐、打架斗殴，而且很可能就是按这个顺序来的。而如果今天去那里，你或许会将那块乌烟瘴气的霓虹飞地错当成拍摄婚纱照的黑暗版迪士尼风外景。这也难怪，因为现在街上满是穿着吊带袜和芭蕾舞短裙，脚踩妓女才会穿的夸张高跟鞋，戴着面纱的女子，以及面色惨白，磕磕绊绊地走出色情表演现场，在鹅卵石街上撒尿或呕吐的男子。毫无美感，但依然有一种奇妙的魔力。这些年来，由于汉堡在披头士发展史上的重要地位，人们一直以一种近乎宗教虔信的崇敬书写它历经的光阴。

在这里，他们不得不硬着头皮开启艰苦卓绝的学徒训练。据说他们在那里演出的次数居整个职业生涯在同一地点演出次数之冠。虽然各方估计的次数略有出入，虽然他们在洞穴俱乐部的出场次数与之不相上下，但人们达成共识的场次应该是两百八十场上下。不论表演次数多少——真实数字是多少并没有太大关系，谁在乎呢，反正很多就是了——他们提升了表演规格、丰富了表演形式，用他们对小理查德、猫王、卡尔·帕金斯、"胖子"·多米诺等人的歌曲的绝妙诠释，让现场观众为之疯狂，并完成了"他们的一万小时练习量"[1]。在这里，这几个男孩遇见了林戈·斯塔尔，并与他建立了联系，这也代表保罗终于可以不用兼职打鼓了；在这里，披头士乐队扩充了他们的表演曲目，并作为托尼·谢里登[1]《我的邦妮》专辑的伴奏乐队做了第一次商业录音——而该专辑吸引了利物浦唱片行老板布莱恩·爱泼斯坦的注意，他因此自告奋勇当他们的经纪人；在这里，他们会遇见一些酷酷的新朋友，

---

1 英国创作型摇滚歌手、吉他演奏家，常年旅居德国。

并受到启发全体剪了长至衣领的中性发型,被称作"拖把头";在这里,在这个散发恶臭,如同被遗弃的阴沟一般的地方,约翰肆无忌惮地发泄他的厌世情绪,成了恶毒、傲慢、粗俗的野小子。他会在台上高喊口号以侮辱、嘲讽东道主。科斯因为命令披头士必须"好好演!"而载入史册。约翰对此很是内行,他照着对方的话卖力演,不加节制,甚至和别人在舞台上打了起来。一次,他甚至全身赤裸,套着个马桶坐圈就上了台。客人们非但没有反感,反而欣然接受。

加勒比钢铁乐队[1]是一切的缘起。披头士走出蓝花楹——利物浦艺术学院旁斯莱特街上一家阴湿的地下俱乐部,前往德国港口演出。他们写明信片寄给故乡的威廉斯,大谈特谈异国的风景。威廉斯抓住机遇,自告奋勇地为科斯密德当中间商,推荐默西塞德的当地乐队。他试着推荐罗里风暴与飓风乐队,但由于后者已经承诺夏天去巴特林度假村演出,只好作罢。他又试着推荐格里和带头人乐队,但后者也已经有演出计划。再次失败的他,向科斯密德兜售了披头士。当时披头士乐队成员已经没有后顾之忧——保罗、皮特、乔治已经退学,而约翰也挂了年终的考试,被艺术学院开除——他们迫不及待地想要往外闯。他们确信这次机会将巩固先前的成绩,他们可能会因此取得重大突破。1960年8月16日,披头士乐队开始了划时代的旅行。此前他们刚在苏

---

[1] 指全钢加勒比乐队(All-Steel Caribbean Band),后更名为皇家加勒比钢铁乐队(Royal Caribbean Band),创始人伍德拜恩(Lord Woodbine)是促成披头士乐队去德国演出的关键人物。

格兰北部表演完两周，支持拉里·帕恩斯[1]提携的约翰尼·金特尔。约翰、保罗、斯图、乔治、威廉斯及其妻子贝丽尔、她弟弟巴里·昌，还有"伍德拜恩大人"——特立尼达的音乐推广人哈罗德·阿道弗斯·菲利普斯（威廉斯与其合开了一家利物浦脱衣舞俱乐部），挤进了威廉斯的绿色奥斯汀牌面包车里。他们绕路到伦敦接服务员乔治·斯坦纳（他在帝王地下室俱乐部为科斯工作，充当翻译和"披头士乐队的密探"），接着折返到哈里奇，乘船跨海前往荷兰角港。他们在荷兰一路狂飙前往德国，隔天就到达了表演场地，还没歇上几个小时，就被推上台表演。他们之后每晚表演好几个小时，一直演到清晨，一周八天[2]，一共持续了六周，就住在斑比影院幕后狭小又肮脏的房间里。

罗里风暴与飓风乐队于 10 月抵达，很快便被安排了每天五到六场九十分钟的演出，与披头士乐队轮换上台。你好，林戈。

这几个男孩于 1960 年 8 月到 1962 年 12 月五次往返汉堡，其间上演的闹剧足以创作成小说和电影。他们拜访汉堡期间，在因陀罗俱乐部演了四十八晚，被投诉噪声太大后，转场去帝王地下室俱乐部演了五十八晚，接着在前十俱乐部演了三个月，然后在明星俱乐部演了七周的开业演出。他们分别于 1962 年 11 月和 12 月返回汉堡，做第四和第五次转场演出，几个月前明星俱乐部就已经预定了他们。在这最后两次赴汉堡演出时，林戈担任鼓手，

---

1 英国流行乐经纪人、剧院经纪人，是英国首位摇滚乐队的经纪人。
2 此处呼应披头士的歌曲《一周八天》。

并于当年 8 月取代了皮特·贝斯特。披头士乐队非常不情愿地履行了从 1962 年 12 月 18 日开始的最后两周演出预定,因为他们这时在英国可谓炙手可热——拜他们首张上榜单曲《爱我吧》(*Love Me Do*)所赐。

约翰说过一句著名的话——他出生于利物浦,但成长于汉堡。他们都一样,他们别无选择。他们从相对舒适的家中被拽了出来,历经火的洗礼,很快学会如何在欧洲最混乱的街道上讨生活。他们交了新朋友,其中有前蝇量级拳王霍斯特·法舍尔(Horst Fascher),他是社会底层的偶像。霍斯特刚服完六个月徒刑,科斯密德雇他当保安,霍斯特自认为能做抒情男歌手,将这几个新朋友当作自己走上舞台的敲门砖。但此事从未实现过。他们初次见面的时候火药味十足。乔治·哈里森问霍斯特是不是纳粹,被霍斯特狠狠揍了一顿。约翰嘴里一直不干不净,法舍尔把他拖到男厕所,尿了他一身。也难怪法舍尔生气,他的家庭在纳粹大屠杀期间接纳并帮助过犹太人。但后来他的态度有所缓和,开始喜欢上了这几个口不择言的邋遢小子,并会主动去找他们。

要知道他们几个在德国初次登台的时候,约翰还未满二十岁,保罗和乔治的年纪更小。若是知道他们成天和脱衣舞娘、妓女、易装癖者、拿着折叠刀的暴徒、毒贩、手持棍棒虎背熊腰的保安和酒吧员工混在一起,咪咪肯定会被气得折寿。她还不知道约翰在上学的时候就已经开始滥用药物,若知道之后发生的事,她会不寒而栗。只要能帮他们撑过夜晚,用什么都行。来俱乐部的都是些嗜酒如命、一言不合就动手的帮派流氓，为了在这些人面前表演，每晚数场演出能有足够的体力，刚开始的时候，他们吞副作用比较小，可以用来抑制食欲的兴奋剂。这几个男孩就着啤酒吞下药片，有时候就这么嘴角留着啤酒沫，几天不睡觉。兴奋的时候，他们的表演如同暴乱。约翰天性不知节制，会一下子吞下四五片，而保罗比较克制，不会过量。皮特则说他几乎没碰过这种药。这或许说明了一些问题。

"在汉堡，俱乐部服务员通常都有这种药片，还有其他各种药物，但我记得这种，因为药效是真猛——他们都吃这种药让自己保持清醒，在这个通宵营业的场所，以令人难以置信的强度工作，"约翰回忆道，"每当他们看到有乐手因为太累或喝太多而倒下，就会给你药。你吃下药，就能开口说话了，就清醒了，就能几乎永不停歇地工作了——直到药效退去，接着你就得继续吃药。"[2]

没过多久，他们便发现自己需要药效更强，能快速生效的药物。

很快，他们的名声便由数千名上岸休假的水手带出港口，传遍街头巷尾，传到了汉堡的几个见多识广、对传统爵士乐更熟悉的青年知识分子耳朵里。尤其是那几个毕业于专业进修学校（一类专门培养艺术、时尚、摄影专业人才的高等教育机构）的年轻人。他们打扮很酷，喜欢穿一身黑。克劳斯·沃尔曼第一个出现，没过多久又带来了他的女友阿斯特丽德·基尔赫，以及他们共同的朋友于尔根·福尔默。后来这一类人接踵而至。我为撰写本书采访克劳斯的时候，他刚过八十一岁生日。

"数十年来，人们一直让我分析我的好朋友约翰·列侬，"他说，"我没法分析。我做不到。这是强人所难。

"我能说的是，对我来说，他们成名前是约翰最有吸引力的特殊时期。你知道的，他并不开心。哦，不。我应该反过来讲。约翰一直非常沮丧。他非常刻薄，非常搞笑，总想用笑话和俏皮话来掩盖自己的问题。他不知道自己是什么，自己是谁，我很快就看出了这一点。这跟他母亲有关，和他童年时期的问题有关。他母亲才过世不久，没几年，这是他来汉堡时还没有想通的事。

"约翰装成摇滚乐手，但其实他不是。他就是个非常难相处的人。这个乐队里，我第一个遇见的是他，他让我摸不着头脑。我吓到了，以为他会伤害我，但他又有一种非常强烈的东西吸引着我。"

克劳斯承认，自己的小圈子和披头士完全不同。

"我们是搞艺术的。我们会穿革面绒或皮质的衣服，戴薄围巾，发型也比较怪。我们和他们全然不同。因为我们看待事物的方式以及我们本身的性格——思想深刻、感情丰沛、喜欢质疑——所以我们不太去那些俱乐部。那里的打架斗殴事件太多了。但我们很幸运，服务员看到我们和乐队成了朋友，便会保护、照顾我们。于是我们几乎每晚都会去大自由街看他们演出。"

克劳斯出生于柏林，生来患有阅读障碍，父亲是一名医生。他比列侬大两岁半，刚接触到披头士乐队的时候大约二十二岁。

克劳斯当时是平面设计师兼商业艺术家，他为飓风乐队重新演绎投机者乐团的 1960 年的器乐曲《走吧别跑》设计的唱片封面是他的首次专业创作。

"我对此很自豪。我稍微会说点英语，所以我把这幅封面画带去给约翰看，他让我找斯图亚特，因为他是乐队里搞艺术的。我们通过这个契机和披头士结了缘。斯图亚特和我坐在一起谈天说地，聊到了康定斯基，还有其他我们最爱的艺术家，接着其他人也都加入进来。连列侬都来了。一般来说，跟他不直接相关的话题，他都不会搭理。

"他们和我们先前见过的任何人都不一样。他们靠的完全是天赋，在我们看来真是惊为天人。我觉得他们对我们也是这种感觉。我们所受的教育把我们塑造成敏感又好奇的人。当时我们有点像存在主义者，追随这种哲学，约翰觉得应该叫我们'存仔'。"[3]

"我肯定希望他们成功，"克劳斯坚称，"最初看到他们在台上演出的时候，我就很确定地知道了。我就是知道他们会出名。听他们的歌，你能感受到一切成功要素：约翰独一无二的摇滚声线和能量。保罗有力而婉转的唱腔。可爱的乔治，以他神气活现的风格，弹奏埃迪·科克伦和乔·布朗的歌。他们每个人都有十分强烈的个性，合在一起就充满魔力。我经历这一切的时候，并没分析过这些，只是单纯地在感受。"

但约翰对他来说是个谜。克劳斯哀叹，约翰卖弄炫耀、嬉皮笑脸，但绝不会让朋友进入自己的内心世界。

"他最终还是改变了,会向我透露点点滴滴,但他总是长话短说,很少掏心掏肺。只有到了很久以后,我们做了好多年的朋友之后,当时他在美国生活,在做自己个人的项目,我去看他,他那时才对我和盘托出。而在汉堡时,这方面的事情他说得很少。我十分渴望了解他。

"我记得有一天晚上,我们一起喝得酩酊大醉,去了家脱衣舞俱乐部,被赶了出来。那会儿大约是凌晨5点。他和我去了鱼市,坐在露天的长凳上,冷风把我们吹得直抖,我们就这么不停地聊。当时我们处于一种奇怪的亲密无间的状态,但他依然不愿对我敞开心扉,他放不开。他当时还没调整好自己。我比他稍稍年长,当然也有自己的问题。但看着他如此痛苦,我也不好受。他生气时会用拳头砸橱柜门,或者扯坏他珍贵的皮夹克。对我来说,他是个好朋友,是我的挚友,但我帮不了他。"

克劳斯回忆说,当时披头士面对的首要问题是没有成年人来引导他们。

"这是个最根本的问题。他们还太小,没法凭自己在汉堡生活。他们真的还只是孩子,但在这里,没人照顾他们。没有妈妈,没有姨妈来料理家务,而这些都是他们来这里之前习以为常的。他们就是几个离开利物浦,在异国他乡受剥削的年轻人。他们的住宿环境十分糟糕,你都无法想象有多脏,还被迫像狗一样夜复一夜地工作。他们不得不靠吃药来保持清醒。我们对他们的遭遇感到难过。他们在斑比影院的住处太糟了。那地方养动物都不成。

他们睡觉的房间小得就像放清洁工具的壁橱。房间里没有衣柜,没有正经的床,只有几张折叠床。到处都是脏东西,他们还找了个罐子当尿壶,而且根本没个像样的地方洗漱,他们不得不在影院公共厕所的洗脸池里洗脚。如果没被我们碰见,他们估计会一直那么过下去。这实在太可怕了,太恶心了,真是惊到我们了。看到这情形你会想哭。我们并不是什么救世主,我们只是想让他们过得好一点。阿斯特丽德和我邀请他们去她母亲家,这样他们就能洗澡、洗头,好好吃点东西。他们迫切地需要母亲般的关怀,而这便是阿斯特丽德为他们做的。我们成了他们的家人。阿斯特丽德和我就像他们的父母。我们照顾这些男孩,让他重新振作。我们带他们看电影,带他们逛遍汉堡和周边地区,还去了波罗的海。他们很愿意接受全新的体验,斯图亚特尤其如此。"

阿斯特丽德当时也是二十二岁左右,摄影专业毕业,在做摄影师助手。她拍摄了一些披头士乐队早期最具代表性的黑白照片,这些照片后来在英国、德国、奥地利、美国、日本等地展出,并以限量形式出版。

"这些事情在我脑海中如同旋转木马,他们实在太令人吃惊了……我的生活在几分钟内就改变了。我只想和他们待在一起,了解他们。"她在 2005 年这么说道。[4]

她是个魅力非凡、令人心动的金发女郎。在约翰看来,她就是"德国版的碧姬·芭铎",几乎就是他青春期女神的翻版。[5]每个披头士成员都爱上了她。阿斯特丽德带他们去历史悠久的圣灵广场，汉堡最著名的游乐场所在地，为他们拍照。于尔根·福尔默也在汉堡各地给他们拍照，团体照、个人照都拍。阿斯特丽德还带他们去自己守寡的母亲尼尔莎家喝茶。她母亲住在汉堡西郊的富人区阿尔托纳，那里曾经是一个繁荣的犹太人社区。披头士们对她的房间目瞪口呆——里面点着蜡烛，十分梦幻，墙壁漆成黑色，天花板贴了银箔，床单是黑色的绸缎。他们和尼尔莎处得特别好，很快就几乎天天都跑去她家吃饭了。她也很快被说服帮他们从当地药剂师朋友那里弄药，因为这种药正规来讲是处方药。另一位常常给他们提供这种药的人是罗莎·霍夫曼，她是俱乐部的公厕管理员。

就算是愤世嫉俗、铁石心肠的约翰，也被阿斯特丽德深深吸引。他给家乡的小辛写信，花了十页信纸，用热情洋溢的语言，图文并茂地描述阿斯特丽德其人其事，让女朋友小辛醋劲大发。其实她没什么好担心的。有一次，她有两个星期假期，于是和保罗的女友多特·罗恩（即多萝西·罗恩）一起去汉堡看望约翰。阿斯特丽德接待了她们，举手投足无可挑剔，还让小辛住在她母亲家里（而多特则和保罗一起被安排住在公厕管理员罗莎的船屋里）。小辛亲眼见到斯图和阿斯特丽德已经订婚：两人戴着一对金戒指。斯图对她一见钟情。但由于令人悲痛的原因，他们从未成婚。

两度离异、膝下无子、离群索居的阿斯特丽德直到生命最后一刻都那么美丽且正直。她一直称她第一个未婚夫斯图亚特·萨克利夫为"我终生挚爱"。斯图亚特在年仅二十一岁的时候在她怀里死去。而她自己于五十八年后的 2020 年 5 月 12 日在汉堡去世，离她八十二岁生日只有八天。她用朴实无华的禄来柯德相机，在她家乡各处给面带稚气的披头士成员拍下的先驱性照片，直到现在，依然如繁星一般在他们的宇宙中闪耀。但她对于自己在塑造他们形象和风格方面所发挥的作用总是非常谦虚。

她坚称："我对他们贡献的最重要的东西是友谊。"

与此同时，披头士于 1960 年年末灰溜溜地回到了利物浦。他们背叛了科斯密德，辞了他那边的工作，加入了和他有着竞争关系的，更大、更专业的前十俱乐部。他们去斑比影院取回数量不多且破破烂烂的随身物品，保罗和皮特在黑暗中摸索。他们把避孕套挂在墙上的钉子上，用打火机点着，这一举动令科斯密德勃然大怒。虽然没有给影院造成永久的损害，但科斯密德立马报警，说他们试图纵火。于是这几个嫌犯被逮捕、审问并驱逐出境。乔治当时才十七岁，没有获得演出许可，而且一开始就没到在汉堡工作的年龄，于 11 月被驱逐出境。保罗和皮特紧随其后，在 12 月被驱逐。约翰殿后。他一个人坐火车离开，无比担心自己永远找不到回英格兰的路了。

斯图亚特得了扁桃体炎，依然留在汉堡，直到身体恢复到能坐飞机，机票是阿斯特丽德买的。但他的心已经不在利物浦，也不在披头士乐队了。他于 1961 年 7 月为了爱情放弃了摇滚乐。搬到阿尔托纳与未婚妻同居后，他申请了汉堡美术学院的奖学金，打算当个艺术老师。但一段时间以来，他一直头痛欲裂，对光敏感，甚至会间歇性地失明。后来有一次，他在教室里意外晕倒，尼尔莎·基尔赫叫来了专科医生。虽然并没有诊断出什么问题，但斯图的身体每况愈下。1962年4月10日，尼尔莎紧急把还在工作的阿斯特丽德叫回家，上救护车陪斯图去医院。还没到医院，他就在她怀里断了气。他的死因后来被诊断为"动脉瘤破裂，血液流进右脑室使大脑麻痹"，享年二十一岁。阿斯特丽德悲伤欲绝，昏了过去。但保罗、约翰、皮特回到汉堡开始接下来的演出时，接机的责任又落到了她的头上。乔治同斯图的母亲米莉和披头士的新经纪人布莱恩·爱泼斯坦乘稍后的航班一起前来。这几个男孩也因为斯图的离去伤心欲绝。乔治和约翰竭尽全力支持再也扛不下去、准备一死了之的阿斯特丽德。她后来在一次访谈中回忆说，约翰当时告诉她，她必须决定"活还是死，别的没什么好考虑的"。[6]

阿斯特丽德和约翰都没参加斯图亚特在利物浦的葬礼。缺席或被迫缺席最亲近之人的葬礼已经成了约翰人生的一个特点。显然，他的余生都被友人故去的阴影萦绕。小野洋子后来承认，约翰常常深情地提到斯图亚特，形容他是"另一个自己"，是他的"引导之力"。"我觉得自己认识斯图亚特，因为约翰几乎每天都会提到他。"小野说。[7]是不是约翰由于愧疚，甚至由于对招致的恶果的恐惧，才没参加本应参加的葬礼，送好友最后一程？

长久以来，一直有人猜测约翰或许对斯图亚特的死负有直接责任。这种耸人听闻的说法在保利娜·克罗宁·萨克利夫(Pauline Cronin Sutcliffe)关于她已逝哥哥的书出版前就被反复提及。书出版前的新闻报道歪曲了这位住在长岛的心理治疗师兼艺术品商人关于约翰对斯图的所谓身体伤害的说法。她被媒体中伤,说她"狂热地相信"约翰1959年时因妒火中烧,无端对她哥哥拳打脚踢,致使他最终因为脑出血丧命。据说保利娜将斯图去世前一年在素描本上的乱涂乱画说成"他精神健康每况愈下的反映"。验尸的时候,医生的确注意到了一处可能由踢打导致的颅骨凹陷。但在2003年7月,伦敦邦瀚斯拍卖行拍卖一百多件她哥哥的私人物品(他的出生证明、利物浦艺术学院学位证、照片、诗歌、阿斯特丽德写给未婚夫家人的信件、斯图亚特写给阿斯特丽德的情书、一些据称斯图参与创作的"遗失的披头士歌曲"的歌词、他的素描本等)之前,她承认在披头士贝斯手斯图亚特死去之前几周,约翰和斯图亚特的打斗"肯定没好处",但否认自己曾指责约翰伤害了斯图并导致其死亡。

"我没说过报纸上刊出的言论,我对此很震惊,"她说,"对于因此受到冒犯的约翰·列侬的家人、我自己的家人,以及全世界数百万披头士歌迷,我感到相当抱歉。"

萨克利夫女士花了四十年时间收集与她哥哥有关的纪念品,撰写与她哥哥有关的文章。她说萨克利夫的私人物品并没有带来任何收益,维护费用反倒高得惊人。她认为,粉丝们一定迫切地想拥有斯图亚特·萨克利夫人生轨迹中的点滴,因为他是披头士的独特形象的奠定者。

"我一直相信,斯图亚特不仅是披头士背后的核心推动力,也是对他们的公众形象影响最大的乐队成员。他的穿搭风格直到今天依然深刻影响着世界。而更重要的一点是,他作为一个艺术家,为了追求自己的初恋——艺术,选择把自己和披头士乐队的关系抛到一边。"

而真相究竟如何,传记作家和粉丝长久以来对此有着巨大分歧。斯图亚特的伤被他们归咎于不同的事件和疾病,从约翰在一次街头斗殴时为了保护他而非伤害他向他扑去,到斯图亚特自己滥用兴奋药物,种种猜测不一而足。

"我哥哥被打过不止一次,"保利娜在另一次采访中说道,"其实他们几个都被打过。这是利物浦20世纪50年代末60年代初摇滚乐队的生活常态。总有帮派盯上他们……这就是那个时代的常态。"[8]

萨克利夫女士为1993年由斯蒂芬·多尔夫主演的电影《披头岁月》(*Backbeat*)做出了贡献,电影根据她哥哥在披头士乐队的故事改编而成,还讨论了两人或许存在同性关系的传闻。她说,如果斯图和列侬在利物浦艺术学院真的有过肉体关系,她一点也不会觉得吃惊。她指出,"约翰有一次亲口说过发生过这样的事",但拒绝透露来源。她形容约翰是个"非常聪明的年轻人,但很复杂,没人真正理解他"。

约翰喜爱斯图亚特,因为斯图是唯一真正懂他的人,这便是保利娜·萨克利夫的专业分析评估。斯图亚特明白，约翰的暴怒是失望的爆发和痛苦的宣泄，这一切源于没有人理解他。除了斯图亚特，一个都没有。那约翰为什么要伤害他？因为。**你总会摘下最美的玫瑰，无情踩躏，直到花瓣纷纷掉落**。[9]

不过他们的友谊一直存续，甚至变得亲密无间。

"阿斯特丽德那里的信，我读过一些，"克劳斯·福尔曼对我说，"斯图亚特退出披头士跟她在一起之后，依然通过写信和约翰保持着亲密交流。当时我就有这种感觉，读完这些信，我也想起约翰很崇拜斯图亚特，认为他是超然的存在。约翰内心是那么缺乏安全感，他总是需要把某个比他厉害的人当作英雄崇拜。在之后的日子里，他再也没找到比斯图亚特更好的英雄。"

*

1962年7月，另一位著名贝斯手得到了在大自由街演出的机会，他热切且天真地期盼着自己能和约翰不期而遇。十九岁的弗兰克·艾伦（Frank Allen）很快便会以搜索者乐队成员的身份享誉全球，但当时他还是克利夫·本内特轰动一时的暴乱煽动者乐队（Rebel Rousers）的吉他手。本内特的乐队在新开的明星俱乐部演出，这家俱乐部就在科斯密德的帝王地下室俱乐部对面。

"明星俱乐部的老板是曼弗雷德·魏斯勒（Manfred Weissleder），经理是霍斯特·法舍尔，它由教堂改建而成，坐落在一堆酒吧和色情俱乐部之间，"弗兰克回忆道，[10]"它的规模比帝王地下室大多了，不仅雇了几十个英国乐队——特别从利物浦雇了一堆不知名乐队——还有美国的当红音乐人。我们在那里表演了几场，与我们同台演出的有许多传奇人物，比如比尔·哈利和他的彗星乐队、乔伊·迪伊与星升乐队[1]、埃弗里兄弟、波·迪德利（我曾在他的乐队弹贝斯）、吉尼·文森特、文斯·泰勒[2]、雷·查尔斯[3]、"胖子"·多米诺、杰瑞·李·刘易斯等。第一次去那里的时候，我们发现俱乐部里的人都在谈论一个来自默西塞德的乐队，叫披头士。到处都是他们的照片，还有很多迄今为止从未听说过的乐队的照片。贝蒂娜、戈尔迪、罗西还有其他酒吧女招待显然都很喜欢他们。"

因为披头士当时被称作英国最好的乐队，弗兰克等人十分好奇，热切地想要见一见自己的竞争对手。他们于当年12月30日返回汉堡，期待着一睹披头士乐队的庐山真面目。

"在国内，"弗兰克回忆道，"他们以一首《爱我吧》勉强挤进排行榜，这个成绩对首张唱片来说算不上十分出色。不管怎么样，据说他们的经纪人布莱恩·爱泼斯坦为了让这张唱片能进排行榜，自己花钱买了一大堆。这真不是件光彩的事，但这种现象太普遍了。最终，这张唱片登上了英国唱片畅销排行榜第十七名。

"那一天冬天非常难熬。因为大雪，希思罗机场几乎整天都处于封闭状态。我们被安排和披头士同一晚在明星俱乐部表演。由于天气状况，我们差点没去成。不过机场傍晚时解封了一段时间，

---

[1] Joey Dee and the Starliters，美国流行乐队。
[2] 英国摇滚歌手，文斯·泰勒和花花公子乐队主唱。
[3] 美国灵魂音乐家、钢琴演奏家，节奏布鲁斯音乐的先驱。

我们到德国的时候迟了,霍斯特来接机,直接开车把我们送到俱乐部。我们没机会表演了,但至少还能一睹其他来此追梦的乐队的风采。

"唱节奏布鲁斯无人能比的克利夫·本内特不会轻易称赞别人,但看披头士表演时,他十分专注。他们的表演给他留下了极为深刻的印象,我也有点迷上他们了,但我必须承认,我并没有激动到不能自已。他们算不上老练,风格和表现都略显粗糙。我觉得他们当时正处在穿黑高领套头衫的时代[1]。但他们有某些闪光点。某种个性让他们脱颖而出。他们掌控全场的方式很奇妙。他们确实厉害。"

弗兰克和其他乐队成员看了披头士的新年演出。相应地,披头士也有机会一睹评价极高的暴乱煽动者乐队的现场演出。

"披头士隔天就要坐飞机回英格兰。一定是晚班飞机,因为我进化妆间的时候撞见了正从化妆间出来的约翰·列侬,当时中午刚过。我们面对面站着。我做了自我介绍,说我有多么喜欢他们的表演,并提到我听说他们的新唱片就要发行了。我祝他和乐队大获成功。约翰直勾勾地看着我,倒也不是警惕,更像蛇盯着毫无戒备的啮齿动物,时刻准备出击,把对方一口吞下。可怕极了。我当年很胆小。从很多方面来说,现在依然如此。

"'啊,对,你是弗兰克吧,'约翰说,'对,我也很喜欢你们的表演。我和俱乐部里的人聊过,看起来除了克利夫之外,你在

---

[1] 20世纪60年代,以披头士乐队为代表的音乐人喜欢穿高领套头衫。

乐队里最受欢迎。'他顿了一下，准备痛下杀手。'但我想不通为什么，'他嘲讽地说，'你弹的和弦真可笑。'"

列侬的话让弗兰克措手不及。"我拿不准他是在侮辱我，还是在说某种友好但怪异的利物浦玩笑话，"他说，"我不知道如何回答，只能随口回应：'嗯，祝新专辑大卖，很高兴见到你。'约翰则回答道：'是啊，我也很高兴见到你，弗兰克。再见。'

"披头士乐队去了机场，我们好多人依然留在台上，听特大号泰勒[1]录制的他们前一晚最后一场表演的录音带，音质特别差。多亏了另一个默西节拍乐队三巨头（the Big Three）的前任成员阿德里安·巴伯（Adrian Barber），他后来不再演出，在明星俱乐部担任音响工程师，这些乐队才给后世留下了流行音乐史上的一个重要时刻，尽管当时没人意识到这些时刻究竟有多重要。[11]

"霍斯特·法舍尔拿着一张小唱片出现，是一张约翰给他的，录有披头士新单曲的醋酸纤维唱片。阿德里安用俱乐部的音响系统播放了它。这首歌真是惊为天人，从令人沉醉的器乐开场一直到结束，都令人欲罢不能。毫无疑问，《请取悦我》必然能把他们带到比《爱我吧》更上一个台阶的高度。"

两个年轻的音乐人之后又偶遇了好多次。尽管他们第一次相遇没有任何记录。"之后和他见面就完全没有不舒服的感觉，"弗兰克说，"他可以是好好先生，也可以是难搞的人，而且两者转换仅在一瞬间。你根本不知道该如何与他相处，但你会学着不为此

---

1 指特大号泰勒与骨牌乐团（Kingsize Taylor and the Dominoes）。

烦心。

"许多年后，我们在纽约一家名为'剪辑室'（The Cutting Room）的俱乐部演出。庞凤仪（20世纪70年代列侬"迷失的周末"的女主角）也在观众席中。表演结束后，她过来聊天。我跟她讲了我在汉堡的故事，并对她说了我的看法。在我看来，尽管约翰看起来自信又张扬，他其实和我们一样，被不安全感所笼罩。我说，他的应对方式就是先下手为强。'你真是一针见血！'她惊呼，'约翰就是这样的人。'"

第七章

斯文加利[1]

布莱恩·爱泼斯坦曾说过,他二十一岁时就觉得自己像个老头。他脚踏皮靴、西装笔挺、圆滑世故,从十六岁开始便做着一份体面工作,直到二十多岁的时候看到了披头士,他如梦初醒,这位前RADA[1]学生仿佛在披头士身上看到了达成自己抱负的机会。失败的公立学校教育让他得了个安慰奖——继承无聊、呆板但收入可观的家族产业。布莱恩被剥夺了少年时代,似乎直接从青春期跳到了中年。披头士代表了他所错过的一切。看着他们,他仿佛看到了自己遗失的青春,继而不可自拔。

他第一次听说这个乐队是在经营新开业的北角唱片行的时候,该店是爱泼斯坦家族商业帝国的一部分。他在比尔·哈里的《默西之声》音乐杂志上读到了关于他们的报道。布莱恩在该杂志上有广告位,他把杂志放在店里出售。1961年8月,他开始在杂志上写专栏。约翰没过多久也开始为该杂志撰稿。后来,有顾客进

---

1 英国小说家乔治·杜·莫里耶的小说《软帽子》中,一个用催眠术控制女主人公的音乐家。

店想买一张叫《我的邦尼》的德国唱片,这激起了布莱恩的兴趣。他发现这张唱片的人员表里有披头士,也就是那几个来过他店里好多次的当地男孩,他决定去看看他们的演出。布莱恩对洞穴俱乐部并不陌生,偶尔会光顾那里。他打听到披头士会在 11 月 9 号来洞穴演中午场。他和私人助理阿利斯泰尔·泰勒(Alistair Taylor)去了俱乐部,发现自己被女学生和午休中的上班族包围了。

"我立马被他们的音乐、他们的节奏和他们在台上的幽默所打动,甚至后来和他们碰面的时候,我再次被他们的个人魅力震撼到了,"他在收录于《精选辑》的电视采访中说,"真的,一切就从那里开始了。"

尽管乐队成员的感情显而易见地好,有着令人欲罢不能的幽默,以及惊人的音乐才华,但这几个不修边幅的摇滚青年的形象有些惨不忍睹。他们胡乱穿着牛仔裤和皮夹克,打扮过时而粗野,看起来有点气势汹汹,还对舞台表演艺术一无所知。他们会在表演时抽烟喝酒、嬉笑怒骂,闲聊或胡闹,仿佛视观众为无物或碍人之物。布莱恩或许这时有点不自量力了。但他对他们深深着迷,一次次去看他们表演。他想要他们。到了下个月,披头士同意让他做经纪人,尽管他之前完全没有当艺人经纪人的经验。

"事后评论或批评历史人物,再容易不过。"埃德·比克内尔(Ed Bicknell)说。他当了二十六年的恐怖海峡乐队的经纪人,而且对斯科特·沃克[1]、格里·拉弗蒂[2]、布莱恩·费瑞[3]等人的事业发展起到了举足轻重的影响。这位耿直的约克郡人开诚布公地说:"在流行音乐领域,只有一个经纪人在布莱恩之上:汤姆·帕克上校,猫王的经纪人。在 1961 年,几乎没人知道他。更没人知道他做了什么。帕克之前在嘉年华工作:他肯定不是什么'上校'。我们英国没有嘉年华,海滨游乐场是最类似的活动了。"[2]

"和现在不同,当时没有书,没有纪录片,没有自传,没有学术课程,自然也没人可以请教。所以布莱恩提出当披头士的'经纪人'对双方来说都没有太大意义,可以说是摸着石头过河。

"当时,'流行乐'被看成一个过渡阶段。如果从事这个行当两年后没有蜕变为全能艺人,那就得拍拍屁股走人了。产业'机构'完全是由那些具有'娱乐综艺'背景的中年男人设立的,那些人要么叫'卢',要么叫'莱斯利',要么叫'伯纳德'。"[3]

流行乐是放纵的,比克内尔解释道。它的听众表面和气,心里其实看不起它。克里夫·理查德和影子乐队很快就参加了各种童话剧、夏季音乐节,还有各种你能想到的 MOR[4] 音乐电视节目,做的几乎都是些哗众取宠的表演。这差不多便是电视和广播对这种"低劣的美国噪音"的定位。至少刚开始是这样。没过多久,电影业兴起,摇滚乐很快被淡忘,取而代之的是"家庭娱乐"。少年的烦恼沦

---

1 美国创作型歌手、作曲家、唱片制作人。

2 苏格兰创作型摇滚歌手。

3 英国歌手与词曲作家,华丽艺术摇滚乐队罗西音乐的主唱。

4 一种音乐类型,全称为 Middle of the road。

为了《年轻人》(The Young Ones) 和《夏日假期》(Summer Holiday)。[1]

"很快,"埃德说,"披头士发现自己也在同一条船上,靠拍摄大段影片来卖专辑和单曲,没有一丝危险的反叛气息。这就是那个时代的观念。之所以叫'流行'乐,就是因为'流行'。这就是关键。这种认为它也可能是'艺术'的观点是之后的事了。"

当然,披头士自己也没有想要在文化史上占据一席之地。他们还年轻,就是觉得好玩。他们并没有设想未来,也没有梦想着成为"传奇四人组"。这一切都还很远。

"但爱泼斯坦确实具有所有经纪人都该有的品质:信念。他的信念坚如磐石。若要让信念发挥作用,就必须将其变成某种执念,顽固到把'不'这个词的意思理解为'或许吧'。所以不管你被拒绝多少次,你都要坚持下去,直到你得到'好'的答复。乔治·马丁对我说,他想签披头士的主要原因,除了签他们不用花一分钱,就是布莱恩对'小伙子们'永不放弃的坚持和信念。"

一份为期五年的合约很快就拟定完成,并于1962年1月24日在蒙娜·贝斯特的家里签署。因为保罗、乔治和皮特还未满二十一岁,爱泼斯坦需要得到他们父母的同意。约翰已经成年,可以开心地无视咪咪的抗议。尽管她总是找碴,几乎反对约翰做的任何事,贬损他,动摇他的自信,但想破坏这件事,门儿都没有。

但"这"就是约翰想要的吗?被塑造成布莱恩心目中披头士的样子,被包装,被营销,被商业化,而且,没错,被剥削,这

---

[1] 分别于1961年和1963年上映的两部音乐电影,均由克里夫·理查德主演。

和约翰看待自己的方式大相径庭。他曾公开表示,他绝不会穿成西装革履的样子。但他又自食其言,穿上了西装,一路演了下来。他说了一句著名的话:"只要有人付我钱,我不仅穿西装,给我该死的气球我都穿。"所以他妥协了。他屈服了。他放弃了对自己的个性的把控。这是约翰·列侬最核心的东西,是让他独一无二的元素。为什么呢?故意惹咪咪生气?为了给她点颜色看看?为了向她表明,他并不是她眼中和父母一样百无一用的失败者?为了追名逐利,他粉饰自己的本性,跳入别人刻下的模子,这对约翰这样的人来说,似乎有些做得过头了。你得仔细分析才能理解。胡乱打领带或留着衬衫领口的扣子不扣,这些细小的反叛行为都是蛛丝马迹。他显然不喜欢正在发生的事。但他能看到目的所在,也知道自己别无选择。尽管约翰拒绝将四人打扮得花里胡哨,穿着舞台西装,顶着几乎一模一样的发型,他还是忍了下来,因为当时的风气就是这样的。艺人听命于经纪人。最为著名的先例就是克里夫·理查德和影子乐队,他们招摇地穿着无尾礼服,打着蝶形领结,赚得盆满钵满。他们成功了……所以该死的。他已经让别人知道了自己的感受,接着和身边人一样用力甩头。但这不是他的第一次自我毁灭,又是什么呢?这是杀死约翰的第一枪。

*

如果你一直走一步看一步,肯定会犯错。但这些错只有你在回过头来看的时候才会觉得是错。尽管当今的摇滚或流行乐经纪人饱读相关书籍,上过相关课程,也拿到了相关证书(和纪念 T

恤），但我深深怀疑，如果把他们放到 1963 年的利物浦，他们是否真能做出不同的决断。

"布莱恩犯过错吗？当然了，"埃德·比克内尔说，"人人都会犯错。经纪人总会高估自己的影响力。推动一切的其实是艺人的天分和动力。几十年来，布莱恩一直因为他为披头士签下的许多臭名昭著的商业协议而饱受批评，这实际上让他获得了大部分控制权和盈利能力，而这些他一开始都没想到。这当然很糟糕，但接下来该怎么做，他有信息做参考吗？我们的老朋友上校几乎全靠自己让猫王获得成功。但当时没有规则，没有先例，没有前例规定你该拿百分之几的利润。在上校的例子里，他在猫王拿到股权之前，自己就先拿走了一大部分。跟他比起来，布莱恩·爱泼斯坦的协议并没有那么糟。

"如果你是经纪人，你就要担起不同职责。首先，你要做生意，而当时唱片公司和歌曲发行商有'标准'协议。'要么签要么走人'是个打不破的准则。演出承办方也没什么两样。除非你有经纪人最难能可贵的能力——影响力，不然你就会被束缚，布莱恩当时就是这样。从很多角度来看，科技让我们回到了原点。而有一点是确定的：公司总会挑最短的捷径。换句话说，就是最省钱的路。

"其次，你得'管理'手下的音乐人。拿布莱恩的例子看，就是披头士四个成员——别忘了，再过不久他就签了许多艺人，这些艺人几乎都来自利物浦。这就是困难之处，需要懂得人心、欺诈、权谋、独断。

"每个乐队里都有想当领头人的人。这些人通常会通过人格魅力,通过发最大的火,通过最不愿意妥协以及做最恶劣的浑蛋来得到这个位置。才能偶尔会起作用,但并非人人都具备。在乐队中,民主从不管用,这就是为何乐队最终都会分崩离析——那个浑蛋总会第一个离开。因为浑蛋的自我通常有小行星那么大,再加上同样程度的自恋。这与他在乐队所占的地位成正比。"

乔治·马丁对比克内尔说,约翰欺负起人来很讨厌:"尤其是对乔治·哈里森,他早期尝试写的歌在最好的情况下会被约翰不屑一顾,最坏的情况下会被近乎羞辱地驳回。过了好多年,列侬才很不情愿地承认《某种特质》(*Something*)是《阿比路》专辑中最好的歌。"[4]

*

于是布莱恩给披头士灌输了一些礼仪知识,教他们在唱完每首歌以后整齐划一地鞠躬,并好好打扮了他们。据记载,他带他们去威勒尔见他的朋友缝纫师贝诺·多恩(Beno Dorn),给他们定做第一套西装。关于乐队当下应该呈现的形象,爱泼斯坦咨询了伦敦流行达人杰夫·德克斯特(Jeff Dexter),他是一名专业舞者、歌手、DJ,定期在河岸街兰心剧院演出。

"对,我把他们介绍给道基·米林斯(Dougie Millings)。道基给他们做了经典的披头士无领套装,"德克斯特证实道,"他当时专门给摇滚乐队做衣服。

"他们还从阿内洛与达维德（Anello & Davide）鞋店里买了我穿的滑雪靴，这鞋非常好穿脱。我们称这种鞋为滑雪靴，是因为舞者们把舞池称作滑雪道和地毯，比如我们会把跳舞说成'切地毯'。我记得披头士先买了双阿内洛家的巴巴靴[1]。从道基的作坊出来，我带他们直接去了华都街上的明星衬衫行（Star Shirtmakers）。"[5]

爱泼斯坦的下一步便是着手为他们拿下唱片合约。这件事艰巨且复杂，并没有他预想的那么简单，但他的北角唱片行同大唱片公司的业务关系最终还是让他和百代唱片下属的帕洛风（Parlophone）唱片公司谈下了合约，由乔治·马丁担任他们的音乐制作人。

另一个需要考虑的重点是曝光度。多亏蒙娜·贝斯特的不懈努力，披头士已经登上了格拉纳达电视台。这是一个重要的地方电视台，位于英格兰西北部，覆盖面很广——北至湖区，南至"瓷都"[2]，从威尔士北部一直延伸到约克郡海岸——登上格拉纳达电视台的节目，对任何乐队来说都是一种有力的宣传。制作人约翰尼·汉普接受我们的采访时已经八十七岁了，他对披头士的蜕变起到了关键作用，后来还制作了一档关于列侬和麦卡特尼音乐的重要的电视特别节目。在披头士的《精选辑》中，保罗随口坦言他们其实不太想做这个节目，但看在伙伴约翰尼的面子上，他们

---

1 一种搭配古巴式鞋跟的切尔西靴。
2 即特伦特河畔斯托克，其瓷器生产非常有名，号称"英国瓷都"。

还是做了。约翰尼经常去德国,在大型军事基地看美国乐队的演出,也于 1962 年时在大自由街看过披头士的表演。

"我对他们印象十分深刻,"他对我说,"从音乐性上来讲,他们比同时代的其他人好上太多。那时我和布莱恩·爱泼斯坦还不太熟。我只知道他是披头士的经纪人。他们跟着他很久了,而当时的艺人动不动就会换经纪人。他们来上节目之后,我和爱泼斯坦便常常一起吃晚餐:我们会去他最爱的伦敦随想曲餐厅,还会去利物浦帝国剧院后面一家精致的小酒店用餐,这个酒店的餐厅非常好。在我看来,他有点怕披头士,他称他们为'小伙子们'。他尤其怕约翰。后来我才想到,他肯定是爱上约翰了。但他从没向我吐露过他对约翰的感觉。他想做一个好生意人。

"格拉纳达电视台有一群研究人员在制作一档有关英格兰北部乐队的节目。莱斯利·伍德海德(Leslie Woodhead)便是其中之一,他当时还是一个初出茅庐的导演。在 1961 年到 1962 年,他执导了第一部关于披头士在洞穴俱乐部表演的影片,就在他们录制第一张唱片前。但这段披头士的剪辑影片最终没有被播出,因为没有达到播出标准,但现在它已经成了一部绝佳的历史记录影片。布莱恩·爱泼斯坦给我打了几次电话,询问为什么没有播出影片。我无可奉告。但作为补偿,台里确实把披头士请来表演《爱我吧》。"

格拉纳达电视台后来要求约翰尼改造《名人名地》节目,披头士受邀表演《请取悦我》。

"在我看来，约翰总是很突出，"约翰尼回忆道，"这个乐队是第一批没有'正式'主唱的乐队之一，而在我看来，约翰便是主唱。我被他吸引目光，也常常和他聊天。我觉得他看起来就像个君王。他几乎带着贵族之风，哪怕穿着黑色皮夹克，依然透露出庄严、优雅的感觉，而其他人当时看起来就只是孩子。"

这位制作人第一眼就敏锐地看出了约翰的阴暗面。

"这无可避免，"他对此表示肯定，"这太明显了。大多时候，他都是个愤怒、轻浮、讨厌的人。他被我惹恼，被'秘密摄像机'四处跟的时候尤其如此。摄像机会在录播室尾随他们，会跟他们去换衣间、化妆间、道具间。当时我们就知道，自己拍摄的视频片段将成为史料。约翰意识到这一点后，很快转变了态度。他不停搞怪，像瘸子一样走路，仿佛《巴黎圣母院》中的钟楼怪人。

"我们现在知道，约翰其实有好几个人格。和他交往，让他展现出最好的一面的秘密是辨认出当天你面对的是约翰的哪个人格，并由此做出应对。要我说，我有辨认明星特质（也就是所谓的'未知因素'）的本领，并且尊重有才能的人。面对真正有才能的人，我会不自觉地流泪。我便是通过这种方式知道自己面对的是特殊的人、绝妙的人。约翰发现我有这种特质，我们因此联结在一起。我懂他，他也懂我。我们取得了某种平衡。"

有什么特殊的时刻吗？

"有,他尖声大唱《扭吧喊吧》[1]的时候。"

"他们谈论'默西之声'(即默西节拍),"约翰尼想了想说,"但我并不认为这种东西真的存在。西拉·布莱克第一首大火的歌曲是伯特·巴卡拉克创作的《有心之人》(*Anyone Who Had a Heart*),词作者是哈尔·戴维;格里和带头人乐队的《你怎么能这么做?》(*How Do You Do It?*)是米奇·默里(Mitch Murray)创作的,起先给了亚当·费斯(Adam Faith),后来由披头士首先演唱;比利·J.克雷默和达科塔人乐队的《小孩子》是由约翰·莱斯利·麦克法兰和莫特·舒曼创作的。以上这些人的当红歌曲都不是他们自己的创作。所谓的'默西之声'是事后才出现的。如果默西之声真的存在,对我来说,它指的便是披头士。因此我很容易理解披头士为何能走向世界。这主要是由于他们的歌曲,外加他们的个性,以及四个成员间的化学反应。他们独一无二。"

在之后多年时间里,约翰尼和约翰之间孕育出了友谊,不过他们的交往也没有那么紧密。汉普记得披头士来电视台表演之后,会在附近逗留一段时间,不会立刻回伦敦或利物浦。所以他会跟他们一起去喝酒。约翰对约翰尼制作的,只播出过一次的布鲁斯和福音音乐特别节目《我听到了布鲁斯》(*I Hear the Blues*)尤其感兴趣。在节目中露面的艺人有马迪·沃特斯、桑尼小子

---

[1] 1961 年由菲尔·梅德利(Phil Medley)和伯特·伯恩斯(Bert Berns)创作的歌曲,披头士翻唱并将其收录在《请取悦我》中。

威廉森二世（Sonny Boy Williamson）[1]、威利·狄克逊（Willie Dixon）[2]、孟菲斯·斯利姆（Memphis Slim）[3]、阿朗佐·"朗尼"·约翰逊（Alonzo "Lonnie" Johnson）[4]等等，朗尼·多尼根的名字就来自最后这位。

"约翰想跟我聊这些伟大的艺人。他也很喜欢我在1963年制作的关于小理查德的特别节目，还有1964年制作的关于杰瑞·李·刘易斯的节目。以及我和'摇滚乐教母'修女罗塞塔·撒普（Sister Rosetta Tharpe，去听听《下雨了吗？》吧）[5]制作的《布鲁斯和福音乐列车》。我们谈的基本都是音乐。这些都是他想成为的那种艺术家。在他内心最深处，他觉得自己就是那样的人。这便是关键所在。这让我动容。我就喜欢他这一点。'我就是那样的人，我也是真正的音乐人，约翰尼。'这便是他想对我传达的。他不用开口，也不用向我证明。我早已发现他绝不仅仅是披头士乐队的一个成员，其他人迟早也会发现这点。没错，我就是知道。"[6]

*

还有小辛。她说披头士的"所有"演出她都去看了，但这不可能。在约翰和干坏事的老搭档皮特·肖顿（当时已经不做警察了）在下午带着姑娘偷溜去开房的日子尤其不可能。小辛的母亲

---

1 美国布鲁斯口琴演奏家、歌手、词曲作者。
2 美国布鲁斯乐手、歌手、词曲作家、唱片制作人。
3 美国布鲁斯钢琴家、歌手、作曲家。
4 美国布鲁斯和爵士歌手、吉他手、小提琴手、词曲作者。
5 美国歌手、词曲作家、吉他手、唱片艺人，因为将宗教意味浓厚的歌词和电吉他融入福音音乐而走红，极大地刺激了摇滚乐的萌芽。

为了照顾一个表亲的孩子去了加拿大，小辛则以租客的身份住到了咪咪家。约翰的咪咪姨妈没时间管他的女朋友，小辛也几乎不把咪咪姨妈放在眼里，而约翰是这个古怪安排的最终获益者。他从斯图亚特的老房子里搬了回来。门迪普宅并没有人们描述的那么大，那么气派，里面实际的房间数比某些人说的要少。我去过那里，亲眼看过。除了小辛之外，还有两个租客——这意味着屋里住了五个成年人，但只有一个卫生间和一个基本的独立浴室。这栋不大的半独立式住宅，说得客气点，已经十分拥挤了。

1961年10月的第一个星期，约翰拿着梅特姨妈给他的100英镑，和保罗一起去巴黎庆祝自己的二十一岁生日。小辛难道不是更合适的旅伴吗？然而这个见习艺术老师正忙着准备期末考试，还要去学校实习。所以约翰和他的写歌搭档兼乐队伙伴一起出行，在法国首都的街道上偶遇了于尔根·福尔默。福尔默领着这两个汉堡老伙伴回到他酒店，为他们剪了独特的"存仔"发型。

*

1962年元旦，披头士去伦敦迪卡唱片公司试演，但很快以相互指责和尴尬告终。这场试演便是"谢谢好意，但我不用"的传奇范例。

"但迪卡的艺人及音乐产品部经理迪克·罗（Dick Rowe）多年来都说自己从未拒绝披头士，"西蒙·纳皮尔-贝尔坚称，"这完全是一派胡言。他们同一天录了两个乐队：披头士，以及布莱恩·普尔和崔麦罗斯乐队（Brian Poole and the Tremeloes）。罗让手下的制作人迈克·史密斯选择要签哪个。史密斯之前在洞穴看过披头士的演出，对他们印象很好。但后来有人谣传说，他觉得披头士在没有观众的情况下的表演并没有那么好。这当然也不是真的。迈克只是不想每次和披头士见面或合作的时候都要大老远跑去利物浦。所以他选择了离得比较近的崔麦罗斯乐队。他们翻唱《扭吧喊吧》《你爱我吗》取得了成功，而当时《扭吧喊吧》已经收录在披头士的专辑《请取悦我》中。"

*

那年四月，披头士听闻了斯图亚特·萨克利夫的死讯，在汉堡艰难地打拼。小辛受不了咪咪的牢骚和讥讽，收拾好行李搬出了咪咪家，和自己的姨妈一起住，同时继续找居卧两用的出租房。披头士乐队回到利物浦两天后，尼尔·阿斯皮诺尔开车带他们去伦敦为百代唱片的乔治·马丁试演。一两个月后，他们便得到了一份难以拒绝的录用通知。披头士已经走上正轨。这一切都是约翰想要的吗？不止这些。他的女朋友怀孕了。

像辛西娅这样的女性并没有其他选择，从这个角度来看，当今的女性还是有选择余地的。在 20 世纪 50 年代和 60 年代初，好女孩会拒绝婚前性行为。人们对随便发生性关系嗤之以鼻，主要是因为有怀孕的风险。尽管 1961 年英国已经引进了口服避孕药，但国民医疗服务体系（NHS）基本只把这种药开给已经成家的大龄女性。避孕药直到 1967 年才被发放给公众，当时的女孩才得以掌控自己的身体，两性关系潜移默化地改变了。在那之前，人们认为女孩就应该找个人嫁了，然后生儿育女。绝大多数女孩很年轻就结了婚，待在家里照顾孩子，做饭打扫，而丈夫们则外出工作：这样的生活方式被定义为理想的"完美家庭"。但其实这是对女性的囚禁，女性因此放弃了自己的个人权利和独立性——当时很少有女性拥有自己的银行账户——成为"一家之主"的灶头之奴。而这便是拘谨小姐（即辛西娅）期待着同她所爱的男人过的生活。但她男友正在通往世界巨星的道路上前行，她无法如愿以偿。

布莱恩·爱泼斯坦已经对他的小伙子们表明，正经的恋爱关系会破坏他们在女性粉丝中的人气，所以必须保密或者拒绝承认。小辛听完约翰解释为什么他们的关系不能公开后表示理解，并在平时出门或看披头士演出的时候保持低调。她不知道该怎么告诉他，自己怀上了孩子。

"我觉得，当时比起告诉我妈，我更怕告诉约翰。"她承认道。

"妈妈从加拿大回来看我，我瞒不了她。只要看着我，她马上就会知道，我对此深信不疑。而对于约翰，我十分害怕他会怎么回应。我怕我们会因此大吵，仿佛这是我的错。我不停地哭啊哭，最终下了决心。约翰基本上肯定会把我甩了。乐队开始走上正轨，他不能被这种事拖累。但堕胎是不可能的，法律不允许。在当时，女性非要堕胎的话，确实也可以找巷子里的堕胎小诊所，但得冒着生命危险。当然，如今女孩们依然会因为要不要留下腹中的孩子而烦心，但至少做决定的是她们自己。"

只有一条路可以走了。

"我准备独自承担，"小辛说，"我知道这会让我感到羞耻，会败坏我的名声，但我想都不敢想另一种选择。我还是要告诉约翰。他有权知道。好几天我都踏不出这一步，但最终，我深吸一口气告诉了他。那一天依然历历在目。我看着他脸上没了血色，我畏畏缩缩、坐立不安。我甚至觉得他肯定会打我。但接着他说：'我们得把婚结了。'仿佛天降甘霖。我几乎不相信自己的耳朵。我对他说，他没必要这样，就算他不想结婚，我也理解。他坚持说，不，他爱我，事情就这样定了。'怀上孩子是两个人的事，'他说，'所以也得我俩把他抚养长大。我不会让你一个人承担。'我号啕大哭，心中满是幸福、感激和释然。我们会建立起一个像样的小家庭。"[7]他爱她，没错，没错，没错。[1]

不出意料，布莱恩·爱泼斯坦试图说服约翰不要结婚。但当他确信自己手下这个小伙子是认真的时候，也尽自己所能帮忙。温文尔雅的布莱恩帮他们领了结婚证，并预定了于8月23日前往快活山婚姻登记处；他陪新娘坐上自己的专属礼车驶入瓢泼大雨，他付钱让新人在当地一家叫"里斯记"的小餐厅吃完朴素的新婚早餐；他还给这对新婚夫妇提供了新房：在他位于利物浦乔治亚区的公寓暂住，这套公寓是他预留着偷情的时候用的。两人的婚礼没有鲜花、没有婚纱、没有照片、没有红酒、没有演说或者其他的排场。但有披头士、有嬉戏玩闹、有发自内心的欢乐以及晚

---

1 披头士1963年发行的单曲《她爱你》（*She Loves You*）的第一句歌词。

上的演出。列侬先生亲吻了新娘,然后外出工作。列侬太太则待在家里。[8]

毋庸置疑,咪咪气疯了。她拒绝祝福约翰,并且用尽恶毒言语大骂他的女友。尽管从某种程度上来说,她的恼怒是可以预见的,但小辛跟我说,她在这件事上大发雷霆给约翰带去的伤害胜过她先前的任何言行。她对约翰视若己出。尽管多年来她唠唠叨叨、吹毛求疵,但他碰到了结婚或者为人父母这种大事,还是想得到她的认可。他希望咪咪出席婚礼,自豪地给两位新人支持。而她非但没出席,而且打死不让其他亲戚出席。这就很过分。所以小辛在差点流产之后,拖着几个月的身孕,鼓起勇气建议两人去看望咪咪。他们发现咪咪的态度因为披头士的迅速崛起软了下来,不知怎的十分热切地想要帮助这对即将为人父母的新人。她觉得他俩住在布莱恩的公寓不是长久之计,加上约翰和乐队就要回汉堡,咪咪邀请他们搬回门迪普宅。最后一个租客搬走之后,他俩就可以租底楼,她就住二楼。在当时的情况下,这看上去是个理想方案。但考虑到咪咪的脾气,她长期以来对小辛的蔑视,加上约翰会长时间不在家,搬回去是否真的理想就难说了。

*

快到 1963 年时,披头士已经是利物浦的宠儿,但尚未征服整个英国。2 月,一场支持海伦·夏皮罗的巡演[1],使他们的《请取

---

1 披头士的首次英格兰巡演,由海伦·夏皮罗领衔,共有 11 支乐队参加。

悦我》跃升至排行榜第二名（在《新音乐快递》和《旋律制造者》两本杂志的排行榜上是第一）。他们的事业蒸蒸日上。约翰忙里偷闲回家陪妻子，他们的孩子在几周内就要出生了，他震惊地发现妻子把自己飘逸的金发剪了。他报以异常的恼怒和怨怼，相比之下，咪咪的脾气都只能算温和。小辛对此感到震惊又心碎。我们谈到这件事的时候，她已经释然。

"可怜的约翰，当时的他已经不堪重负，"她说，"哪怕披头士的成功令人振奋，而且也如我们所愿，但发展的过程中有些东西在约翰看来是不对的。他没明说，我也只能通过他多年来的只言片语拼凑出答案。他们正在录制自己的歌曲，里面有几首还很红，这是他们梦寐以求的。但布莱恩坚持给他们换个新形象，这让约翰难以接受。这种'外表'和'态度'根本就不是约翰自己的样子。而且他们当时一举一动都在聚光灯下，他必须服服帖帖、行为得体。隐藏并压抑真实的自己，对他来说压力太大了，他会时不时反抗。而我也突然改变了自己的'形象'，这超出了他的忍受范围。他承受不了。他想要原来的小辛，他爱的小辛。他只是想要我保持原样。我当时太年轻，只想着自己的事，没觉察这一点。我一定觉得自己生完孩子以后，马上就会变老，失去魅力，我只是想让自己稍稍振作起来。不管怎样，我做错了。如果可以的话，我愿意付出一切回到原来的样子。"

*

他们在伦敦录制了首张唱片《请取悦我》，很快就又开始巡演。小辛被迫独自在医院承受漫长且煎熬的分娩过程。这位心惊胆战的二十三岁姑娘在 4 月 8 日早餐前生下了孩子，没人在分娩时握住她的手，连咪咪都没来。这位坏脾气的姨妈先打电话告诉外甥他有了个儿子，然后才屈尊前去看她和孩子。约翰·温斯顿·列侬直到三天后才见到了朱利安·列侬。三个星期后，他就把因为照料孩子而精疲力竭的妻子和他们的小宝宝留在家里，自己跑出去和老爱（即爱泼斯坦）度假了。

第八章

昆塔斯 [1]

约翰对小辛并不忠贞。自始至终,从未忠贞过,哪怕在他最美好的梦里,或许都没有过。从学院派对上在她眼皮底下勾搭其他女生,到在远离她的汉堡行下流之事——汉堡百无禁忌,可以为所欲为,德国姑娘们前凸后翘,他几乎每晚都纵欲狂欢——洁身自好就不是约翰的风格。

根据皮特·贝斯特回忆,就连约翰自己都形容自己"纵欲":"我们几个里面,就约翰以迅雷不及掩耳之势适应了那边,"他提到早起汉堡的日子时说,"或许和我们几个相比,他受到的限制最少。没有父母拴住他,也远离了他嘴里那个对他骂骂咧咧的咪咪姨妈。他可以肆无忌惮地为所欲为。在那些忙碌的日子里,我们都有着正常的性欲,但约翰的需求比大多数人都要强……就算这样,他依然有精力自慰,而且从不遮遮掩掩。他会带上几张情色海报,把自己关五分钟,然后心满意足地笑着回到乐队成员中间。"

---

[1] 拉丁文,意思为第五。

约翰还会拿他的放荡故事来说笑，这些故事耸人听闻，其中许多都涉及多个伴侣和对抗地心引力的姿势。"多多益善嘛！"他会大笑着说。[1]

暂停一下……当今的我们应该不会动辄对别人评头论足，我们能接受的东西也更多了，对吧？披头士已经被捧上神坛，以至于某些他们的粉丝，通常是那些年龄太小、没经历过他们出道时期的粉丝，似乎认为他们像耶稣一样伟大。这些盲目的崇拜者只要看到自己偶像遭到哪怕最温和的非议，就会火冒三丈，在社交媒体上用尽恶毒的言语咒骂。那些人信仰的偶像被赋予了童话般的天真、超自然的天赋、魔法般的力量，但统统都是被阉割美化过的。他们就是幻想。幽默、动人、帅气、天真无邪，还能够带回去见爸妈的披头士根本不存在。都是演的。有些艺人相比之下会比较人性化。而披头士和大多数人相比更加人性化，他们更加硬核、更容易犯错、更为敏感，显然睡的人数也多得多。保罗也这样吗？肯定啊。

从现存所有的记录和回忆来看，约翰窝在家里的时候，不过就是个丈夫和一个父亲，但就算如此，他依然不冷不热、心怀不满、三心二意。小辛在我面前，也在她第二部回忆录《约翰》中表明，约翰坦白过自己的婚外情，她向他保证自己不介意。并不是说她知道个中真相。而是她睁一只眼闭一只眼，她容忍了他。这是否表明小辛愿意不惜一切代价留住他？她的内心得承受多大的煎熬啊。在当时，"离婚"依然是一个肮脏的词，会让人蒙羞。

她那么害怕离婚，几乎准备不论发生什么都忍下来。几乎。她设了一条底线，即不能容忍听到有人"缺德地"隐射布莱恩·爱泼斯坦和约翰发生过性关系。她当时肯定听到了许多流言蜚语，因为"每个人"都在谈论这件事。但当时令人震惊之事在今天已经稀松平常了。成年人之间的同性恋行为在当时还未合法化，所以流言四起，甚至在这两个所谓的事件主角去世之后，依然传了好几十年。不论人们怎么说，他们才是当时的亲历者。只有他们才能告诉我们此事有没有发生。小辛坚决否认此事发生过。

"那些传言简直离谱，"她在自己的回忆录中坚称，"约翰百分之百是异性恋，而且他和当时大多数小伙子一样，对同性恋的想法唯恐避之不及。"

保罗十分有理有据地指出，他（麦卡特尼）和约翰一起生活了这么多年，如果他真的有这种倾向的话，肯定至少会对他采取一些行动。但他从未这么做过。他还重提了《精选辑》中的那个片段，重申约翰把那次短暂的假期视为向爱泼斯坦表明他们中谁是老大的机会。这就很讽刺，因为约翰一直以来都置身事外，把嘴闭得紧紧的，让布莱恩来做决定。

但约翰很清楚爱泼斯坦是同性恋。那他为什么要接受经纪人的提议，和他一起（只有他们两人）去西班牙度过将近两周的假期，而不是立马动身前往加那利群岛，和保罗、乔治、林戈一起，四个直男共同度过这两周呢？克劳斯·沃尔曼看到，不远处仿佛有乌云笼罩。

"这就像一场婚姻，"他说，"有蜜月期，接着，慢慢地，由于成员的矛盾，关系开始产生裂痕。滚石乐队由迈克领导，其他人愉快地跟随，因而这么多年一直维系在一起。与他们不同，披头士有三个领袖，只有林戈一个跟随者。所以他们不可能长久。

"尽管保罗很友善，但在乐队中他经常保持稍许疏离，独自一人。因为布莱恩·爱泼斯坦爱上了约翰，保罗感到被孤立了。即使在爱泼斯坦逝世后，他依然时常有这种感觉。

"我记得他们在1963年凭借《她爱你》登上排行榜冠军之后，来我父亲在特内里费岛的房子和我同住。只有保罗、乔治、林戈三人来了，约翰没来：他和布莱恩一起度假去了。当时乔治正试图和马路那头商店里的姑娘交朋友，给她看他们单曲的封面，林戈整天漫无目的地在外面闲逛，保罗对于约翰不在心里有怨气。看得出来。"

克劳斯说，他能看到披头士乐队的尽头，正从远方朝他们逼近。

"争吵变得越来越激烈，频率也越来越高。会演变成肢体冲突，彼此之间的关系也越来越紧张。就如同婚姻变质了。离婚是不可避免的。"

1980年时，列侬曾回顾他和爱泼斯坦的关系。他这么说道：

"这个嘛，它类似恋爱关系，但又不完全是。我们还没达到那一步。但关系很亲密。这是我第一次与一个我知道对方是同性恋的人相处。他和我承认过……我们经常坐在托雷莫利诺斯的一家小餐馆里，看着那些男孩子，我说：'你喜欢那个吗，还是喜欢这个？'我还挺喜欢这段经历的，每时每刻都像作家一样思考：我正在体验这一切，你懂的。"[2]

他还说（不仅把日期搞错，还对他妻子在他离开前已经生下儿子一事视而不见）："小辛在待产，而度假一事已经计划好了，我可不能因为孩子而把度假取消，这就太过分了。所以我就去度假了。我看着布莱恩勾搭男孩子。我会装得娘娘腔一点，仅此而已。这挺好玩的，但利物浦传言四起，太糟糕了。很令人尴尬。"[3]

布莱恩·爱泼斯坦从未对此事发表评论，原因显而易见。获得大英帝国官佐勋章的影子乐队成员布莱恩·本内特（Brian Bennett）至今也没有对此发表过评论。

作为首支突破伴奏乐队的身份，凭借自身实力一举成名的乐队，影子乐队至今仍被誉为英国最畅销的单曲团体之一。布莱恩于1961年10月加入影子乐队。披头士很喜欢他们。

"我有三次偶遇约翰·列侬的难忘经历。"布莱恩回忆道。

"第一次在锡切斯，那个地方被称作'西班牙的圣特罗佩'，我们在那里边休假边创作一张西班牙语专辑。约翰和布莱恩·爱泼斯坦开车南下来到西班牙，和我们住在同一家海滩边的酒店。约翰每天穿着不同的蓝牛仔裤坐在海里，让裤子缩水贴合腿型，并褪成好看的颜色。说实话，我完全没想到他们没和其他人一起来。[4]

"第二次邂逅，我当时在百代唱片的二号录音室，他在三号录音室。我们偶遇了。'嗨，约翰，'我说，'来这儿干啥呀？''准备录张唱片！'他说了这么一句就消失了，可能是去忙他所说的唱片了。这让我想到他貌似说过的一句话：'就算影子乐队在我家后院表演，我都懒得去看！'他是不是真的说过这句话，我是没法弄清楚了。但这么尖酸刻薄的话，也就列侬说得出来。

"第三次偶遇他还真就在一个后院里：保罗·麦卡特尼的金姑妈家的后院。[5]

"当时是 1963 年 6 月 18 日，保罗在利物浦办他的二十一岁生日派对。我们在布莱克浦演出。保罗和他当时的女朋友珍·爱舍一起，开着他的路虎来莱姆街火车站接我们。我们坐车去他姑妈家，到的时候，派对已经开得热火朝天。他们搭了个大帐篷，但房子其实挺小的，所以挺挤的。那晚表演的是一个名叫'超绝四人组'的乐队。我们在那里见到几个熟人，其中就包括比利·J. 克雷默，我和保罗的父亲吉姆聊得很投机。

"辛西娅找我妻子玛格丽特聊天，问她影子乐队外出巡演的时候，她一个人在家怎么过。派对快结束时，有人开始吵架。大家都喝高了，说话都很大声。观点不同加上酒精的作用，事情总是不能很好地收场。在那个年代，如果你叫某人'娘炮'或'基佬'，那就是在自找麻烦。我记得当时有人叫约翰'基佬'，就是这样。那个人被狂揍了一顿，抬了出去。"

历史证明，打人的是约翰，被打的人是洞穴俱乐部的 DJ、披头士的拥护者鲍勃·伍勒：不管从什么角度来看，他的脾气都极为温和，而且总是不遗余力地支持与推广披头士。他开玩笑地问约翰和布莱恩·爱泼斯坦最近的"蜜月"过得如何。他肯定不是唯一这么问的，但对约翰来说，这就是所谓的"最后一根稻草"。他失控了，扑向这个肇事者，将其毒打一通，伍勒不得不被紧急送往医院。不幸的是，此事登上了当地的小报，第二天连舰队街那边都知道了。约翰用电报向这名 DJ 表达了懊悔之情，但对方心中的伤痛并没有因此缓解。八年后，也就是 1971 年，他在一次访谈中提起了此事：

"显然，我肯定是被我内心的同性恋吓到了，才会那么生气。你知道，当时你才二十一岁，你想做个男人，仅此而已。如果有人现在对我那么说，我根本理都懒得理。所以我才把他往死里揍，我还拿了根大棍子打他，那是我第一次觉得，'我可能会把他打死'。我能看到结局，如同在看电影——如果我再多打他一棍，就会把他结果了。"[6]

约翰的朋友皮特·肖顿，一如往常，每每想起罪恶的过去就哽咽了起来。据皮特所说，他在老朋友度假回来后，去门迪普找他玩，稍稍，好吧，是多次拿这件事寻他开心，然后知道了事情的全部真相。因为不管什么事，约翰总会一五一十地对皮特说。约翰坦白说，布莱恩向他求欢了。面对这位老于世故的经纪人不厌其烦的骚扰，约翰很是心烦。最后他忍无可忍，脱了个精光，让布莱恩为所欲为。在这个节骨眼上，老爱畏缩了，慌张地说他"不做这种事"。约翰就很困惑……好奇地问布莱恩喜欢做什么事。

"所以我让他给我打飞机。"约翰耸耸肩说。

"好吧,那又如何?"皮特回答道,"这有什么大不了的?"[7]

就一次?保罗·甘巴奇尼(Paul Gambaccini)在我们聊约翰的时候提供了更多的信息。

"你怎么看待约翰和布莱恩·爱泼斯坦的假期?"这位知名BBC播音员和"流行教授"问道。

"他们显然恋爱了。"我回答。

"是你觉得,还是有人这么说过?"

"不是约翰说的。"

"这样吧,我可以告诉你,约翰·列侬对约翰·里德(埃尔顿·约翰的前经纪人)提过这事。约翰·里德私下跟我说了约翰·列侬对他说过的话。我现在把他说的告诉你,但我不希望你写进书里,除非得到约翰·里德的允许。"

"我会问他的。"我说。

"好吧,约翰·里德说,1974年,我们与埃尔顿和约翰在波士顿时,他忍不住问约翰,他和爱泼斯坦的流言是不是真的。约翰是这么回应约翰·里德的:'你是自布莱恩·爱泼斯坦之后我碰到过的最咄咄逼人的人。'从不肯放过任何机会的约翰·里德于是说:'你和布莱恩做爱了吗?'约翰说:'两次。一次用来体验,一次用来确认自己不喜欢。'

"顺便一提,这么多年来,我都不想成为那个宣称'约翰·列侬和布莱恩·爱泼斯坦发生过关系'的人。你可以体会我对此的感受。我们是想要真实的历史记录呢,还是想要约翰留有一点隐私？这会惹恼辛西娅（现已去世）或朱利安吗？我不是很在意洋子，她或许觉得这是个好主意呢。双性恋，哇哦。"

"西蒙·纳皮尔-贝尔说，爱泼斯坦和约翰都对他说过他们在西班牙做过那事。"我说。

"啊，那我不是唯一的了。很好。"保罗回应道。

还有约翰与大卫·鲍伊之间的关系，鲍伊亲口对我说过。据他所说，这事发生了好几次。他没有细说，我也没追问他，而他对此事的态度非常开明。此外还有米克·贾格尔，我对保罗说。[8]

"哈。我觉得自己仿佛是局外人了。"

我也是。没错，我得到了约翰·里德的准许。

*

"布莱恩·爱泼斯坦没理由说谎，"西蒙·纳皮尔-贝尔指出，"这说得通：约翰需要不断尝试来证明自己是不是同性恋。最后他发现，他不是。约翰是那种实践派。他不会因为各种经验而回避尝试。不管什么他都会试：可能是一种新药物，也可能是一种新信仰。约翰带领披头士做了所有新的、实验性的事情。那布莱恩爱约翰吗？我不知道。我知道的是，布莱恩迷恋披头士的狂热。他羡慕自己永远无法介入的披头士成员之间的友情：那种被当成一分子的感觉。布莱恩爱的是这个。他心里很清楚这点，也把这种感觉兜售给大众，并十分高明地进行营销。披头士便是靠这个成功的。

"在这世上，几乎所有男人都会或早或晚地尝试和另一个男人发生点什么。那些坚称自己从未有过的尤其如此。约翰·列侬没上过公学,在那里所有人都在干这事,所以他是在尝试之前没有尝试过的事情。他显然敬重布莱恩,而布莱恩则爱着当时的披头士。所以他们的爱有交集,而这很容易演变成两个男人之间的欲望,尤其是那种娱乐业所特有的欲望——他们一起出去,几杯酒下肚,发现只剩下了彼此。约翰就是个充满好奇的人。他怎么会不去尝试呢?"

*

有许多人竞争"第五个披头士"这个非正式的头衔。媒体早在1963年就开始提到这个角色,当时披头士还没有风靡全球,这让约翰气不打一处来。《滚石》杂志编辑问他这个问题的时候,他亮明观点:他不仅反对这一概念,还对那些妄自尊大,想篡夺披头士的存在和成就之人感到愤怒。

"我不是披头士,"约翰坚称,"我就是我。保罗也不是披头士。布莱恩·爱泼斯坦也不是披头士,迪克·詹姆斯[1]也不是。披头士就是披头士。"[9]他还耸人听闻地否定了他们的制作人乔治·马丁的贡献。保罗却把他们的制作人和经纪人挑出来作为优先人选。乔治·哈里森对此表示难以苟同,坚称如果有人有资格称自己为"披头士第五人",那就得从下面两人中挑选:一个是利物浦出生,原来是舰队街的记者、专栏作家、唱片制作人、作家,后来成为苹果公司宣传主管的德里克·泰勒(Derek Taylor),另一个则是

---

1 英国音乐发行人、歌手,与布莱恩·爱泼斯坦合开了披头士的音乐发行公司"北方之歌"。

当过司机、巡演经纪人、宣传人员,最终成为苹果公司首席执行官的尼尔·阿斯皮诺尔。

从乐手来看,前贝斯手斯图亚特·萨克利夫严格来说是"第四个"披头士成员,因为他在鼓手皮特·贝斯特之前加入乐队,后者严格来说是"第五个",因此林戈(更加严格来说)是"第六个"。从做出的杰出贡献来看,斯图为乐队起名贡献颇丰,而且是他们中第一个留拖把头的人。

尽管严格来说不能算乐手,但约翰的儿时玩伴,后来成为苹果精品店经理和苹果公司第一位总经理,在采石工乐队演奏刮板的皮特·肖顿,也曾在几张录音室唱片中演奏打击乐,并贡献自己的想法改进了《我是海象》与《伊莲诺·瑞比》的歌词。

但其实那个人就是乔治·马丁,是吧。他作为披头士"第五人"名副其实。他不仅制作了他们的大部分音乐,还为其中许多首歌创作了管弦乐、器乐和人声编曲,还在不同的歌曲中弹奏钢琴,包括《苦难》(*Misery*)和《在我的一生中》。

乔治·马丁原名乔治·亨利·马丁,于1926年1月3日出生在伦敦北部的霍洛威,父母亨利和母亲伯莎"生活拮据、不通音律"。他父亲是个木匠,时常找不到活儿干,靠沿街卖报纸养家糊口。后来,马丁家买了一架破旧的立式钢琴,他姐姐便能上钢琴课了。乔治也跟着上了几节钢琴课,但他的钢琴基本还是自学的。十五岁时,他组了一个舞曲乐队。他上过好几所学校,先在位于海格特的圣约瑟夫小学和史丹佛山的圣依纳爵学院就读,后来一家人搬家到郊区，他就转学去了布罗姆利文法学校。

他先在英国陆军部担任工料测量估算师和职员，后于1943年加入了英国皇家海军的航空兵部队。他接受了飞行员训练，但没有真正上过战场。1947年，复员后的他进入市政厅音乐及戏剧学院继续接受教育，学习钢琴和双簧管。

"虽然我既看不懂乐谱，也不会写曲子，"他坦诚地说，"他们依然录了我。我花了整整三年的时间，死记硬背学作曲。"

他的双簧管老师是玛格丽特·埃利奥特（Margaret Eliot），她的身为演员的女儿珍·爱舍后来成了保罗·麦卡特尼的女友。珍的哥哥彼得·爱舍是彼得和戈登二人合唱组的成员，后来成了苹果唱片公司艺人与制作部主管，发掘了詹姆斯·泰勒，并担任其制作人和经纪人。1948年，在他二十二岁生日那天，乔治与琼·"希娜"·奇泽姆结婚，两位新人在新娘的老家苏格兰结识，当时新郎正在那边驻扎。他五十三岁的母亲因此伤心不已，并于他们婚礼三周后因脑出血去世，对此乔治怎么都无法原谅自己。希娜和乔治育有两个孩子：亚历克西丝和格雷戈里。

乔治曾短暂受雇于BBC的古典音乐部门，于1950年加入百代唱片，担任旗下厂牌帕洛风的主管助理。五年后，他接下了上司奥斯卡·普罗伊斯（Oscar Preuss）的工作，成了一位小有名气的喜剧和新奇唱片[1]制作人，[10]同弗兰德斯与斯旺[2]、彼得·塞勒斯、

---

1 新奇歌曲，一种基于新奇概念（如噱头、幽默、流行文化）而创作的歌曲。
2 Flanders and Swann，英国歌唱喜剧二人组。

斯皮克·米利根[1]、罗尔夫·哈里斯[2]等人都有过合作。1962年，布莱恩·爱泼斯坦把披头士带到他面前。这位锲而不舍的经纪人在别的唱片公司那儿都吃了闭门羹，这是他最后的机会了。双方显然一拍即合。共同的幽默感是促成合作的关键。乔治自始至终都拒绝承认自己"创造了"披头士乐队，也一直否认自己是他们的"斯文加利"。

"很多书上写的，人们说的，都是一派胡言，"他曾说道，"说他们就是一群没读过书的穷孩子，是由我这个纨绔子弟一手打造的，简直荒唐。其实，披头士和我的背景差不多。我们读的是同一类学校。在音乐方面，我们基本都靠自学。至于我们的口音，我在成为皇家海军军官之前，和他们一样都操着一口劳动人民的口音。成为军官后，你和那些人混在一起，肯定会耳濡目染学到一些上流社会的口音。我还参加过一个戏剧协会，也大有裨益。说到音乐，我也只是糊里糊涂学了出来。对我来说，真正的试验和学习都是在工作中进行的。"

他说，自己和披头士的感情好，是因为他们是《呆子秀》(*The Goon Show*)的铁粉。

"他们崇拜彼得·塞勒斯，知道我给他录过音。刚开始，他们并没有特别突出。他们的魅力并没有立马展现，而是逐渐浮现出来的。但当他们登上排行榜首位，情况便一发不可收了。"

---

[1] Spike Milligan，英国-爱尔兰演员、喜剧人、作家、音乐人、诗人、剧作家。
[2] Rolf Harris，澳大利亚音乐人、创作歌手、作曲家、喜剧人、演员、画家、电视人物。

由于工作积压太多，乔治都没时间回家睡觉——他还帮西利亚·布莱克、比利·J. 克雷默和达科塔人乐队、格里和带头人乐队、伯纳德·克里宾斯、马特·门罗等人录音——他必须有所付出。他和帕洛风公司的秘书朱迪·洛克哈特·史密斯陷入了婚外情，断送了他的婚姻。他与希娜离婚，并于 1966 年和朱迪结婚。两人生了一儿一女：贾尔斯和露西。

就在同一年，披头士不再巡演，回到录音室。《佩珀军士的孤独之心俱乐部乐队》于 1967 年问世，受到人们热议，被誉为有史以来最伟大的专辑。布莱恩·爱泼斯坦在此后不久离世。披头士比先前任何时候都更需要乔治·马丁。但他们在录《顺其自然》的时候拒绝让乔治参与，让菲尔·斯佩克特（Phil Spector）担任制作人，后来又畏畏缩缩地回去找乔治，邀请他制作乐队的绝唱《阿比路》。乔治曾因制作人得不到版税的不公正问题对抗百代公司，以自由职业者的身份为披头士制作后来的专辑。他与商业伙伴约翰·伯吉和另外两位制作人一起创办了联合独立唱片公司（AIR）。在披头士之后，乔治与许多艺人合作过，包括杰夫·贝克、尼尔·萨达卡、飞碟乐队等。他把这样的体验比喻为"结婚几十年，突然发现自己可以自由恋爱了"。乔治和保罗于 1982 年恢复工作关系，制作了麦卡特尼的专辑《拔河》。由于牛津圆环广场录音室的租约即将到期，乔治又建了一个世界一流的录音室：林德赫斯特（Lyndhurst），由贝尔塞斯公园中的一间教堂改建而成。就在他前所未有地享受工作的时候，生活给了他一个重大打击。乔治被诊断出患有渐进性听力丧失，而且无法恢复。

"损伤是在 60 年代形成的，"他说，"当时我正和披头士共事，连续十二至十四个小时都在听非常响的声音。没人跟我说这会损伤我的耳朵。我后来告诉所有手下的工程师：'别这样做！戴上耳塞！'直到 90 年代我才真正注意到这一点。当然，那时已经太晚了。"他于 1979 年出版了自传《你只需要耳朵》(*All You Need is Ears*)，标题透出可怕的反讽意味。听力的丧失加快了他从录音室退休的进度。他不再录唱片，但并没有把所有事都停下。他的儿子贾尔斯开始充当"他的耳朵"。他在世界各地举办披头士歌曲的管弦音乐会，为古典唱片做评注，开设有关制作《佩珀军士》专辑的讲座等。1996 年，乔治获授爵士勋位，协助组织了 2002 年的纪念英国女王登基五十周年现场音乐会，并陪同女王上台。

1998 年，马丁父子发行了《在我的一生中》，这张精选专辑收录了由戈尔迪·霍恩、罗宾·威廉姆斯、肖恩·康纳利等乔治最爱的明星演绎的披头士歌曲。2006 年，父子俩为太阳剧团[1]的一场演出配乐，并由此推出了专辑《爱》，这张专辑是"披头士音乐生命轨迹的大融合"。

我在 1980 年见到这位"第五个披头士"的时候，他是世界上最有名的制作人，而我只是个办公室打杂人员。他在牛津街附近的蝶蛹唱片（Chrysalis Records）公司大厅里拦下了我，我在这家

1　加拿大娱乐演出公司，世界最大的戏剧制作公司。

公司的艺术部工作。乔治在那里运营 AIR 录音室。他与人合伙创办的唱片公司拥有一个可以俯瞰牛津圆环广场的巨大设施,并被蝶蛹唱片公司斥巨资收购。我的迷你皮裙、T 恤、破靴子和他的楚楚衣冠一点也不搭。虽然年过五十,身高六英尺二英寸[1]的他依然身材笔挺,穿着条纹衬衫,搭配海军蓝领带。他花白的头发垂到领口,一双蓝眼睛炯炯有神,眼角满是皱纹。

"来我办公室,见几个你认识的人。"他笑着说。

我见到了约翰·伯吉,这位 AIR 唱片的总经理曾经为弗雷迪和梦想家乐队、曼弗雷德·曼恩乐队担任音乐制作人,还和我已故的父亲——退休的职业足球运动员肯·琼斯一起在慈善足球队"娱乐圈十一人"踢球。这个球队由前运动员、娱乐圈人士、经纪人、艺术家经理人组成。肖恩·康纳利、吉米·塔巴克(Jimmy Tarbuck)、德斯·奥康纳、戴维·弗罗斯特(David Frost)等人都在 60 年代加入过这支球队,当时观看他们比赛的球迷常超过三万人。约翰于 1951 年加入了百代唱片的公关与推广部。百代收购国会唱片(Capitol Records)后,他负责的艺人有弗兰克·辛纳特拉、迪安·马丁、佩姬·李,但他真正想做的是制作音乐,最终成了一名助理制作人。乔治和约翰是多年的同事,在百代唱片阿比路的录音室里相识。我从小到大都没见过约翰。他已于 2014 年逝世。

他们带我吃午餐。乔治和我想象中一样:安静又幽默,害羞

---

[1] 约合 188 厘米。

得很可爱。约翰则是个讨人喜欢的人。他们就像一对唱双簧的。吃饭时,我发现我和乔治上过同一所学校——肯特郡的布罗姆利文法学校。摇滚歌手彼得·弗兰普顿和比利·伊多尔也在那里上过学。乔治回忆起我们学校的校训:"长大后我梦想。"(Dum Cresco Spero.)

那年12月,约翰·列侬于曼哈顿遇害。乔治在20世纪70年代默默承受了这位前披头士成员的尖酸刻薄。约翰否定并贬低他们制作人的"影响"和投入,而保罗、乔治和林戈则"总是很友好"。忠心耿耿的乔治在听闻约翰的死讯后自然十分痛心,甚至没有葬礼可以让他向约翰致以最后的敬意。乔治坐飞机前往蒙特塞拉特岛,前一年他在那里开设了他梦想中的住宅录音室。他说自己坐在那里,看着大海,头脑中一直放着列侬的歌。但还没过十年,那间录音室,还有整座岛,都被一场叫"雨果"的飓风摧毁。

我离开蝶蛹唱片公司去了舰队街,之后几年,我多次邀请乔治进行采访。他从没拒绝过我。2011年9月,我们在伦敦南部克罗伊登的伦敦表演艺术与技术学校开会时,我已经有段时间没有见过他了。乔治是这所学校的建校董事,该学校培养了艾米·怀恩豪斯、阿黛尔、凯蒂·玛露、洁西·J、洛拉·扬(Lola Young)等人。学校二十周年校庆上,启用了以他的名字命名的最先进的录音室。接着,火灾警报响了。所有人撤出室内。乔治和我在停车场叙旧,回忆当年的种种。

我最后一次见他是在伦敦萨伏依大酒店,在 2012 年 10 月的金徽章奖颁奖典礼上。步履蹒跚、双耳失聪的他已经是个八十六岁的老人了,英国歌曲作者、作曲家和作词家协会(BASCA)向他颁发了奖章。他举世闻名,不仅因为披头士,还因为他的电影配乐、邦德电影主题曲、管弦乐编曲、畅销书籍,以及三十首排行榜冠军歌曲——最后一首他制作的冠军歌曲是埃尔顿·约翰为了致敬威尔士公主戴安娜,于 1997 年重新演绎的《风中之烛》(*Candle in the Wind*)——还有数不清的专辑,以及将近半个世纪在录音室里和家喻户晓的艺人们合作,史上没有一个制作人能与其相较,就算这么说也绝不为过。

"我只是一展身手的机会比较多罢了,"他说,"我知道自己看起来垂垂老矣,不中用了。但变老有一个特别大的好处在于,虽然你的外表老得不成样子,内心却波澜不惊。不是有个爱尔兰人说过,我们到了某个年龄会'停下来'吗?我这辈子就一直是三十岁。我同意萧伯纳的话:'我们不是因为老了而停止玩耍,我们是因为停止玩耍而老去。'"

"我一直很幸运,真的,"他继续说道,"我同伟大的人共事,并很享受与他们的关系,我不仅仅指流行明星。我从未和我不喜欢的人共事过。人生真是苦短啊。"

谦虚的乔治总是回避那个备受争议的头衔。他通常会说,在他看来,只有一个"披头士第五人",那便是布莱恩·爱泼斯坦。

他去世后,保罗在一篇新闻稿里向他们的制作人致敬:

"我和这位伟大的人有那么多美好回忆,我永远都不会忘记。他是一位真正的绅士,就像我的第二个父亲。他以高超的技艺和动人的幽默感引导着披头士的事业,他成了我和我家人的真正的朋友。如果有人能得到'第五个披头士'的头衔,那个人一定是乔治。

"从他给披头士第一份唱片合约的那天起,到我最后一次见他,他一直是我有幸认识的最慷慨、聪明、懂音乐的人。"[11]

第九章

亚美利哥[1]

在所谓的"摇摆六零年代",在音乐领域,地方性的团体和艺人如果想存活,除了前往英国娱乐产业中心的伦敦之外,别无选择。披头士也不例外:无休止的巡演、录音和拍摄日程让他们只能将据点设在伦敦。很快,他们就住进了伦敦南部奢侈的住宅:约翰、乔治、林戈住在萨里郡的城郊富人区,这样他们既离彼此比较近,又能保持相对独立。只有保罗另辟蹊径,搬到了圣约翰伍德的卡文迪什大道。从那里可以步行前往阿比路录音室,这间房子他一直保留到现在。保罗的这个离市中心又近又雅致的宅邸显然比圣乔治山卡文迪什路上的仿都铎式住宅"肯伍德"(Kenwood)更适合约翰。约翰对自己家做的第一个改建便是挖了个游泳池。但毕竟还要考虑家人。小辛肯定也会发表自己的意见。这几个小伙子没变,没怎么变,真的没变。他们至少保留了乡音。

---

[1] 指亚美利哥·韦斯普奇,佛罗伦萨商人、航海家、探险家和旅行家,美洲(全称亚美利加洲)是以他的名字命名的。

你可以让他们离开利物浦，但你怎么都改不了他们的利物浦方言。他们真的是第一批来自工人阶层，并且一直保持工人阶层特质的艺人吗？列侬认为是的。[1]

德高望重的摇滚推手基思·奥尔瑟姆（Keith Altham）推荐过许许多多艺人，如谁人乐队、滚石乐队、海滩男孩乐队、小脸乐队、范·莫里森、马克·波伦，等等。在主业之外，他在20世纪60年代还是个流行记者和新文化追随者，受雇于《绝妙》(Fabulous) 杂志——《绝妙208》杂志的前身。该杂志1964年1月以披头士为封面人物，卖掉了100万本。当时那期杂志原价1先令，如今转手一本能卖75英镑。

"得到编辑的同意后，"基思回忆道，"我打电话给爱泼斯坦：'好消息啊，布莱恩。《绝妙》答应花三个月时间推广披头士，照片拍摄也谈妥了。''哦，好的，'老爱回答，'安排辆豪华轿车来接小伙子们吧。'什么？就算是克里夫·理查德我们都没派车接送！

"布莱恩仪表堂堂、很有教养，是那种老派绅士。他总是和蔼有礼、举止得体，但有时候会有点天真。他分不清轻重。其实并非如此，他清楚得很。他当初就预料到披头士会比猫王还有名，而且有段时间他们的确如此。他打造了四个猫王。不仅如此，他们还能写歌，而猫王从没写过歌。而且他们写的歌老少皆宜，人人都爱。他们的音乐确实能打动所有人。人人都在唱他们的歌，或者用口哨吹他们的歌。他们的秘密是什么？秘密就是将保罗的甜与约翰的酸完美地融合在一起。约翰更有挑战精神、更精辟、更有思想。他赋予保罗多愁善感的作品以棱角，但保罗写的东西显然更商业化。他们是如此伟大的团队。他们完美地结合在一起。他们能激发那种化学反应。布莱恩知道如何包装他们，并且以此获利。这便是他的筹码。绝对不能小觑。"

之前提到的照片拍摄对于基思来说是个好消息："我和披头士在弗利特韦出版社（Fleetway Publications，现已变成 IPC 杂志社）待了一下午。我的确安排了一辆豪华轿车去梅费尔区的韦斯特伯里酒店接了他们！那天我发现，约翰是披头士乐队中最让我难忘的成员。我会花上好多年时间思考和猜测他这个人。

"他那天刚起床，整个人迷迷糊糊的，但身上的刺并没有因此消失。他叫我'喂，绝妙的基思'。我立马就知道他在捉弄我。他会以嘲讽的方式来引起别人的反应。他和你对峙之后，就知道你几斤几两了，然后他就能放松了。我必须要说，我特别喜欢早期的约翰。而哪怕在当时，约翰也有两个人格。有点像杰基尔和海德[1]。几杯酒下肚，他就会不爽了。他好像无法控制自己。我在轻声细语等俱乐部偶遇他的时候，他要么无视我，要么说些难听的话。"

据基思观察，约翰自称是披头士的领袖："他会让你确信披头士就是*他*的乐队。他的童年给他造成了深深的伤害，是他挥之不去的痛，他敏感得有些过头了。我觉得他在寻找可以攻击的风车。[2]他会取笑痉挛性麻痹症患者，甚至会在台上这么做——设想一下，

---

1 出自罗伯特·路易斯·史蒂文森的《化身博士》，该书讲述了杰基尔博士喝了自己配制的药剂，分裂出邪恶的海德人格的故事。

如果这事发生在今天会怎样——他是在测试人们。看自己是否能够激怒对方。现在再看当时的表演录像片段,真是令人触目惊心。他从中获得了巨大乐趣。因为约翰碰到无法应对的事情时就会采取嘲笑的态度。他并不是真的在嘲笑残障人士。他是怕被人看成好好先生,所以干脆自己毁掉这个形象。所以有时候跟他在一起特别糟心。那个机智、毒舌、口无遮拦的他和私底下的他判若两人。而私底下的他几乎没人见过。我见过,并且发现这个失落的小男孩一直在那里。他的嘲讽是一种虚弱的表现。或许在很小的时候他就应该接受心理疏导,但他肯定没有得到过帮助。等他愿意直面问题,在 20 世纪 70 年代去阿瑟·亚诺夫那里接受原始疗法治疗的时候,已经为时已晚。"

*

披头士这时已经在英国乃至欧洲家喻户晓。超过一千五百万观众收看了他们在瓦·帕内尔(Val Parnell)主持的《伦敦守护神剧院周日夜》节目上的表演。他们的演出一票难求。大批十几岁的孩子为他们神魂颠倒。这是个转折点。但他们还没有得到"关键之地"的认可。

"美国很关键,原因很简单,它是世界上最大的唱片市场,"乔治·马丁肯定地说,"1964 年 1 月,当《我想握住你的手》(*I Want to Hold Your Hand*)登上美国排行榜冠军的时候,美国市场向我们敞开了大门。"

就算事后看来他们当时的反应有些过度,乔治也丝毫不觉得后悔。

"要知道,从来没有英国艺人能以这样的方式打入那个市场,"乔治说,"美国就是娱乐业的宝藏。在好莱坞的黄金年代,我们会对能去美国并获得成功的英国明星崇拜万分……"他先是提了一些早已被人遗忘的银幕偶像,后来提到了"加里·格兰特、雷·米兰德,当然还有查理·卓别林。若想闻名世界,首先得闻名美国"。

"在英国,"他继续说道,"进口的美国唱片占据了市场,我们怎么都挣脱不了这个枷锁。美国唱片的销量曾经是我们本土唱片销量的五倍。这一点都不令人惊讶……这个名单可以从辛纳特拉、猫王、克罗斯比一直数到米奇·米勒[1]、盖伊·米歇尔[2]、多丽丝·戴。有许多著名的大人物,当然大多数都是爵士乐手——艾灵顿、阿姆斯特朗、贝西伯爵等。在这种传统背景下,想要扭转这一趋势简直是异想天开。

"披头士着手做的事前无古人,在我们看来几乎不可思议。到那里,看着那些著名的美国明星排队去看披头士,并向他们致敬,这种体验非同凡响。"[3]

他们在美国发行的前两张专辑《请取悦我》和《从我到你》都没有上榜。百代唱片的美国分部国会唱片对他们不以为意。但美国电视主持人埃德·沙利文在希思罗机场转机时看到成千上万

---

1 Mitchell William Miller,美国双簧管乐手、指挥、唱片制作人。
2 Guy Mitchell,美国流行歌手,在美、英、澳等地获得过巨大成功。

的年轻女孩为披头士疯狂的景象之后，一切发生了变化。他的好奇心被激发了。这究竟是怎么回事？是不是有哪个流行乐队从瑞典飞回来了？他从没听说过他们。但他内心有一个声音告诉他，不可忽视。是的，他和老爱达成共识，这几个小伙子真的可以比猫王更出名。很快，他就安排他们在他的节目上表演。这一刺激便是国会唱片所需要的，这个唱片公司拖了披头士的后腿，没有发行他们的专辑。而当哥伦比亚广播公司的新闻主持人沃尔特·克朗凯特看着粉丝们激动的泪水，小心翼翼地提及"披头士狂热"，并将之称作"英伦入侵"。当孩子们用稚嫩的笔触给当地电台写信，恳求在收音机里听到披头士的歌曲时，国会唱片的态度发生了一百八十度转变。1963 年 12 月末，他们快马加鞭发行了《我想握住你的手》。没过几天，销量就达到了一百万张。被我说中了吧。

*

出生于布朗克斯区的 BBC 播音员保罗·甘巴奇尼当年只有十四岁，他是通过什么方式，在哪里第一次听到披头士的呢？

"通过一个叫'温斯'[1]的纽约电台。我当时在康涅狄格州的家里的门廊，调到了这个电台。大约下午 1 点 40 分，DJ 说：'我现在要播放一首献给曼哈顿西区的英国航运工人的歌。他们和我们在同一个城市，想听一下来自他们国家的冠军歌曲：披头士乐队的《我想握住你的手》。'他播放了这首歌，我像被施了法，一下

---

[1] WINS (1010 AM)，一家位于纽约市的中波广播电台。

子入迷了。我只能说：我入迷了。

"不过，你得理解：肯尼迪总统于 11 月 22 日被刺杀，就在两个多月前。我们全国都陷入了巨大的悲痛之中，这是我今生经历的最深刻的悲痛。那事发生后的几天里，整个国家都瘫痪了。尽管歌唱修女[1]的歌在总统被暗杀之前一直名列前茅，但突然之间就登上了榜首。仿佛在为美国补赎。[4]

"接着便是博比·文顿，他重新演绎了 20 世纪 40 年代沃恩·门罗的歌曲《听吧！我又说了一遍》(*There! I've Said It Again*)，这首歌也获得了排行榜冠军。"而且，事实证明这首歌是最后一首在披头士之前的美国百强单曲冠军。

"所以，"保罗回忆道，"当时仿佛每个人都在哀悼，流行歌曲排行榜也不例外。接着突然间，五个星期后，一种完全不同的声音从天而降，横扫先前的一切。它发生得如此之快，就像在今天的社交媒体上传播。我那代人听的都是美国各地和温斯差不多的电台，我们都听到了《我想握住你的手》，然后立马想多听一些他们的歌。

"有一次，我对保罗·麦卡特尼说：'心理学家说，巨大的哀痛只能被巨大的喜悦所替代。披头士在美国的前四个月之所以获得巨大成功，是因为人们想借此逃离对肯尼迪总统的哀悼。''我从来没往这方面想过！'他回答。他根本连想都没去想！说真的，他就不会有这个想法。因为他们的成功是他生活的一部分，日复

---

[1] 比利时的创作型歌手。

一日地发生在他身上,他根本就不会细想到肯尼迪总统。"

用甘伯(即甘巴奇尼)的说法,披头士"占了先前失败的便宜":"因为那几首在英国大获成功的歌并没有在美国火起来。而且国会唱片公司已经把先前几首歌授权给了其他厂牌。他们决定大力推广《我想握住你的手》的时候,披头士其他的歌也在同一时间由那些厂牌重新推出。所有人都想分一杯羹。他们不可能坐等。所以便有了托利唱片(Tollie Records)发行的《爱我吧》、维杰唱片(Vee-Jay)发行的《请取悦我》和天鹅唱片(Swan)发行的《她爱你》。然后就有了那著名的一周。1964年4月4日,披头士的歌曲占据了美国排行榜前五位:《买不来的爱》(*Can't Buy Me Love*)、《扭吧喊吧》、《她爱你》、《我想握住你的手》、《请取悦我》。这是前无古人,后无来者的成绩。就算把流媒体算在内也是如此。而且当然,在当年,你必须发行实体唱片。所以这些唱片是实打实出售的。而且还占据了前五。披头士在那一年有二十五首歌登上了百强单曲榜。我们真的听不腻。"

他们到底具备什么品质,牢牢抓住了美国人的心?

"一开始就是一条非常正面的信息:'我想做些事。'到底是什么事呢?'握住你的手。''她爱你,没错,没错,没错。'他们唱的不是'不,不,不'。经历了巨大的悲剧之后,这种体验振奋人心,让肯尼迪被刺一事瞬间成为历史。我们现在进入了一个新的快乐时代。他们在《埃德·沙利文秀》上的表演无疑证明了这一点,当时这档节目吸引了有史以来最多的观众。设想在今天,七千三百万人同时收看同一个节目。这便是为何那么多摇滚明星都说，披头士的表演让他们醍醐灌顶。布鲁斯·斯普林斯汀、比利·乔尔和汤姆·佩蒂等人都说，看着《埃德·沙利文秀》上的披头士，他们在想：'喔，我一定得做这个！'"

但等一下。其他英国乐队也尝试过，但都一无所获。对披头士来说，他们的前辈就是前车之鉴。他们知道自己只有一次机会，于是他们直到拿下美国冠军歌曲的成绩，才登上一架迪法恩斯飞剪号波音707-331喷气式客机，探寻通往美国之路。刚拿下冠军单曲，披头士就来了。他们那四张不能只用帅气来形容的脸庞登上了《时代周刊》《生活周刊》《新闻周刊》。1964年2月7日美国东部时间下午1点20分，他们抵达肯尼迪机场走下泛美世界航空101次航班时，面对的是慌乱和骚动。迎接他们的是四千名歇斯底里的粉丝和两百多名坚持着没被粉丝冲散的记者。他们刚下飞机就一路狂奔。《我想握住你的手》蝉联七周排行榜冠军，然后被《她爱你》取代，4月的时候又让位给《钱买不到爱》。披头士的单曲在榜单上称霸了三个多月，到了5月被《你好多利》[1]超越。事后来看，披头士和路易斯·阿姆斯特朗形成了迷人的反差。小伙子们没有退缩，以《爱我吧》回应。他们于同年7月发行了《一夜狂欢》，在美国和英国同时发行单曲，接着又发行了《我感觉不错》(*I Feel Fine*)。一年内他们有六首歌曲登顶美国排行榜，打破了猫王在20世纪50年代末创下的纪录。这个成绩无人

---

1 Hello Dolly，路易斯·阿姆斯特朗1964年的歌曲。

能及。50 年代的许多美国偶像（尼尔·萨达卡就是其中之一）似乎光芒不再。和披头士一比，他们之前的一切都索然无味。披头士四人又酷又无所谓的态度，冷幽默和厚脸皮，在他们开玩笑的时候分崩离析，在开新闻发布会的时候若无其事地抽烟、扮鬼脸，他们对自己或其他任何事情都做不到一本正经，这一切让美国人民目瞪口呆。

2 月 9 日星期天，他们搭乘豪华轿车前往哥伦比亚广播公司的 50 号演播室，他们在那儿调音的过程甚至都被录了下来。傍晚 8 点刚过，便是"女士们先生们……披头士登场了"！他们以《我所有的爱》和《直到你出现》(*Till There Was You*) 暖场，接着唱起《她爱你》，随后的《我见她站在那里》和《我想握住你的手》把气氛带到了高潮。他们都快听不到自己的声音了。这一切已经开始。收视率一飞冲天：七千三百万，几乎占美国总人口的四成。

"所以，七千三百万人开着电视，播放的都是披头士、披头士、披头士。"甘巴奇尼回忆道。

你看了吗？

"当然了！我后来想，如果你问我们这一代人'不好意思姑娘们，他已经结婚了'这句话的出处是哪里，出处就是那晚。说的就是约翰。真是太棒了。他们几个都带来了巨大的冲击，而约翰造成的冲击最大。所有人都看到了，所有人都记得。那场表演令人难以忘怀，因为它以可见可感的形式代表了我们这代人。

"乐队有四名成员。他们各不相同。所以他们从不同方面代表了所有男青年。接着,我们很快就发现,因为我们对他们如饥似渴,每个人都想知道更多,越多越好,而林戈是入门。因为保罗、约翰和乔治已经是神一般的存在,他们遥不可及。你怎么可能像他们那样?做不到的。但林戈是美国人口中的普通人,也就是英国人口中的常人。所以他是我们在披头士中的代表。现在我是从男性角度来谈这件事,从女性角度来看就完全是另外一回事了。我记得比尔·怀曼提到当时的滚石乐队演唱会的时候,说到了尿味。女人在这种情况下真的会失禁。比尔说臭到不行。这是由于歇斯底里引起的肌肉完全失控的结果。看看那些早期的电视节目就知道了。女孩们都要疯了。男孩们就这么看着,你知道他们也喜欢台上的艺人,但他们不会尖叫到恨不得把头都甩掉,或者直接晕过去。他们也不会挥手。跟四周的气氛比起来,他们还是比较平静的。"

有些媒体毫无根据地大谈自己知道这"狂热"是怎么回事。他们打着哈欠说,这种事人们见多了:弗朗兹·李斯特、弗兰克·辛纳特拉、埃尔维斯·普雷斯利。下一个。肯·罗素在1975年拍摄了一部由谁人乐队主唱罗杰·多特里饰演19世纪匈牙利作曲家、钢琴演奏家的荒淫电影《李斯特狂》。在这部他导演的影片中,世上最有名的摇滚巨星之一扮演了史上第一个摇滚巨星。该电影由里克·韦克曼(Rick Wakeman)配乐,林戈·斯塔尔也在里面饰演了一个角色。"李斯特狂"被认为是一种病症,最早发现于巴黎音乐会季,当时那些女性变得歇斯底里,甚至会互相攻击。

有人认为她们的行为有传染性。一百年后，20世纪40年代为弗兰克·辛纳特拉着迷的短袜少女[1]也陷入了类似的疯狂。接着便是50年代的猫王和60年代的披头士。十年后，他们又把接力棒递给了波伦。波伦的粉丝崇拜有一种闪闪发光的特质，被称为"暴龙幻想"[2]。

"但从没听说过之前那些粉丝会失禁！"甘巴奇尼说。

甘巴奇尼说："让姑娘们失控到那种程度，在我一生中只有猫王和披头士做得到——现在你根本无法想象。也难怪人们觉得，这种情形最多也就持续几年。因为毕竟这些姑娘会长大，她们不可能永远为偶像尖叫。你也不可能每周都排在排行榜前五，所以疯狂肯定会平息下来，或者消亡。

"但你会听到披头士在声名煊赫的第一年，很认真地回答这个问题：'如果一切都终结了，你会做什么？'这暗含着一切**将会**结束的假设。当然，这就如同询问贝多芬或莫扎特，'一切终结后，你们打算做什么？'**不会终结**的。最伟大的古典作曲家不会终结，披头士也不会。"

保罗提起一句他说了二十年的话：音乐史上有两个时期，你要么经历了，要么永远错过。第一个是18世纪的维也纳，当时路德维希·凡·贝多芬、沃尔夫冈·阿玛多伊斯·莫扎特、弗朗茨·舒伯特的现场音乐会同时举行。想象一下如果你有幸（极有

---

[1] Bobby soxer，特指20世纪40年代传统流行乐风行时期疯狂的十几岁少女粉丝。
[2] 马克·波伦的华丽摇滚乐队名为暴龙乐队。

可能是贵族）成为参加他们首场演出的少数人之一，并且在沙龙里和他们结交，是多么激动人心。虽然我们不在那里，但我们依然有幸能欣赏他们的音乐。但如果身在现场，那种兴奋一定是难以置信的。他突然说，另一段时期便是20世纪60年代披头士狂热时期，你要么经历了，要么就永远错过了。

"太激动人心了，"他兴奋地说，几乎回到了十几岁，"披头士当时是文化的指挥中心。人们留长发，因为披头士留长发。接着他们不穿西装不打领带了，因为披头士不穿西装，不打领带。接着他们吃迷幻药，因为披头士吃迷幻药。这真的很像后来大卫·鲍伊的粉丝追星的方式的预演，他们会打扮成前一年鲍伊的样子参加他的演唱会。

"我至今不敢相信，他们既代表又引领着他们那一代人。这事之前从未发生过，它开了先河。因为你要记得，披头士自己写歌。辛纳特拉和猫王不是。披头士特别在行的一件事是，他们心中想什么就写什么，这让他们能创作出如此多的素材。他们不会自我审查。这是一个完全自然的过程，而且一切因此改变。"

回顾过去，保罗说自己的整个职业生涯都是对披头士的回应。

"我一直认为，如果你想活跃于你的时代，就必须参与你的时代所发生的事情。我读大学的时候，披头士正称霸音乐和流行娱乐界，所以我必须以某种形式参与其中。通过广播和媒体——我指的是《滚石》杂志——来传播音乐，显然是我下一步要做的事。"

上了《埃德·沙利文秀》两天后,三个"披头士大神"与林戈一起搭火车前往首都华盛顿,准备在华盛顿体育馆举行美国首场现场演出。不论他们去哪儿,到处都是疯狂的歌迷——演出后,英国大使馆专门为他们设宴,哪怕在那种场合,依然有个不知趣的客人割下一缕林戈的头发留作纪念。斯塔尔气炸了,追了出去。那位歌迷不需要担心:披头士乐队的廉价商品到处都是。我们先不说老爱的协议有多么徇私偏向,披头士遭到的剥削有多么严重。他们回到纽约,在卡内基音乐厅又露了两次面("跟我说说你怎么做到的?""练习!"),之后前往迈阿密,再次在《埃德·沙利文秀》上演出。制作人知道如何让这几个小伙子受姑娘们欢迎:2月16日,大约七千万人再次同时收看了这个节目。录影的间隙,他们去晒了日光浴。刚晒没多久,他们就被拉去和凯瑟斯·克莱合影,合影结束后,凯瑟斯·克莱笑着离开,在一场充满争议的拳击比赛中击败了桑尼·里斯顿,这场比赛被誉为20世纪第四伟大的体育赛事。传奇遇上了传奇:后者之后成为最伟大的穆罕默德·阿里。

几天后,他们回到伦敦,受到了英雄般的欢迎。上万名中学女生、大学生、秘书、女店员在晨曦中蹦来蹦去,不顾一切地想一睹偶像的风采。

第十章
阿尔玛

"我在约翰身上发现的最令我惊讶的事,"基思·奥尔瑟姆说,"便是他在不顾一切地找寻爱。要知道,我遇见他的时候他已经结婚了,所以他根本不应该找寻爱,但他就是在找。约翰的问题是,每当他找到爱,他就会变得害怕失去爱。所以他反而会把爱推开。仿佛在说:'在你摆脱我之前,我要摆脱你。'"

但他从未摆脱过他的初恋。

辛西娅·列侬对我说,约翰觉得"那个真爱"是阿尔玛·科根(Alma Cogan):一个广受欢迎却英年早逝的歌坛女星,比他年长八岁。他古怪地相信阿尔玛是他深爱的母亲的转世——尽管这两名女性曾同时在世。她们同时在世的时间大约有二十六年。辛西娅坚持认为,科根的离世,加上约翰迫切需要一个能够替代母亲的人物,导致他投入了小野洋子的怀抱。

"约翰觉得我对他和阿尔玛的事情一无所知,这一点我从不对人说,"小辛吐露心声,"一切都过去了,现在我平心静气地想想,我完全能看到其中的吸引力。阿尔玛比约翰大，非常像一个姨妈的形象。"

约翰显然对年长的女性情有独钟。

"别忘了，洋子也比他大了七岁多。从许多角度来看，阿尔玛和洋子一样，也是非常有魅力的女性。两人都追求个人价值。你还真不能说她俩长得漂亮，是吧，不是传统意义上的美女。但她们仿佛真的觉得自己是特别的。如果你可以让自己相信这一点，其他人也会这么看你。从这个层面来看，她们非常像。约翰和阿尔玛在一起的想法一点也不让我惊讶。她性感、活泼、有趣。是个历尽千帆的女子。约翰怎么会不被她吸引呢？"

辛西娅说，1966 年，阿尔玛因为卵巢癌去世，年仅三十四岁，约翰"悲痛欲绝"。"这是个悲剧，我对她们深表遗憾：阿尔玛、她母亲和妹妹，是的，我甚至也为约翰表示遗憾。同时，从自私的角度来说，我不禁感到如释重负。我丈夫失去了能够在情感上替代他深爱的母亲和咪咪的女人。我的婚姻没有威胁了。"

阿尔玛，"歌声带笑的女孩"，英国第一位女明星，是 20 世纪 50 年代英国收入最高的女性艺人。电视出现后，她的名字变得家喻户晓。1932 年 5 月 19 日，阿尔玛·安杰拉·科根出生于白教堂地区一个有俄罗斯与罗马尼亚血统的犹太家庭，从小就参加才艺比赛。她后来在下午茶舞会唱歌赚钱以维持生计，同时学习服装设计，并参演音乐剧和时俗讽刺剧[1]。接着，她在伦敦坎伯兰

---

1 revue，一种轻松的娱乐性戏剧，主要内容为讽刺时势、风俗、人物，由歌舞、滑稽短剧和讽刺模仿独角表演组成。

大酒店担任驻唱乐队歌手。她后来被 HMV 唱片行签下，发行了在二十岁生日那天录的第一首单曲，歌曲在 BBC 广播电台播放。1954 年 4 月，在约翰母亲去世四年前，她凭借《钟底布鲁斯》(*Bell Bottom Blues*) 首次登上了排行榜前五名。到了 60 年代——电视的年代，她开始主持自己的节目。她的形象是典型的 50 年代舞厅打扮：马拉布生丝裁剪成的衬裙，配上层层绢网和蕾丝，走动时裙摆摇晃；神秘的眼妆，配上长长的假睫毛；头发上涂着厚厚的发胶，塑造出蓬松感，大红唇，一身珠光宝气。她的嗓音一会儿像赌气的孩子，一会儿又沙哑而诱惑，她的歌声如银铃般清脆，她还会心领神会地抛媚眼。

"她是这么一个典型的伦敦东区犹太女孩，魅力十足、心地善良，发型如同蜂巢，裙摆如花绽放，"辛西娅回忆道，"这些特质我都不具备。她有点过时。她的歌都是那些 20 世纪 50 年代的美国口水歌，比如《梦中人》(*Dreamboat*) 和《如饴时光》(*Sugartime*) 之类的。约翰和我在艺术学院的时候，阿尔玛·科根就已经是个大明星。约翰受不了她，他那时候老是拿她开玩笑。他顽劣地模仿她唱'早上如饴，晚上如饴，晚饭时如饴'，然后我俩一起捧腹大笑。当时我做梦也想不到，他会喜欢上一个比他大好多的女人，她的歌他完全听不下去，而且还被他无情地奚落过。因为约翰的个性就是这么残酷。他控制不了自己。"

披头士于 1964 年 1 月 12 日与阿尔玛第一次见面，在联合电视（ATV）人气超高的综艺节目《伦敦守护神剧院周日夜》上与她同台演出。这几个小伙子在前一年 10 月首次在这档节目中露面。

"约翰对她很着迷,"乔治·哈里森后来说道,"他觉得她非常性感,她去世的时候他十分伤心。"

他们受邀参加她在斯塔福德公寓 44 号(44 Stafford Court)举办的享有盛名的彻夜派对也是历史的必然。斯塔福德公寓 44 号位于肯辛顿大街,是一栋挂着蓝色牌匾的小巧玲珑的公寓,阿尔玛和她守寡的母亲费伊和妹妹桑德拉一同住在那里。在那里,阿尔玛邀请了演艺圈的一些大名鼎鼎的人物,如诺埃尔·科沃德爵士[1]、小萨米·戴维斯[2]、奥黛丽·赫本、加里·格兰特,等等。她和布莱恩·爱泼斯坦关系很好。他是她的长期"男伴"之一。除了布莱恩,她的男伴还有莱昂内尔·巴特[3],即《奥利弗!》的创作者和作曲者,莱昂内尔让她在这部音乐剧中出演南希。有传闻布莱恩打算向他这位迷人的朋友求婚。他曾带她去利物浦见他的父母,据说他父母也很喜欢她。而前来搅局的便是巴特,后者也表达了想要娶她的意愿,尽管巴特显然也痴迷于朱迪·加兰。就算这两个男的都是同性恋,依然对她情有独钟。当时阿尔玛已经年逾三十,注定不会结婚。甚至有传闻说她是女同性恋,而且和"沼泽杀人狂"[4]中的迈拉·欣德利有瓜葛。

"我从没受邀去过阿尔玛的派对,我总被当成不能公开的秘

---

1 英国演员、剧作家、流行音乐作曲家。

2 美国歌手、舞蹈家、演员、杂耍演员、喜剧演员。

3 英国作家、流行音乐和音乐剧作曲家。

4 1963 年 7 月到 1965 年 10 月,曼彻斯特发生了五起杀害儿童的案件,凶手杀人通常埋尸沼泽,被称为"沼泽杀人狂"。

密。"辛西娅说。

"约翰是知名的流行明星,要让他的女粉丝们开心。拖家带口不利于他的形象。布莱恩对此很坚持。约翰必须看起来是单身,我只能隐忍。参加派对的都是些名流:罗杰·摩尔、埃塞尔·默尔曼、迈克尔·凯恩,甚至玛格丽特公主。但我从来没去过。"她对我说。但她在这次采访十五年后出版的回忆录中又否认了这一说法。

"我们经常受邀参加她在肯辛顿大街富丽堂皇的公寓里举办的派对。"小辛宣称。她如此描述阿尔玛家中的装潢:"仿佛豪华的夜店,到处装饰着深色、富丽堂皇如丝绸般的布料和锦缎。"她写到那里充满了"享乐主义的奢华气息",写到她面前放满了香槟杯,在那个环境里,在那些魅力非凡的人群中,她"真切地意识到了自己的不足",她觉得"自惭形秽"。[1]时光给她的记忆施了法。

"多年后我才听说,约翰和保罗曾经经常待在阿尔玛家,"她对我说,"约翰称她母亲为'麦柯吉妈妈',他也管她妹妹叫'萨拉·塞坎'。保罗正是弹着阿尔玛的钢琴,创作出了《昨日》(*Yesterday*),当时桑德拉就坐在他身边。据说保罗也和桑德拉发生过什么,但我不知道是真是假。这首歌创作时候拟的歌名叫《炒蛋》,因为当时费伊刚给他们做了炒蛋当下午茶点心。'炒蛋,噢,我的宝贝,我爱你的腿……'阿尔玛会是第一个录制《昨日》的女歌手。"

她和约翰的婚外情很快便一发不可收拾,发生地点在伦敦的酒店房间。他们乔装打扮，以"温斯顿夫妇"为名登记开房。线索便是约翰的中间名。披头士总是外出巡演，他们的约会频率也越来越低。随着达斯蒂·斯普林菲尔德、桑迪·肖[1]、露露[2]等年轻貌美的女歌手崛起，阿尔玛逐渐风光不再。她竭尽所能留住听众，甚至录制了披头士的当红歌曲，如《帮帮我！》《我感觉不错》《昨日》，以及情感紧绷、忧郁，以盛大、嘈杂、爆炸式的结尾把歌曲情绪完全颠覆的《一周八天》。虽然这些都是值得敬佩且真诚的改编作品，但它们依然无法挽回颓势。

阿尔玛的体重急剧下降，她的朋友解释说这是她迷上瘦身针的结果——或许是为了点燃她那位闻名世界的年轻情人的热情。1966 年，她被诊断出患有卵巢癌，但她很有可能自始至终都被蒙在鼓里。无论她是否知晓，她都不愿停止工作以关注自己的健康。她开始为新专辑写歌，继续旅行与演出。她在瑞典巡演时身体垮了，很快被发现身患重疾。她被直接送往伦敦的米德尔塞克斯医院，并于 10 月 26 日去世，年仅三十四岁。她和约翰都没有机会对彼此说再见。她死时，约翰和辛西娅在西班牙，拍摄理查德·莱斯特导演的《我如何赢得战争》。两周前，他还在当地庆祝了自己的二十六岁生日。

也许有一种比在广播里播放她翻唱的欧文·柏林的《天堂，我在天堂》(*Heaven, I'm in Heaven*)来宣布她的死讯更体恤的做法？

---

[1] 英国歌手，20 世纪 60 年代最成功的英国女歌手之一。
[2] 苏格兰歌手、女演员、电视名人。

但事情就是这样。参加她葬礼的清一色都是名人，个个都是响当当的人物。据传深爱着她的即兴表演俱乐部（Ad Lib club）经理布莱恩·莫里斯情绪失控，试图纵身跳进她的坟墓。她被埋葬在赫特福德郡布希镇的犹太公墓。

辛西娅坚定地认为，就算阿尔玛还活着，约翰也绝不可能为她抛妻弃子。小辛相信，他们的婚外情会自然地慢慢淡去——"就像他其他的一时兴起那样"，她不胜伤感地说——约翰会又一次夹着尾巴回家，"一如往常"。

辛西娅真的认为阿尔玛是约翰的真爱吗？

"悲伤的时候，我们什么都会相信。"她平静地说。

"因为她死了，所以约翰相信也是安全无虞的。这威胁不到任何东西。当然也威胁不到我们。"

只是时候未到。

第十一章
有生之年[1]

不论发生什么事,都要敞开你的大门和心灵。不要心怀嫌隙。问问"发生了什么?""你去哪儿了?",然后准备接受不同真相。在未来的岁月里,面对童年的幽灵时,成熟、更顺从、更有远见的约翰或许会采取这样的态度。他二十几岁时脆弱而叛逆,不会往这方面想。在他看来,父亲抛下他和母亲,去海上潇洒了。约翰对此非常愤怒。他有权利这样。在当时,没有什么事能让他转变态度。

发现儿子闻名世界后,弗雷迪·列侬变成了缠人的讨厌鬼:他在肯伍德旁边的俱乐部和酒店找了份洗碗和厨房打杂的工作,寻到了约翰和小辛的住处,出现在大门前,穿得像个流浪汉,寻求施舍。在等待约翰回来时,小辛帮他剪头发,还给他烤了威尔士干酪,但约翰没有回家。于是他在1964年4月闯入了北角唱

---

[1] 此章标题引自迈克和机械师乐队(Mike and the Mechanics)的同名歌曲,歌曲讲述了父子间的冲突,以及父亲去世之后儿子没来得及对其敞开心扉的懊悔。

片行，拉了个兴致勃勃的记者撑腰，要求见自己久未谋面的儿子。此次入侵让爱泼斯坦惊恐万分，让约翰怒不可遏，此事被添油加醋地众口相传。约翰是否真的被喊到办公室对峙？他是否真的对父亲咆哮："你这二十年来去了哪里？"除了在剧本里，真的有人在现实中说这种话吗？那他应该说什么呢？对方会怎么回应呢？我试着想象列侬父子面对面的那一刻，这可能是他们一生中第三次直面彼此。两个男人仿佛是一个模子刻出来的，只是一方多了皱纹、双下巴和油腻的白发。年老的那个惊讶地看着眼前年轻时的自己，年轻的那个则瞥到了自己憔悴的未来。在这样的时刻，脸庞如同镜子。时间旅行是存在的。

弗雷迪才五十三岁，但天哪……生活并没有眷顾他。他看起来更适合待在滑铁卢的拱门下，蜷在破睡袋里，手里拿着褐色纸袋装的金铃牌威士忌。他抗议说，是茱莉娅离开了他，而非与之相反。他的家人和朋友都背弃了他，他的运气一开始就不够好，后来就耗尽了，所以他理所当然穷困潦倒。约翰似乎表示了怜悯，往这位疏远自己到如今的父亲的口袋里塞了点钱，然后把他打发了回去。但单纯好骗的弗雷迪在剥削者看来正适合利用。那些趁机把他推进录音室录制《我的生活（我的爱与我的家）》[*That's My Life（My Love and My Home）*]的人真是不要脸。这首歌由托尼·卡特赖特（Tony Cartwright）创作，他当时正担任汤姆·琼斯的经纪人。这首单曲于 1965 年 12 月 31 日由"派伊唱片"（Pye records）发行。

"弗雷迪是天生的艺人,有着浑厚又动情的歌喉,能调动整个酒吧的情绪,"托尼·卡特赖特在 2012 年对《每日邮报》如此形容他的"好伙计","他不想搭披头士的顺风车,我觉得他可以凭自己成为明星。新闻就这么传开了,第二天,我接到了披头士经纪人布莱恩·爱泼斯坦的电话。'告诉我这不是真的,托尼,'他恳切地说,'约翰的老爸真的在厨房打杂?谁知道报纸会怎么借题发挥?'"

这首单曲流传甚广。参与录音的鼓手和贝斯手不是别人,正是米奇·米切尔和诺埃尔·雷丁。在当时,到处都能找到他们两人的身影。后来证明,老列侬的单曲是这两个之后成为"吉米·亨德里克斯体验乐队"受人尊敬的成员参与的第一张为人所知的唱片。

弗雷迪的唱片本可以在排行榜上大放异彩,在当时看来似乎指日可待。既然和披头士能扯上关系,为什么电台没有播放?他们还去阿姆斯特丹的荷兰电视台录了节目。轮盘唱片(Roulette Records)的莫里斯·利维(Morris Levy)从美国打电话给托尼,激动地说:"你快把列侬老爹带到这儿来。他的单曲已经卖了十八万张,红遍了九个州!"成功就在眼前,但随后这首单曲突然消失了。约翰和布莱恩后来被指从中作梗。他们真的这么做了?他们确实有暗地里做手脚的嫌疑,弗雷迪和托尼因此前往肯伍德和约翰对峙,问他为什么要做这种事,并恳求他放过弗雷迪。据说,约翰什么都没说,连门都没让他们进,当着他们的面直接把门关了。他真这么做了?如果是的话,那问题来了,他们最初又是怎么穿过屋子大门和聚集在外面的女歌迷的呢？约翰或小辛肯定看到他们来了。

"弗雷迪伤心欲绝，很快放弃了音乐行业，"托尼坚称，"他说：'这事儿尽让我糟心，我还不如回去刷锅。'说完他还真去了。"

而这种说法避重就轻地忽视了弗雷迪·列侬作为最新的炙手可热的名人在伦敦各地炫耀显摆的事实。当时有许多这样的事情。例如，1966年1月6日，他在"大卫·鲍伊与字幕条乐队"（David Bowie with the Lower Third）在派伊唱片发行的首张单曲《不自禁想我》的发布派对上大出风头。派对在贝斯沃特的欢乐酒吧（Gaiety Bar）举行，醉醺醺的他急不可耐地想以自己的显赫身份吸引来客的注意，让人印象深刻。卡特赖特在他的书中也只字未提后来弗雷迪·列侬和一个叫"可爱之人"（Loving Kind）的乐队一起录制的三首单曲。这些唱片都没有激起什么波澜，但如今在收藏家那里价格不菲。

如果弗雷迪没被怂恿去录第一张唱片，羞辱并激怒约翰，使父子俩的关系更加疏远，事情会不会不一样？两人会不会尽释前嫌，重归于好？抛开一切，至少他们血脉相通。但爱比血脉更重要。我们无法改变它。罪魁祸首一直是背叛。

*

约翰的态度确实缓和了下来。弗雷迪在1966年又找了一个女人，或者说"女孩"。1966年到1967年的圣诞节和新年，他遇见了才十几岁的保利娜·琼斯（Pauline Jones）。她是埃克塞特大学的本科生，生于 1948 年 7 月，比他小三十五岁，当时两人一同在矮胖小酒杯（Toby Jug）酒吧的厨房工作。[1]保利娜恳求母亲同意让自己嫁给弗雷迪。而母亲琼·琼斯拒绝了。弗雷迪继续出现在报纸版面上，这让约翰越来越恼火。1967 年夏天，约翰的叔叔查理写信给他，暗示他不要理会小报上的消息，还恳求他和爸爸见一面。在超验冥想大师玛哈里希·玛赫西·优济的教导下，约翰的态度缓和下来，同意见面。或许对他来说，让自己的父亲陪在身边比较好，这样就能冲淡小辛母亲莉莲的刻薄话的影响——她一边公开诋毁约翰，一边心安理得地花他的钱。约翰邀请父亲搬来跟他和小辛同住。新鲜感很快就消失了：约翰很少在家，弗雷迪很孤独。他让约翰给他在附近找个住处，于是约翰给他找了邱园旁的一套公寓，又给他生活补贴。1967 年 12 月 21 日，弗雷迪和保利娜受邀参加在伦敦皇家兰卡斯特酒店举行的《奇幻之旅》首映式的化装舞会。舞会上，打扮成 50 年代的摇滚乐手的约翰，三杯酒下肚后，和乔治·哈里森的妻子帕蒂疯狂调情。弗雷迪和保利娜在肯伍德过了圣诞节。小辛雇保利娜为居家保姆兼粉丝俱乐部秘书，安排她住在弗雷迪之前住的阁楼上。保利娜很快搬出去和弗雷迪住在了一起，不到二十岁就怀上了孩子。她母亲想让法院监护自己的女儿。约翰为此花钱和保利娜的母亲打官司。保利娜由于压力过大而流产。法官允许他们交往，但禁止他们在保利娜二十一岁之前结婚。1968 年 6 月，她再次怀孕。约翰帮助他们私奔到苏格兰，他们在那里可以合法地结婚。他们在格雷特纳格林举行了婚礼,那天可能正好是保利娜的二十岁生日。约翰给他们在布莱顿安排了一套一居室的公寓,后来又在那里给他们买了栋房,但在房契上写了自己的名字。1969 年 2 月,约翰两个同父异母弟弟中的第一个戴维·亨利出生后(罗宾·弗朗西斯出生于 1973 年 10 月),约翰与父亲不再联系。父子之后两年几乎都没见面。

约翰和弗雷迪在约翰离开英格兰前往纽约之前见了一面,而约翰此去再也没有回来。约翰此时已经和小辛离婚。约翰娶了洋子,两人住在阿斯科特附近乔治时代风格的豪宅提腾赫斯特庭园(Tittenhurst Park)里。他们刚结束了一段改变人生的旅行,从洛杉矶回来。在洛杉矶,他们接受了心理治疗师阿瑟·亚诺夫医生的改变人格的原始疗法。这位医生让患者把一切都大声喊出来,帮助他们用这种方式重新体验并消化儿时的痛苦。他还教导患者直面并处理痛苦的根源,从而根除痛苦。因此,约翰在 1970 年 10 月 9 日他三十岁生日之际,邀请父亲来肯伍德。弗雷迪以为儿子要庆生,他西装革履,带着身穿连衣裙的保利娜、他们的儿子戴维和生日礼物去了。迎接他的不是觥筹交错的社交聚会,而是约翰的恩断义绝。约翰对父亲说,喊他来是要通知他,自己不再供他吃住了。

"我接受了心理治疗,对他说滚出去,他确实滚了出去。我真希望自己没那么说,因为每个人都有自己的问题——我那倔强的父亲也不例外,"约翰 1976 年在一次访谈中承认,这段访谈收录于《精选辑》中,"我现在年龄渐长,理解了有孩子或离婚后的压力,以及人们为什么无法肩负起自己的责任。"

他不仅从他们那里收走了房子,也不再给弗雷迪和保利娜生活费。约翰只是把自己的东西收了回来。我们能理解他的想法。但不论他对自己的父亲如何恼火,不论他多么想惩罚对方抛弃了自己,约翰的做法都太过分了。他之所以如此恶毒地宣泄怒火,和由药物引发的妄想症一定脱不开干系。他深信弗雷迪便是自己长期心理障碍和紊乱的原因,他甚至威胁说,要是弗雷迪胆敢到处乱说,他就敢杀了他。这件事成了弗雷迪挥之不去的阴影。他和约翰再也没有见过面。

"亚诺夫难辞其咎。"精神科顾问医生科斯莫·哈尔斯特伦(Cosmo Hallström)医生叹了口气说。

"许多人都想获得更多。我们都想要获得某种形式的解释。寻求解释是自然的,也是人之常情。像约翰这类人,有渠道去寻求,其他人则对此没么上心,而更多人则为了生活疲于奔命。这些带着'答案'的怪人突然出现——要记住,当时是迷幻药和探索内在自我的时代——这些人开出了药方。从中获益,靠此谋生。

"阿瑟·亚诺夫?蛊惑人心罢了。他的那种疗法在当时似乎很受欢迎,但它经不起时间的考验。我觉得没人真的相信这种疗法。尽管如此,约翰和亚诺夫所做的事,兴许还是对他造成了一定影响。在20世纪40年代到60年代,心理治疗领域盛行一种观点,即'内在冲突'会导致精神问题。你需要连续五年,每周五天接受治疗，让你的冲突显现出来，从而重建思想。这是一种非常弗洛伊德派的观点。接着，LSD 出现了，它让你的情绪一股脑爆发出来。它是通往觉悟的捷径。"

哈尔斯特伦医生的学生时代恰好在利物浦度过，他自己也尝试过。

"我不否认。这不是什么秘密。这种药物能改变你看事物的方式，给你提供不同的感知。如果你年轻并且充满好奇心，你会喜欢探索看待事物的不同方式。这是种迷幻的体验，色彩不同，感觉各异。如果你能接受它，那就没问题。但当然，许多人因为服用了这种药物而断送前路。LSD 对于约翰的影响比原始疗法大得多。对他的那种思想来说尤其如此。这种药物效果很强。它能扰乱大脑。许多人都服用过它，然后产生幻觉。这种幻觉或烦心，或有趣。但多数时候并不有趣。一定要记住，在当时，服用这种药物关乎心灵的提升。为的是开辟一条全新路径。他们认为自己有使命要让其他人也接受它——这便是为何约翰会把药物分给自己的妻子和其他人。当然，LSD 无疑是改变披头士创作风格的关键所在。"

*

弗雷迪确实写了自传，尽管并不是为了出版。他是为约翰写的。作为记录，他从他的角度讲述了约翰被遗弃的故事。让约翰彻底知晓是茱莉娅而不是他毁了两人的婚姻，让约翰成为一个破碎家庭的受害者。弗雷迪莫名地预感到约翰在 20 世纪 70 年代中期纽约的生活方式,于是他待在家里做家务、照看孩子。他把自己没能给约翰的时间和关注都投到了自己的小儿子们身上,而他的妻子和洋子一样外出工作。

约翰与父亲断了来往五年后,弗雷迪因为胃癌病倒了。当时是 1976 年。保利娜自己联系不上纽约的约翰和洋子,只能通过苹果公司办事处来联系。她按照礼节,让约翰知道他父亲已时日无多。约翰做了什么呢?他送了花去。他打电话到医院,让他爸接电话。他喋喋不休扯了很多,也道了歉。我们只能希望他的懊悔是真诚的,他们电话中的和解能让弗雷迪瞑目。[2]

约翰对父亲坦白,他后悔接受原始疗法。两人闹翻一事都怪他。他说他小儿子肖恩五个月前出生了,他非常想带肖恩来看望爷爷。此事再没有兑现。仿佛弗雷迪让自己的疾病获得了最终胜利。1976 年愚人节,他离开了人世,亡年六十三岁。约翰对后母说,葬礼的钱他来出。这位遗孀拒绝了,约翰只能在异国他乡表示哀悼。所有孤独的人啊[1]。葬礼上,只有她和弗雷迪的老伙计——弗雷迪第一首单曲的创作者托尼·卡特赖特出席。[3]

---

1 出自披头士的歌曲《伊莲诺·瑞比》。

第十二章
救世主

有时候，从反面看会比从正面看更容易理解某样东西。我们知道披头士"改变了世界"，他们掀起了文化变革，他们是现代流行音乐产业的先驱。但对他们个人来说，这并不是梦想成真。历史记载中最超乎想象的成功，从幕后看却是另一番光景。这样的成功剥夺了他们的自由，破坏了他们的人格，动摇了他们的理智，只差把他们的灵魂都吸干。这样的成功肯定和中彩票差不多。真走运，这会改变他们的生活，有了这么多钱，还有什么不能做！但接着，我们记得，这样的巨额财富往往意味着婚姻、家庭、友谊，甚至个人目标与自我价值的终结。满脑子只有钱的时候，人们可能会看不到真正重要的东西。没错，披头士的大船满载着数不清的财富进港，这的确再好不过。无休止的工作和被剥削的经历有了收获。数万小时的高强度练习有了回报，这几个出生小巷、没接受过多少教育的男孩因而获得了肮脏的财富和名望，要不是这样，他们的结局……会在哪里呢？他们"真走运"。他们越卖力工作，就越走运。[1]然而，局内人很清楚成功的陷阱为何物，单曲—专辑—巡演这种令人心力交瘁的日程安排转眼间成了逢场作戏。他们现在是演艺合同的奴隶：现场演出、新闻发布会、电台、电视、一场接一场采访。一句格言说得好：当心你所希冀之物[1]。有一段时间，他们根本没心情留心这一点。然而，或许除了保罗之外，他们很快都经历了困扰，成为披头士并不像想象中那么好。它的负面影响太多了，他们付出的代价太大了。他们已经厌倦了粉丝的尖叫，厌倦了自己徒劳地出声，以及接连不断的性爱——哈，他们倒是十分享受这个。他们厌倦了盲人、瘸子、残障者被他们打动[2]，仿佛神秘的披头士能在水上行走，并被赋予了疗愈的能力[3]。他们已经厌倦被关在酒店房间，仿佛坐牢一般，去到了许多国家，却几乎见不到机场、演出场所以及住处之外的风景。换成我们，我们也会厌倦这一切。他们的独立性已经烟消云散[4]。他们甚至没法出门吃饭，因为餐厅会被围得水泄不通。他们不得不叫客房服务送吃的。这有什么意思呢？"给我钱（这就是我想要的）。"歌里唱道[5]。到后来，银行存款证明失去了魅力，笑到最后的人是税务员——在他们的新专辑《左轮手枪》中，乔治创作了一首同名歌曲，以抨击哈罗德·威尔逊政府向他们征收 95% 的重税。

---

1 最早出自《伊索寓言》。

2 在英语中，打动和触摸是同一个单词。这里是引用《圣经》中耶稣触摸病人，病人就被治愈的典故。

3 二者都是耶稣的神迹。

4 出自披头士的歌曲《救命！》。

5 出自贝里·戈迪与贾妮·布拉德福德创作的歌曲《钱（这就是我想要的）》[*Money（That's What I Want*）]，披头士翻唱过这首歌。

凡事皆有代价。他们的代价是什么呢？你在骑旋转木马，木马转得飞快，失去了控制。而你突然意识到，你已经没法安全地下马了……

1965年8月15日星期天。他们为第二次正式美国巡演做开场演出。他们乘直升机来到举行过世博会的法拉盛草原可乐娜公园（后来成为美国网球公开赛的主场馆），接着乘坐富国银行的卡车前往谢伊球场——当时纽约大都会棒球队的新主场。这不仅是他们迄今为止规模最大的演唱会，而且是历史上首次在体育场举行的摇滚演唱会。此次演唱会卖出了55600张门票，也是史无前例。[2] 暖场艺人包括布伦达·霍洛韦（Brenda Holloway）和声音公司乐队（Sound Incorporated）。米克·贾格尔、基思·理查兹、马文·盖伊也在现场，此外还有十七岁的芭芭拉·巴赫（Barbara Bach）和二十四岁的琳达·伊斯门（Linda Eastman），两人都是纽约当地人，后来都成了披头士成员的妻子。"刚开始我对约翰感兴趣，"琳达说，"他是我的披头士英雄。但我见到他后，迷恋很快就退去了，我发现我喜欢的是保罗。"[3]

这场演唱会的视频惊心动魄。如果你没看过，赶紧去看。他们从棒球更衣室前往球场的时候，尖叫和嘶吼声震耳欲聋，球场上亮得仿佛有上百万只灯泡，几乎让他们目盲。埃德·沙利文介绍他们："他们国家给他们表彰，他们女王给他们授勋，我们美国给他们爱……"看到那么多妇女和女孩激动得不能自已，失去控制、不省人事，被直接抬走的景象，令人心慌。小伙子们现身的时候，连警察和保安都双手抱头，捂住耳朵。乐队成员根本听不到自己的声音。他们以《扭吧喊吧》震撼开场，尽最大力气喊唱，用尽全力扫弦、打鼓，在半小时内一鼓作气唱了十二首必唱歌曲，然后走人——设想一下，如果他们今天这么退场的话会怎样。被现场尖叫震聋耳朵的林戈听不见其他成员的声音，而他需要借此维持节奏，他后来承认，当时他不得不盯着其他三个吉他手扭动的屁股来把握节拍。

保罗、乔治和林戈在之后几年里都评论说，他们觉得约翰在谢伊演唱会上精神崩溃了。在这巅峰时刻，这位古怪的披头士成员徘徊在边缘，屈服于周围蔓延的超现实氛围。当时的视频片段值得一看，他像癫狂的发明家一般大笑，而其他几个人面面相觑，仿佛在说："搞什么名堂？"同时紧张地盯着观众。到底是什么让约翰向天空挥舞双臂，对着云端吟唱？到底是什么让他像痉挛一般弹琴，完全不按节奏地跺脚？在宽容的本土观众面前展示这种粗鲁的行为是一回事，在没怎么体验过他们演出风格的美国观众面前展示这种骇人听闻的行为则完全是另一回事。次年发生的那些臭名昭著的事件就证明了这一点。保罗演唱结束曲《我很沮丧》(*I'm Down*)的时候，约翰任由自己陷入疯狂。他拿起电子风琴，直接用手肘弹奏，并且癫狂地大笑。他的行为传染了其他人。保罗在台上打转，仿佛要起飞，而乔治则一改他标志性的扑克脸，也开始不受控制地大笑。

经历了这次考验，人们切实感觉到披头士到达了巅峰。当记者问及他们会不会因为听不见自己的演奏或歌声而困扰时,约翰面无表情地说:"没,我们无所谓。我们在家那边已经有过这样的记录了。"

他之后对 1964 年帮他们订了卡内基音乐厅却没能听见他们在唱什么的演唱会赞助人锡德·伯恩斯坦(Sid Bernstein)说:"在谢伊球场,我看到了山顶。"

从字面上推测,这句话的意思是不可能更好了。这是真的吗?他会不会只是说说而已?我们都知道约翰是什么样的人。

一直在变好?就好比,不可能变坏了?[4]

*

一年后,他们重回法拉盛草原可乐娜公园,进行第四次也是最后一次美国巡演的时候,已是另外一番光景。几十年后,他们都不会记得自己在谢伊球场演过第二场。他们的糊涂是情有可原的,因为这期间他们奔波的路程太远,服用了太多的药物,他们的双重人生也没能让他们清醒。在国际舞台上,他们是大家的披头士,是世界的宠儿。回到家后,便得维持平衡,他们生活在伴侣、朋友、儿女和追随者的期待之上(或之下),无望地遵守家庭生活的规则。保罗依然和他的金红色头发的爱人、女演员珍·爱舍在一起,不过他们的工作计划和保罗的下班后娱乐让他们渐行渐远。他最终还是求了婚,两人于 1967 年圣诞节宣布订婚。但保罗依然在外面拈花惹草。珍于 1968 年 7 月伤感地对 BBC 电视主持人西蒙·迪伊证实,两人的关系结束了。才过了九个月,保罗就娶了单亲妈妈琳达·伊斯门，他们后来还生了三个孩子。林戈于 1965 年 2 月娶了美发师莫琳，又叫"莫"（原名玛丽·考克斯，两人在洞穴俱乐部的演出上认识），他们三个孩子中的第一个出生在那年 9 月。他直言不讳地承认，自己无休止地追求女色、酗酒、家暴，以及"父亲身份形同虚设"的种种行为，使他们在十年后离婚。乔治与帕蒂·博伊德于 1966 年 1 月结为夫妻，这位漂亮的模特在 1964 年的电影《一夜狂欢》中与他们合作过（她在电影里只念了一句台词）。但他们没能有福气拥有孩子。热衷婚外情的乔治于 1977 年和妻子离婚，并于 1978 年娶了唱片公司员工奥利维娅·阿里亚斯。他们在同年生了一个儿子。与此同时，约翰依然深陷与辛西娅的痛苦婚姻之中。面对困惑的小朱利安，他完全当不好一个父亲。[5]

这个同自己的生活过不去、心理不健全又长不大的孩子，经历了这几年披头士狂热之后变得更加扭曲，他怎么可能成为一个好丈夫和好父亲？就算不能说完全没有希望，但他没有做到。每个人都看得出来，这件事对于一个并不成熟，心理也不健康，被数百万人的崇拜冲昏了头脑，且对自己是谁都没搞清楚的人来说，太难了。

约翰在二十五岁时，邀请记者朋友莫琳·克利夫（Maureen Cleave）来到位于弥漫着树木芬芳的韦布里奇的巨大木板房"汉赛尔与格莱特[1]之屋"做客（"等我知道自己到底要什么的时候，我再正儿八经搞一套房子"）。她刚到的时候，迎接她的是门口一大

---

1 出自《格林童话》中的《汉赛尔与格莱特》。

群叽叽喳喳的粉丝。他带她游览了这座铺着奢华地毯的城堡，许多东西都让她印象深刻：紫色的餐厅、他的藏书——皮面的名著、《淘气小威廉》系列，还有好几架子书名晦涩的书——酒窖、豪车、古怪小玩意（猩猩服、盔甲，还有人会收藏这种东西吗？）、一本巨大的《圣经》、一幅刻着"IHS"（象征着耶稣基督）的耶稣受难像，以及一只叫咪咪的猫（猜猜是以谁的名字命名的）。他让她罕见地一睹他"令人欣羡的"（可以理解成"停滞的"）私生活。这位精明的采访者在她精彩的新闻稿里评论道，他繁多的个人财产占有了他。最近一次巡演结束后，他这段时间在做什么？看电视、阅读——关于世界宗教的书籍——然后就是放唱片、放唱片、放唱片。听乔治最爱的印度音乐，这种音乐显然对他影响巨大。睡觉。吃迷幻药（他没有说这一点）。再稍微花点心思在三岁的儿子身上。他和司机飞快地把莫琳送回伦敦，顺道拜访了爱泼斯坦，然后又去购物——当一个坐拥百万家产的超级巨星赋闲在家、无聊到犯傻，并且邦德街就近在咫尺的时候，他还能做什么呢？他还语速飞快地絮叨家庭幸福和他父亲弗雷迪·列侬的第二次造访的话题，对于这事那事发表自己有倾向性的看法。也没有聊什么特别的话题，只是说着玩儿。

这是两个极具影响力的人之间的闲聊，也有传闻说他俩正在/曾经有婚外情——这是肯定的，当时一个年轻的女记者不可能仅仅因为工作出色而获得这样的独家内容，但约翰说的话里看不出相关端倪。克利夫的采访登上了1966年3月4日的伦敦《标准晚报》，标题为《披头士如何生活？约翰·列侬如此生活》，副标题为《萨里山坡上……一个名利兼备的年轻男子，正在等待着什么》。副标题说到了点子上。

此文没有激起任何水花。编辑也没有收到任何形式的投诉信。直到这篇报道里的七行并无恶意的引述，被《日记本》（DATEbook）——披头士乐队及其经纪/宣传团队很熟悉的一份主题激进、涉及面更广的美国杂志，它不同寻常地将社会政治报道同演艺圈的吹捧性文章放在一起——断章取义地引用在7月29日那一期上，事情才开始变得一发不可收拾。美国的圣经地带[1]对此尤其怒不可遏，指责约翰渎神，甚至声称要取他的脑袋。这件事就发生在披头士大型美国巡演开始前几天。想象一下骚乱的情形：从纽约州到犹他州两千多英里的范围内，有几十家电台封杀了他们的唱片。人们公开焚毁他们的唱片、书籍和商品，甚至有商店把所有的披头士商品清空。电台DJ和其他对年轻人有影响力的人被蒙了双眼，不分青红皂白地煽动年轻人反抗这几个失势的败军之将，说这四个人明显表里不一。人们能把他们捧上去，就能把他们拉下来。这次抵制行动影响深远、情绪激烈，而且与他们的"罪行"完全不相称：封杀披头士！披头士滚回去！耶稣是因你而死的，约翰·列侬！据报道，这些人对披头士及其代表的事物的恶意达到了令人毛骨悚然的程度。白人至上主义者中的3K党也加入了这一行列，宣扬要采取他们一贯的暴力和死亡手

---

1 美国的基督教福音派在社会文化中占主导地位的地区。

段。连在英国的小辛都收到了几百封恐吓信。面对如此大的敌意和厌恶,谁会不担心自己的人身安全?

究竟是哪句话把这么多人都得罪了?

"基督教会消失。它会衰落然后绝迹。我不需要论证这一点。我是正确的,我会被证明是正确的。我们现在比耶稣更受欢迎。我不知道摇滚乐和基督教哪个会先消失。耶稣还行,但他的信徒们愚蠢且平庸。在我看来,是他们扭曲基督教的行为毁了它。"

在英国,这算不上什么。《标准晚报》觉得约翰的这些话并没有惊世骇俗到需要挑出来引用。舰队街上的其他媒体也没有理会这些话。就这么听其自然。因为这个观点本身并不是毫无道理。虽然大多数英国公民仍会在英国国教教堂举行婚礼和葬礼,且大多数人在填表的时候会在宗教信仰一栏填"英国国教",但当时英国人对宗教并不狂热。许多高调的人会拿神职人员开玩笑,其中就包括约翰崇拜的皮特·塞勒斯。教会看起来最多就是个过时的东西,没法给年青一代提供什么。

但在美国就不一样了。那里的反应让约翰摸不着头脑。尽管他对指责嗤之以鼻,但他很怕他们去美国的时候会有人"攻击"他。即便如此,面对流感缠身的布莱恩·爱泼斯坦让他拼命道歉,从而及时止损、平息骚乱的命令,他依然拒绝执行。这位被病痛折磨的经纪人只好在纽约的美国大酒店安排了一场记者招待会,他邀请了全世界媒体,并在会上大声宣读了一份约翰勉强同意的声明。

从披头士到美国的那一刻起,约翰身边的人就注意到他身上流露出一种恐惧与愤怒,他显然在尽力克制这种情绪。这让他回答所有有关他言论的问题时都显得拐弯抹角、勉勉强强。例如,在芝加哥,他们原定于 8 月 12 日开始巡演,第一站在老国际圆形剧场演两场,他回答提问的时候很不耐烦:"我的观点仅来自我对基督教的阅读或观察,它曾经如何,一直以来如何,或将来如何。只是在我看来,基督教似乎在没落。我并不是在抨击它或说它不好。我只是说它似乎在没落,失去人心。"

他们不会就此放过他。不论问题被带偏到哪里,总有不怀好意的记者插嘴把它扯回到侮辱宗教上。抓住把柄的记者如同咬着骨头的狗,不厌其烦地诘问他这个话题,仿佛想给他下绊子,让他说出使事情进一步恶化的话。激怒列侬,多好玩啊!在这件事上,列侬值得表扬,他一直忍着自己的脾气。然而,茶杯里的风暴[1](爱泼斯坦对《新音乐快递》如此形容此事)依然没有消散。因为虽然事实上只有少数人参与了抗议,但不负责任的媒体报道将其夸张成了对大多数人的冒犯,使事情看起来比实际情况严重得多。与此同时,年长的美国人不屑地看着"小孩子们",讥讽、挖苦道:不听老人言。最终,约翰确实道了歉。他说出了这句话。海水分开了[2]。愤怒平息了。演出可以继续了。

虽然据报道,他们于 1966 年 8 月 23 日重回谢伊球场的演出

---

1 英国习语,指小题大做之事。

2 引用《圣经》中摩西分海的典故。

"以失败告终",有 11000 个座位是空的,但他们依然卖出了超过 45000 张门票。还真是令人失望呀。此次演唱会与披头士同台的除了其他几个来去匆匆的乐队之外,还有罗尼特组合。约翰一直想让当红主唱罗妮[6]成为他的情人,后来罗妮承认,对此她毫无抵抗之力。小辛还是不太懂男人。他们此次演唱会唱了十一首歌,包括《短途旅客》(*Day Tripper*)、《我感觉不错》《流浪人》(*Nowhere Man*)、《平装书作家》(*Paperback Writer*)、《大高个莎莉》(*Long Tall Sally*)等。这几个小伙子很快进入了状态,看起来活力十足。他们时而高声呜呜,时而柔情歌唱,用音乐震撼全场,让流泪者欢喜,毫不理会观众群里的异样。或者应该说,他们努力不去理会观众群里的异样。因为伤害已经造成。从那时候起,他们作为巡演乐队的日子已经不多了。所有参与其中的人都知道,一切再也回不到过去。

问题是,约翰是对的。在这次冒着生命危险的巡演结束后,当他能够平衡基本常识与事后聪明时,他指出:"我说我们比耶稣更受欢迎,这是事实。我相信耶稣是正确的,佛陀是正确的,所有信仰这两者的人都是正确的。他们说的都是同样的事情,我是相信的。我相信耶稣真正说过的话——他关于爱与善的说法——而不是人们口中他说的话。"

"我当时可能太年轻了,没意识到当时约翰的'披头士比耶稣更受欢迎'宣言的影响。"伦敦舰队街圣布里奇教堂的教区牧师艾莉森·乔伊丝说道。

"现在看来，披头士在全球的影响力确实史无前例，他故意用了这种煽动性的表达（这就是年轻人天不怕地不怕的精神啊！），但基督徒怎么会被这种说法冒犯呢？基督教信仰根深蒂固，没有任何诋毁能够动摇——至于这话渎神？人们甚至把神钉在木头上，让他像罪犯般死去。再不会有比这更有冒犯性的事了。相比之下，这些言论和观点根本微不足道。

"我不信，也从未相信约翰·列侬想与神一较高下。和绝大多数人一样，他只是在寻找自己存在的意义。因为他太出名了，他只能在公众眼中寻找。世界上数百万人把约翰当神来崇拜，或许他们从他写的歌中看出，他有一切问题的答案。但事实恰恰相反。他和所有人一样，都在找寻答案。"

第十三章
洋子

气泡破裂会形成强力冲击波，科学家称之为"空穴现象"。这种突然间的能量爆发会发出声响。在海下，船只螺旋桨周围聚集着几百万个微小气泡，它们破碎时会发生震耳欲聋的声响。随着时间的推移，不间断的冲击最终会令螺旋桨瘫痪。我们或许从来没有听见过这种声响，但我们对气泡的声音习以为常：气球"啪"的一声破掉；玻璃杯加冰倒上可乐，冰块的"咔咔"声，可乐的"嘶嘶"声；香槟"噗"的一声喷出酒瓶。我们听得到共振。但当小孩子拿圆环蘸肥皂水朝空中吹出七彩的泡泡，这些泡泡破裂的时候，我们听到了什么？

你永远都听不到溺水者的呼喊，根本就没有这种声音。这是一种静默的崩溃，一种缓慢、无声的湮没。是放弃。是耗尽。是静默之声。

林戈通常是四个人里最平和的，就仿佛搭了便车，也不知道开往何方。他也会动摇，也会有自信危机。他不久就扬长而去，对其他几个人说他要"走"。他会回来的。保罗则一直在路上——几十年过后再回过头看,他基本上确实是这么做的。乔治则直言不讳,他已经受够了,不过他还在等待那一天。但披头士现象正在杀死约翰,就如同寄生虫,爬进他的皮下组织,钻入他的肌细胞,侵占他的心脏。

披头士最后一场现场演唱会于1966年8月29日举行,地点在烛台球场,这里当时是旧金山巨人队的主场。[1]他们并没有在海报上标明或对外宣布这是他们的最后一场演出,但结果就是这样。他们的巡回车队穿过美国的时候,似乎每到一处都面临着问题和挑战,炸弹和打斗。他们热情不再、筋疲力尽。在不少地方,他们都担心自己的人身安全。再也回不到"从前"了。怎么会这样?在传说中的淘金潮中心——这个沿海湾而建的城市,他们没见到盛大的欢迎人群。虽然球场能容纳42500名观众,但只坐满了一半多。活力四射的罗妮和她的"罗尼特组合"再次担任助演嘉宾。大风起,浓雾散,阴冷弥漫。小伙子们在后台同当红的艺人、想红的艺人和琼·贝兹开着派对,仿佛不想上台面对眼前的一切。那晚快到9点半的时候,他们才出现在台上,献上他们的告别演出。他们已经认命,因为这是最后一场演出,反倒一身轻松。他们拿起照相机,拍下观众和他们自己,留作纪念。气泡破裂了,并非轰然落幕,而是郁郁而终。[2]十年了。足矣。有人跳船了!约翰抓住了救生圈。他呛着水浮了起来,扑腾着朝岸边游去。

"披头士"早已不再是可爱又心口不一的保罗嘴里常挂着的那

个"不错的小摇滚乐队"了,它不知不觉耽于荣耀而无法自拔(保罗自己或许也这样)。因为"披头士"不是四个孤立的人,而是一个概念、一个造物、一个理想。在现实生活中,他们绝不可能永远作为一个整体巡回表演。他们没法成为滚石乐队,依旧如一辆和平年代的锈迹斑斑的坦克一般在全球巡演,演奏着一成不变的老歌(因为没人想听他们的新歌)。跳上舞台、给乐器插上电、灯光闪耀[1]、摆好造型,这几个年逾古稀的老人如同漫画人物,脸像被放到微波炉里转过一样,但依然保持着三十来岁的英姿。他们只须扮演一个角色:为那些痴迷于回味青春的老听众带去"你的舞怎么跳得这么棒"[2]的怀旧氛围。而披头士代表的则完全是新鲜、新颖、永远革新。多愁善感也是它的特征,这一点在他们的许多受人喜爱的歌曲中显而易见。但它唯有在不断进步的背景之下,作为蓬勃且惊人的创造力的辅助手段而存在。他们做的是开疆拓土、自我超越、永远出新。因此,分崩离析。不论作为音乐家还是作为个人,让他们不再巡回演出对他们的存续非常重要。对于约翰来说,这是关键所在,事关生死。就像披头士吞没了标新立异的摇滚人列侬一样,披头士狂热也让这支乐队窒息。最后一个走的人把灯关上。记得锁门。

现在怎么办?

还能做什么呢?回归录音室,专注音乐本身吧。具体来说,

---

[1] 原文为 Jumping, jacking, flashing,呼应滚石乐队的名曲《跳跃的闪光》(*Jumpin' Jack Flash*)。
[2] 滚石乐队歌曲《红糖》中的歌词。

就是做那种能让人坐下来聆听、品味、惊叹、得到启迪的音乐。在当时那个年代，这样的歌很难被改编成现场版本。

*

精神科顾问医生科斯莫·哈尔斯特伦在利物浦的医学院读书的时候经历了披头士现象，他思考着约翰处在这个重要的十字路口时的心境。

"这就是他，疲惫、愤怒、困惑。他还是一个十分重要的人物，依然在气泡之中，尽管气泡似乎已经破裂。没人能忍受他。但一个对他的傲慢完全免疫的人出现了。此人有不同的想法。此人来自不同的文化，所以能以不同的方式看待世界。她便是那个让约翰倾倒之人。她便是那个特别的，能与他心心相印的人。她几乎和他的妻子辛西娅截然相反，她是属于她那个年代的女性。

"约翰和洋子一见钟情，他们传达的信息十分简单。那便是嬉皮概念中的'爱'。和平、爱，真不错，仅此二维。美丽、漂亮、幸福——与他先前和其他人的紧张、混乱、费力劳神的关系相反，他为此写过歌，但并不能理解。"

"我觉得他们之间确实有一种深刻、强烈、全身心投入的关系，这种关系通常能够持久，"哈尔斯特伦医生如此断言，"这并非情欲或激情那么简单。爱情这一概念——同另一个人永远成双成对，是那么多音乐、艺术和文学的基础——由生理决定。寻求人生伴侣是人类的一个特征。天鹅从一而终，这是一种更高的力量，带着神秘感。因为大多数动物不会这么做，所以我们珍视会这么做的那些。深爱长期伴侣是人类的先天需求。"

在所有的生命之谜中,科斯莫直率地说:爱与吸引力是"重中之重"。

"社会也崇尚一致性,"他指出,"人们会受到来自文化的压力,当然也有一见倾心这类事情:为的就是找到那个人。约翰·列侬是个性经历十分丰富的男人,由于他的地位,他可以在全世界挑选伴侣。如果有机会就要试一试,男性就是被这种倾向驱动的——哪怕你的妻子也在场。人们会做各种蠢事,试探关系的边界。列侬是个以自我为中心的自大狂,他遇到了和自己相配之人。这件事发生在他身上的时候,仿佛一颗炸弹被引爆。直接被炸成两半。一切都变了。"

*

报纸上说,她让他昏了头。粉丝和学者们为日期、时间、地点等问题争论了几十年,争论她是否没注意到他是披头士的一员,或者她便是因此冲着他来的。1966 年 11 月 9 日,在伦敦因迪卡画廊(Indica Gallery)举办的她的艺术和装置作品展中,她是否真的要他付钱来享受在她的作品上钉钉子的特权?他是否机智地答道他会在不掏钱的情况下,钉上一颗想象的钉子?(发现她的幽默了吗?)这些都是细节。同样的事之前发生过无数次:两个已婚之人,结婚对象并非彼此,却一见倾心,毫无保留。二人刹那间怀疑先前的一切都已终结,唯有当下。如今,他们可能相遇,两人都有触电般的感觉,发现自己总是环顾房间看对方是否已经离去，在回家路上打开推特或短信飞快地给对方发消息："只是想让你知道，我已经几秒钟没想你了。"之后消息可能被走漏，登上当地小报，被诉诸公堂，甚至导致责难和离婚。除去科技的部分（当时他们用信件和电话联系），这便是当时发生的事。

喔，洋子。在梦中[1]。而对约翰来说，是在噩梦之中。梦里有无爱的婚姻、无望的超脱、过大的压力、过多的人、航班、汗水、金发女、褐发女、悔恨、图雷特综合征、死亡威胁。你知道，他需要有人在他身边，救命[2]！家庭生活？什么家庭生活？这对他毫无用处。他要完蛋了。听，又是那个落水的人，洋子为他跳入水中。

这位结过两次婚的母亲并不像人们说的那样，是个四处讨生活的流浪女。她出生在日本，在美国接受了高等教育，对"二战"和东京的毁灭有着深刻的记忆，她的双眼因为恐怖与希望瞪得大大的。她是个与业界保持联系且受人尊敬的前卫概念艺术家，有一定的名气和追随者：哪怕在财富方面没法与披头士相提并论，但她至少在她的专业领域内达到了可敬的高度。她是20世纪60年代吸纳世界各地各领域艺术家的国际流派激浪派的活跃成员。她引人注目、具有异国情调、富有教养、有创造力。她倾向于激进的和平主义和政治化的女权主义。她说话轻声细语，很有智慧。哪怕拖着脚步走过房间，她也散发着神秘的气息。不管从哪个层面来看，对于像辛西娅这样的女人来说，她就是个威胁。而辛西

---

[1] 列侬歌曲《喔，洋子》中的歌词。
[2] 披头士歌曲《救命！》中的歌词。

娅的眼光无可救药地狭隘：

"约翰在他需要的时候遇见了洋子，就在他为阿尔玛·科根悲痛的两周后。洋子就是个迷他迷到不行的粉丝，凑了上去，四处跟着他。刚开始，约翰烦死她了。但阿尔玛死了，他身上发生了奇怪的事。事情有了转变。洋子一定是发现自己有机会，就一把抓住。她在他们的关系中占据主导，且在约翰的余生中控制、霸占着他。"

"所以洋子成了约翰的新咪咪姨妈，"小辛告诉我，"她算计出约翰需要从女人身上得到些什么，就在我眼皮底下，然后彻底改变了自己。"

关于这一点嘛。

洋子三十三岁，约翰二十六岁，还不到一只木屐已经踏进坟墓的年纪。[3]但在那个年代，一个女人只要比她的男人大一两岁就会让人惊讶。而约翰不为所动，为其倾倒。他想跟她在一起。一个不论什么女人都能随便选的男人竟然选择了她？啧。说句公道话，基思·奥尔瑟姆是对的：很少有照片能公正地反映她。但其中一些照片令人惊叹。沉默的洋子散发着一种羞涩而迷人的魅力。特写镜头穿过厚厚的如帘黑发，展现了她光洁的肌肤、完美的五官和腼腆的笑容。她整个人看上去清晰又简约。她的双眼深邃，但只凝望约翰。公众以为她是巫婆，是追求披头士的贱人，她破坏了他的婚姻，击碎了小辛的心，夺走了朱利安的父亲，葬送了世界上最伟大的乐队。但他们不知道，披头士早就分崩离析了。正如林戈在《精选辑》中回忆的那样，一段婚姻绝不可能突然瓦解。是长年累积的痛苦让事情变成现在这样。他说的是披头士这支乐队。

小时候，洋子在纸片上写下愿望，然后去寺庙，把纸绑到树枝上。在日本一年一度的七夕节上，许多人都这么做。寺庙庭院中的树上会挂满愿望结，从远处看，仿佛开满了白花。古代神道教传统在她的一生中反复出现并影响了她的艺术创作。她某天曾说："我的所有作品都是某种形式的祈愿。"

她是否和约翰分享过自己与人称"现代艺术女王"的美国名媛佩姬·古根海姆的回忆？众所周知，洋子在20世纪60年代遇见了这位比她大35岁、荒淫无度、身家百万、放荡不羁的社会名流玛格丽特·古根海姆（原名），她们的友谊一直持续到1979年佩姬去世。我想知道洋子是否向约翰吐露过怀上女儿京子那晚发生的事。

古根海姆是巴勃罗·毕加索、曼·雷、萨尔瓦多·达利的朋友和赞助人，她还发掘了杰克逊·波洛克。1956年，她同友人，即前卫作曲家兼音乐理论家约翰·凯奇一起到日本旅游。

"他（凯奇）受花道大师邀请，前往不同城市举行音乐会，"佩姬在自传《本世纪之外：一名艺术成瘾者的自白》中回忆道，"他去哪里我都跟着。是否喜欢他的音乐我不好说，但他的每场音乐会我都会去。小野洋子（当时二十三岁）是我们的向导和翻译，也参与了一场表演。她很有能力，人也很好，我们成了挚友。不管去哪里,都有一个叫托尼·考克斯的美国男孩子跟着她。他是特地来日本找她的,但从没见过她。我们不论去哪里他都跟着,哪怕洋子的很有才的作曲家丈夫跟我们同行。"

洋子的丈夫叫一柳慧,是约翰·凯奇的学生。他在哪里呢?

"我们开了一个大型派对,带了私人摄影师,"佩姬说,"我允许这个托尼过来,睡在我和洋子同住的房间。结果就诞生了一个日美混血的漂亮宝宝,后来被托尼偷走了……"

*

人生短暂,艺术绵长。九年后,是约翰·列侬,而非佩姬·古根海姆,答应资助小野洋子在伦敦的里森画廊举办一场新个展,并成了她的赞助人。辛西娅有没有询问这个古怪的插足者是怎么回事?她当然问了。约翰会辩称不知情,搪塞说是某个"怪人"为了要钱在搞事吗?他就是这么说的。小辛还能怎么做呢?她的第六感在说些什么,声音已经大得不能再大了。

*

我有时觉得洋子是历经苦行的上师。约翰走在寻求答案的无尽征途上,永远需要能拯救他的人,所以他最看重上师。他执着于下一件大事、最新目标,以及具有超凡能力和自信的凡人。一个自认为历尽千帆看破俗世的人,可能非常容易上当受骗。我们见证了他是怎么迷上希腊科技奇才"神奇亚历克斯"马尔达斯("Magic Alex" Mardas)的:这位奇才用亮闪闪的小玩意儿诱惑约翰,并许诺为披头士打造一间极具未来感的录音室,结果一败涂地。约翰很快又慕名找到原始情感治疗师阿瑟·亚诺夫，接着对自己造成了弊大于利的结果。而对精神再生运动的领袖玛哈里希·玛赫西·优济来说，他与披头士乐队的联系是乔治的爱妻帕蒂。烛台球场演出后，哈里森夫妇去孟买休养了六周，去印度西塔琴英雄拉维·香卡（Ravi Shankar）那儿做客，他还教乔治演奏西塔琴。他们随后云游至克什米尔，彻底改变了饮食和锻炼方式，吃素并潜心练习瑜伽。回到伦敦后，帕蒂试着自学冥想，但没能成功，于是加入了玛哈里希的组织探寻奥秘。当玛哈里希落地伦敦，去位于威尔士北部的班戈宣传自己的超验冥想修行，并在希尔顿酒店举行新闻发布会时，帕蒂和乔治说服保罗、简和林戈参加……林戈没有带莫琳，因为她刚生完孩子，还在医院里。小辛也待在家里照顾朱利安。她确实去了威尔士，但错过了火车，只好让尼尔·阿斯皮诺尔一路开车过去。她后来认为这次经历成了她婚姻破碎的转折点。为什么约翰任凭她吃力地在后面拖着行李箱，自己先上了火车？没错。米克·贾格尔和玛丽安娜·菲斯福尔也一同去了。正是在班戈，披头士接待了一群激动过头的媒体，公开宣布他们拒绝毒品……而几周前，他们还参与了争取大麻合法化的运动。

布莱恩·爱泼斯坦是最初的上师，在成员没有任何经验和成就的情况下，将一个粗糙的摇滚四人组打造成世界一流、征服全球的乐队。约翰完全服从这位"流行乐王子"的权威和上级地位，允许他抹掉自己的摇滚人格。布莱恩管理披头士和他们的家庭生活足足六年。约翰和小辛的婚礼，他们的第一个家，他们从利物浦搬到伦敦；突破美国，让他们成为世界上最有名的乐队，平息耶稣危机，保证他们的生命安全。布莱恩运筹帷幄，处理好了一切。另外三个披头士成员的家庭也是如此。再没人能像他那样煞费苦心地为他们服务，永远捍卫他们。他以近乎崇拜的虔诚态度，培养、照顾、保护、计划、包装并推广他心爱的小伙子们。他无条件地爱着他们，就像对自己的儿子一样，虽然他并没比他们大多少。但他有意和他们的录音室保持距离。他习惯让披头士和制作人乔治·马丁自由做音乐，他清楚地知道自己在这个方面帮不上忙。现在披头士已经中止巡回，不再是一支巡演乐队，"只"专注于做唱片，那他存在的意义在哪里呢？

第十四章

流沙

歌德说过:"自视过高或妄自菲薄皆大谬不然。"[1]

约翰两者皆沾。他一方面总觉得自己创造力超群,但又怕别人发现自己是装出来的,担心会穿帮。冒名顶替综合征[1]这个古已有之的恶魔,侵入了他们中最优秀的那个。作为舞台上的主角,约翰在录音室里对声音要求很高,尽管如此,他还是经常抱怨说他不喜欢自己唱歌的方式。他会让制作人为已经被广泛认可为摇滚乐最伟大的声音之一制作双轨,并不惜用上所有技术手段来"让声音听起来更好"。"你就不能在上面糊上一层番茄酱或者别的什么吗?"有一次他这样对乔治·马丁说。这位温和的绅士差点就被说动了,但最终还是忍住了。[2]

什么样的制作人能精益求精,把握艺人的魅力,诠释他们的天分,并提炼出他们最出彩的光辉?凭着无尽的耐心,乔治切割

---

1 出现在成功人士身上的一种现象,患有该病的人无法将自己的成功归因于自己的能力,并总是担心有朝一日会被他人识破自己其实是骗子。

披头士这块原石，探寻其中的美玉，并将其雕琢、打磨成闪闪发光的声音艺术品。面对他们的产能和创造力，他内心喜悦却不动声色。或许只有他才能将披头士的歌曲诠释、增色，提升成为前所未有的优秀唱片。除他之外，再没人持有打开他们创造力核心的钥匙。而他从约翰那里得到的，只有不情愿的尊敬和情不由衷的肯定。披头士解散后，这种感情更是恶化成怨怼。约翰开始贬低，继而侮辱乔治的贡献。他甚至会在晚餐时口吐恶言来毁掉一个愉快的夜晚。有一次在纽约，他就这样语带讥讽地攻击他的同伴，说如果有机会，他会把披头士所有的歌都重录一遍。"什么，就算《永远的草莓地》也要重录？"乔治大叫，本能地想保护约翰的绝妙创作。"《草莓地》尤其要重录！"约翰咆哮道。他无法控制自己。

乔治对此不予理会。他解释道，披头士中没人关心在适当的地方给予赞美这件事。

"但当时，"他在回忆录《你只需要耳朵》中指出，"我从不期待从他们那里得到褒奖。他们有着独立且乖僻的气质，对谁都不在乎，这是我打一开始便喜欢他们的原因之一，也是我决定签他们的因素之一。"

*

虽然他们早期的歌曲简单粗糙，但保罗和约翰学得很快。他们在实践中学习。到了 1963 年，他们的歌已经变得感性、成熟，尤其体现在他们的和声里。随着他们生活经验的丰富，随着他们对情绪的把握更为到位，他们找到了在歌曲创作中反映和表达自己情感的信心。谦虚的马丁坚定地认为，几乎任何制作人都能从他们早期的创作素材中提炼出足够好的、具有市场价值的唱片。到了1965年的《救救我！》专辑，情况开始改变。关键的作品是《昨日》。他当时没有意识到这一点，但乔治回过头看，清楚地发现这首歌是一个转折点，从那时候开始，"我开始在音乐上留下自己的印记，他们的风格形成了，而其中一部分是我塑造的"[3]。

他说，他们在《昨日》这首歌中首次做了尝试，他开始为披头士的歌曲配乐，他们开始愿意在歌中加入其他乐手和乐器。在那之前，常规情况下的乐队编制只有他们四人，如果需要，就加上乔治的钢琴伴奏。乔治觉得，如果加入忧伤的弦乐四重奏，《昨日》这首歌会更加触动人心。他向他们提了这个建议，于是弦乐四重奏就加上了。尽管依然受制于当时捉襟见肘的录音技术，他们还是努力冲击并打破流行音乐的"规则"，录制出了令人惊讶且振奋的效果。这几个小伙子在似乎无穷无尽的可能性的激励下，接受了他们的制作人和相关专业人士的技术，愿意随他们的指引前进。好主意都是约翰和保罗出的。聪明的乔治言听计从。他尽心尽力地把他们最好的一面展现出来。

乔治后来将披头士描述为他们时代的科尔·波特[1]和乔治·格什温[2]。一位乐评人还大胆地将披头士比作生命短暂、作品却极其

1　美国作曲家。

2　美国作曲家。

繁多的奥地利古典作曲家弗朗茨·舒伯特。反对者对这种标榜嗤之以鼻，乔治则为他们辩护，指出披头士与舒伯特一样，用丰富的作品概括并展现了他们所处的时代。他们的音乐属于那个时代，在同代人心中引起共鸣，成为那个时代经久不衰的金曲。这些歌曲随后得以封神，或许会因此永垂不朽。是吗？明日不可知[1]。

*

很快，从1966年4月一直录到6月的《左轮手枪》专辑于当年8月初发行，成了他们停止巡演前的最后一张专辑。他们充分利用最新科技，以及包含近距离麦克风收鼓音和倒带录音在内的新技术，骄傲地呈献了各种歌曲：千差万别如《伊莲诺·瑞比》和《你的鸟儿会唱歌》(And Your Bird Can Sing)，上头如《罗伯特医生》和《这儿，那儿，到处都是》(Here, There and Everywhere)——这首歌的灵感来自《只有上帝知晓》(God Only Knows)，巧的是，布莱恩·威尔逊正是在听披头士的《橡皮灵魂》时写了这首歌——以及听感如同催眠、氛围恐怖、层次繁多、如同海鸥在印度餐馆盘旋的《明日不可知》。一个偏激的乐评人觉得，这首歌里的"录音器让约翰·列侬的声音听起来像上帝通过雾号[2]唱歌"。乔治通过《税务员》、《对你的爱》(Love You To)、《我想告诉你》(I Want to Tell You)奠定了自己创作人的地位。这张专辑复杂又迷幻，融合了多种文化。西塔琴领衔。专辑的主题显得飘

---

[1] 呼应披头士的同名歌曲。
[2] 雾天里向过往船只发出警告的喇叭。

忽不定，它不再关注爱情，而关注精神和物质。特别是约翰和乔治，两人热衷于试验LSD，而保罗则与毒品和那些搞艺术的伙伴保持了距离，至少当时是这样。该专辑受到了许多人的影响，从鲍勃·迪伦和拉维·香卡到之前提到的海滩男孩不等。该专辑由两位主要创作者负责，但也暴露出两人的分歧。《左轮手枪》具有革命性吗？嗯，你知道，我们都想改变世界[1]。它是否冲破了流行乐的束缚，颠覆了唱片制作的方法？我觉得可以这么说。它是否催生了20世纪70年代的前卫摇滚运动？是的，而且不止这些。他们在汉堡的老朋友克劳斯·沃尔曼为唱片设计了引人注目的封面，并因此获得了格莱美奖。直到现在他还会被问到与该封面有关的问题。

*

连续十二首榜单冠军孕育出了迄今无法想象的一批专辑，奠定了披头士在音乐领域不可撼动的位置。矛盾的是，在创作《佩珀军士的孤独之心俱乐部乐队》、《奇幻之旅》电影原声带、《白色专辑》、《黄色潜水艇》、《阿比路》、《顺其自然》的过程中，乐队本身却在瓦解。并不是说这其中有什么险恶的问题。他们并没有像佛利伍麦克（Fleetwood Mac）[2]或阿巴（ABBA）[3]那样，由于乐队内部婚姻或关系破裂而导致事情一发不可收拾。没错，披头士乐队里确实有女人牵涉其中，但她们并没有构成威胁。没有女性

---

[1] 出自披头士的歌曲《革命》。
[2] 英美摇滚乐团，1967年成立于伦敦。
[3] 瑞典著名流行乐队。

能够闯入这个坚不可摧的团体,让其中任何一个人撒手离开,除非有某个披头士成员想要她那么做。哪怕最冷漠的旁观者也能看到他们有多么自负、爱炫耀,多么大男子主义。他们是拍板之人。洋子或琳达的影响力都不足以撼动他们。除非他们之中有人明确要求她们这么做。当时有许多关于此事的小报文章和流言蜚语,其中有好多把矛头指向洋子,但都充斥着无端的性别和种族歧视论调。当时的情形远复杂于"男孩遇到女孩,男孩坠入爱河,退到一边任凭女孩毁掉他用沙子堆成的城堡"。会不会更有可能的是,一心想退出的约翰利用洋子,让自己从乐队中抽身?或许她真的这么做了。或许这事是两人一起策划的。如果能为约翰排忧解难,她完全有可能甘愿担下这个骂名。考虑到这么做的回报是得到他这位最伟大的摇滚巨星,就更说得通了。觉得有点牵强?她不会告诉我们事实。一切皆有可能。

  但也有些显而易见的事。小伙子们长大了。他们总会长大的。他们变成熟了就会向外跑,自然而然变疏远,不再依赖孩童时代的玩伴。他们有了家庭,有了其他优先要做的事,有了利益上的冲突。他们不可能永远像个少年,一辈子都去他妈的世界,虽然他们或许希望如此。在《精选辑》的最后一辑里,保罗将他们的窘境比喻成军队复员后分道扬镳的战友,他还引用了一首老歌《婚礼钟声》(*Wedding Bells*):"婚礼钟声拆散了我的老弟兄。"[4] 这么多年后重看这部片子,我想起那位与他同名的使徒在近两千年前说过这样一句话:"我做孩子的时候,话语像孩子,心思像孩子,意念像孩子;既成了人,就把孩子的事都丢弃了。"[5]

约翰想退出。他厌倦了。他渴望自由。他急不可耐地想同其他人合作。哪怕和洋子——其他人不知道,其实在他们去汉堡前,她就已经开始同音乐人合作并开展试验了。例如,1960年时,她让"前卫艺术领域的怪小孩"作曲家拉蒙特·扬担任她纽约阁楼音乐会的音乐总监。扬深受日本雅乐(一种有数百年历史的宫廷古典乐)的影响,还为一些俳句式的文章配过乐,常被描述为"当今最有影响力的作曲家"。他和洋子都很看重对方。她并不是披头士粉丝和冷言冷语的媒体所认为的那种不懂音乐的插足者。

"早在洋子和琳达出现前,他们就开始瓦解了,"克劳斯·沃尔曼确定地说,"如果非要说一个确切的时刻,那便是他们决定不再一起现场演出的时候。从那时起,他们再聚到一起似乎就挺不自然了。之后事态加速恶化。事实就是人们不可能永远生活在同一个团体中。他们都必须向前走。乔治开始对神秘主义感兴趣。保罗和约翰有各自的生活。洋子只是个催化剂罢了。她看得出来约翰并不开心,他受够了。

"洋子是不是操纵者呢?这个嘛,她知道约翰想要什么,所以她使之成真。所以从某种角度来说,她是的。但就算她没有出现,事情依然会发生。只是时间会往后拖几周罢了。

"到最后,他们闹得很不愉快。我记得我和他们一起待在录音室,琳达和洋子也在,所有人都在彼此背后窃窃私语。气氛极其恶劣。"

《滚石》杂志将《佩珀军士的孤独之心俱乐部乐队》评为"有史以来的最佳专辑"。该专辑于 1966 年 12 月到 1967 年 4 月录制，推出没多久，炙热的"爱之夏"便到来了，十万名嬉皮士突然造访海特 - 艾许伯里地区。迷幻药、种族冲突、性自由、暴力，随你挑。这部惊人的作品既为该运动助兴，也为其解毒。专辑的"乐队中的乐队"的概念是保罗对于名望带来的窒息感的回应，为了将披头士和"拖把头狂热"拉开距离。该专辑融合了印度音乐、汽车城音乐、歌舞杂耍、布鲁斯、流行、古典、摇滚等元素，横扫当时的竞争者——《大门》、《地下丝绒与妮可》、吉米·亨德里克斯的《你经历过吗》(*Are You Experienced*)，以及滚石乐队的《撒旦陛下的请求》(*Their Satanic Majesties Request*) 等，以上专辑都在那一年发行。《佩珀》专辑里超过一半的歌曲都是保罗写的，他弹奏了多种室内管弦乐器，并取代列侬成为乐队的主导人物。并不是说约翰对这张专辑的贡献微不足道。《为凯特先生好！》的灵感就源于乐队在诺尔公园拍摄时列侬在肯特郡塞文欧克斯镇的一家古董店里买的一张维多利亚时代的马戏团海报。他后来说这首歌是他个人的最爱（那他之前还把这歌说得一文不值，难道是在说反话？）。《露西在缀满钻石的天空》源于他儿子朱利安从学校带回家的一幅画，这首歌是精简版的《爱丽丝梦游仙境》。《生命中的一天》与毒品有关。为什么《永远的草莓地》和《便士巷》没有被一并放进专辑？因为百代唱片自作聪明地要求推出能与该专辑相辅相成的单曲，于是这两首歌被做成了双 A 面单曲唱片。披头士乐队有一项原则，即绝不将已经作为单曲上市的歌曲重新收录进专辑。乔治·马丁将这一错误描述为"他职业生涯中最大的失误"。

"年青一代或许很难理解《佩珀军士》在那个夏天问世的重大意义，"前哥伦比亚唱片公司和索尼音乐总经理、迈克尔·杰克逊的公关人员，后来担任 PPL[6] 媒体主管的乔纳森·莫里什（Jonathan Morrish）回忆道，"不论你如何从音乐层面评价它——它绝对不是披头士最受欢迎的专辑，但该专辑确实令人震惊——可以说，它是披头士最重要的专辑。这是他们停止巡演后做的第一张专辑，所以不再是为了卖演唱会门票而匆忙拼凑一张专辑的产物了。他们现在说：'我们要把所有时间花在这张专辑上，集中精力在录音室里做能做的事。这张专辑是真正的艺术，是真正的艺术品，而我们是真正的艺术家。'当时的唱片公司并不会投入大量时间和金钱来制作专辑。霎时间，专辑这个概念变得比单曲更为重要。它改变了一切，确实是一个标志性的时刻。这张专辑还有漂亮的包装，你可以对着封面端详，而且它破天荒地加入了歌词页，人们能边听边细细品味。你也没法挑出某首特定的歌来放。在黑胶唱片上，歌与歌之间的区隔并不明显。所以你不得不花四十分钟坐着听完整张专辑。它就像古典唱片般浑然一体。它把流行乐与摇滚乐提升到了艺术的高度。"

披头士还通过药物将意识提升到更高的高度，来探讨生命和宇宙这类广阔的主题。保罗也开始尝试服用 LSD。他们邀请粉丝们踏上跨越一生的旅行，回到他们在利物浦的童年，穿越他们的梦与恐惧。他们展示了自己的哲学态度。他们做了过去从未做过的事。从宏观的角度来看，这张专辑就像一座丰碑，记录了音乐产业何时何故得以改变。

"流行乐如今因其自身而重要，"乔纳森说道，"而不再仅仅是古典乐的陪跑者。"

音乐推荐人基思·奥尔瑟姆则对这张专辑很失望。"《佩珀》是披头士的终曲，"他惋惜地说，"这张专辑不是真正的他们。这张专辑是他们的《宠物之声》[1]。这张专辑与我们了解并喜爱的那个乐队几乎没有任何关系。"

帕特里克·汉弗莱斯（Patrick Humphries）公开指责道："我感觉，洋子出现后，她让约翰觉得自己不论做什么都是艺术，这种行为真是罪大恶极。"这位音乐记者和作家如此说道："她让他从日常工作中分心，哪怕在布莱恩·爱泼斯坦去世之后，披头士内部口角不断，但他们依然是个乐队，乔治和林戈还是愿意听保罗和约翰的意见。但洋子一登场，列侬便失去了做流行乐队的兴趣。他把重担丢给保罗一人，而保罗则完成得特别漂亮。我举些例子来证明：《佩珀》的概念完全是保罗提出的。《奇幻之旅》也一样：电影很烂，但歌很好（同名主题曲、《山上的傻瓜》、《我是海象》、《你好，再见》）。《阿比路》：依然是保罗主导，他坚持要

---

[1] 沙滩男孩的专辑。

他们回到那里，像以前那样做一张专辑。虽然约翰讨厌《马克斯韦尔的银锤》，但我认为《我要你（她这么美妙）》是一首由洋子撺掇的自我放纵的歌曲。《顺其自然》：保罗深信，以'里基和红条纹'(Ricky and the Red Streaks)而不是披头士为名重新举办演出，就能成功。但洋子对约翰嚼舌根，说他不需要这个乐队。"

基思也表示赞同。

"约翰被洋子弄得支离破碎，"他说，"我一直觉得她是个丧门星。她显然生意头脑比较好，而且十分贪名爱利。她的到来肯定惹恼了披头士的其他三名成员，尽管他们这么多年来一直试图淡化这一点。但我是看着事情一步步发展的。约翰失去了对披头士的判断力。她一出现，他就想彻底从乐队中抽身。确实，他受够了青少年偶像这类东西，以及他们无法在现场演出时得到尊重这一事实。这让他的状态与起先相比，越发不安定。当然，他也从未在自己的生活中找到安定感，甚至和洋子在一起时也没有。她带去了极具破坏性的影响。她诡计多端，而且是个控制狂。她特别不上镜。在照片上，她看起来就像个老巫婆。而现实中的她却很有魅力：体态丰盈、秀发飘逸、眉清目秀、皮肤细腻。她确实受到了媒体的强烈抨击，绝大多数有失公允。不管她是不是他们所说的那样，她仍是他生命中的挚爱。如果她造成了坏影响，那也都是约翰放任的结果。他不笨。他曾是个大男子主义者。他认为女性就应该待在家里，而这对洋子来说是不可能的。她有自己的灵魂，自己的生活。就算她该对披头士解散负责，这也算不得她做过的最坏的事。那什么事才算呢？让约翰吸食海洛因这件事吧。她为什么需要那东西呢？因为这在当时显得很文艺，而这对约翰并没有任何好处。他本来就够偏执的了。"

帕特里克·汉弗莱斯总结道，约翰是个"很好的，或许能称之为伟大的摇滚乐手。他不是艺术家。为了减轻压力，他在乐队如日中天时，确实努力工作过——比如制作《白色专辑》（大部分是在里希盖什[1]写的）时，曾经的魔力依然存在。而洋子也确实磨平了他的棱角，让他成为更圆滑的人，但还有许多弥补工作要做。

"不可否认，他是采石工和披头士背后的驱动力。他机智而尖刻，但十分愤世嫉俗，还常常心不在焉。从 1957 年到 1965 年的很长一段时间里，你可以说他是乐队的驱动力。而在此之后，披头士就成了保罗的乐队，而披头士的伟大，大部分建立在这最重要的最后几年之上。"

*

《佩珀》并不是披头士在那个夏天做的唯一大事。他们还被 BBC 选中，代表英国参加《我们的世界》。这是第一档现场直播的国际卫星电视节目，联同大约 26 个国家共同制作，于 6 月 25 日播出。披头士在阿比路上迷幻的百代唱片录音室里，演绎约翰创作的《你需要的就是爱》。这首歌朴素简单、充满了口号。他们用事先录制好的伴奏，演绎了这首关于和平与爱、花之力量[2]

---

[1] 印度北部北阿肯德邦的小镇，印度最主要的瑜伽静修圣地。
[2] 20 世纪 60 年代末至 70 年代初美国反文化活动的口号，由美国垮掉派诗人艾伦·金斯伯格提出。

的主题曲。录音室里参与伴奏的有一个管弦乐队、许多知名英国艺人和他们的支持者：米克和基思、小脸乐队的一些成员、埃里克·克莱普顿、格雷厄姆·纳什、凯斯·穆恩、帕蒂·博伊德、珍·爱舍、玛丽安娜·菲斯福尔都名列其中。这场黑白电视直播创下了史上最高电视观众人数的纪录，据估计在 3.5 亿到 4 亿人。这首歌在之后一个月以单曲形式发行，夺下了排行榜冠军，并在这个位置盘踞了三个星期。到了 8 月，这首歌也登上了美国和其他地区的排行榜冠军，并成为《爱之夏》的主题曲——尽管后来人们仔细推敲它的内容，嘲笑其过于天真。[7]

虽然披头士放弃了拖把头时期的装扮，停止了现场巡演，他们在音乐上的影响力却没有减弱，反而比之前更大了。他们摸着石头过河，发现自己在音乐、文化、社会领域步调一致、一拍即合。他们宣扬的非物质主义和利他主义的理念有了积极响应。在此推动下，他们远赴爱琴海，买下一座希腊小岛，一心想要建立属于他们的嬉皮公社。和其他许多被冠上他们名字的想法一样，这个想法也有始无终。

*

对布莱恩·爱泼斯坦而言，《你需要的就是爱》是他的小伙子们的"巅峰时刻"。这首歌肯定对他有更重要的意义，因为他们公开的光鲜亮丽能够掩盖他私人的郁闷悲苦。没过几周，一切都结束了。悔恨之事接踵而至——父亲近期离世；赌博输了一大笔钱；在康复诊所待了一段时间，拼命尝试戒除毒瘾；痴迷于找男妓，深陷肮脏的地下世界——这一切都让老爱深受折磨。他因酗酒和巴比妥类药物过量，于8月27日离世。疑似自杀。最后被判定为意外用药过量。他才三十二岁，衣食无忧。但金钱无法买到他渴望的一样东西，他一直求之不得的一样东西。缺少爱情让他抑郁，让他难以承受。

他今天听到了新闻，喔天哪[1]。很少有事情能让约翰停下脚步，但这件事将他击倒了。那些离去的亲人是否在他脑海中一一闪过？他的母亲茱莉娅。他的乔治姨父。悲惨的斯图亚特·萨克利夫。现在轮到了布莱恩。苍天啊。为什么每次他对某个人敞开心扉，对方就会离他而去？

约翰后来认为，从布莱恩去世时起，披头士乐队便开始走向终结。

"我当下就知道我们有麻烦了，"他说，"……我觉得，'我们彻底完蛋了。'"[8]

*

布莱恩的小伙子们并没有参加他在利物浦的葬礼。这并不像传闻所言，因为他们懒得去，而是因为布莱恩的母亲奎妮无法忍受一个非常私人的家庭场合因为世界上最著名的乐队的出现而沦为媒体的"马戏表演"。所以他们没听到当时主持葬礼的拉比指责布莱恩为"我们这代人萎靡不振的象征"。没参加也好。试想一下，如果约翰听到这种话，会发生什么？披头士成员们以及他们的伴

---

1 出自披头士的歌曲《生命中的一天》。

侣于同年 10 月在阿比路上的新伦敦犹太教堂为布莱恩举行了悼念仪式，参加的还有百代唱片的同事比利·J. 克雷默、西利亚·布莱克、超绝四人组、格里和带头人乐队等。在那里，布莱恩得到了和平与爱的称颂，人们用亲切的话语追念他。

第十五章
天启

现在该何去何从，约翰尼[1]？

看，四个富有、出名、没有舵手的年轻的披头士，是时候把他们搞到手了。玛哈里希·玛赫西·优济出现了。在班戈，他劝他们积极地看待布莱恩的离去。他向他们保证，布莱恩的灵魂与他们同在。他鼓励他们开心地面对他们经纪人的离世，从而帮助对方投胎转世。玛哈里希警告道，负面的情绪将阻碍对方投胎转世。这些神圣的印度教义似乎确实让他们好过了些。这也让他们对这位嬉笑上师随后的劝告做好了准备：他们应该立即前往印度，到喜马拉雅山麓的里希盖什加入他的修行。[1]

爱泼斯坦毫无疑问会建议他们慎重考虑是否要做这次无畏的远行，但他已经不在他们身边，无从过问了。小伙子们一头扎进古代文献，对第四层意识有了基本的认识："纯粹"的、超验的意识。他们很清楚，不持"咒"的话，他们就达不到这个层次，而

---
1 约翰的昵称。

玛哈里希有"咒"。或许他还有双眼半开的诸佛的秘密……

1968年2月,他们前往恒河东岸。他们的女伴和个人助理一路跟随,许多新闻媒体也跟着去了。媒体人员被河岸边的铁丝网隔离在外,但有些人爬到了树上,找到了拍摄的有利位置。参加此次超验冥想的人数很可观,其中有人猿泰山的爱人简[1]的孩子们:二十岁的普鲁登丝·法罗、她弟弟约翰和他们光鲜亮丽的二十三岁的姐姐——演员米娅·法罗。米娅正和比她大三十岁的弗兰克·辛纳特拉闹离婚,十分苦恼。[2]珍妮·博伊德和姐姐帕蒂、姐夫乔治一起,还有神奇亚历克斯。沙滩男孩的迈克·洛夫也在,还有萨克斯管、横笛乐手保罗·霍恩(Paul Horn)和苏格兰民谣歌手多诺万[2]。此次远行吸引了全世界媒体的关注,有些表达了善意,有些则没那么友善。数百则《披头士上师》和《上师之年》之类的头条,与《私探》杂志的搞笑标题《废常福油炒鸡有钱的瑜伽熊》[3]一比,高下立判。

太阳高照,天空蔚蓝[4]。法罗家的小女儿无视他人一次又一次约她出门的请求,约翰以此为灵感,写出了一首最受欢迎的歌曲。同这首歌共享美丽名字的小姐完全不为所动。约翰说:"她就是不从我们住的小屋里出来……于是我们把她从屋里拽了出来——她已经在里面关了三个星期,就是不出门。她想比其他人更快找到

---

1 指女演员莫琳·奥沙利文,因在约翰尼·韦斯默勒时代的《人猿泰山》系列电影中扮演简而闻名。
2 全名为Donovan Phillips Leitch,苏格兰音乐家、作曲人和吉他手。
3 原文为VERIRICHILOTSAMONEY,是英文"非常富有超级有钱"(very rich lots of money)的谐音。
4 出自披头士的歌曲《亲爱的普鲁登丝》。

神。这就是玛哈里希静修营里的竞争:看谁能第一个达到宇宙大同的境界。"

普鲁登丝·法罗说,约翰"非常聪明,特别有趣。尤其擅长看穿他人底细。所以我怎么可能知道他会写什么歌?我不知道的。他什么歌都可能写。好在他把我的隐私处理得很好——他非常尊重我的隐私"。

如今她如何看待《亲爱的普鲁登丝》这首歌?

"这首歌通过多种方式展现了 20 世纪 60 年代的风貌。歌曲内容十分美好,十分积极正面。我觉得这是首很重要的歌,也是他们的歌中传唱度最低,比较隐晦的一首。我觉得这首歌确实捕捉到了那次冥想课程的精髓,以及我们在印度进行静默与冥想时体验到的些许异国风情。"

普鲁登丝抛开一切继续努力冥想,最终完成了课程,并做了多年的超验冥想导师。[3]

深受启发的约翰则继续写歌。他在里希盖什创作了很多作品,保罗和乔治也一样。他们创作了一系列歌曲,形成了后来的双唱片《白色专辑》,其中包含了约翰创作的最精妙的歌曲《茱莉娅》。从表面上来看,这首歌是他对亡母的致敬,但他在歌里偷偷藏进了一封他给心爱女子的情书:"海洋之子在召唤我"——"海洋之子"即洋子日文名字的一种含义。

*

我在伦敦吉布森吉他录音室面对现场观众,采访了珍妮·博伊德和 DJ "耳语鲍勃"·哈里斯（"Whispering Bob" Harris），珍妮开心地回忆起在里希盖什的日日夜夜。这位前模特曾经抛下"肤浅的"事业参加超验冥想，追寻更有意义的生活方式，她说自己在印度的两个月"令人喜悦、极具挑战、启迪人心"。她谈到了漫山遍野的花朵和山间芬芳的空气；谈到了只需穿纱丽的自由；谈到了印度素食，她和妹妹很喜欢吃，但约翰忍受不了，林戈更是碰都不碰；谈到了漫长的早晨，她们在平房屋顶慵懒地晒太阳；谈到了讲座、课程、无尽的冥想；谈到了和帕蒂还有辛西娅出去玩，边听乔治、保罗、约翰弹琴写歌，边在手掌上画海娜手绘[1]。她至今还嘲笑林戈，他把那个灵修地形容为"充满灵性的巴特林度假村"，而且他有过敏体质，不愿吃当地的食物，去的时候另外带了一个装满烤豆罐头的行李箱。那段日子里，他除了烤豆，只吃鸡蛋。他的饮食习惯让其他人只能对莫琳·斯塔基表示同情。多诺万爱上了当时还不满二十一岁的美丽的珍妮，他写给她的歌广为传唱。珍妮本名海伦·玛丽，"珍妮"是她姐姐给她起的昵称，来自她小时候最爱的一个洋娃娃，后来珍妮一直被大家叫作"珍妮弗·朱尼珀"（Jennifer Juniper）[2]。不过珍妮染上痢疾后，这种田园生活的趣味就荡然无存了，奇怪的是，当时她的病被误诊为扁桃体炎。她记得，约翰当时也病了。他努力调时差，但大多数晚上都被失眠所困扰。而他的失眠有多少是因为他对洋子的思

---

1 一种古老的身体装饰艺术，盛行于东南亚、中东、北非等地。
2 出自多诺万为她创作的同名歌曲。

念呢？[4]

在此期间，辛西娅把朱利安留在家里由她母亲照顾。对这么小的孩子来说，三个月的时间太长了。对这个年纪的孩子来说，一周似乎都是无穷无尽的。父母长期不在身边会让孩子觉得他们永远不会回来了。约翰自己对此再清楚不过了。或许朱利安已经习惯父亲在披头士巡演期间消失，但母亲消失则让他恐慌。这次旅行也意味着他的爸爸妈妈会错过他最重要的五岁生日。辛西娅是个好母亲。我们讨论这件事时，她承认，自己当时之所以会如此忽略儿子，肯定是想孤注一掷。小辛盼着里希盖什能带来一丝清净，让她和约翰有机会重新发现彼此，从而拯救两人的婚姻。

"我是在异想天开，"她伤感地说，"约翰在我们去印度前对我说，他想和我多生几个孩子。我跟你讲，这句话真是出乎我的意料。我非常惊讶，因为他之前从没提过这种事。话又说回来，为什么不多生几个孩子呢？我并不反对这个想法。我们也没老到生不出孩子啊。毕竟我当时二十九岁不到，约翰那年十月才满二十八岁。我们还有的是时间。我比较担心的是朱利安。毕竟兄弟姐妹间五六岁的年龄差距还是挺大的，对吧？我其实想要三四个孩子，而且最好年龄差不多。只是这事没有发生罢了。不过或许……"

唉，才过了两周。"……我显然打扰到了他的冥想，"小辛叹了口气，"都是我不好，约翰因此大发脾气。他开始四处抱怨，对我大吼大叫，坚持要解决我们'百无一是'的住宿问题，他要我们从现在开始分房睡,不然他就要疯了。这很丢人,也很伤人。我确定其他人都知道发生了什么,但没人跟我说过。就算在那时,我都相信我可以让他回心转意,你明白我意思吧。我当时真是笨,鬼迷心窍似的。我现在知道,约翰又在耍他的老把戏,说一套做一套。就像他去巡演的时候,一直给我写信,跟我说他多爱我,想我想到不行。我们在艺术学院的时候,他用的就是这招。但他真的回家跟我在一起了,在同一个屋檐下了,就要么睡觉,要么对我视而不见,或者无端找架吵。他宁愿看电视也不愿看我,宁愿看书也不愿跟我说话。他总是想要自己没有的东西,约翰就是这样,摆在他面前的,他反倒不要了。他拥有我的时候,就不要我了。老天发发慈悲吧,我已经破釜沉舟了。这让我想知道自己是否从未满足过他。我在灵修地审视自己的灵魂,而这是我得到的唯一答案。"

但她当时不知道,约翰提出的分房睡是借口,这样妻子就不会发现他每天早上早早起床走去营区的邮局,收取由洋子发来的大批电报。他发脾气,是因为他想念洋子。

随着列侬夫妇的婚姻逐渐走向终点,小辛变得心力交瘁,而约翰的精力则越发旺盛。对披头士乐队来说,此次印度之行是他们事业生涯中创作能力最旺盛的时期。他们在印度逗留和离开印度不久的这段时间内,总共写了三十到五十首歌。他们在那里创作完成了《白色专辑》里的大多数歌曲。一些歌收录进了《阿比路》。另一些歌则以各种各样的独立单曲形式发行,如《自然之子》

(*Child of Nature*)，约翰后来将其改写为带有自省意味的《妒忌的家伙》(*Jealous Guy*)，收录在专辑《想象》中。更多的歌则最终被收录在《精选辑》中。《回到苏联》《黑鸟》《亲爱的普鲁登丝》《茱莉娅》《革命》《恶毒的芥末先生》《泡沫塑料帕姆》等歌都受到了印度之旅的影响。此外还有乔治的那首绝美的《当我的吉他轻轻哭泣》，它微妙的歌词中蕴含着直白的信息，即哈里森已经开始悼念披头士了。

民谣小子多诺万后来友善地说，披头士在灵修地的创作灵感中，至少有一部分功劳属于他。他回忆道，约翰对他的吉他弹奏技术很着迷。约翰和保罗很快也学会了这种技术，这改变了他们写歌的方式。

"我之前一直弹民谣吉他。其实林戈曾经就问过我：'阿多，你怎么一直在弹吉他啊！'我们做完冥想，吃完健康的事物，把猴子从桌子上赶走后，我就开始弹琴，不停地弹。一天，我弹吉他的时候，约翰问我：'你怎么做到的？'"

多诺万答应约翰，自己可以教他，但提醒他，这需要花好几天。

"'阿多，在这个丛林里，我有的是时间。'"约翰说。

"于是我们坐下来弹吉他，约翰学了两天就学会了。

"一旦学会了新演奏风格，创作风格也会随之改变，于是一种全新的风格展现在约翰面前。能目睹这一情景实在太酷了……保罗是真聪明，他绝对是个天才。他光靠听就学会了，并开创了一种全然不同的、专属于他的指弹方式。保罗由此创作了《黑鸟》和《大自然的儿子》。约翰则创作了《亲爱的普鲁登丝》和《茱莉娅》。"

回忆起《白色专辑》中"独特的原声感",多诺万补充道:"此外,我从弗拉门戈、古典音乐、早期新奥尔良布鲁斯和民谣中学到了一些和弦结构,这是披头士的三个人从没体验过的。他们也将其纳入新创作风格中。能把这些技巧传下去是一件很酷的事,不仅仅传承在《白色专辑》中,也传给了他们的数百万准备学吉他的歌迷……"[5]

*

林戈和莫琳不堪昆虫所扰,对食物抱怨连天,还思念孩子,两人才过了十天就很少出现了。保罗和珍坚持了五周后扔毛巾投降。约翰和辛西娅、乔治、帕蒂等人原本准备待满三个月,但由于玛哈里希被控性骚扰包括米娅·法罗在内的几个姑娘,他们火冒三丈。这一指控或许与神奇亚历克斯有关。米娅本人对此事并没有多说什么,只在她 1997 年出版的回忆录《逝去之事》(*What Falls Away*)中不痛不痒地提了几句。

披头士们恍然大悟。其他几个成员于 4 月 12 日愤而离去。向来毒舌的约翰在离开前跑去跟上师说:"如果你他妈真能连通宇宙,你就该知道为什么会这样。"作为临别赠言。[6]

约翰不愧是约翰,他很快写了一首关于玛哈里希的愤怒小曲,但后来被迫把歌词改得更为温和,并把歌名《玛哈里希》改成了《性感萨迪》(*Sexie Sadie*),以确保该歌能收录进《白色专辑》。他们把上师和他的教导抛诸脑后，回到伦敦，公开声明与其恩断义绝，彼此的相识就是个错误，转而把精力放在挽回他们将倾的事业帝国上。他们全然忘了玛哈里希在让他们戒掉 LSD 一事上帮了大忙。而没过一年，约翰便迷上了海洛因。

这个丑闻败坏了上师的名誉，但从来没有证据能证明。近三十年后，乔治和保罗向他诚挚道歉，重归于好。超验冥想继续在全世界蓬勃发展，吸引了数百万皈依者，至今依然有人修习。玛哈里希移居荷兰，保罗和女儿斯特拉在 2007 年还去那里拜访了他。隔年，这位年迈的上师圆寂，终年九十岁。传闻指控他的神奇亚历克斯也于十年后离开了人世。

*

回到伦敦后，披头士成员依然漂泊无定。布莱恩·爱泼斯坦的私人助理彼得·布朗接下了经纪公司的日常工作，但小伙子们依然群龙无首。他们于前一年的一月成立了属于自己的苹果公司，并准备在 5 月向全世界公开这个消息。他们打算在该公司旗下继续录唱片，整合其他方面的利害关系，并开发新点子，如开展苹果电影、电子产品、出版、零售等业务。此外，他们还准备运用该厂牌推广其他艺人并录制他们的歌曲，同时发售他们自己的音乐。在当时，这一切听起来都挺不错。同年 6 月，他们买下了梅费尔区裁缝街 3 号的新建筑，花了 50 万英镑。这栋优雅的乔治王时代的建筑先前是希尔顿[1]家的宅邸，后来被改建成"苹果大

---

[1] 指英国钢琴家、作曲家、剧院经理杰克·希尔顿。

楼"。苹果录音室位于地下室,披头士乐队每个成员都有个人办公室。约翰后来就在自己的办公室里发起了他和洋子成立的"袋制作公司"(Bag Productions)[1]的世界和平倡议。公司门口设有专门的门卫来管理那些被称为"苹果流氓"的歌迷。皮特·肖顿、尼尔·阿斯皮诺尔等好朋友也得到了回报:约翰的童年玩伴皮特被任命为苹果精品店的经理。这家迷幻风的店铺专卖嬉皮服装,坐落在伦敦贝克街和帕丁顿街交会的街角,这座建筑原先是苹果音乐行的所在地,但没开多久就关了。他们忠实的巡回演出经纪人、私人百事通、备受信赖、平易近人的尼尔于1970年被赋予公司领导人的职位,最终成了公司首席执行官。苹果公司由他掌舵将近四十年。

从理论上来看,一切都再好不过。算是吧。这是最好的时代,这是最坏的时代,这是智慧的时代,这是愚昧的时代……[7]其实,这段时期充满了对不可避免之事的抗争,以及分裂、诋毁、干涉、崩溃;充满了个人危机、难以置信的荒淫行径和令人震惊的浪费行为。满墙金唱片,地上铺着舒适的青苹果色地毯的苹果总部,是首都最富丽堂皇且奢侈的场所之一。这里的现代化设施应有尽有,但员工却是一群土包子,完全不懂怎么操作。如果布莱恩地下有知,一定没法安息。乐队经纪人一职依然空缺。举棋不定、意见不一、乱作一团的局面根本难以避免。

---

1 该公司的理念被归纳为"袋主义"(Bagism),是列侬和洋子倡导的反歧视理念,认为人类一旦被布袋包裹,肤色等特质就不再重要。

乐队成员齐聚特威克纳姆电影制片厂，准备开展一个理想化项目，保罗称之为《回归》(*Get Back*)。这个项目由美国导演迈克尔·林赛-霍格全天候拍摄，拍摄内容是他们返璞归真、不带任何噱头地为专辑和现场演出排练的过程。拍摄现场并不和谐。乔治第一个愤而离席，说特威克纳姆的风太大、环境太糟，除非离开这里回到裁缝街的苹果录音室，不然他就不干了。这次试验注定失败，而其唯一的现场表演，地点不是伊丽莎白二世邮轮，不是突尼斯半圆形剧场，不是伦敦守护神剧院，不是吉萨金字塔，也不是撒哈拉沙漠。上面提到的这些地点都不是开玩笑的，都被提出讨论过，但最终演出于1月30日举行，那是寒冬的一个平平无奇的周四中午，地点是他们自己公司的楼顶。音乐让楼下的街上聚集了很多人。交通中断。西区中心警察局的警员们循着声音冲进楼里。这儿发生了什么事？他们一共演了四十二分钟，最终却只有一半被剪进了影片。九组镜头，五首歌。

"楼顶演唱会那天，我就在苹果公司办公室，"作曲人、音乐人迈克·巴特（Mike Batt）回忆道，"我恰巧在那里，我经常用他们的录音室。对我这个披头士超级乐迷来说，那真是个美妙的时刻。我当时十九岁，是自由唱片公司艺人与作品部的主管。他们一开演，出版人韦恩·巴德尔（Wayne Bardell）和我就跑到了街上。我们可以上楼，但我们觉得到外面听更好。声音很大。街上挤满了人，有一种身处重要历史时刻的感觉。如果某件极为重要的事情发生，而你就在附近的话，你会觉得自己是它的一部分。我现在依然能想起当时的感觉。这让我觉得十分幸运。"

楼顶演唱会开唱的时候,迈克并非唯一在场的名人。"我最后一次听到约翰·列侬说话是在他们最后一次以披头士的名义做的现场演出上,在裁缝街他们苹果公司总部的楼顶,"基思·奥尔瑟姆说,"那是个特别冷的早晨。我们的同事亚伦·史密斯通过他在北角唱片行媒体办公室工作的太太梅维丝向我们通风报信,说披头士正在拍片,我们可以去看看。我连外套都没拿就冲出了《新音乐快递》办公室,跳上了出租车。我很快就站在苹果公司楼顶瑟瑟发抖,身边还有一堆摄影师,当时披头士唱了两遍《回归》。后来警察因为楼下的街上人群聚集而叫停了拍摄,约翰穿着毛皮夹克同我擦肩而过,看到我在寒风中瑟瑟发抖。'原来是绝妙的基思啊!'他揶揄道,对他来说这是一种友好的问候方式。我当年曾在一家青少年杂志当俱乐部记者,和他发生过一些小摩擦,他在拿这个开玩笑。'你冷吗,哥们儿?'我点了点头。'要穿我的皮草吗?''要,谢谢。'我说。'想得美。'他答道,说完就被乐队工作人员带走了。从此我再也没见过他。"

这便是你们的处境了,流行乐迷们。这场心血来潮的演出由杰出的美国兼职键盘手比利·普雷斯顿(Billy Preston)参与伴奏,它或许是约翰的点子。乔治并不想这么做。穿着一身红(莫琳的外套)的林戈不知道这场演出的目的是什么。约翰借了洋子的皮草来做这场最后的演出。他打破传统,站到了舞台中央,乔治站在他左边。无须多想,演出的最后一句话自然是约翰说的:

"我想代表乐队和我们自己说声谢谢,也希望我们此次试演可以通过。"

尽管单曲《回归》于那年 4 月发行,但其余准备用来制作专辑的歌以及所有影像片段,都被搁置了。

*

音乐界之外,披头士乐队的生涯中有数不清的人物如今只得见于史册,绝大多数已被遗忘。哪怕在音乐界内,也很少有人年龄够大,或有兴趣记得起他们。关注他们的人更是少之又少。但曾经全世界无人不知亚伦·克莱因(Allen Klein)这个名字。

整个过程可以总结为一场胶着的比赛。一方是这名粗鲁、咄咄逼人的纽约摇滚经纪人兼合约捕手,曾让滚石乐队名利双收。自 1964 年开始,他就如同一只在上空盘旋的猛禽,一心想要将爪子伸向披头士。另一方则是活力十足的律师父子档,李·伊斯门和约翰·伊斯门,他们也来自纽约,一位重要的女性站在他们一边。当列侬公开表示自己担心按照事情目前的发展,披头士会在六个月内破产,克莱因抓住了机会。他主动出击,毛遂自荐。他和约翰于 1969 年 1 月走到了一起。约翰雇下了他,处理自己的财务问题。第二天,克莱因便和披头士其他几个成员坐下来会谈。保罗解释说他比较倾向于选择妻子的家人,毕竟他几周后就要和李的女儿、约翰的妹妹琳达结婚。林戈和乔治同意约翰的主意,把票投给了克莱因。开会、发火、开会、争执、疏离、你个浑蛋、去死吧。到目前为止,一如往常。克莱因获胜,于 4 月被任命为他们的临时经纪人，而伊斯门父子则担任他们的律师，仿佛这样就万事大吉了一样。最终保罗的岳父和大舅子被扫地出门，除保罗之外的三人都和克莱因签了为期三年的管理合约。

大艾尔[1]的第一步便是整顿苹果公司，剔除无用之人。他先拿薪资最高的员工开刀，甚至想要赶走尼尔·阿斯皮诺尔。这事披头士可不答应。后来布莱恩·爱泼斯坦的弟弟克莱夫把占披头士总收入 25% 的北角唱片行卖给了英国投资公司胜利（Triumph），消息传来，事情一发不可收拾。随之而来的便是一场场混乱的谈判。在讨价还价中，克莱因逐渐露出了本性。他们要如何处理迪克·詹姆斯经营的北方之歌出版公司呢？爱泼斯坦起先同詹姆斯谈判的时候显然被他诓骗了。听说克莱因要插手此事，迪克立马找上了卢·格雷德（Lew Grade）的电视公司 ATV，把手头的股份卖给了这位大亨，不让约翰和保罗拿回自己歌曲的版权。克莱因竭尽全力开出比格雷德更高的报价。哦，不，恰逢这时，约翰和保罗起了内讧。克莱因把矛头指向百代唱片，一心想解决披头士与其签署的不平等合约。如果说相时而动者胜，那约翰实在不会把握时机：就在这时，他告诉乐队和克莱因他要退出乐队。尽管百代很不愿意同他们重谈条约，但百代的美国子公司国会唱片急不可耐地想发售《阿比路》。这张唱片在 2 月到 8 月录制，于 9 月 26 日发行。看，这是他们的压轴大作，是百年一遇的杰作。百代唱片只得让步。双方达成了新协议。船显然正在下沉，而乐队视

---

[1] 指亚伦·克莱因。

而不见,继续演奏。音乐久久回荡。没有别的办法了。麦卡特尼拿出了圆珠笔,在协议上签字。

*

"我第一次听《顺其自然》是在 1981 年,当时我大约九岁,看到这张专辑是 1970 年发行的,我就觉得披头士应该是受够了。"黑胶宝库的创始人之一詹姆斯·欧文(James Irving)回忆道。21 世纪初,我们常在晚上去黑胶宝库的南伦敦分店的河边碰面。

"听得出这张专辑中的疲惫感,尽管有几首经典歌曲,但整体来说就是张水平不均的暖场歌曲合辑。虽然保罗听起来仿佛很想维持一切,而约翰却心不在焉,很懒散,而且在麦卡特尼的几首歌里都犯了错,主要是低音弹错。我先前听过他们另外两张晚期作品:《白色专辑》和《阿比路》,觉得《顺其自然》是后来为了履行唱片合约而勉强做出来的。我还看了 BBC 电视台放的《顺其自然》的影片(我觉得后来再也没播过),这部片子似乎更加强调了他们音乐中凄凉无望、貌合神离的感觉。"

詹姆斯说,多年之后,他意识到了一些事实,让他重新审视这张专辑。

"首先,我发现这些歌曲的粗糙感来自它们是现场录制的,而非配录的,这使得音乐听上去新鲜而真诚。其次,为了让唱片听起来更像一张精心打造的披头士专辑,菲尔·斯佩克特进行了大量的后期制作——加入了矫揉造作的合唱和弦乐。这种肆意破坏行为反而毁了《蜿蜒长路》(*The Long and Winding Road*)等歌曲。

当《顺其自然：无修饰版》(*Let It Be...Naked*)专辑于 2003 年发行，我们终于能听到这些歌曲的原汁原味版本了。录制完《顺其自然》后，披头士成员们当然再度聚首，并录了《阿比路》，作为名正言顺的终曲，也让《顺其自然》可以被视为由不同制作人打造的怪异试验品，而非伤感的道别之作。"[8]

*

在这期间，一段婚外情正日趋成熟。那年春天，他们刚从印度回来，约翰便催促他妻子和神奇亚历克斯、珍妮、多诺万一起去希腊度假，并说自己有太多工作要处理，没法同行。辛西娅已经两个月没见到朱利安了，现在再次把儿子抛给管家，自己大摇大摆地跑出去旅游却没有于心不安，对她来说是多么奇怪的事。等到她旅游回来，眼前残忍的一幕让她幡然醒悟：另一个女人，坐在她的太阳房地板上，穿着她的睡衣，和她的丈夫四目相对。约翰瞒着小辛邀请洋子到他们的家里。你知道接着发生了什么事。"想听听我录的歌吗？"——相当于音乐版本的"上楼看看我的版画吧"。他们整晚都在用磁带录音机做试验，录下了各种音效、滑稽的人声和其他怪声音，后来这些录音形成了两人合作的首张专辑《未完成音乐一号：一对处子》。专辑封面上是两人全裸的照片，一张正面全身照，一张背面全身照。这张当时被认为无礼且下流的专辑由苹果公司发行。百代拒绝发售该专辑。这项工作落到了"音轨唱片"(Track)头上，该公司的所有人是谁人乐队的经纪人基特·兰伯特 (Kit Lambert) 和克里斯·斯坦普 (Chris Stamp)，两人给这张唱片包上了棕色纸袋。然而唱片依然引发了强烈不满，在英国也没有上榜。"四字神名唱片"（Tetragrammation）在美国发行了这张唱片，同样没有上百强榜。在约翰和洋子在披头士还未解散时创作的三张"交往日记"唱片中，这无疑是表现最差的一张。

他们那晚在肯伍德的家中、小辛的床上确定了关系。约翰并没有得体地和妻子坐下来解释，因为自己爱上了别人，所以他们的婚姻已经走到了尽头，反而刻意策划了捉奸的场景。是傲慢、是懦弱，还是事不关己，才让他如此蛮横地伤害她？不论出于什么原因，约翰的冷酷行为都令人难以置信。

*

约翰感到轻松自由。该做的都做了。他现在可以和让他活力十足的女人在一起了。这个女人的确是他的救星。

而小辛面对的只有空虚。一种无声的绝望。她为什么没直接去管家多特家接朱利安，什么都不想，好好照顾孩子呢？为什么小辛要再次离开孩子好几天呢？

"我没法解释，"她尴尬地说，"我头脑不清醒，我失控了，我不想让我的孩子看到我这种状态。想到他们在一起，看起来那么亲密，那么融洽，想到他们背着我在我家里做的事，我整个人都崩溃了。我打从心底里觉得恶心。任何女人碰到这种事都会像我一样。这么多年来，我问了自己很多遍，为什么我觉得我才是那个应该离开的人？为什么我待在那里觉得难受？那是我家，不是她家！我当时就应该把他俩都赶出去。但我知道自己没那个胆量。虽然当时看到她在那里，我又生气又羞愧，真想杀了她。我和亚历克斯和珍妮一起回去，去了他们同住的地方。珍妮伤心不已，直接上床睡了。亚历克斯走来走去，把我灌醉，想对我动手动脚。我吓坏了，跑去厕所吐了出来。直到几天后，我才回家面对事情的结果，心里害怕极了。"

小辛记得，当时她心急如焚地回忆约翰所有的糟糕之处，准备在冲突中捍卫自己：

"比如我们还在艺术学院的时候，他打过我耳光。比如他曾说我涂睫毛膏的声音让他心烦。曾经，他是爱看我化妆的。当时我们还在暧昧期。他说我化妆的时候最性感了。但后来，没错，洋子出现了，顶着一张毫无妆容的脸出现了……我必须想方设法恨他，让自己坚强起来，做好准备面对他，面对他对我吼出的任何话。但你肯定没法相信，我到家后，一切仿佛都没发生过。朱利安已经回家，一切都井井有条，约翰看到我好像还挺开心的。是我产生幻觉了吗？没道理啊。我真的开始怀疑自己神志是否清醒。

"等朱利安去睡觉了，约翰和我坐下来谈，他说洋子只是一个没意义的女人，和他之前交往过的女人没什么两样。他说我不应该为此烦心。老天帮帮我吧，我是多么懦弱！我当下甚至不敢拆穿他的谎言！他坚称他爱的是我，而且只爱我一个。我心乱如麻，但我又一次原谅了他。我们上了床。我不知道该怎么思考。一切都不正常。是因为毒品吗？就算到了那时，我竟然都敢相信我俩之间并没有问题。但这跟事实差了十万八千里。"

更丑陋的事随之而来。离婚从来就不公平。约翰使了下三烂的手段。律师则助纣为虐。小辛被控通奸，并被威胁剥夺她对朱利安的抚养权。他们在庭外达成了和解。她只拿到了微不足道的赡养费。伤心欲绝、出乎意料、不知所措的她，连反击的机会都没有。

8月26日，披头士用新成立的苹果厂牌发行了他们的最新单曲。这首歌是保罗为朱利安写的《嘿裘德》，是一首抚慰人心的歌。它在全世界排行榜都拿下了冠军。[9]

"我知道这件事对他来说挺难熬的，"保罗在1997年评论道，"我总是为经历父母离异的孩子感到难过。"[10]

保罗把歌给约翰看的时候，约翰误解了歌的意思，认为它是写给自己的。不是吗？不是吗？"找到真爱就要勇敢追求"这句歌词，让约翰觉得保罗在告诉他应该抛弃小辛选择洋子。"我总觉得这首歌是写给我的。"这位自恋者说。

朱利安二十岁出头的时候，已经靠自己成了摇滚明星，也发了两张专辑，一张是评价颇高的《瓦罗特》(Valotte)，另一张是评价没那么高的《白日梦的秘密价值》。当时他在纽约偶然遇到了保罗。这次见面时，朱利安才从当事人口中得知《嘿裘德》创作背后的真实故事。

"我从来不想弄清楚我爸是个什么样的人，以及他是怎么对我的,"朱利安坦诚地说,"之前有一些非常负面的东西——比如他说我是因为他周六晚上喝了瓶威士忌才出生的。这话很伤人。你想想,这哪有什么父爱可言?每次听这首歌,我都会讶异,竟然会有人为我写歌。这首歌依然让我感动。"[11]

1968年9月,约翰录了《幸福是把温热的枪》,在歌里明确提到了自己的新欢。11月8日,他和小辛正式宣布离婚。两周后,洋子流产,约翰失去了他的次子。

*

天哪,人生真不容易。一切都很难。曾经拥有一切的小辛失去了所有。她沦落到只能利用约翰的名声赚钱,靠公开诋毁他来谋生。她在自己的第一本回忆录《列侬的转变》中篡改了一些事实——她承认这本书是出于"经济需求"才被匆匆写出来的。"我破产了,"她直言不讳,"我别无选择,为了支付各种开销,我只能自甘堕落做这种事。"约翰后来给前妻写了封刻薄的信,指责她信口雌黄。这封写于1976年11月15日的信于2017年在纽约被拍卖。

"你我都清楚,我们的婚姻早在LSD或洋子出现之前就结束了,"他尖刻地写道,"……这才是事实!你这个没记性的,净瞎扯。"

尽管约翰确实有理由指责他的前妻,但如果他能看在这么多年夫妻感情和与他生了孩子的分上给她足够的补偿,她就不会大肆爆料或再结三次婚了。然而她与约翰的联结一辈子都没断绝。似乎只要当了披头士成员的妻子,就终生无法摆脱这个角色。[12]

*

辛西娅和朱利安并不是唯一的受害者。洋子的第二任丈夫托尼·考克斯也遭受了残忍的背叛。洋子于1969年2月2日同其离婚。六个半星期之后，也就是3月20日，她和约翰在直布罗陀的英国领事馆结婚，就像歌中唱的那样[1]。他们的蜜月则是在阿姆斯特丹希尔顿酒店举行的为期一周的"床上和平运动"，此举吸引了全球目光。[13]

1　见《约翰与洋子之歌》(*The Ballad of John and Yoko*)。

第十六章
变形

试着从约翰的角度来看这件事。他从十几岁的时候就认识小辛了。他或许在某个时期是爱着她的，以他鲁莽又自私的方式爱着她。在正常情况下，他们的关系或许会在他们前往婚姻登记处之前自然终止。他们一开始就不是一类人，在一起的过程中发现彼此几乎没有共同点。约翰对待感情并不忠贞。他有施虐倾向，人们都知道他对她施暴。随着时间流逝，小辛迟早会走过被爱情蒙了双眼的阶段，惊觉约翰全然不是她的真命天子。但诸多因素的介入，使他们的爱情变得复杂，使他们的关系延续下去。小辛怀孕一事把约翰逼入绝境。他试着做正确的事，但自觉受困于生活。这能怪他吗？他是个孩子，在外打拼终于有了起色，他的首要目标肯定同家庭无关，他还没准备好承担为人夫、为人父的责任。当他的家人被迫保持低调，秘而不宣，他不得不过着双重生活。虽然这对约翰来说不是难事——据《默西之声》编辑比尔·哈里说，约翰一直有外遇，"仿佛辛西娅和朱利安并不存在"，但这是个荒唐的想法，注定要遭到反扑。他的心都在即将到来的一切上。如果小辛意外怀孕一事发生在今天，或许根本不会以结婚收场。老实说，朱利安甚至都不会降生。我不想冒犯那位可怜的男子，但他肯定料想过这件事。

世界巨星的生活不断向外扩展，而小店女孩的生活停滞不前。她完全没有打算试着跟上丈夫的脚步，而是满足于打理大宅，享受有私人司机、管家的待遇，到处度假，穿设计师款的服装，过着醉人的生活。备受宠爱的母亲与名人的妻子，还有什么不知足的呢？她完全没有尝试发展事业。这是当时的"常态"吗？倒也不是。对有着她这样优势的女性来说，并非如此。关键是，小辛并不是那种能让人归心似箭的女人，她并没有那么迷人。她本可以做个艺术家，却荒废了天分。她只在沃尔沃斯超市工作过。她停滞不前，事事厌倦，愤愤不平，还抱怨约翰通常宁愿看电视、听音乐、读书、睡觉来消磨时间，也不愿和她聊天。但他们之间又有什么可聊的？她不情愿地尝试了LSD，是约翰怂恿的。她承认自己觉得这么做或许能让她变得更性感一点，让她对他更有吸引力。但她讨厌那种迷幻状态和事后的副作用，也不赞成约翰继续用药。他瞧不起她，因为他生性如此。生活将他塑造成这种性格。但他依然心不在焉又不切实际地坚持同她在一起。辛西娅代表的是家。利物浦。他们年代久远的共同过往。在扬帆远航、开疆拓土后，约翰和保罗难免会怀念童年，他们便开始回头从中寻找灵感，创作出《永远的草莓地》《便士巷》《在我的一生中》等歌曲。这并非无谓的多愁善感。这是一种原始的需求。

心理治疗师、咨询师理查德·休斯把约翰比作荷马笔下的奥德修斯。为什么？我起初不太能理解两者之间有何关联。但经过他的解释，我豁然开朗。休斯描述道，史诗《奥德赛》中的这位希腊英雄在特洛伊战争之后，想回到故乡伊萨卡岛。

"奥德修斯是一个充满人性的人物——缺点不少，但心肠不坏。我们现在可以把他颠沛流离的旅程看作一个探索自我的典型故事。"休斯解释道。

"可别忘了，寻找的过程和目的地同样重要，或许比目的地更重要。初读《奥德赛》的时候，我怀疑奥德修斯究竟想不想回家。正如荷马写道：'一个历经苦难、跋山涉水之人，过了一段时间之后，甚至会享受自己承受的苦难。'奥德修斯渴望没有战争和苦难的生活，渴望妻子珀涅罗珀的爱。他不知道自己什么时候才能回家，也不知道回家后会看到什么景象。随着故事发展，'家'开始获得神话般的地位。'家'的概念十分强大：它代表了安全的基地或港湾，也是一项最基本的'需求'。它不必是真实的地点。这常常是不可能的事。它更像某种归属感。"[1]

对约翰来说，小辛便是"家"。她是一个实实在在的联结，维系着他认为自己失去的一切。他们紧紧抓住童年与家的回忆不放，因为披头士中没人能回利物浦长期待着。昔日的地点、时光与人们都已不复存在。难道只有在我们的头脑和回忆中，它才是真实的吗？在那些日子里，我足够年轻，能够知道真相……格里、卡洛尔,你们在哪儿?去吧,去追求心中的渴望吧。昨日依旧。[2]

其他人在北方都还有父母,但约翰回到北方,连咪咪家都去不了了。门迪普宅外面总聚集着大批歌迷,咪咪不堪其扰,约翰答应了姨妈的恳求,在她被逼疯前给她换个住处。1965年,约翰花了25000英镑(在当时是一笔巨款)买下了港缘大宅(Harbour's Edge)。这座六室的平房坐落于多塞特郡普尔镇的沙洲(Sandbanks)半岛,从屋内可以看到白浪岛——罗伯特·贝登堡于1907年在岛上创立了童军运动,该岛现在是自然保护区。从家乡出发,花上五个小时,驱车三百英里所及之处,这里是最棒的。咪咪在新家幸福地生活了二十六年,直到1991年去世。约翰常常造访这里。这栋房子里有属于他的房间,里面的摆设一如他在门迪普宅门廊上方的单人房,只是原先房间墙上贴着的海报换成了金唱片。约翰很喜欢这里宁静的感觉。他的思绪会回到苏格兰,想起在偏远的德内斯桑戈湾海滩上度过的漫漫长夏。他称同样布满沙丘的沙洲半岛是"我心中最美的地方"。

"他会在周末匆匆赶回来,"咪咪说,"通常是他压力大的时候。他来这里,在沙滩上翻跟头。就他一个人,身边没有其他人。"但他偶尔也会带辛西娅和朱利安一起回去。他还会问邻居借小船,沿着弗罗姆河划船到韦勒姆。《露西在缀满钻石的天空》的那句"想象你躺在河中的小船上",灵感是否源于这样的旅行?也不是不可能。

*

咪咪说,她第一次见洋子是在伦敦。约翰后来在 1968 年 7 月带洋子去见了他姨妈,当时他们正在录《白色专辑》,是周末休息时去的。

"他挺早就带她来过了,"咪咪说,"这个嘛,我并不知道是怎么回事。我想知道这是谁。我就问'这位是谁',他说'是洋子',我也没多想,懂吧?我也问她'你是做什么工作的',她说'我是个艺术家',我说'真好笑,我都没听说过你'。"咪咪一向很难被打动。[3]

你去了哪儿,约翰?全国人民都向你投去寂寞的目光。没人知道为什么他将小野洋子如同武器一般随身携带。无论他们之间发生了什么,他从不看低她。她便是他所需要的优秀女性,也是他心中配得上自己的伴侣。他不想要对他亦步亦趋的人,而想要自己需要加把劲才能跟上的人。她已经是艺术家了。不论男女,人们都对她望而生畏,而他爱的就是这一点。他崇敬并尊重洋子。两人中,洋子的受教育程度显然较高。她一生都周旋于家境富有、文质彬彬,散发着艺术家气质和天分的人群中。她能在一群见多识广的人中怡然自得并占有一席之地。约翰面对在他看来比自己优秀的人,总觉得浑身不自在。他会不假思索地表现出尖酸刻薄的高傲态度,以掩饰内心的紧张和自卑。这是他的盔甲。遇见洋子后,他愤世嫉俗的态度开始转变。他终于蜕变了。自此,他在绝大多数事情上,都会像孩子从母亲身上寻求指引与认同那样,从洋子身上寻求这些东西。你会希望母亲坚强,时刻守护着你,对吧。永远不露出软弱的一面,成为家庭的主心骨,成为回家想见到的那个人。

他称洋子为"母亲"。这不只是单纯的"北方人会做的事"。

"约翰遇见洋子的时候正在漂泊,"理查德·休斯回忆道,"他不是唯一有这种感觉的人。许多人都会在人生的某些时候有漂泊感,有内在原因,也有外在原因。他的挣扎不仅来自自身。他活跃于世界舞台,举手投足都暴露在公众目光之下。不仅在英国,在全世界都是这样。我们大多数人完全无法想象在那种情况下面对的压力有多大。正如歌中唱的:'什么都不是真的。'[1] 在大部分时间里,他一定觉得自己如同出窍的灵魂,在那个躯体里过着疯狂且奇异人生的另有其人,那个'摇滚巨星约翰·列侬'并不是他。他拥有大多数人做梦都无法想象的成就与财富,以及源源不断的机会。所以我们自然无法理解他究竟还要担心什么。当然,他和其他人有同样的问题。尽管他有着光辉的成就,却依然寻求所有人都渴望且努力争取的东西。"

《绿野仙踪》里的多萝西常说:"没有什么地方比得上家。"她思念堪萨斯州,想回到亨利叔叔和艾姆婶婶的农场。但心之所在即是家。"家"即是"爱"。可怜的小辛,爱已经不在她身上了。

*

有一种普遍的观念是,约翰毁掉自己的婚姻,同洋子扬长而去的时候,也是他毁掉披头士的时候。虽然众口铄金,但事实

---

[1] 来自披头士歌曲《永远的草莓地》。

绝非如此。在爱情与交往关系方面，他们没人没犯过错。保罗与珍·爱舍分手，娶了琳达。林戈承认自己在英格兰耽于女色，逼得妻子莫琳投入他人怀抱……而那个人恰好是乔治·哈里森。对此，乔治还被约翰指责"几乎是乱伦"。你应该能理解这句话的缘由。乔治的妻子帕蒂把这事透露给了林戈，林戈想和莫琳离婚，而莫琳拒绝了。她差点骑摩托车自杀，还因此做了面部整形。但最后，他们的婚姻还是被斯塔尔与一个美国模特的恋情给毁了。帕蒂·哈里森与罗尼·伍德私通，而哈里森则同伍德的第一任妻子克瑞希·芬德利有染，而克瑞希又是伍德从埃里克·克莱普顿那里抢的。帕蒂最终嫁给了克莱普顿，让他们几个的感情纠葛成了一个圈。他俩的婚姻促成了更多情歌。看到了吗？在情场、战场和摇滚的国度，所有人都不择手段。[4]

*

见血封喉。

作为披头士的约翰已经死了。洋子代替保罗成了列侬的主要创作伙伴。

"他遇到洋子后，仿佛开启了新的人生。"他们在汉堡的多年挚友克劳斯·沃尔曼告诉我，"他把披头士置之脑后。歌迷们不想听到这个消息，但这就是事实。乐队、音乐，以及这些年来的种种都已经是他的过去。他不再是约翰了，他是列侬与洋子：整体中的一半。他不再试着做一个硬派摇滚乐手了，他其实从来不是那种人，他做回了自己。对此，我为他感到骄傲，当然也为他开心。"

"这就是他所需要的,"理查德·休斯坚称,"他早已彻底超越披头士。当时他的精力相当高涨,在整个20世纪70年代都维持不变。在我看来,这才是我们当下理解并尊敬的约翰,而不是60年代作为披头士成员的约翰,那根本不是真实的'他'。那个版本的约翰是种概念,是个假货。历史学家喜欢强加给我们另一种说法,但他们都错了。对于21世纪的我们来说,列侬代表的是希望。因为很奇怪,我们经历了所有这些事之后,依然执迷于确定性和真相。而他代表的是某种更超然的东西。"

然而,正是60年代他写的那首比较简单的披头士歌曲"你只需要爱",传达了最伟大的信息。这是真的吗?

"当然了,"休斯说,"同时,再没有比爱情更不确定的东西了。我们都需要得到爱、拥抱、认同。约翰明白这一点。他是通过自我探索了解到的。他或许在很多观念上有缺陷,也曾被误导,但在这件事上他是对的。为什么爱成了他的终极目标?因为他从小就被剥夺了爱。他知道爱的价值。

"可以肯定的是,约翰·列侬真心爱着小野洋子。他们之间的爱情是盛大的。是真实的。是真情的标准。他在认出真爱降临的那一刻得到了救赎。"

比任何人都更了解约翰的皮特·肖顿认为,遇见洋子是发生在约翰身上最好的事。

"他对各种事物的态度都发生了重大转变,"他说,"他变得不那么自私,更加体谅人。他开始与许多人交流,仅仅就是为了和对方说声'谢谢'之类的话。在遇到洋子之前，他对所有人都无动于衷，对歌迷也一样。他确实开始理解他人了。或许是因为他觉得自己现在所做的事情很重要。"

披头士时期之后的约翰，不仅写了大量笔记、明信片、信件，还获得了一群和之前全然不同的粉丝。

"确实，"肖顿说，"要我说，与先前相比，更多聪明人开始对他感兴趣了。他们发现他不仅仅是一个外表俊俏又留着长长拖把头的披头士成员。他是一个会思考、做事、行动的聪明人，在某种程度上他是许多人的标杆，哪怕那些人并不完全赞同他的所有行为。他成了人们可以对照着衡量自己的人物，人们开始从非常私人的层面上同他产生联结。这和他还是披头士成员的时候完全不同。他是个流行明星，他很出名，也很有钱。但现在他有了更多的东西。歌迷觉得自己能从个人层面同他产生联结。他达成这一成就时，依然没有失去自己的准则，也不让任何破事影响到他。"[5]

和肖顿一样，克劳斯·沃尔曼看着约翰从一个小伙子长大成人，见证了他因为挫败而火冒三丈，也为他后来在新爱人的怀中绽放而惊叹。

"自打洋子出现，他们便形影不离，"他说，"她会去录音室，坐在他腿上。会和他一起上厕所——他要她跟着去，并不是她强迫或不让他离开自己的视线。刚开始挺奇怪的，但我很快就习惯了。我看得出来，他在人生中第一次做自己，而且他很幸福。这就像一个奇迹。

"洋子拯救了他。歌迷不愿相信这一点。他们只看到她身上不好的一面，但她是个很棒的人。他们在一起很好玩的。约翰常常打断她，她也常常打断约翰，或者他们会帮对方把话说完，诸如此类。他们让彼此完整。不论你喜不喜欢他们一起做的音乐，他们确实启发了对方。我能以亲身经历告诉你这一点。人们不知道，她其实很搞笑。我后来觉得他们就像从出生就被分开的连体婴。"

*

罗杰·斯科特是个热情的披头士乐迷，后来成了英国最受人喜爱和敬重的电台节目主持人。1969年5月26日，约翰和洋子带着五岁的京子来到蒙特利尔，当时二十五岁的罗杰正在加拿大的CFOX蒙特利尔广播担任DJ。这是他们国际和平任务的最后一站，他们在此期间入住蒙特利尔的伊丽莎白女王酒店，于1742房间内发起了知名的"床上和平运动"，房间里摆满了粉色和白色的康乃馨，地上堆满了底片、录音设备和书籍。

"当时我主持了一档下午的节目，"罗杰对我说，"他们的人帮我安排好，让我在此期间在他们床边直播节目。现在想象当时的场景，我依然会起鸡皮疙瘩。我没有做过这种规模的节目。我措手不及，不知如何应对全世界媒体涌进他们房间，但不管怎样，我还是要保持冷静的头脑，把注意力放在如何呈现自己的广播节目上。我们都到了那里，床上两人是众人的焦点，房间里还有当地宗教团体的成员、披头士的公关人员德里克·泰勒，以及音乐喜剧双人组斯马瑟斯兄弟(Smothers Brothers)的成员之一汤米·斯马瑟斯。这个和平运动持续了一整周,快结束的时候,约翰和洋子决定在周六晚上,就在这个房间里录唱片。这张唱片便是后来的《给和平一个机会》,在场所有张三李四都参与了录制。房间里至少得有五十人。汤米弹吉他,我敲茶几,歌手佩图拉·克拉克和垮掉的一代诗人艾伦·金斯伯格则负责唱出约翰在巨大的卡片上匆匆写下的歌词。现场一片混乱,但效果还不错。"

到目前为止,一切都好。但接着发生了一件让罗杰一辈子难忘的丢脸事。

"不知道出于什么原因,约翰突然拒绝接受我的采访,而要一个恰好在场的十六岁女孩来采访他。我究竟做错了什么?或许我什么都没做错,只是约翰反复无常。我绞尽脑汁,就是想不出理由。这让我挺心碎的。"[6]

而对约翰来说,他向媒体传达的信息很明了。

"我们此次床上运动让人们开始讨论和平,"他表示,"我们想吸引年轻人为和平做些什么。但一定要通过非暴力的手段,不然只会引发混乱。我们在对年轻人呼吁……他们一直是最具嬉皮精神的……我们在让他们把这个信息传达出去。"诸如此类。

*

经典的《阿比路》专辑的录制过程在乔治·马丁最后一搏的指导下拖得冗长无比。在得到保证说乐队会按照以往的规矩来做这张专辑,完全让制作人说了算之后,他回归了队伍。他们断断续续地在奥林匹克录音室、三叉戟录音室和百代录音室里工作,从 2 月底一直录到 8 月中下旬。等到这张有里程碑意义的唱片录制完成，百代录音室便更名为阿比路录音室，以作纪念。百尺竿头更进一步需要时间。分歧与怨怼如同阴霾笼罩在众人心头。但在困境和纷乱中，他们被公认最为纯粹、包罗万象、最为杰出的作品诞生了。尽管当时没人确定这就是他们最后一张合作的专辑，但曲终人散的感觉占了上风。约翰后来强烈抨击这一作品，尤其批评保罗的贡献，将这些歌曲斥为"老太婆音乐"，而且对专辑的结构吹毛求疵。约翰早已放下了披头士，亟待继续过全新的生活，做自己的音乐，享受他的婚姻，他显然对这张专辑制作过程给他带来的种种限制愤愤不平。哪怕发生了车祸（这件事我们之后再谈）也没能使情况有所改观，就算把洋子的床搬到录音室也于事无补。虽然医生要她尽量多休息，但匪夷所思的是，专辑录制过程中她一直躺在录音室里。为什么就不能好好地待在家里呢？

但谁能质疑《阿比路》的宏大气势？约翰的开场曲《一起来》；张扬而热情的《我要你（她这么美妙）》；伤感又脱俗的《因为》，灵感源于洋子一次用钢琴弹奏贝多芬的《月光奏鸣曲》，约翰让她把和弦倒着弹一遍，乔治·马丁的大键琴为这首歌增光添彩。乔治的《某种特质》和《太阳出来了》，以及保罗嘟·喔普风格的《喔！亲爱的》——约翰对这首歌愤愤不平，他觉得自己的嗓音更适合这首歌。麦卡的《你从没给过我钱》反映出乐队一塌糊涂的财务状况，即将面临崩溃。复杂又层次分明的《最后》：特点是林戈仅有的一段鼓声独奏，以及歌的核心信息："而最后，你得到的爱等于你付出的爱。"这是四个披头士成员最后一次一起录歌。专辑封面呢？这是他们在英国的唯一一张封面上既没有人名也没有标题的原创唱片。还需要吗？全世界都知道他们是谁，也都知道这张唱片意味着什么！唱片于 1969 年 9 月 26 日发行的六天前，约翰告诉其他成员他要退出。虽然这张专辑上市两个月内就卖出了四百万张，但约翰依然毫无回心转意的迹象。《阿比路》一发售就登上了英国排行榜冠军，并停留了 11 周。它短暂让位于滚石乐队，但很快又坐回了应得的冠军宝座。在美国，该专辑成了 1969 年最畅销的专辑。在日本，该专辑在百强榜上停留了近 300 周，成了 20 世纪 70 年代的代表专辑。

"除了是披头士录制的最后一张专辑，《阿比路》也是他们从 1965 年的《救命！》之后，第一次由约翰创作并演唱开场曲，也就是那首深受无厘头诗歌影响、热血澎湃的《一起来》。"《歌曲链接》(*Songlink*) 杂志的发行人兼音乐人戴维·斯塔克评论道，"短短四年间，披头士、流行乐和世界都经历了巨变。这个乐队的创建者和领队就应该重新回到他应有的位置上，为披头士的仰慕者和全世界的歌迷指挥这场告别之作。当然，当时此事并没有公开，不过许多人都猜到了，而曲风不和谐的《顺其自然》一直被留到第二年才发售。"

斯塔克说，令人惊讶的是，《阿比路》一开始的反响不温不火："乐评人没搞清楚，在乔治·马丁无比珍贵的贡献和要求之下，披头士在 20 世纪 60 年代最后一年录了一张从录音技术角度来讲无可挑剔的专辑。就算过了半个多世纪，它依然是张大师之作——乔治之子贾尔斯·马丁在 2019 年为该专辑五十周年版重新混音时，发现几乎已经没有地方可以改善了。至少对我来说，《阿比路》和它的经典封面（尽管披头士的'最后'已经过去多年，披头士歌迷依然会被吸引，'一起来'到那间世上最著名的录音室和那条人行道上）依然无法被超越，它是流行乐毋庸置疑的巅峰。当时我还是一个十六岁的学生，有幸在专辑发行一周前就从苹果公司提前收到唱片。我至今记得自己着迷于专辑中乐器与人声的美妙融合，幽默歌词与真挚情感的强烈反差，以及马丁的美妙编曲和绝佳制作。我至今为之深深着迷。"

*

《阿比路》发行两星期前，1969 年 9 月 13 日，约翰、洋子、克劳斯、克莱普顿等人组成了"塑料小野"乐队，在校队球场举行了摇滚复兴演唱会"多伦多和平现场"。几乎所有参与此次演出的艺人都是约翰的英雄：小理查德、吉尼·文森特、杰瑞·李·刘易斯、"胖子"·多米诺，等等。约翰及其乐队的演出曲目包括《给和平一个机会》、《蓝麂皮鞋》(*Blue Suede Shoes*)、《戒断反应》(*Cold Turkey*)，以及洋子的《别担心京子（妈咪只是在雪中找她的手）》，这首歌是关于她女儿的。不出所料，洋子的嘶吼、啜泣、号叫完全无法打动观众。他们难道不是来看约翰的吗？她来掺和什么？克劳斯做了一番解释。

"我就是在那场演唱会上，第一次感受到洋子的艺术天分，"

他说,"她套着布袋,躺在地上。她从里面爬出来,开始发出噪声,然后尖叫。她试着对观众说一些重要的话。我能感受到她强烈的诉求。排山倒海一般。她吼到嗓子都哑了,到最后只能发出嘶哑的声音。我就站在她后面。现在回忆起来,我还会起鸡皮疙瘩。看了她的表演,你会立马想到战争、坦克、炸弹、毁灭。她是在用自身,以一种震慑人心的方式来表达战争的极大恐怖。那便是她的感受,也是她想表达的东西。我就在她身后,感同身受。但观众感受不到。他们离舞台太远了,接收不到她的能量。而且,摇滚演唱会上出现一个从未排练过的乐队,袋子里还钻出个洋子,对人们尖叫——这对当时的观众来说有点太过了。洋子遭到嘲笑。观众只想看约翰演奏。虽然他们没有朝台上扔番茄,但反应也够羞辱人了。她懂了,她很快就明白该如何应对观众了。她说:'我在台上对你们歌唱时,仿佛身处隧道。我想要你们和我一起进入隧道。'

"关键是,约翰和她同心合意。他支持她,捍卫她。对他来说,她的做法全然得体,他为洋子惊叹。你看到了吗?和她在一起,他是那么幸福。他们紧密团结在一起。不论你是否支持这种表现形式,它传达的信息是完全无误的。约翰比任何人都前卫。"

时机依然是重中之重。约翰与洋子恰逢其时,恰处其地,登上了全球和平运动的风口浪尖。一个月后,也就是10月15日,数百万美国人参与了美国历史上最大规模的游行:终止越战游行。新上任的共和党总统理查德·尼克松不为所动,发表了"沉默的大多数"演讲。美莱村屠杀事件被揭露,此事如同火上浇油,人们不屈不挠,再次掀起反战浪潮。同年11月,50万抗议者游行至位于美国首都华盛顿的白宫。伦纳德·伯恩斯坦、艾罗·格思里、约翰·丹佛、克利夫兰弦乐四重奏,以及前卫音乐剧《毛发》的巡回演出人员、民谣歌手和活动人士皮特·西格(Pete Seeger),还有彼得、保罗和玛丽[1]都加入了和平示威队伍,他们引领众人高唱十分钟版本的《给和平一个机会》。你们在听吗,尼克松?阿格纽?五角大楼?总统从电视上看着游行,接着毫无意义地试图从他白宫的窗户望去,清点抗议者的确切人数。他听到了这首歌,也锁定了列侬。这位前披头士成员将因此付出代价,而此时列侬浑然不知。他只是把数百万人的心声说了出来。他将众人现场演唱自己歌曲的场景形容为"生命中最重大的时刻之一"。《阿比路》呢?它又被摆在哪里?

---

[1] 20世纪60年代活跃于美国乐坛的在一支三重唱组合。

第十七章
京子

男人被夺爱的怒火比地狱之火还要可怕[1]。托尼·考克斯要报仇雪恨。他要以最恶毒的方式报复前妻。他所作所为的许多细节至今都没被公之于世。

全世界都以为约翰和洋子收拾行囊,抛弃英国,跑到美国拯救世界去了。但世人都错了。他们搬去纽约的真实原因更私密,也更令人心碎。洋子八岁的女儿京子失踪了。他们觉得她肯定跟她父亲在一起,于是去美国寻找她。他们从没想过要永远住在美国。但迫于情势,他们无法离开。当他们最终能脱身的时候,已经为时已晚。为了孩子,洋子付出了极为惨痛的代价。

他们准备离开的时候手忙脚乱。他们才打点好一切,媒体便疯狂报道这个自以为是的披头士领袖和他东方缪斯的来往、他们过去丑闻不断的失败婚姻、他们不同国籍的恋情,以及明显抛弃自己子女的行径。他们都渴望作为求和平、行善事的活动家,利

---

[1] 改编自英国剧作家威廉·康格里夫的《悲伤的新娘》中的名言。

用他们的艺术为世人做贡献。但由于被媒体关注和自身全球名气误导，他们犯了错误。他们将自己与各种不合时宜的活动和真实目的存疑的运动联系到一起，做的事对错参半。他们的名声、地位、财富被无休止地消费。现在人们几乎无法理解当时媒体对他们的报道有多么猛烈，多么无孔不入。他们做的每件事都会登上多国报纸，成为大新闻：瘆人的唱片、艺术展览、令人看不下去的电影、雕塑、"橡果活动[1]"、改编自约翰两本怪异小书《自笔》(*In His Own Write*) 和《工作中的西班牙人》(*A Spaniard in the Works*) 的舞台剧、黑白服饰、流产、对自身与彼此的占有欲、纯粹的自我重塑、热心宣传糙米加蔬菜的健康饮食、他们彼此自足的"化学反应"和性欲，以及约翰拒绝戒烟，洋子虽然生气，但为了遵守两人保持平等并共同参与一切事情的诺言，也学会了抽烟。他们做过的事、没做的事、好事、坏事、丑事、美事、无聊的事、精彩的事、无感的事、愚蠢的事、荒唐的事或天马行空的事。想象一下这种生活。我肯定受不了。但他们一同扛了下来，建立了完全平等、琴瑟合鸣的关系，也让约翰快乐地摒弃了内心的厌女心态，接受甚至开始推广女性主义。什么？这是洋子想要的。是她要求的。她不给他其他选择，而是平静地知会他，如果不这样做，她就离开他。约翰在谈到女性解放运动和他自己对性别平等不断增长的领悟时说："人们都在被潜移默化地灌输男性至上的理念。我花了很长时间才意识到自己的大男子主义伤害了洋子。她

---

[1] 1968年6月15日，约翰和洋子在考文垂大教堂种下了两颗橡果，作为他们的第一项"和平活动"。

是个热血的妇女解放主义者，我哪里做错了她会毫不犹豫地给我指出来，尽管对我来说这些行为都很自然。所以我总是很想知道那些自称激进分子的人是如何对待女性的。"

洋子的话更简明扼要。

"除非你和对方地位平等，否则便谈不上爱。许多女性因恐惧或缺乏安全感而依附于男性，这不是爱——这基本就是女性憎恨男性的原因……"

"……反之亦然。"约翰插话道。

后来他这么解释：

"她完全改变了我的人生。不仅是生理上……我只能打个比方，洋子给我的感觉就像服用迷幻药或第一次喝醉。我的改变就是有这么大，就是这样。直到今天我都没法准确描述这种感觉。"[1]

这是给装着往昔约翰的棺材上又钉了一颗钉子。

*

他们住进了林戈的位于伦敦蒙太古广场 34 号的旧公寓。众所周知，他们与洋子的前夫托尼·考克斯的关系很糟糕，主要是因为洋子为了和列侬在一起，抛弃了考克斯和京子。后来警察突袭了公寓，再次上演了一场媒体闹剧。警方最终只找到了一丁点大麻，但两人被控持有毒品。约翰认了罪，于是洋子免于指控，而约翰并不知道，他这下签署了自己的死刑执行书，尽管用的是隐形墨水。

说到离婚的另一方面，辛西娅保有朱利安的抚养权，而京子则由洋子和托尼共同抚养。由于此次搜毒行动，全世界都知道了他们的住址。约翰和洋子不得不赶紧走人。这次他们住在林戈的位于韦布里奇的另一所房子里，暂保无虞。我们绕来绕去还是没说到重点，这个话题先告一段落。在那里，他们计划把同龄的朱利安和京子都接过去，好好过周末。约翰做出如此顾家的承诺，让迄今为止所有目睹他毫无父亲自觉的人大跌眼镜。洋子唤醒了他内心为人父的一面，也是她让他把孩子视为上天赐予的珍宝。他照顾朱利安和京子，为他们做饭，陪他们玩耍、阅读，和他们一起写歌，全家人沉浸在简单的家庭生活中，并借此调养身体，准备再生几个孩子。约翰对这个可以挽回父亲身份的机会无比热情，想要全身心地投入。他决定开车带一家四口回到自己的童年，回到利物浦和他热爱的苏格兰高地。时候到了。

救赎开始。突然之间，回去的路就在眼前，而且有一个重要的新人能陪他一道重温过去。1969年6月，《阿比路》刚录了一半，他一想到要带洋子见他另外几个姨妈，比如利物浦的南妮和哈丽雅以及德内斯的梅特，他就很激动。他们寄宿亲戚家，全程低调，尽量避免引起媒体关注。激动之余，约翰忽视了他对辛西娅的义务。身为朱利安的母亲，她理应被告知只有六岁的儿子将踏上长途旅程，而且坐的是约翰开的车，他开车一直不靠谱。朱利安的母亲完全不知道他们的离开与去向。别忘了，当时可没有手机。

到了约翰的故乡利物浦，约翰发现迷你库柏车太小了，没法继续开。他让自己的私人司机帮他搞了一辆车内空间更大的奥斯汀·马克西。约翰对路线不熟、驾驶经验不足、视力不好,还无法长时间集中注意力在道路这种无聊的事物上,在去梅特姨妈家的路上,他把车开进了高地村庄戈尔斯皮的地沟里。只有朱利安毫发无伤。医院、缝针、休克疗法。约翰的脸上永远留下了一道疤痕。朱利安被梅特匆匆带回去照顾,辛西娅很快就在她家找到了儿子,但她就是联系不到约翰,问不出到底发生了什么事。约翰直接拒绝见她,这很残忍。看似简单的损伤,留下了内里复杂的裂痕。

京子的小脸蛋稍微缝上几针便恢复到了完美状态。约翰喜欢凝视她的脸。这个孩子多漂亮啊!她流苏般的黑发,黑曜石般的眼珠,天使般的笑容,他看着看着,心都要融化了。他之所以喜欢她,不仅因为她是洋子的延续,也因为她自己,仿佛她是他的亲生女儿。有张黑白照片记录了这一家子在苏格兰高地游玩的场景:两个可爱的孩子穿着苏格兰裙配格纹背心,挎着毛皮袋,戴着格纹软帽,腼腆地笑着。他们在户外散步,手牵手走在爸爸妈妈中间。洋子穿着一身黑,搭配白色帆布鞋,约翰留着大胡子,穿了件厚厚的阿伦毛衣。他们看起来十分享受生活,很是亲密。

但火种已被引燃。辛西娅别无选择,只能忍受约翰的自私与冲动,但托尼·考克斯再也不想逆来顺受或跟他们讲道理了。因为他俩不重视自己的女儿,他怒不可遏,开始禁止京子在他不在的时候和她母亲还有约翰待在一起,还让他们越来越难见上一面。约翰与洋子买下了伯克郡阿斯科特镇附近占地巨大的提腾赫斯特庄园豪宅，它出现在《想象》的音乐录像带中，洋子在里面拉开窗帘，画面如薄纱般缥缈。这肯定引燃了他的怒火——这处豪宅不仅过于富丽堂皇，还很远，要沿 M4 高速公路开很久才能到，非常不方便，这无疑是在他的伤口上撒盐。任何与前任伴侣共同抚养过孩子的人都知道，这永无止境的往来，令人心力交瘁的冲突对峙，早已缘尽的双方都感同身受。至少约翰和洋子在银行里有的是钱。钱买不到爱？当然可以。在提腾赫斯特庄园，约翰和洋子为了履行什么事都一起做的约定，决定一起吸食毒品。为什么？又是艺术界的新潮流吗？他们吸食海洛因的事不仅会遭人指指点点，肯定也传到了考克斯耳朵里，也可能他亲眼见识过他们吸完海洛因以后的样子：胡言乱语、双目无神、面如死灰、恶心反胃、神志不清。哪个正常人会把孩子留给两个瘾君子照顾？在"摇摆六十年代"，考克斯自己也吸过毒。他知道吸毒的真相，也知道怎么做才是对的。

"我当时用了很多迷幻药，以为这样可以增进自己的心智，也花了好多年才发现事实恰好相反，"他说，"毒品都不是好东西。"[2] 他决定和那两人保持距离，离得更远些，保护女儿不受他们危险自私的生活方式影响。

洋子后来强调，他们只是短暂尝试了改善心情的类鸦片药物。她坚称他们为了家人停止了用药。他们很想尽快再要一个孩子，不想对胎儿造成危害，也不想把毒瘾传染给孩子。因为害怕媒体曝光，他们不能去戒毒诊所，只能关起门来自己戒毒。约翰根据这些经历写出了塑料小野乐队的单曲《戒断反应》。唱片另一面便是那首《别担心京子》，一首有关妈咪在雪中找手的歌。

*

约翰和洋子前往丹麦北部，考克斯同女儿和美国女友梅琳达·肯德尔住在那里，他们也是在那里首度接触教团。列侬夫妇在那里度过了 1970 年的第一个月，探望了京子，挥别了 20 世纪 60 年代，并通过一个叫"先驱者"（Harbinger）的教派领袖的催眠戒除了烟瘾，剪去了长发开启"和平元年"。他们把剪下的头发带回家，送给了迈克尔·X（出生于特立尼达的英国版马尔科姆·X），让他把头发卖了为黑人权利[1]筹款。而事实证明，他们的善意终究是白费了：1970 年年底，迈克尔·X 被控抢劫与勒索，在开庭前逃回了特立尼达。他们在伦敦和洛杉矶接受了阿瑟·亚诺夫的原始情感治疗——"这种疗法迫使我抛弃了所有关于上帝的鬼话"。它冲破了束缚，让约翰甩掉身上最后一层披头士的镣铐，释放真实的音乐个性。他先前从未能做出如此诚实又真诚的**约翰式**音乐，以饱满的人声自信地唱着自己写的歌，不依赖录音室的花招与技术，甩开用于掩饰短板、让声音听起来更完美的复杂和声。从今往后，他将成为真实、坦率、无愧于心的约翰·列侬。只有他自己和他的歌、他自己和他的生活，没有任何割裂。他在披头士乐队时期写过一些融入个人痛苦和不安全感的歌，但

---

[1] 一个政治口号，指的是旨在实现黑人自决的各种相关意识形态，出现于 20 世纪 60 年代中后期的美国。

他的痛苦总会被掩饰起来。黑暗的歌词被套上快乐的旋律,《救救我!》和《我是个失败者》就是最好的例子。没人细想那些歌里的深层信息,因为它们的曲调实在太欢快了。原来我总觉得他是在抽象地描写别人,而非自己。现在我相信,他的歌绝大多数写的都是自己,都是约翰。他把自己直接融进了歌中。1971年的专辑《想象》中的歌曲《妒忌的人》和上面两首歌类似,也是一个呼救信号。相比之下,麦卡特尼的创作更克制,甚至有种疏离感。

但再也回不去了。约翰现在想表达真实又纯粹的自己。他的首张个人专辑《约翰·列侬/塑料小野乐队》由约翰、洋子和菲尔·斯佩克特共同制作,由克劳斯·沃尔曼担任贝斯手,林戈担任鼓手,比利·普雷斯顿则时不时弹一下键盘。该专辑如宫缩般真实。

"或许人们仍然认为麦卡特尼在音乐性、创作和旋律上更胜一筹,但他没有约翰那种煽动力。"《旋律制造者》前撰稿人迈克尔·沃茨如此说道。他是该杂志20世纪70年代美国版的编辑。

"约翰以极其出人意料的方式表达他对世界的感受,这让他成为一名绝佳的采访对象。他说的东西会拓宽你的思路,让你以全新的方式思考,所以他特别受记者欢迎。我觉得麦卡特尼在接受媒体访问时总有点不知所措,因为约翰太善于以活泼幽默的方式表达自己了。保罗也很有学识,但就是缺少约翰那种赋予事情活力的天赋。约翰极其坦诚,直言不讳。《约翰·列侬/塑料小野乐队》里收录了《母亲》《上帝》《我妈妈死了》等不同寻常的歌曲。

这些歌是如此赤裸，让他的脆弱一览无余。这张专辑是他本质的最佳表达。显然，他努力以一种完全敞开心扉的方式讲述一切，是全无遮掩的自白。我之前觉得这是张伟大的专辑，现在依然这么觉得。"

沃茨提醒我们，约翰踏上了自我发现的伟大之旅，这是摇滚明星从未涉足过的领域，约翰的勇气无人能及。他开始寻找自己，最终发现他并不喜欢真实的自己。

"于是他尝试变成不同的人。想象一下大多数摇滚明星都在做这样的尝试？这种事情根本不可能发生。他想表达的是，人们爱着的那个人是假的，是不好的，现在他要给人们展示一个不同的自己：一个他自己会爱、会尊敬的约翰·列侬。这会冒极大的风险，因为很可能事与愿违。人们可能不会再相信他了。看看他的供词和诸如'我曾经很暴力，现在我不再暴力了'的自白。他以这种方式做出了了不得的成就。他了解了自己。他想成为更好的人。他渴望超越自己，成为更有价值的人。人们觉得他说的许多话都是无稽之谈。因为我们这些记者生性刻薄，我也有些同意这个观点。但毋庸置疑的是，他真心相信自己说的话。他真的想改变世界。"

约翰追寻这一目标的愿望在很大程度上是由洋子激发的，对此沃茨表示同意："她是他的真爱，他真正的灵魂伴侣。这一点毋庸置疑。他找到了最与自己志趣相投的人。因为他们做过各种傻事，人们常常指责她把约翰带上了歪路，但他们俩，以及她自己，都创作出了非常有趣的艺术作品。"

"床上和平运动"不就是翠西·艾敏的没整理的床[1]的先行版本吗?洋子的音乐不就是比约克作品的前身吗?

"没错,世界还没有准备好接受洋子。她是个真正的前卫艺术家。根据约翰的说法,床上和平、袋主义、躲在袋子里、在袋子里接受访问等,都是类似达达主义的行动,而公众还没领悟到这一点。他的歌迷无法将流行歌星约翰和这个开始被艺术界影响,并以更复杂、更不传统的方式表达自己的人物联系起来。他和洋子做的事情很不同寻常,真的。因为他们吸引的观众比其他人在艺术界得到的多一百万倍。因为他们在动手做这件事以前就已经很出名了。他对此十分热衷。他了解并利用自己的力量。这股力量以超乎他想象的程度为他补充能量。"

而人们依然想听到披头士的更多作品。之前那样的作品。同样风格的作品。他们不想看到四名披头士成员外加一个洋子。

"约翰的问题是他没有保罗那样的城府,"迈克尔总结道,"约翰总是直奔主题,总是急于弥补缺失。正因为他口无遮拦,才成为如此有趣的人物。如果再圆滑、实际一点,披头士或许就能变成另一种模样,四个人依然可以单飞发展各自的事业。但对约翰来说,要么全心投入,要么拉倒。他一心想和洋子一起开创新事业,这便是他退出乐队的原因。对他来说,重点总在'下一件事'上。"

---

[1] 指艺术家翠西·艾敏于1998年创作的《我的床》。

*

　　七岁的朱利安每周末与父亲和继母见面的过程让他很困惑。首先，辛西娅不会把朱利安送过去，约翰也不会来伦敦接他，尽管这都是两人该做的事。司机会开着约翰的巨型劳斯莱斯来回接送这个小男孩。父母离婚对孩子来说很不好受。与父亲或母亲分离的伤痛，离开家搬到不熟悉的环境，暴露在无可避免的极端情绪和愤怒下的不安全感，都会对孩子造成伤害。父母要想减轻离婚对孩子的影响，最重要的方式之一便是担负起将孩子接送到对方住处的责任，直到他们能单独出行为止，不论过程有多难受。约翰和朱利安终于可以自由自在地享受父子时光，在壮丽的提腾赫斯特庄园里骑车、划船、奔跑，朱利安和洋子的关系却并不理想，两人对彼此的态度都不太好。这位继母后来承认自己不知道如何跟小男孩相处。她本应学会的。她觉得自己尽力了，但还不够。朱利安的出现让她牵挂起她和约翰失去的那个孩子，也让她回想起流产经历，这一点被刻意忽视了。坦白说，她看着约翰和他儿子尽享天伦之乐，而自己的这份快乐却被剥夺了，这让她心生怨怼。他们俩在所有事情上都平等，唯独这件事不是。至少这时候还不是。

　　他们同托尼和梅琳达的关系直到这时都很好。据说两对夫妇还准备一起创作，甚至讨论过四人组成一个新团体，考克斯也为约翰和洋子拍了一部先前计划好的纪录片。据皮特·肖顿回忆，"约翰在提腾赫斯特庄园生活的好几周，最奇怪的一点就是洋子的前夫托尼·考克斯经常出现,列侬夫妇把他当跑腿的使唤"。

但他们的关系迅速恶化。不管是约翰对京子毫不掩饰的喜爱让考克斯心生嫉妒,还是约翰天性多疑,害怕考克斯利用自己是女儿监护人的身份来控制他和洋子,两个男人的关系濒临破裂。列侬夫妇接到邀请前往考克斯在伦敦的公寓参加京子的七岁生日派对,而这样一个看似单纯的邀请却让约翰勃然大怒。他认定这是个圈套,拒绝参加。更糟的是,他还不让洋子出席女儿的生日派对。洋子伤心欲绝。接着考克斯便公然奚落列侬成为玛哈里希·玛赫西·优济和超验冥想的信徒。接着考克斯便不告而别,搬出了伦敦的公寓,和梅琳达还有京子一起消失了。约翰和洋子都不知道他们去了哪里。他们根据线报,最终来到了马略卡岛,玛哈里希当时恰好也住在那里。或许是因为害怕对方连夜逃跑,这样他们就再也见不到京子了,列侬夫妇做了必要的调查后,带了一个律师和一个助手打算硬闯此地。接着他们犯下了致命的错误:把京子从新幼儿园抢走,冲回酒店,准备搭私人飞机回英格兰。然而考克斯早已得知消息并率先下手。约翰和洋子被警察拦下,遭到逮捕。一场紧急法院听证会连夜召开。清晨时,法官要求京子决定跟谁一起生活。人们曾拿这个痛苦的场景和约翰·列侬小时候的窘况作比较。他小时候被迫在父亲弗雷迪和母亲茱莉娅之间作选择,最后挥别父亲长达二十年。同样的悲剧并没有发生。京子的噩梦告一段落,不过还没有结束。

尽管被推来推去的可怜的京子选择和父亲一起生活,但约翰和洋子依然获准把京子带回家，条件是承诺几个星期后重回马略卡岛法院，办理接下来的手续。但他们应邀参加戛纳电影节，之后又和迈克尔·X一起在特立尼达等地四处奔波，总是抽不开身回马略卡岛。等他们有时间集中精力处理京子的问题时，考克斯和梅琳达早已带着孩子不知去向。有消息说考克斯他们迅速回了美国，这很合理。考克斯与京子是美国公民，而洋子并没有美国国籍。约翰和洋子迅速赶往纽约，但线索就此中断。

当年2月，约翰回到提腾赫斯特庄园，一头钻进他的新录音室——阿斯科特之声录音室，将怒火与沮丧统统糅进《想象》这张他最棒的个人作品中。该专辑由约翰、洋子和菲尔·斯佩克特共同制作，加入了乔治·哈里森的才华，由克劳斯·沃尔曼担任贝斯手，吉姆·凯尔特纳（Jim Keltner）和尼基·霍普金斯（Nicky Hopkins）担任鼓手，艾伦·怀特（Alan White）担任键盘手。这张经典专辑的后续录制工作也在阿比路录音室和纽约市唱片工厂录音室（Record Plant NYC）中进行。约翰的这张专辑是一场层次丰富的幻想旅程，一举夺下英国唱片榜和美国公告牌两百强专辑榜双料冠军。9月发售时，它取得了巨大的商业成功。该专辑像一幅自画像，一张铺满原始疗法体验的挂毯，上面交织着性与爱、恶与怨、骄与谦。该专辑展现了约翰的方方面面，有光暗交杂的内心，也有扭曲矛盾的荣耀。当时有人批评该专辑与上一张相比更加紧张，不够精细，充满了狂妄自大和自我陶醉，技术处理也有些草率。但该专辑甩掉了负面评价，奠定了它作为约翰最受欢迎、最为关键的个人专辑的地位。同名主题曲的旋律在专辑十首歌中不断回荡。它言不由衷，重复和缓，其旋律悄无声息地潜进人们心中并生根。《如何？》流畅到令人难以按停，加入了凄婉的管弦乐，寓意深如山中之湖。它的歌词令人心疼，哪里还有比"若我从未拥有爱，我要如何给予爱？"更生动的歌词？《喔我的爱》魅力十足，有着银铃般的单纯旋律，几乎带着伊丽莎白时代的音乐气质。这是他平生第一次完全打开双眼和心灵。《喔洋子！》深情款款。《你怎么睡得着？》是约翰对保罗极其残酷、充满报复性却又令人上瘾的责难，现在听来依然令人动容。《妒忌的人》听来难过，仿佛在渴求安慰。《给我一些真相》是他最棒的抗议歌曲之一，谴责之意呼之欲出。约翰从不畏惧全身赤裸地走出来。在这张专辑里，他仿佛一丝不挂，坦诚到震撼人心。

*

列侬夫妇的律师催促洋子去她办理离婚的美属维尔京群岛申请女儿的完全监护权。当地法院批准了她的请求，条件是必须在美国抚养京子。洋子已经下定决心继续待在美国，这样当前夫最终面对现实，把孩子还给她时，她能随时应付他并迎接京子。

约翰正需要这种动力。他已经厌烦了一切，被媒体无休止的关注和工作义务弄得身心俱疲，也对祖国失去了信心。他为自己的祖国无法接受自己的现任妻子而恼火，也对针对她的种族歧视和攻击感到恶心。可能有人会说，当今的哈里王子（他现在还是不是萨塞克斯公爵？）会对约翰的情况感同身受。眼看着政治与社会剧变朝他袭来,但他并不想参与。不论走到哪里,他都会被各路人士问及"披头士什么时候重组?""你觉得你们还会以乐队形式巡演吗?"这类问题,他深感疲惫与厌烦。他心中并没有永久的移民计划。他只想暂时跳出这个框架,呼吸不一样的空气,在新天地伸展手脚。他想和自己深爱且依赖的妻子在一起,帮她达成和孩子团圆的迫切愿望。而他几乎没意识到,自己继续申请美国旅游签证,花更多精力寻找京子,陪自己儿子的时间就少了。他也不知道自己再见不到继女和咪咪姨妈了。

*

数十年后,约翰已经去世很久,考克斯才解释道,他当时很怕洋子不知什么时候就紧紧抓着女儿不放,不让他去见女儿。他们根本没法同列侬的势力和财力抗衡,所以只能逃跑。他们没去纽约,而去了他第二任妻子梅琳达的故乡——得克萨斯州休斯敦市。也正是在那里,他们加入了基督教福音派。无巧不成书,梅雷迪思·汉普(Meredith Hamp)也刚刚加入了该教会,而这位十七岁的女孩正是格拉纳达电视台老板约翰尼·汉普的千金。约翰尼就是 60 年代初期最早给披头士电视曝光机会的人。

这是一个十分悲伤且无人知晓的故事。

"梅里"(只有约翰尼才能这么称呼梅雷迪思)记得很清楚,她和父亲一起去格拉纳达演播室见过好多次明星。她喜欢克里夫·理查德、影子乐队和赫里斯合唱团,而披头士给她带来了最大的冲击。

"约翰·列侬在我眼里就像《白雪公主》里的王子，"梅雷迪思说，这和她父亲的回忆一致，"我同他们见面之前，都只是在黑白电视里见到他们，从没见过他们彩色的样子，所以看到约翰的头发是华丽的草莓金色，真是完全出乎我的意料。接近红色，但又没有那么红。他的脸轮廓鲜明，外形也很突出。我被迷住了。我当时大约十岁，自然不知道披头士有多红。他们正在演唱一首歌，对着口型。接着我们去审片室看重播。只有乔治特地过来跟我说话，其他几个人都没注意到我，都在专心致志地看屏幕上的自己。但我的视线无法从约翰身上移开。他给我的印象极为深刻。他独一无二。他太俊美了。"

但后来梅雷迪思遭遇了一场严重的意外，之后人人都会注意到她了。她童年时一直拥有双眼1.0的良好视力，但在新中学的第一年，她十二岁生日前两周，一场科学实验在她面前意外爆炸。当地医院的医生说，第二次世界大战结束后，他们就再也没见过这么严重的烧伤了。她说："……没有哪个孩子曾被烧成这样。我当时已经面目全非了。后来飞机把我转送到巴塞罗那和休斯敦做手术。十三到十六岁，我经历了四十场手术。每次手术后我的视力都会短暂恢复，接着再度恶化，最后完全消失。为了美观，我眼睛的剩余部分也被移除了。"

"这之后，我从流行艺人那里收到了许多礼物。赫里斯合唱团给我寄了一个超大的毛绒玩具。我收到了沃克兄弟（The Walker Brothers）的签名照。露露来医院看我，吉米·萨维尔也来了，还有彼得·努恩。但我母亲把他轰了出去,因为他正在抽俄国香烟。传奇四人组没给我送过东西,当时他们正如日中天,所以我并不惊讶。他们很忙。不过乔治在我生日的时候给我打过电话。我依然追他们的音乐,也一如往常地热爱约翰。"

她怎么会和托尼·考克斯还有梅琳达在同一时间参加同一个教会呢?

"冥冥之中自有天意,"这位如今年逾六旬的英国心理咨询和心理治疗协会的心理咨询师,和她父亲还有我,在斯托克波特边吃晚餐边回忆往事,"联结常常会出现。我身上总会发生古怪又奇异的事情。我们搬到这儿之后(她指约翰尼因为工作从伦敦搬到英格兰北部),住在米尔弗顿酒店,当时那是一家私人酒店。作家兼剧作家沃尔夫·曼考维兹(Wolf Mankowitz)当时也住在那里。酒店里还住着一对不寻常的夫妇:一个美国白人和一个日本女人。两人是夫妻。他们会用婴儿车推着孩子出来,我跟她一起玩过。她特别可爱。但后来我就发生了意外。"

她再也没回过学校。她的人身伤害赔偿金高达八万八千两百八十英镑,是有史以来女性领过的最高赔偿金。从那以后,她的世界一片漆黑。

"十七岁时,我回到了得克萨斯州休斯敦,接受治疗的同时参加了基督教福音派。那里一派嬉皮氛围。我在那里弹吉他,和一位乐手的妻子成了很好的朋友。她介绍我认识了这对十分和善的夫妇:托尼和梅琳达·考克斯。他们走在寻找答案的路上。他们待在休斯敦是因为梅琳达的父母住在这儿。

"'我在寻找一个教会之家。'托尼对我说。

"'很高兴认识你。'我说。

"他们有一个大约七岁的女儿,叫罗斯玛丽。我很喜欢她。他们邀请我去他们家吃饭,我在那里吃了第一顿真正的素食。我后来跟罗斯玛丽玩得很熟,虽然我完全不知道她的长相。她突然想受洗。'我在英格兰有个特别棒的教母。'我告诉她。于是他们请我当罗斯玛丽的教母。'福音派里面没有教母。'我说。但他们坚持如此,所以我答应了。隔周我参加了仪式。那是个完整的受洗仪式。成为罗斯玛丽的教母之后,我把我教母送给我的珐琅银心送给了她。"

几周后,托尼突然打电话给她。"我们得离开一阵子,"他说,"能把罗斯玛丽留给你照顾吗?"

"我对他说当然可以。她不惹麻烦,还那么可爱,而且她也很喜欢大家。她性格很好,头发又浓密又软。她会坐在我大腿上求抱抱。我朋友带着我俩去看迪士尼电影《飞天万能床》,虽然我只能用耳朵听。后来罗斯玛丽和我一起回公寓,托尼和梅琳达回来把她接走。我没有理由怀疑梅琳达是不是罗斯玛丽的亲生母亲。她俩完全就是母女,罗斯玛丽也非常喜欢她。但没过多久,他们就消失得无影无踪。他们并没告诉我他们要离开,我也没机会道别。之后我便与他们断了音信。"

"罗斯玛丽"当然就是洋子的女儿京子。考克斯把他们的幼女留给了一位可怜的十七岁盲女，虽然她十分善良有爱心，且愿意帮忙，但这也说明考克斯为了不让京子被发现，确实不顾一切。梅雷迪思照顾她的教女时，并不知道考克斯夫妇正在躲避当局和警方，也不知道世界上最有名的一对夫妇正在追踪他们。约翰和洋子从未发觉考克斯把京子留给一个残疾女孩照顾。考克斯认为肯定不会有人找到那儿去。1971年年末，休斯敦的一名法官命令他让洋子见自己的女儿，考克斯夫妇没有坐等此事发生，而是再次逃亡。"我没有得到公正对待。"他后来辩解道。

梅雷迪思没理由起疑心。她根本不知道对方和约翰·列侬有关。她说自己在那个年纪也不怎么看新闻。十几岁的孩子很少会看新闻。她甚至不知道罗斯玛丽有着东方人的外表。当然了，毕竟她看不见对方。但最不可思议的一点是，梅雷迪思曾经看见过她。就在几年前，在曼彻斯特的私人酒店里，当时这个可爱的小女孩还是个婴儿……在她生母小野洋子的怀抱中……那时洋子去了格兰纳达电视台的演播室，想把一部电影卖给梅雷迪思的父亲约翰尼·汉普。用约翰尼的话讲，那是"一部关于屁股的电影"[3]。

考克斯夫妇逃到了洛杉矶的一个朋友家里，这位朋友是另一个教派（活道教派，又称通途教派）的成员。梅琳达和托尼加入了该教派，一家人和加利福尼亚州、艾奥瓦州的信徒住在一起。他最后不再信仰该教派及其教义，同梅琳达离婚，并于1977年离开了该教派。梅琳达继续待在教派，并嫁给了另一个信徒。

但京子面临的绑架噩梦仍未结束。她这时化名露丝·霍尔曼

（不断改名换姓必然会对孩子造成严重创伤），就读于北好莱坞的一所初中。考克斯说，教派头领听说他要走，便指派教众接送他女儿上下学。他非常担心教派绑架女儿以防止他退会，于是有一天他早早到学校把女儿接走了。两人火速逃离了当地，再也没有回去。通途教派后来驳斥了他的指控。

京子恢复了自己的真实身份。考克斯说她"出淤泥而不染"。虽然洋子已于1972年3月获得了抚养权，但她必须在美国抚养京子，所以这个抚养权判决几乎是一纸空文。她再也没能把京子带回自己身边。考克斯也说列侬夫妇"几乎毁了他"，但反之亦然。后来他终于承认洋子这些年来一定很难熬，但这无济于事，也为时已晚。她并不是唯一受苦之人。痛失爱女的洋子再无法和小孩子待在一起，而约翰也失去了朱利安。尽管他们时不时相聚，但父子俩的关系再没法回到从前。他们的关系无法正常发展。约翰与洋子离开英国搬到纽约后，列侬父子一连三年都没有见面。父亲的突然消失一定让朱利安特别难受。京子也再没能见到她的继父。她和母亲相聚，也是在她自己为人母之后的事了。

考克斯依然是基督教福音派成员，还根据自己的教会经历拍了一部电影，于1986年发行。这是在1980年12月约翰去世时洋子收到他们发来的慰问电报以来，第一次听到他和女儿的消息。她写了一封肝肠寸断的公开信，给童年本该有她相伴，却被无情偷走的女儿。

"亲爱的京子，"她写道，"这么多年来，我无时无刻不在想你。

你一直在我心中。不过我现在不再试着来找你了，我想尊重你的隐私。我希望你一切都好。如果你想联系我，要知道我一直深爱着你，非常愿意听到你的消息。但就算你不想联系我，也不用感到愧疚。我永远尊重你，爱着你，支持你。爱你的妈妈。"

*

"我深深觉得她还记得我，"提到如今已五十七岁的京子·陈·考克斯，已随夫姓普拉姆的梅雷迪思·汉普说，"我一直没尝试联系她，因为参加那类教派的人都很脆弱。如果我有机会再次见到她，我会告诉她，许多年前我们在米尔弗顿一起玩过，而且当年我用自己的双眼见过她。我觉得她听到会很惊讶。"

*

阔别女儿三十年后，约翰遇害二十年后，这天纽约寒冷阴沉，有人看到小野洋子在达科塔公寓对面中央公园内为纪念她亡夫而建的草莓地花园里。洋子坐在那里，膝上抱着一个日本面孔的小女孩。时间奇迹般地倒流了吗？她以前求之不得的事情发生了？这个可爱的三岁女孩和她正在一旁踱步的母亲长得很像。女孩名叫埃米，是洋子的外孙女，也是京子·陈·考克斯的长女。[4]

三十年。这三十年的大部分时间里，洋子根本不知道自己的女儿是死是活。这是多么难熬的事啊。

到了 1997 年 11 月，京子生完孩子几周后，事情有了转机。京子终于联系了那位她从小就被灌输说是坏人的女子。是什么促使她打电话的呢？

"我觉得身为人母，至少应该让自己母亲知道自己还活着并且过得挺好。"从事慈善工作的京子如此解释道，当时她已经和虔诚的基督徒丈夫在科罗拉多州丹佛市开启了新生活。一年后，她接受了母亲的见面邀请。京子和埃米终于去纽约见了妈妈与外婆。

　　据说列侬太太数十亿美元的财产中，有一半留给了为外孙女设立的信托基金，另一半被认为留给了洋子和约翰的儿子肖恩。朱利安呢？他是否被迫起诉，以分得父亲的部分财富？据说此事发生过，但他否认了。获得遗产是他与生俱来的权利，本无须诉诸法律。如果他的权利被剥夺，他为什么不采取法律行动呢？

第十八章
凤仪

列侬夫妇怎么没回英格兰,回到他们深爱的提腾赫斯特庄园,继续过之前那种生活?因为他们坚信,京子还在美国。他们从没放弃把京子接回身边的希望。又有谁会放弃呢?回家就等于放弃了战斗。别担心,京子,妈咪只是在寻找……我们就在这里,等着你。他们不想让小女儿觉得他们已经放弃了所有希望,不再在乎她。当她出现时,他们必须在那里等她。

但他们想走也走不了。由于悬而未决的吸毒案,他们饱受争议。因为利用自己的影响力和媒体吸引力,涉足可疑的事业和极端主义活动,他们还被扣上了鼓吹者和煽动者的帽子。他们很清楚,尼克松政府巴不得赶紧摆脱约翰。身为一名颠覆分子、触犯法律的摇滚明星,他是最不受欢迎的人。他有几千万粉丝,拥有危险的影响力。他一直在努力对抗遣返,并申请能让他永久居留美国的关键绿卡,这个过程艰辛而漫长。总统和他的手下的阴影始终笼罩着他。约翰无法把妻子一人留在美国,又害怕一旦回国,美国移民局就会阻挠自己再次入境,所以约翰选择留下。在各种采访中,他对这件事的态度前后矛盾,一会儿宣称自己迫不及待离开英国是因为他受够了英国人对待洋子的态度,一会儿又说他们去纽约只是短期停留,不会永居。人都会改变想法。不过一旦你享誉世界,你说的每一句话都会被记录下来流传后世,供人们仔细研读,其中的前后矛盾就会令人困惑。没有比举棋不定更折磨人的事了。人们常常因为太想做出正确选择而做出错误决断。洋子失去爱女的悲伤与痛苦葬送了约翰和他儿子的关系。在批判约翰对朱利安冷漠无情之前,我们应该停下来思考一下,在这件事上,没有人是赢家。所有牵涉其中的人都伤痕累累。所有人的心都或多或少遭到了摧残。

*

约翰浑然不知,1971 年 8 月 31 日是他踏在英国领土上的最后日子。他们在纽约的第一个家是上城区东 55 街与第五大道交会处的瑞吉酒店。列侬夫妇订了两套相互连通、配有全套管家服务的金碧辉煌的套房。这不太像约翰的风格,但管这些做什么呢。他们在那里经营他们的"帝国",继续他们的世界和平运动、录歌、拍电影、举办艺术展。没过几周,他们便离开了这处血腥玛丽的发源地、阿斯特[1]风的华丽居所,租了套联排别墅的半地下室公寓,位于西村布里克街附近的班克街 105 号。在这条街上,性

---

[1] 指美国金融家威廉·阿斯特的妻子卡罗琳,她是 19 世纪纽约市的一位传奇社交名媛,以其奢华的派对闻名。

手枪乐队的席德·维瑟斯于 1979 年死于吸毒过量，马克·诺弗勒于 20 世纪 80 年代末拥有一栋豪宅。他们的邻居是约翰·凯奇（也就是佩姬·古根海姆那名曾经身无分文，如今家缠万贯的作曲家朋友），以及凯奇的男友兼合作伙伴，舞蹈家、编舞家摩斯·肯宁汉（Merce Cunningham）。你应该记得，凯奇曾于 1956 年和古根海姆一起前往日本，当时二十三岁的洋子是他们的向导兼翻译。就是在古根海姆的卧室，洋子给第一任丈夫戴了绿帽，跟托尼·考克斯出轨，怀上了京子……佩姬全都知道，当时她也在场。约翰和洋子怀疑美国联邦调查局盯上了他们并监听他们的电话，二人很快采取预防措施，改用凯奇的电话。

在这座铺着鹅卵石，有着多元文化的城市，各种民族文化、美食和语言相互碰撞，让约翰大开眼界，方方面面都让约翰有家的感觉。约翰在每一排破房子，每一个仓库旮旯中，都看到了利物浦的影子。他从纽约人盛气凌人的嬉笑怒骂中，听出了家乡话里的鼻音和俚语。他很快就在记者和所有听他说话的人面前对纽约赞不绝口，称赞这座城市和美式生活方式，悠然自得，选择无限，轻轻松松。他可以像普通人一样散步、骑车，毫无拘束，想做什么就做什么。

约翰和洋子的旅游签证于 1972 年 2 月到期，他们期望并计划按照通常的流程续签。然而他们收到了移民与归化局[1]的通知，两人的签证都被取消了，该局还警告两人必须在两周内离境。他们再也不能不靠律师单打独斗了。所幸他们遇到了律师利昂·怀尔兹（Leon Wildes）。他聪明、慎重，如同法律界的雄鹰，敢于对抗联邦政府的权威，挑战驱逐令。随之而来的便是无止境的听证会和申请延期。在这之前，约翰一直没打算在美国定居。他只想获得来去自由的许可，能随时来美国工作。直到怀尔兹建议他们以"具有特殊艺术价值，能提高美国文化生活水平的人"为身份申请签证，并引导他们减少政治运动，不再谈论尼克松政府，把精力集中在反对战争、推进和平上，约翰才萌生了定居的想法。约翰、洋子以及他们的随行人员知道他们正在被监视，电话也遭到了监听。他们知道自己被跟踪已经有一段时间了。现在连英国情报机构军情五处都参与进来，提出约翰支持临时爱尔兰共和军与塔里克·阿里的《红鼹鼠报》（Red Mole）等"革命性"刊物的证据，称他为这类组织提供资金并互相交流。约翰只稍稍收敛了一点。他继续在访谈中表现得桀骜不驯，发表犀利言论，吸引了数百万名观众。他和洋子坚持制作具有煽动性的音乐，比如《血腥星期天》和《爱尔兰人的运气》，以及基于一句特别洋子式的口号的女性主义单曲：《女人是世界的黑鬼》——不用说，这首歌在美国全境都遭到了禁播。

他俩毕竟只是凡人，处在旋涡中心，面对巨大的公共审查和个人压力，尽自己最大努力英勇开展斗争。他们与子女分离，不再确定能够相信谁，五年来，两人把大部分时光都花在了彼此身上。这对约翰来说太奇特了，和披头士时期的他大相径庭。在这之前，从未有女人全天候待在他身边。作为一个已婚的父亲，他曾完全自由、无牵无挂、毫无拘束，如同单身。他长期依赖的老朋友皮特·肖顿和尼尔·阿斯皮诺尔都远在三千五百英里开外，无法随叫随到听他使唤。他以前还常去多塞特郡沙洲的咪咪姨妈家休憩，让自己沉浸在睡着单人床、吃着煎蛋薯条的童年日子中，但现在也只能一周给姨妈打一次电话了。

或许最重要的一点是，他怀念"无拉链性爱"[2]。和辛西娅在一起时，他只要欲望来了就会放纵自己，向那些无须动感情的女孩寻欢。现在"只有"洋子来满足他不知餍足的欲望。根据他妻子的自我评价，她绝对算不上在性爱方面大胆创新之人。约翰对二人的床事感到厌倦。转折出现在理查德·尼克松连任美国总统那晚。约翰和洋子受邀参加了一个派对，约翰到场时看起来十分疲惫。他刚脱下外套，就看到一个女子独自坐着干自己的事情。他径直走了过去，把她领进了隔壁房间，那里堆放着许多宾客的外套。接下来，参加派对的全体宾客都难堪地注意到了约翰和那位女子在房间里的所作所为。洋子怔怔地站在那里，压抑着怒火，面如土色。没人敢去拿他们的外套。尽管她声称自己无所谓，但此次羞辱性的经历成了转折点，种下了怀疑的种子，最终令她做出了出人意料的下一步行动。

但首先还是常规动作。列侬夫妇急于让外界更难接触到他们，保障自己的人身安全，一直在寻找属于自己的公寓。位于中央公园靠上西城那边的一栋诡异的哥特式建筑——达科塔公寓吸引了他们的注意。这座建筑如同堡垒，是富人和名流的庇护所，有意购房者需要通过居民委员会的审查。委员会里显然有人反对这对夫妇购买这处房产,但他们依然排除万难得到了许可。他们一开始买下了七楼的一套梦幻般的四室居所,能俯瞰中央公园的美丽景色,没过多久又买了四套气派的公寓房。他们请了一位灵媒为前任屋主做了降灵会。谁不会这么做呢?他们拆除内部装潢,将屋内全漆成白色,摆入舒适的家具,还养了猫。是不是有点为时过早?约翰的居留问题还没解决呢。移民与归化局还在处理他的案子。希望还是有的。

但他俩为时不久的婚姻就没那么幸运了。洋子面前有一个避无可避的问题。他们的年龄差此时凸显了出来。约翰才三十三岁,而洋子已经快四十岁了:对任何女性来说,这都是个脆弱的年纪。无论她多么自信,都会害怕失去吸引力,而且不知何时就会迎来更年期。不论她如何标榜自己的女性魅力,都会对自己是否能掌控男人心存疑虑。她非常不希望两人在一起只是因为习惯,因为婚姻,为了在一起而在一起。她宁愿分开,也不想承受没有性爱的行尸走肉般的婚姻所带来的屈辱。约翰显然需要自由。他渴求激情。澎湃的激情。这对夫妇达成了一致:与其像之前那段婚姻一样背着妻子在外偷情,约翰不能偷懒,他现在可以主动出击,自由寻找婚外性伴侣了。奇怪吗?数百万夫妇其实都过着这样的生活,他们只是不愿向亲朋好友细说,更别提告诉世人了。就像约翰当下并没有和洋子一起创作音乐一样——他的下张专辑《心灵游戏》不是典型的"约翰加洋子组合"的作品,他也完全没让斯佩克特参与。尽管里面有称颂他与妻子的关系的歌曲，但整张专辑都是他凭一己之力创作的——他也将有属于自己的性生活。他心头挥之不去的躁动得到了抚慰——猜不到吧，主意竟然是洋子出的。她规定约翰必须待在洛杉矶解决下半身的欲求，这样就不会让身为妻子的她感到难堪。他需要一个伴侣来照顾他、扶持他，包揽大事小事。基于这一点，列侬夫人选择了庞凤仪。

*

时至今日，凤仪仍坚持认为她和约翰当时深爱着彼此。她说在最早的时候，当时列侬夫妇还没搬到美国，她作为他们团队的一员，从没觉得约翰把她当作潜在恋爱对象。她一直以干练的女助理身份协助拍摄影片、录歌、举办艺术展，愉快地承担他们交给她的一切工作。她当时二十二岁，信仰天主教，父母是华侨。她漂亮体贴、聪明善良、有创造力。她秀发及腰，为人低调。听到要她当约翰的"小老婆"的提议，她大吃一惊，尤其是这个提议来自约翰控制欲极强且黏人的妻子。

大家都喜欢凤仪。她很听她妈妈的话，总是助人为乐。她英明的决断体现在后来她有一次故意迟到，那天她和约翰一起坐飞机去洛杉矶，面对许多媒体的质疑，约翰坚称他的婚姻并没出问题，他和洋子依然在一起。凤仪先跟他一起住进了西好莱坞的一套出租公寓，又随他四处搬家，耐心地帮他打包行李，处理必要事宜。她容忍约翰不停地和洋子打电话，因为他从未像现在这样需要洋子，容忍他不断恳求"母亲"允许他回家。他们有时一天要打二十多通电话。凤仪咬紧牙关，强装笑颜，担下一切，默默坚持当他的情人、灵感来源、合作者、勤杂工、保姆以及开脱的借口。她说，约翰宣称对她的爱至死不渝。如果他真说过这样的话，或许当下是真心的，但不禁让人怀疑他说出这种空洞话语时神志是否清醒。因为他一再将她抛弃，任凭她啜泣着独自抚平伤痛。她迁就约翰同林戈、哈里·尼尔森、克劳斯·沃尔曼、凯斯·穆恩等胡闹之人寻欢作乐。她陪他喝得酩酊大醉。在"吟游诗人俱乐部"（Troubadour Club）的恶名昭彰的一晚，约翰额头上贴着卫生巾一事登上头条四处传播，她还负责收拾了残局。当约翰故意气她时，她得装作没事。此外，她还要承受他的辱骂，帮他收拾烂摊子，清理呕吐物。最重要的是，趁洋子不在，她还鼓励约翰与朱利安重归于好。父子俩已经有三年没见面了，在此期间，约翰只和儿子说过一两次话，朱利安现在都十一岁了（时间都去哪儿了？）。是凤仪打点好一切，和约翰一起迎接坐船来纽约的朱利安和辛西娅，并帮母子俩延长停留时间，让他们在洛杉矶和约翰共度更多时光。她非常宠爱朱利安，也和辛西娅成了朋友。她的言谈举止十分得体。她能分清想要、需要和欲望。她默默付出，没有一句怨言。

凤仪说服自己相信约翰是她的真命天子。在她记忆中，他们在一起的 14 个月（有人说是 18 个月）大都是快乐的。她跟我说，他们曾经计划去长岛买房子。她说约翰和洋子复合后依然一次次回到她身边，不过这时得瞒着洋子了。她后来出版了《爱约翰》，讲述他口中"迷失的周末",以及她在其中扮演的角色。2019年我和她见面的时候,她对那本书的基调和内容很失望,说出版商为了"影响力"在书中添油加醋,并没有呈现她的本意。如果现在写,她会写出另一种样子。按照她书里的描写,他们确实拥有举世无双的爱情。但我的直觉告诉我,凤仪是被利用了。对许多亲历者和见证者而言,她不过是个为老板解决需求的私人助理,是个"招之即来,挥之即去"的情人。他们交往时,她不拿工资,没有自己的住处,最后还被抛弃,工作也丢了,不再被需要了。她付出了时间,做出了奉献,却连一丁点补偿都没拿到。我很喜欢她。一想到她的遭遇,我就觉得难过。

凤仪现已年近古稀。她和唱片制作人托尼·维斯孔蒂(Tony Visconti)离了婚,两个孩子也已成年。她过得很困窘。心中充满懊悔。

"你一开始怎么会同意洋子的提议?"午饭的时候,我问她。她耸了耸肩。

"我没法拒绝他。"她淡淡一笑,"没人能拒绝他。再说了,他需要我。百分之百需要我。"

*

他需要的是洋子。浪子需要母亲。别急,约翰尼,再等等。时候没到。我们再把焦点移回纽约,哟,他还和那个凤仪在一起。利昂·怀尔兹快马加鞭地处理约翰对抗移民与归化局的案子,甚至幻想让尼克松本人出庭做证,好像他真能做到似的。

就在这关键时刻,水门事件发生了,列侬的死对头蒙羞下台。就在同一个月,也就是1974年8月,列侬的案子被移送到了美国上诉法院。

约翰与凤仪从豪华的皮埃尔酒店搬到了位于东52街434号萨顿广场酒店"南门"公寓楼的顶层小套房"高塔"(the Tower)。这套公寓结构完美,透过厨房窗户能看到整片屋顶。就在那里,他们说自己看到了不明飞行物。约翰在他下一张专辑《墙与桥》的封套内容简介和专辑歌曲《没人告诉我》里都提及了这件事:"纽约上空有UFO/我并不很惊讶。"凤仪估计,在大约四百起目击事件中,人们看到的是同一个飞碟,所有人的描述都与之相符。有人说约翰对着这个疑似宇宙飞船的物体大喊,希望它把他带走,但凤仪对此不以为然,她解释道:"他并没对它大喊。他后来说他希望飞船能把我俩带走。"他俩躲在可爱的阁楼中,十分闲适,成天和米克与碧安卡·贾格尔,还有保罗和琳达等好友混在一起。那些关于保罗和约翰永远决裂的"独家新闻"都是在胡扯。朋友啊,人生苦短,我们没时间争吵了[1]。不过他们确实在音乐上互相抨击,让歌迷惊出一身冷汗。保罗的《狂野生命》(*Wild Life*)专辑中的《亲爱的朋友》哀伤到让人不忍聆听。他《公羊》专辑中的《三条腿》是对其他披头士成员的蓄意攻击,而同专辑中的《太多人》则用"那是你犯的第一个错/你把自己的好运折损成两半"这种歌词,直指"约翰和洋子"的要害。约翰的反击更无情。在《约翰·列

---

[1] 出自披头士的歌曲《我们能做到》(*We Can Work It Out*)。

侬/塑料小野乐队》专辑中的赤裸、尖锐的歌曲《上帝》中,他不仅背弃了披头士,而且摒弃了所有宗教信仰和偶像,清楚表明了他的态度:当下除了他和洋子,什么事都不再重要。《想象》专辑中的《你怎么睡得着?》是他对保罗的最恶毒的攻击:"你唯一的成就只在昨日/自你离开后,便成了**寻常一日**。"[1]甚至还有:"那些疯子说你死了,他们说得对。"这句歌词影射的是1969年开始流传的"保罗已死"的谣言,因为他们横穿阿比路斑马线的时候,保罗没穿鞋。据某些媒体报道,约翰和保罗如今相看两厌,甚至无法共处一室。真是好笑,他们刚才还一起挤在洛杉矶的录音室里。朱利安又来和爸爸同住了一段时间,这次妈妈没来。他们挤在这套小公寓里,凤仪爱心满满地照顾他,给他做饭,很享受这个过程。约翰终于找到了和朱利安的共同点:吉他。朱利安在老家上过吉他课。来吧,试试这个和弦。

*

1974年9月14日星期六,《旋律制造者》杂志的克里斯·查尔斯沃思(Chris Charlesworth)前往纽约中央车站附近的海军准将酒店[3]参加披头士庆典。这是有史以来第一个披头士歌迷会。

"有人散布谣言说约翰会乔装打扮去参加这个歌迷会,"克里斯·查尔斯沃思说,"凤仪独自前来,身上带了很多现金来买纪念品。她拍了我一下,问我该买些什么。我建议她花约翰的钱买些私制唱片,买些披头士周边商品,再买些披头士1960年在汉堡拍

---

1 保罗单飞后发表了歌曲《寻常一日》(*Another Day*),收录于专辑《公羊》。

的老照片。"她最终买的东西里有一张于尔根·沃尔默拍摄的肖像,最终被做成了一张富有争议的唱片的封面。

"在我看来,那张专辑是约翰的杰作,"利奥·塞耶(Leo Sayer)说,"我每个月都会听一遍这张绝妙的专辑,为的是提醒自己该怎么演奏流行音乐,它听起来应该是什么样子。"

约翰翻唱了一些广受人们喜爱的歌曲,并将其汇集起来,在洛杉矶录成合辑《摇滚》,于 1975 年发行。此举却招来了一连串制作和法律问题,让他烦不胜烦。在此期间,他已经开始创作《墙与桥》。这张专辑的主题是对妻子的赞美。其中最有魅力的歌曲是《第九号梦境》,现在听起来比当年要好上千万倍。空中的魔法[1],有魔法吗?听吧。这首歌我百听不厌,尽管有时候听起来会心痛到不能自已。歌里呢喃着约翰名字的是凤仪。约翰并没"说服"她来录这句通常该由洋子来说的话。因为当天预定的女歌手没到场,凤仪便十分乐意地接下了麦克风。这个说法来自当时在录音现场的工程师戴维·托纳(David Thoener)。《惊喜呀惊喜(甜美的矛盾之鸟)》与《伴你度过长夜之物》两首歌中出现了他们的好友埃尔顿·约翰的伴唱歌声和钢琴声。没关系,没关系[2]。《伴你度过长夜之物》成了约翰单飞后第一首美国排行榜冠军单曲。它的成功使约翰终于摘掉了"唯一没拿过单曲排行榜冠军的前披头士成员"的帽子,也使他不得不遵守一项口头约定——如果歌曲拿

---

[1] 出自披头士的歌曲《第九号梦境》。
[2] 出自披头士的歌曲《伴你度过长夜之物》。

到冠军,他就在麦迪逊广场花园和"火箭人"[1]同台演出,现场演绎这首歌曲。[4]

"我只见过约翰一次。"保罗·甘巴奇尼回忆起了那个让他们差点一起丧命的夜晚。

"那是1974年。他来波士顿花园见埃尔顿,想在去纽约演出之前了解一下演出设备。埃尔顿的演唱会结束后,我们都坐上了一架私人飞机,结果遇上了风暴,应该是一场早春的暴风雪。飞机颠得特别厉害。我们忽上忽下,忽上忽下,飞机上包括琪琪·蒂[2]在内的几个人吓得要死。康妮·帕帕斯(Connie Pappas)是埃尔顿经纪人约翰·里德的美国代表,她就坐我旁边,浑身不自在。我说:'康妮,放松。不可能有这么著名的空难的。如果真发生了,那巴迪·霍利的那次空难就要被比下去了。约翰·列侬和埃尔顿·约翰也在这架飞机上,不可能坠毁的。'"

就在这场1974年11月28日的感恩节之夜演唱会上,约翰在后台让埃尔顿的吉他手戴维·约翰斯通帮他的黑色芬达Telecaster吉他调音,埃尔顿神秘兮兮地对保罗说:"第三首歌。"

"哈?他什么意思?我坐在观众席——我有后台通行证,来去自如——接着埃尔顿介绍了约翰·列侬。在录音里听得到。如果屋顶能被观众的热情掀掉,那麦迪逊广场花园就没顶了。他刚开口说'约翰·列侬',立马人声鼎沸!我这辈子都没有过这种体验。

---

1 指埃尔顿·约翰,他于1973年发行了单曲《火箭人》。
2 琪琪·蒂(Kiki Dee),原名保利娜·马修斯,英国歌手。

观众对列侬的热情与喜爱令人无法想象。没人知道他会来。

"我们为这场演出录了半小时电台节目,在 BBC 重播台播出,作为《仅在今晚》(*One Night Only*)系列节目中的一集,名为《当约翰遇上约翰》。节目中有一句台词我们得递给 BBC 四台的高层审查。戴维·约翰斯通回忆说,约翰·列侬当时很紧张——人人都这么认为。接着约翰说:'在这个节骨眼上,我通常会搞个 fanny。'呃——意思是,性爱——在演出前。高管说:'在这种情况下,BBC 四台可以播出 fanny 这种词。'"

作为之前帮忙录音的回报,埃尔顿翻唱《露西在缀满钻石的天空》时,列侬也去了。这个翻唱版本是在位于科罗拉多州落基山脉高处的驯鹿录音室录制的[1]。

"埃尔顿想在演出上翻唱一首歌,一首只发行一次,没收录进专辑的歌曲。他把选择范围缩小到两首:《露西》和文体学合唱团(the Stylistics)的《摇滚宝贝》,"甘巴奇尼回忆道,"但《摇滚宝贝》里有句关于矫正鞋的歌词。埃尔顿觉得唱矫正鞋不太合适,就选了《露西》。约翰为这首歌弹了吉他,署名为'温斯顿·欧布吉'。所以他们打算表演《露西》和《伴你》,两首都是排行榜冠军单曲。接着是埃尔顿对我示意的'第三首歌'。这首歌是《我见她站在那里》。"

列侬那晚对这首歌做了著名的介绍:"我们试着选出一首演出结尾曲,能让我演完赶紧离开并大吐一场。我们觉得可以演一首

---

[1] 在这首歌录制过程中,列侬充当和声与吉他手。

已经跟我分手的'未婚夫'保罗写的歌。这首歌我从没唱过,是首披头士的老歌,我们正好都熟。"

约翰后来坚称他并不知道自己的妻子在人群中。这句谎话令人困惑。因为票务是他负责的,她也派人去更衣室送上了祝福字条,以及埃尔顿和约翰上台时佩戴的白色栀子花。

"她后来到了后台,"约翰说,"就在那时,我们看到了彼此,就像电影一样,懂吧,时间静止了。只有静默。一切都安静了,我们就这么看着彼此。"

真是那样吗?虽然有他的这番说辞,但他们演唱会后即复合一事,不过是事后一厢情愿的浪漫幻想。约翰迅速和凤仪赶去皮埃尔酒店参加演出后的派对,还告诉守候已久的记者们:"这很好玩,但我不想靠这种事吃饭。"[5]洋子悄无声息地回了家。她和约翰直到将近三个月后才和好。

人们常说,约翰还不知道他刚演完了自己人生中最后一场演出,真是悲剧。而这场演出不正是披头士狂热与昔日时光的回光返照吗?上台,最多给他们二十分钟,让他们喝彩,让他们兴奋,训练他们,折腾他们,让他们渴求更多。在花园与埃尔顿同台的几个瞬间,他再次感受到了现场观众的爱,做他最擅长之事的快乐,以及在汉堡被奴役,痛苦呻吟着度过一万个小时换来的成果。想象这一幕幕都在他深感压抑的心中飞速倒带。他漫不经心地关注麦卡特尼的一举一动,看着他满世界搜罗素材,歌曲大卖,做着自己想做的事,得到自己想要的东西,单飞后有了属于自己的乐队,成了前披头士成员中的大人物,还继续巡演,不再受披头士身份的禁锢和拘束,成了一个摇滚乐手,一个正儿八经的音乐家。多亏埃尔顿·约翰,约翰如今有了重温这种感觉的机会。他的耳朵依然嗡嗡作响,而且会持续数周。我所有的爱[1],约翰尼宝贝。我所有的爱。感觉还在!或许一直在。要不我们再来一次,确认一下?

当时关于他们复出、世界巡演、披头士重聚、乘"伊丽莎白二世女王号"邮轮凯旋回到英格兰再次巡演,重新开始的传言不绝于耳。这是大众数年来一直渴求的,但作为当事人的约翰知道自己已经结束了。"迷失的周末"让他付出了代价。最后一次狂欢已将他榨干。从这时起,他将疯狂、毒品、酒色统统放下。这便是约翰,觉醒之后只在乎重要之事、深爱之人。这便是约翰,丧亲且遭遗弃的孩子、不谙世事的过气分子、无床榻之欢的丈夫、乖戾的披头士成员、毒舌的浑蛋、疲惫的活动家,也是无须再证明自己的音乐家。为什么还要坚持证明自己呢?他还不如去证明**面包**。凤仪?忘了**她**吧,他的一生中就没有她的戏份。

剩下的时间不多了。约翰很快就将背弃音乐,以戏弄全世界。他将一头埋进枕头里,不问世事。世人屏息以待。他何时才会复出?

---

[1] 出自披头士的同名歌曲。

第十九章
复活

约翰做家庭主夫的这些年,究竟是真心想要如此,还是因为潜藏的心理问题,关于这一点我们可以继续猜测。在我看来,两者兼有,还掺杂着其他的压力和干扰。人们着迷于他令人困惑的新身份(他改头换面,成了好伴侣、好家长、家务能手),但也有很多人看穿了他伪装之下僵硬、无能的真身,他已经放弃争取他所急需的休息时间。总有一天,阿谀拍马者会把他的家居生活泄露出去。有些人会泄露给绰号"刺客"的阿尔伯特·戈德曼[1],另一些人则写进了自己的书里。我们可以选择自己愿意相信的说法,但要时刻小心。每个故事都有三个维度:男人的视角、女人的视角、真相。我们越深挖黑色,就越接近白色。没有任何人、事、物是一览无余的。

凤仪至今坚称,洋子向约翰许诺能用亲测有效的魔法帮他戒除烟瘾,以引诱他自投罗网。她对约翰下了咒?所以他才动弹不

1　Albert Goldman,美国学者、作家,著有关于猫王和列侬的极具争议的传记。

得？洋子说，是约翰迫切地想回到她身边，是他在施加压力。他不断追逐，直到被她拿下……到最后，双方都屈服了。再会了，蜉蝣小姐。[1]

1975 年 3 月 1 日，列侬夫妇在纽约乌里斯剧院举行的第十七届格莱美奖上公开宣布复合。在那个场合这么做真是太古怪了。约翰并不是领奖者，而是颁奖嘉宾。他和保罗·西蒙一起上台宣读提名名单并宣布年度唱片奖获奖者后，现场变得又尴尬又荒唐。当年的获奖唱片是《我真的爱你》(I Honestly Love You)，和西蒙反目成仇的前搭档阿特·加芬克尔上台，代表奥莉维亚·纽顿-约翰和他的制作人约翰·法勒（John Farrar）领奖。让阿特来领奖是故意的吗？没人因此腿软，但台上的气氛明显降到了冰点。约翰忍不住对眼前这对打造了 20 世纪 70 年代的代表专辑《恶水上的大桥》，此时已散伙五年的搭档开玩笑："你们要复合了吗？"对方则如响尾蛇般立马反击眼前的前披头士成员："那你们要复合了吗？"

约翰与洋子这对伴侣看起来多么奇怪又多么般配啊。她穿着紧身鹳毛白袍，浓密的长发和凤仪一样垂至腰际，脸上表情安详，散发光泽；约翰则打扮时髦，穿搭混合了狄更斯时代簿记员和法国图书管理员的风格，一身黑色天鹅绒长礼服，头戴贝雷帽，围着白色丝巾，脚踏破旧皮制摩托靴，翻领上别着闪亮的"猫王"胸针和白色栀子花。典礼之后，他们和获奖者与嘉宾在一起：马文·哈姆利奇（Marvin Hamlisch）、史蒂夫·旺达（Steve Wonder）、罗伯塔·弗拉克（Roberta Flack）、"保罗与琳达"。保罗与琳达是来领奖的，麦卡特尼和羽翼乐队的大作《乐队上路》（*Band on the Run*）获得了最佳流行演唱奖，前披头士的录音工程师杰夫·埃默里克（Jeff Emerick）也为该专辑赢得了最佳专辑工程奖。但约翰与洋子的视线寸步不离彼此。

真的如此吗？有几张红毯照片显示，约翰正对着洋子脑袋后面的某个人调情。那个让约翰迷得紧抓手提包的对象打扮时髦而中性，面色苍白，神态憔悴，系着白领带，戴着浅顶软呢帽，轮廓分明的颧骨仿佛能切开煤块。猜对了，那人就是大卫·鲍伊。

*

复合后，约翰和洋子放下分歧，在自家举行了私人烛光仪式，更新了结婚誓言。他们还在达科塔度了蜜月。转眼间，四十二岁的母亲怀孕了，三十四岁的父亲欣喜若狂。鉴于洋子年龄较大（如今看来还算正常，但在当时以这个年龄怀孩子还是有一定风险的），而且有流产史，她只好放慢步调好好休养，让约翰承担起一切，料理家务。他温柔地处理各种事务，极富耐心和爱意。辛西娅和朱利安要是知道他这样，一定会大跌眼镜。此次怀孕承担了太多太多的意义：不仅为了没能诞生的孩子，还为了他们不再拥有的儿女。约翰与洋子的复合切断了他与朱利安重新建立起来的父子联系，此后他们只见了几次。朱利安最后一次见父亲是在佛罗里达，当时他快满十六岁了，而京子这时仍杳无音信。

*

让音乐继续吧。事实也是如此，就在约翰退回厨房和卧室，成为家庭主夫之前，惹来不少麻烦的《摇滚》专辑终于面世，同时发行的还有他在那年 1 月帮鲍伊制作的单曲《名望》(*Fame*)。这首歌是个快乐的意外——由于录音室问题，歌曲制作进度停滞不前，即兴演奏拯救了它，种种全新尝试焕发了其生命力，造就了这首歌曲，几年后大卫和皇后乐队在瑞士高山上创作的《压力之下》(*Under Pressure*) 也经历了同样的过程。《名望》诞生于大卫为新专辑《年轻的美国人》(*Young Americans*) 翻唱披头士的《穿越宇宙》录音过程中，参与制作这首歌的成员有卡洛斯·阿洛马尔 (Carlos Alomar)，还有一名叫作厄尔·斯利克 (Earl Slick) 的年轻又优秀的吉他手。

鲍伊崇拜列侬并不是什么秘密。他经常提起这件事。这位前披头士成员已经只图享乐。他对我说，在约翰"迷失的周末"期间，他们在洛杉矶见过面。我在纽约做音乐新闻记者的时候，时常和大卫共进午餐，当时他还没有同伊曼结婚。他把马斯蒂克岛上的房子租给了我，我在那里写了弗雷迪·默丘里的第一本传记的初稿。据大卫说，这对疯狂的人一起出去玩乐，当时约翰甩掉了凤仪，洋子也不在他身边。他俩玩着变换性别的游戏，约翰又一次满足了"内心娘炮"的欲望。真是会玩。他们后来"乱搞"。"我们之间有个荡妇，但不是我也不是他，"大卫狡黠地笑着说，"在这一过程中的某个时刻，她离开了。我觉得应该是女性。我俩并不在意。"回到纽约后，这两个性别模糊的同伴成了"一辈子的好友"。

这是 20 世纪 70 年代。是在摇滚界，懂吧？鲍伊和贾格尔也有过一腿，记得吗？这不值得大惊小怪。但《名望》确实令人惊讶。这首单曲为大卫带来了他的第一个美国排行榜冠军。但说实话，这让他很不爽，因为这首歌不是他一人的功劳，是因为列侬才拿了冠军。

那年 10 月，列侬终于打赢了同移民与归化局的官司。他为居留权斗争了四年，终于取得了胜利，不用再不停地申请短期签证，不用再规避那些可能会飞离美国领空、导致他无法重新入境的航班了。不过，"二战"对日战争胜利纪念日[1]到来之时，他们并没有时间庆祝。列侬夫妇都在医院。列侬三十五岁生日之际，他们的新生儿诞生了。洋子经历了痛苦又危险的剖腹产手术，诞下一名男婴：肖恩·太郎·列侬。肖恩是"约翰"在爱尔兰盖尔语中的拼法，太郎在日语中意为"长子"。他们有没有想过朱利安听闻后心里会怎么想？为新生儿取名一事再普通不过，而约翰真正的长子通过同父异母的弟弟的名字，彻底了解了自己的地位。

*

诸多资料显示，约翰同百代和国会唱片的合约于 1976 年 2 月到期，所以没有唱片合约才是他退出音乐界回归家庭的真实原因。但哪怕这只是一个下意识的决定，它也确实在十四个月之前，1974 年 11 月约翰和埃尔顿演出后就萌生了。如今他怀抱刚出生

---

[1] 由于战事在各国终止的日期不同，各国也有不同的纪念日期，美国的"二战"对日战争胜利纪念日为 8 月 14 日。

的宝贝儿子,至少在外界看来,他已经撒手不干了。他对音乐行业失去了兴趣,除了婴儿的呼吸声和咯咯笑声,他什么都懒得听。就连肖恩的半夜啼哭,在他听来都宛如仙乐。他一心一意地投入到父亲的角色中,成了尽心尽责、凡事都要亲自过问的父亲。他自己未曾拥有这样的爸爸,而朱利安本该拥有,却也未曾如愿。他在二十几岁的时候还没准备好,但现在他已经准备好了。他为肖恩做的一切也让自己获得了圆满:为儿子唱歌的他,得到了歌声的抚慰;给儿子读故事的他,得到了故事的快乐;给儿子洗澡的他,得到了身心的洁净;为儿子付出的他,获得了馈赠;给儿子关爱的他,受到了关怀;给儿子无条件的爱的他,领会了爱的真谛。他卸下了悲惨童年的情感负担,感受到了重生。虽然他确实亲自烘烤面包,并在为他人下厨的过程中收获了巨大的愉悦,但这并不是说他成了全职厨师。他真的不再创作音乐了吗?真真假假吧。他从未停止写歌,因为这是他长久以来的主要沟通方式。他把自己的创作,外加独白、古怪的声音片段,以及各种实验性的东西用一盒盒磁带录了下来,一直计划建立自己的录音室,以便更好地录东西。但前提是他知道该如何运作一切,并且愿意花心思做这件事。

"我不认为他完全放弃音乐,成了真正的家庭主夫。这一听就不是真的。"迈克尔·沃茨回想往事,如此说道。在20世纪70年代的纽约,他同列侬夫妇很熟。

"他确实做了一些家务——烤面包,换尿布什么的。但我觉得他其实是少了些刺激。或许他太幸福、太满足了。或许他和大多数艺术家一样,需要不安和困境才能创作。他失去了披头士时期的那种驱动力,这是肯定的。我敢打包票,他一定对此十分懊恼。他看着麦卡特尼举行了世界巡演,成了响当当的人物,撇开约翰代表披头士,这对他来说肯定是莫大的刺激。所以退一万步讲,他们依然在互相较劲。"

而 1980 年,约翰在接受《花花公子》访谈时还在吹嘘自己的家庭主夫时光。"我当时负责烤面包和照顾孩子。"他一再重复。访问者面带疑惑,说约翰在此期间,肯定在达科塔开展秘密音乐项目。

"你在开玩笑吗?"约翰讥讽道,"所有家庭主妇都知道,烤面包和照顾宝宝是全职工作。我烤完面包,觉得自己仿佛征服了某样东西。看着家人把面包吃掉,我想,天哪,是不是该给我颁发金唱片或爵位什么的?"

他为什么会做出这个选择?"原因很多,"约翰解释道,"我从二十二岁到,呃,三十几岁的时候,一直被责任与合约所束缚。这些年过去了,我只知道这些,别的什么都不懂。我并不自由。我被囚禁了。合约便是囚禁的实体表现。面对自己,面对现实,比继续摇滚生活更重要……心情随着自己的表现或公众对你的看法起伏不定。摇滚乐已经不再有趣了。我不接受音乐产业的标准选项……去拉斯维加斯唱自己的畅销歌曲,这算幸运的了。如果运气不好,就会像猫王那样每况愈下,翻不了身。"

约翰给人一种遁世的感觉，因为他喜欢这个想法。他读了患强迫症的古怪大亨霍华德·休斯[1]的书，对葛丽泰·嘉宝想独身的想法十分热衷。他喜欢神秘与未解之物。他坚持写日记。他定期打电话、寄长信和大量明信片与咪咪姨妈保持联系，还让她把他的校服、书本、她的瓷器，以及任何能让他回想起家乡和童年的东西寄给他。他一直说，他早晚会回到英格兰，回到他的英格兰。但从未兑现。或许他真的回去过？他姨妈一直坚称，约翰从纽约走海路回过家，两人在沙洲半岛度过了最后一次独处时光，只有他们俩。没有其他人知道他回去过。

　　是幻觉？还是一厢情愿的想法？《歌曲链接》杂志的老板兼出版人戴维·斯塔克想知道真相。约翰去世后不久，他驱车前往沙洲半岛看望咪咪。他为她买了东西，她给他煎了蛋，炸了薯条，两人花了整个下午和傍晚仔细翻看约翰的素描本、他的《每日一嗥》，还翻了他好几个抽屉的东西。这待遇可不是歌迷们能享受的。

　　"她是个可爱的老太太，"戴维说，"丝毫没有人们印象中老巫婆的样子。如果她那么坏，约翰怎么可能一直跟她保持联系？他肯定会把她从自己生命中抹去并遗忘。她对我说，约翰曾隐瞒真实身份从美国回来看望她。她深信不疑他回来过。她十分坚定，一直说她不会搞错。她神志挺清楚的，所以我没理由怀疑她。他去世前不久确实曾到处旅行。我们知道他去了几次日本，去了大

---

[1] 美国企业家、飞行员、电影制片人、演员，四十五岁时选择隐居。

开曼岛、中国香港、埃及、南非，怎么就不可能回英格兰呢？他或许乘船回去了，在南安普顿靠岸，离咪咪家咫尺之遥。当然，入境记录是一项法律规定，那他要怎么处理自己的护照？或许他提前安排了人处理这件事，贿赂海关睁一只眼闭一只眼。一切皆有可能，当你像他那么有钱的时候，就更是如此了。我倾向于认为这是真的，他确实在分别十年后，最后见了咪咪一面。若他确实这么做了，这次见面对咪咪来说弥足珍贵。谁知道呢？"

*

孩子和绿卡改变了约翰的生活。刚获得不用担惊受怕就能离开美国的自由，他想去的第一个地方便是洋子的家乡。和妻儿前往东京前，他甚至还下决心学日语。1977年夏天，他们大部分时间都待在日本。第一次日本之行时，他们在长野县轻井泽境内的活火山浅间山下举办了一场别具风格的派对，招待小野家族。洋子孩提时代曾来此度假。他们住在风格传统的万平酒店，这是列侬人生故事中一个重要的地点。城镇和酒店如今都在大力宣扬自己同列侬与洋子的联系。约翰喜欢在那里没人认识他的感觉。他同洋子沉浸在净食与运动的计划中，两人恢复了活力。9月，他们完全进入了旅行模式，前往曾经的皇城、如今的文化名城京都，随后回到东京，又踏上回家的路。后来他们又去日本度了两次假，加深了约翰对这个国家的喜爱和对该国文化的欣赏。

在此期间，洋子经营着生意，包括没完没了、让人头疼的披头士老业务——而约翰（和保姆）则在家照顾肖恩。他精明的妻子通过购入艺术品、房地产、农场、牲畜、公牛，甚至（估计是战争时期被洗劫来的）古埃及的珍宝等方式让他们的财富激增。他们在达科塔的一套公寓中专门打造了一个埃及风的房间，让石棺中的木乃伊有"家的感觉"。他们在佛罗里达州的棕榈滩买了栋海景别墅，约翰喜欢一个人静静地坐在那里看海。海洋对他具有强大的诱惑力。或许他是想让自己回到多年前在里希盖什的时光。当时他为一首关于自己的母亲以及从未有过的童年的歌，请教民谣歌手多诺万的意见。

"他请我帮他想一些能用在这种主题的歌词中的意象，"多诺万回忆道，"我说：'这个嘛，你在想这首歌的时候，想象自己在哪里？'约翰说：'在海滩上，和母亲手拉手一起散步。'我帮他想了几句歌词——'贝壳般的眼睛／风一般的笑容'——有种刘易斯·卡罗尔的《爱丽丝梦游仙境》的感觉，约翰特别喜欢。"

这首歌便是《茱莉娅》。

列侬夫妇很快便在惊人的资产中又添了栋位于长岛冷泉港的宅邸。想象一下，没有财产[1]……约翰几次前去小岛繁华北岸停满游艇的村庄，他重拾了驾船出海的快乐，想象自己在沙洲半岛的河里划着小船，让忧愁烦恼随着水流漂走。他教会了肖恩游泳。如今父子俩都游得很熟练了，有时还会去海里游。

洋子则醉心于炼金术和灵气、天使和指导灵。她似乎对数秘术、占星学、塔罗牌、灵视力、通灵术十分着迷。神秘学主宰了

---

[1] 出自歌曲《想象》。

一切，一家人甚至要在得到先知、数字、塔罗、星象的昭示之后才能行动。她在生意上如此精明，却那么依赖占卜，实在令人困惑。我们无法评判其行为的对错，但很明显是不安全感在作祟。肖恩五岁时，他四十七岁的母亲又一次吸上了海洛因。她向约翰隐瞒了此事。当初共享一切的约定呢？算了吧。

*

四十岁就是四十岁。有些人接受现实，继续前行。有些人拒绝面对，自欺欺人。有些人奋起反抗，放纵不羁或做其他傻事。另一些家境殷实的人则做出壮举，或踏上彻底改变自己的旅途。约翰便是这样，正准备踏上性命攸关的奥德赛之旅。此次经历的意义如此深远，使他大为惊诧，重新振作，将假冒的居家约翰扼杀。最伟大的摇滚巨星将最后一次复活。

第二十章

重播

1980年春天,约翰摩拳擦掌想要展开新的冒险。在妻子忙于戒除毒瘾时,他筹备着一场短途旅行。尽管小时候幻想过逃到海上,也试着想象父亲和祖父在海上的生活,但他从未涉足长岛海峡之外的水域。现在时候到了。

深受洋子信赖的数秘术士已告知了罗经点的凶方,并为他们制定了最佳的航行方向:约翰将在狂野的北大西洋航行,从罗得岛州的纽波特向百慕大的哈密尔顿进发,全程约七百英里。他的帆船教练泰勒·柯尼斯组建了一个小团队,并挑选了一艘合适的船:四十三英尺长的欣克利单桅帆船"梅根·杰伊号"。6月5日星期二早晨,天气晴朗,这一队人马起航,当时刚进入飓风季。航行条件看起来不错,但刚出百慕大三角洲就刮起了风暴。[1]该地区以常出现热带气旋著称,所以起初看来稀松平常。但风暴很快升级成了暴风雨,所有人都吓坏了。船员一个接一个晕船,只有船长还在奋力坚持,但两天后,他也快不行了。尽管如墙高的海浪令他心惊,"梅根·杰伊号"或将沉没的现实令他胆寒,约翰依然让汉克船长去休息,由他来掌舵。他颤抖着紧紧抓着船舵不放,高耸的巨浪不断猛打在他身上,而他的眼镜却奇迹般地没被打掉。双眼因进了海水而刺痛,几乎看不见任何东西。要么放弃,所有人一起葬身海底;要么同风暴对抗,拯救众人。约翰掌舵二十分钟了,海浪依然不断朝他打来,他拾起了勇气,反击回去。他如报丧女妖般嘶吼尖叫。不知哪里来的勇气,他高声唱起了水手小调和下流歌谣,面对近在咫尺的死亡疯狂大笑。现在他知道了,这便是濒死体验!他后来形容,这是他有生以来最棒的经历。他去除了心魔,重新获得了力量,感到所向披靡。

"一旦接受了当时的情况,某种更伟大的东西便占据了我的心,我的恐惧突然消失了,"他在接受《花花公子》采访的时候回忆道,"我其实开始享受这种体验,开始对着风暴大声唱水手号子,对着电闪雷鸣的天空大喊。"

风暴过后,风平浪静。他们六天内就到达了百慕大。6月11日,约翰在帆船的航海日志里写道:"亲爱的梅根号,再没有比在海上漂流更好的了。"他随手给船长写了张便条,画了自画像和船的速写。画上的船驶向夕阳。

对于快十年没回英国的约翰来说,来到这个英国海外领地如同回到了家乡。尽管周遭尽是盎然的热带风光,但百慕大的殖民文化在他看来非常熟悉。他住在首府哈密尔顿郊外几英里处一栋名为"崖下"的房子里,所在街区的名字叫"仙境"。看到红色的邮筒和电话亭，还有靠左行驶的车辆，他特别开心。他要四岁的肖恩也过来，于是肖恩和保姆还有他们的一个助手坐飞机来了。洋子之后也来了一次，但很快就走了。约翰打算在那里待上几个月。父子俩很快习惯了每天在沙滩上的日常：去海里游泳、建沙堡、租小艇航行。嘿，朱利安，记得我们之前做过这样的事吗？他们找到了街头市集和哈密尔顿古色古香的前街。岛上的乐手潜藏在色彩淡雅的廊柱间，约翰沉浸在他们演奏的音乐中。当地人已经习惯富人和名人在假日"入侵"他们的岛屿，所以任凭这位国际巨星在他们身边走来走去也无动于衷。占地三十六英亩的山顶植物园美得出奇，里面的巨型垂叶榕和棕榈树吸引他们一次次前来观赏。也正是在这里，他们偶然看到一种名为"双重幻想"的雅致的黄色小苍兰，激发了做专辑的灵感。正是在这里，约翰在漫长的五年间第一次意识到自己还有录歌的动力。

百慕大之旅如同归乡。他和肖恩在圣乔治镇闲逛的时候，发现了这一点。在这个新世界的最古老的英国城镇中，他们居然看到了圣彼得教堂……

这座朴素的石灰岩建筑有四百年的历史，碧蓝的天空下，洁白的教堂令人炫目。它屹立于二十几段宽大的台阶顶端。二十段石阶……[1] 约翰会不会停下脚步，致敬他以前的英雄埃迪·科克伦？还是会一路跑上台阶，惊讶地朝教堂里窥探？这真是不可思议的巧合。并不是说这座在大不列颠岛之外持续使用的最古老的

---

[1] 指埃迪·科克伦的名曲《二十段台阶摇滚》。

圣公会教堂和伍尔顿的圣彼得教堂有多少共同之处。其实除了名字,它们并没多少相同之处,但我们可以想象一下,约翰看到这座教堂时的表情。他一下子回到了过去,站在儿时那座壮观的红色砂岩教堂前,面前是飞扶壁、防护矮墙、滴水嘴兽。他看到儿时调皮的自己在主日学校唱诗班里偷懒;认出 1957 年 7 月花园庆典上,十几岁的自己在卡车后面弹着吉他,至今快二十三年了;他有意穿过墓园,走过伊莲诺·瑞比的墓碑,没想到自己深爱的乔治姨父过不了多久也将长眠于此。穿过墓园巨大的木门,走下斜坡,穿过马路,抵达小小的教堂大厅,采石工乐队就在那里,为晚上的大型表演排练。艾文·沃恩带了个相貌稚嫩的小子踱了过来。这个乳臭未干的十五岁男孩名叫保罗,他知道怎么给吉他调音,还在他面前表演了《二十段台阶摇滚》……

7 月末,约翰搭飞机回家,回到妻子身边。他焕然一新,觉得自己无所不能。在这个时候,如果他知道自己的生命只剩下四个月,会做些什么不一样的事呢?

*

"约翰一直是我最喜欢的披头士成员,因为他内心黑暗,而且总讲真话。他直言不讳。音乐领域之外也有他的一席之地,我喜欢这一点,但我对于和他真人相处起来会怎么样没有预设。我不想先入为主。"

厄尔·斯利克是个早熟的摇滚吉他手,出生于布鲁克林,原名弗兰克·曼迪罗尼(Frank Madeloni)。他在鲍伊 1974 年"美国钻石狗"巡回演唱会上，靠接替米克·龙森（Mick Ronson）一举成名。他在大卫的《年轻的美国人》和《一站到另一站》(*Station to Station*)专辑中担任主音吉他手，还和"乡下人莫特"乐队（Mott the Hoople）的伊恩·亨特（Ian Hunter）合作。他不仅有自己的乐队，还和我已故的好友吉姆组成了双人组合"斯利克戴蒙德"（Slick Diamond）。他受雇为约翰和洋子的复出之作《双重幻想》贡献才能。

"我是录音室里唯一一看不懂乐谱的人，算不上称职的兼职乐手。约翰就想要个街头乐手。按照制作人杰克·道格拉斯的说法，我就是张'百搭牌'。"

他还记得第一次在录音室见到约翰的情形吗？

"我记得清清楚楚。我提早去了那里。我一般不会紧张，但你知道吧，当你突然接到电话，让你去给披头士成员录音——还是你最喜欢的那个——我还是有点紧张的。我想：'行吧，就这么着吧，我就提早去金曲工厂。'我知道那地方，因为我之前在那里录过歌，我是第一批在那里录歌的乐手。

"所以，我去了那里，该死，他已经到了。他坐在录音室正中央的椅子上。他对我说：'很高兴再见到你！'我说：'啊？我们之前见过？'谁会忘记见过披头士啊！但没错，我们确实打过照面，就在格林威治村的电淑女录音室（Electric Lady Studios），那天我们在为大卫录制《名望》。约翰·列侬记得见过我，我不记得见过他。能想象吗？"

斯利克很紧张，但没有畏缩。

"不过是两个乐手合作而已。我们差了十二岁,但这不算什么。在音乐世界中,年龄差距并不存在。但他毕竟之前是披头士成员,此事非同小可。我从小到大都是他们的粉丝,千真万确。他们可有名了。约翰说得对,他们比耶稣基督还要受欢迎。我这是实话实说。但那时候你肯定不能说这种话,约翰也因此惹了麻烦。他道了歉,但态度漫不经心。我就喜欢这一点。他很清楚自己做了什么。他比那些人聪明多了。关于那件事,他是对的,但到现在都没得到正名。他的思想远远超出了那些人的理解能力。所以,是啊,我就是披头士的粉丝。他们如此玩世不恭。如果快进到现在,他们的行为模式就会显得特别温顺。但这种行为在当时可一点都不温顺。他们的形象,他们的表演方式都是这样。他们很有趣。他们是伟大的音乐家,他们在汉堡勤学苦练,紧密团结成一个乐队。这是最了不得的事了。"

现在,披头士中那个直率、下流、直言不讳的约翰坐在录音室中央的椅子上蓄势待发,盯着这个二十八岁的"百搭牌",准备一起大干一场。

"他完全符合我的期待,"斯利克说,"他毫无保留地向我展现自己。我见到他的时候,他并没有像大多数名人那样摆臭架子,我当时就想:'噢,老天,那些传言不攻自破啊。'打一开始,我便和他志同道合。他那么成功,却没有变成伪知识分子或伪社交名流。他维持了自己的信念。他并没有摆出一副出身工人家庭却与贵族政客为伍的嘴脸,或者每次出门吃饭或喝咖啡都穿上燕尾服打扮一番。那就不是约翰了，完全不是他了。他很真实。他为人处事非常低调。他依然是成为披头士成员之前的那个约翰·列侬。他就是一个不起眼的闷头实干的人。

"我记得和他的最后一次谈话——真是最后一次。他在纽约，我在洛杉矶。我打电话去录音室问点儿事，他正好在那里。他接了电话，我们聊了一会儿。聊了他计划中的1981年巡演。他是这么问的：'西岸的人喜欢这张专辑吗？'仿佛西岸是另一个星球。于是我说：'喜欢啊！你知道专辑正在打榜吗？'他说：'知道，但他们真的喜欢吗？我指的是专辑。我真心希望他们喜欢这张专辑。'

"他的不安全感表露无遗。那个小男孩依然在他心里。这很棒。这表明他的心灵依然在成长。一旦你认为自己做的所有事都如镀金般完美，那你就没法成长了。而人需要成长。哪怕到了最后，他依然缺乏安全感。"

斯利克在他的"与……之夜"英国巡演前就和我聊过。巡演期间，我又在台上采访了他几次。我们聊起约翰在录音室里是什么样子。他是乐队的一员，还是老板，或者队长？是他说了算，或他引领方向，还是大家集思广益？

"他在这方面无懈可击。我告诉你为什么吧。他就是老板。这是*他的*事业。是*他的*唱片。他聘请他喜欢的人为这张专辑演奏，但他从不强迫任何人。我们各展所长。我们受到尊重，我们知道他想要什么，然后做就是了。我们超喜欢这种氛围，因为我们不会被逼着做这做那。和约翰在录音室共事，没有谁我行我素，也没有上下之分。你很清楚他只想做乐队的主唱。你知道,他写了这些歌,他知道他找了对的人与自己共事,所以他没必要盛气凌人地发号施令。他将心比心待人。同时,你也别想要求约翰·列侬做什么事。"

他们是否有机会坐下来好好聊聊彼此的人生?

"没必要啊。我们的背景相似。明摆着的。不用说也知道。我觉得这就是我们能理解彼此,并且很合得来的原因。我们真心喜欢对方。这都是不言而喻的。不像很多事必须开口说明。也不像有些人喜欢把一些事挂在嘴边。这便是歌与书的区别。歌言简意赅,书则长篇大论。

"显然,不论是不是披头士成员,他都是有史以来最伟大的创作者之一。无论什么情绪,他都知道该怎么表达。他知道如何表达事物。他的歌让你落泪。他就用那么几个词来概括一件事,却能激发强烈的情绪。这种能力来自童年时期的异常关系,来自痛苦和困难,是一种解决问题的方法。它能让一切稳定下来。我不知道他最后是否解决了问题,但我觉得他一定解决了。"

乐队录制完《双重幻想》,斯利克准备搭飞机返回洛杉矶,但在最后一刻接到电话说他的行程被改了。

"我说:'什么意思,你改了我的航班?''嗯,约翰想要你来趟录音室,他想让你弹段独奏。'行吧,好啊。我去了那里。我们最终一起弹了那段'独奏',还聊了会儿天。他打电话给我还真不是让我弹独奏的,而是有其他事。直到几年后我才搞清楚这一点。

他说：'对了，你记得我们聊过我开演唱会的事吗？'我说：'记得啊。'他说：'你想一起对吧？'我说：'想啊……但我签了哥伦比亚唱片公司，得录完这张唱片，他们还要我去巡演。'他又说了一遍：'你想一起对吧？'我说：'想啊！'他说：'好，我准备这么做。我直接代表你给他们打电话。我让他们撤了你的巡演，这样你就能跟我一起上路了。'他真这么做了！当然，他的巡演最终未能举办，但他确实亲自打了那通电话。他就是这么一个说一不二的男人。他决心带着这伙人一起上路，因为他知道我们熟悉这张专辑。我们录了这张专辑。还有谁能比录专辑的团队演得更好呢？这便是约翰，说着'这是*我的*乐队。它很棒，所以我想维系这个阵容'的约翰。"

约翰已经很久不巡演了。虽然他会四处举办一些奇怪的演唱会，但仅此而已。他还巡得动吗？

"他对此十分兴奋，我只知道这些，"斯利克说，"他喜欢成为摇滚乐队的一员。他在披头士时期必须将他的另一面隐藏起来。重回巡演舞台，且无须戴着虚假面具，这就是他兴奋的点。他找回了自我。他已经向我们展现了这一点，但却没能展现给世界，真悲哀。"

第二十一章

终曲

"我们到达科塔公寓的时候,我看到一个二十几岁的圆脸年轻人在外面徘徊。我特地多看了他两眼,因为他看起来的确怪怪的。我后来才知道,他时常出现在那里。他请约翰在《双重幻想》上签名,或许打算转手卖掉。约翰人太好,总是不拒绝。他对过来看他的歌迷总是宽容又客气。洋子显然注意到了这个年轻人。她不知道对方的名字,但她一看就知道他是经常在外面等着和约翰见面说话的常客之一。"

安迪·皮布尔斯捏着大拇指,啜饮着没了气的可乐,回忆起漫长而卓越的四十年职业生涯中的巅峰时刻。他获得了每个播音员都梦寐以求的采访机会。作为当时BBC广播一台的主持人,十年来他头一回能为约翰做专访,这是一次难得的机会。当年安迪自己也大名鼎鼎。他是受人尊敬的DJ和音乐界权威,在广播一台待了十三年,打造了长盛不衰的节目《我心目中的前十》,采访了许多一线艺人,探讨他们最爱的唱片。1981年年初,数百万人听了他和列侬的精彩访谈。而这次访谈录完才两天，制作人还没来得及播出节目，约翰就遇害了，此次访谈因此愈加扣人心弦。这期节目不仅成了流行音乐史的转折点，还成了安迪个人生活的转折点。此事带来的阴影四十年来一直萦绕在他心头。

出于对 BBC 的职业道德，加上他天生的矜重和谨慎，皮布尔斯一直不愿透露他在约翰去世之后和洋子保持友谊的细节。当他同意和我讨论这个问题时，他提出了几个令人不安的问题。

"为什么约翰死后，洋子看起来开心多了？"他语带疑惑，"为什么她那么快就开始带着她的新恋人山姆·哈瓦托伊在纽约招摇过市？为什么在我看来，她是在利用约翰的回忆和遗产获取名利？我有一种很可怕的感觉：我被商业利益利用了。这种事不是第一次发生了。这是这个行业的游戏规则。你做了张专辑，上市了，由戴维·格芬的唱片公司发行——你就有责任动用你的所有渠道推广和销售它。尽管如此，谁都不该突破诚信和尊严这条底线。现在回想起四十年前发生的事，我依然感到难过和心烦。主要是因为我现在觉得，约翰和洋子在 1980 年 12 月的所谓'重新来过'只是虚伪的推广手段，目的是让约翰在离开英国五年后东山再起。我也对 BBC 感到悲哀和愤怒，因为他们雪藏了我最著名的采访，不让大众观看，而这段采访本应作为公共记录留存于世。"

在和团队飞往纽约之前，安迪从没见过约翰和洋子。他们的团队成员有执行制作人多琳·戴维斯（Doreen Davies）、制作人保罗·威廉姆斯（Paul Williams），以及华纳兄弟的推广部门主管比尔·福勒（Bill Fowler）。两人明白《双重幻想》成功的关键在于重新打造他俩在家乡的形象，于是决定将专访的机会给予约翰非常喜爱的英国国家广播电台。这张充满争议的专辑中收录了夫妻俩各自制作的歌曲，数量相当，两人冒着被嘲笑的风险做了这个决定。BBC是不二之选。它能让约翰想起他怀恋的千里之外的故乡的一切。

安迪承认，自己当时一想到终于能见到儿时的偶像就兴奋不已。但首先他得通过洋子这一关。

"我们同意于12月5日星期五中午在达科塔公寓与她见面，"他回忆道，"我们离开英国前就安排好了一切，但还是得接受她的面谈，确保她愿意继续开展专访项目。

"他们的公寓如宫殿般富丽堂皇。我们被要求脱鞋，接着被带到了洋子巨大的办公室。她坐在一张巨型古埃及式办公桌后。我跷着腿坐在沙发上，几乎插不上话。洋子固执而强势。她对我们说，比起BBC，卢森堡电台、首都电台还有不少电台都开出了更好的条件。'所以我们为什么要接受你们的采访呢？'她问道。她是在故意挑衅。多琳说：'你要知道，首都电台是很好，但它的播送范围局限于伦敦。卢森堡电台历史悠久，地位重要，这一点毋庸置疑，但他们的信号越来越差。BBC广播一台是国家电台，设备也很可靠。'洋子显然是想要我们求她同意。"

他对洋子的外表感到惊讶。四十七岁的她"短小精悍，身材纤瘦却又丰满。我坐在那里看着她的时候，心里在想什么？说实话，我在想，'这就是拆散披头士的女人'"。

"'好，如果我们合作的话，'她说，'我得先把话说清楚，访谈内容约翰和我各占一半。'我当时真想说：'你当你是谁啊？你唱歌就像韦恩·斯利普[1]打橄榄球一样。'"

虽然刚开始差点谈崩，第二天傍晚的访谈却大获成功。访谈的地点是世界著名的金曲工厂录音室，滚石乐队、史蒂夫·旺达、保罗·西蒙、布鲁斯·斯普林斯汀等人都在这里录过专辑，《双重幻想》也在这里诞生。列侬夫妇到晚上6点左右才姗姗来迟，安迪和制作团队已经各就各位随时待命了。他俩招呼了客人们，约翰尤其热情："妈妈和我一整晚都在给她的新单曲《如履薄冰》（*Walking on Thin Ice*）混音，来听听！"

"约翰看到了我，"安迪说，"仿佛见到了久违蒙面的朋友。几乎十年没回家的他明显特别想家。节目开始录制，我们畅谈了几个小时，百无禁忌。洋子后来说，当时的许多谈话内容让她很惊讶，她也知道了许多先前不知道的事。约翰公开承认披头士的'马戏表演'让他很不开心。乐队停止巡演是因为他们的歌声被歌迷的尖叫声淹没。他说为了好玩，他把歌词都改了。他说自己唱的不是'扭吧喊吧'，而是'绝了干吧'，反正没人听得到他们在唱什么。他告诉我，到了1969年，披头士四名成员之间几乎已经不说话了，到1970年4月保罗宣布退出，大家才终于松了口气……

---

[1] Wayne Sleep，英国舞蹈家、导演、编舞。

这分明是喧宾夺主,因为约翰早就决定要离开了。在约翰看来,披头士是他的乐队。他才是决定乐队该何时解散的那个人。"

约翰和洋子还开诚布公地谈了他们如何遇见彼此;谈了洋子对披头士的影响;谈了BBC国际广播;谈了同性恋、女性主义、袋主义、床上和平运动;谈了京子和争夺抚养权的过程;谈了他们的婚礼和毒品搜查;谈了他在迷失的周末的所作所为;谈了他和埃尔顿·约翰的演出、他成为烤面包的家庭主夫的休假生活;谈了鲍伊在百老汇戏剧《象人》中的精彩表演;谈了新浪潮和朋克音乐。尤其重要的是,谈了《想象》的灵感来源其实是洋子,约翰却独占了歌曲创作者的功劳一事。[1]

"……这首歌其实应该是列侬和小野的创作,其中很大一部分的歌词与概念都来自洋子,"约翰对安迪说,"但当时我比较自私,也比较大男子主义,所以闭口不提她的贡献。但这首歌就出自她的《西柚》一书,里面有一大堆想象各种事的内容,我现在为她正名,虽然已经迟了这么久……如果换作和鲍伊合作,我当时肯定会写'列侬和鲍伊'。如果对方是男性的话,你懂的。"他提到自己和哈里·尼尔森合作录制的歌曲,创作者那栏写的就是"列侬和尼尔森"。

"但我俩创作完以后,我只写了'列侬',因为你知道,她只是'妻子',所以就不用把她的名字放上去了,对吧?"

"这是列侬在英国媒体上接受过的最犀利、最动人、最有力的一次访谈,"安迪回忆道,"过程特别顺利。访谈结束后,他立马要求再来一次。他说他会在新年回英格兰,并许诺上我的直播节目。"

此次访谈意义重大,却也让安迪不堪重负,不过它至今依然是他最珍视的回忆。约翰和洋子显然也很满意,因为访谈过后,他们还请制作组去两人在纽约最爱的周先生中餐馆吃庆功宴。这家迷人的餐馆坐落在中城区,有些年头了,饭厅位于地下,墙上挂满镜子,是一个适合盛装出席的场所。

安迪和他的团队隔天都去圣诞节购物了,于12月8日傍晚登上了泛美航空的回程班机。他的工作让他有机会周游世界,但此次航班让他首次体会到了坐飞机的恐惧。航程过了一半,恐惧毫无预警地袭来,让他十分焦虑。他不明白自己为什么这么不安。

"我听说飞机中段有扇门没关紧,"他回忆道,"然后我就烦躁了起来,虽然这确实有点小题大做。我总觉得当时的状况很危险。我绝不是那种容易紧张的人。我都飞了好几万英里了,从没有紧张或烦躁过。但那次我就陷入了那种情绪,甚至有空乘过来安抚我。"他紧张到无法阅读、听音乐或看电影,更别说睡觉了。起飞后3小时45分钟,大西洋约莫过了半程,他从座位上跳了起来。

"我沿着过道向后走,突然听到有人喊我的名字。是有名的体育记者休·麦克万尼(Hugh McIlvanney),你(本书作者)父亲六十多年的好朋友。他问我还好吧——我显然看上去很不好——并邀我坐到他身边。他问我在纽约做什么。我跟他说了约翰的事,说了我和约翰一起待了多久,他听完后很是惊讶。事实证明,我从座位上起身往机舱后面走的时候，恰好就是马克·查普曼朝约翰扣动扳机的时刻。我不愿想象，要是我知道那一刻达科塔公寓发生的事，我会作何感想，有何举动。"

航班在希思罗机场降落后，安迪才得知约翰被谋杀的消息。他在公职人员的护送下前往BBC机场广播站，连整理思绪的时间都没有，就参加了BBC广播四台《今日》节目有关此次谋杀案的直播访谈。

此次悲剧令他最疑惑的一点在于，约翰被杀的那天晚上，列侬夫妇的保镖不在他俩身边。虽然约翰坚称他喜欢纽约的原因在于他可以自由行动，去电影院、餐馆、艺术馆，在中央公园散步而不受歌迷打扰，但他们去哪儿都会带着保镖。

"他们有两位穿着制服的安保人员，时时陪伴左右，"他说，"他们穿着蓝色西装、普通的休闲裤，身材如砖房般结实。我不知道他们的名字。他们肯定带了武器：我看到了他们敞开的西装里的手枪皮套。约翰被杀那晚，哪儿都找不到他们。我常常想，他们当时究竟在哪儿？他们24小时跟着约翰和洋子，但就是那晚不在。为什么呢？四十年来，关于此事的疑问多于解答。"

在《今日》节目上分享完自己的看法，几小时后，安迪回到BBC广播大楼，和同事DJ约翰·皮尔主持了追思直播节目。之后安迪前往西伦敦电视录影棚，与安妮·奈廷格尔（Anne Nightingale）、保罗·甘巴奇尼，以及《旋律制造者》的迈克尔·沃茨一起参加BBC二台的《老灰哨测试》(*The Old Grey Whistle Test*)

节目。五年前,这个节目的前主持人"耳语鲍勃"·哈里斯曾坐飞机前往纽约,同约翰进行过愉快的访谈,以宣传约翰的《摇滚》专辑。访谈最后,约翰直接对着镜头说话。他趁机向长子朱利安、咪咪姨妈和其他老家的亲人致意。"哈啰,英格兰。"他轻快地说道,仿佛海滨度假村里的节目主持人,"继续寄巧克力饼干来吧,打起精神来哟!"接着他唱起了鼓舞士气的歌曲:"我们必将重逢,不知在何处,也不知在……何时……"这是已故歌手薇拉·琳恩女爵士最知名的战时歌曲。咪咪姨妈肯定会称赞这首歌。

但那天,《老灰哨测试》录影棚里完全没有愉快的气氛。"大家都拉长着脸,沉默无言,"安迪说,"我错愕地坐在那里,还没缓过神来。史上最伟大的摇滚巨星死了,而我是最后几个和他说过话的人之一。安妮播了《想象》的录影带,片中的约翰弹着白色钢琴。接着,桌上的红灯闪烁,有电话打来。是保罗·麦卡特尼。'琳达和我正在看节目,'保罗说,'告诉大伙儿,他们做得很好。'"

"听到电话里约翰的儿时玩伴与披头士成员的声音,我终于回到现实。但我依然没有哭。我本该把情绪都宣泄出来,但我压了下去。我现在明白,那次经历深深伤害了我,多年未愈。"

几天后,安迪在广播一台接到了披头士制作人乔治·马丁的电话,邀请他去附近牛津圆环广场的 AIR 录音室。他赶到时,发现保罗·麦卡特尼在那里等他。

"我们俩情绪特别激动,只得互相安慰。我对让他难过很过意不去，但他一直说：'不不，说真的，不用道歉。'保罗迫切需要的，是希望我告诉他约翰依然爱他。我对他说，我相信约翰真心爱他。'他在访谈中提到了你，'我说，'他冷嘲热讽、风趣幽默、玩世不恭，约翰就是这样。但毫无疑问他是喜欢你的。他好像恨不得你当时就在现场，和我们在一起。'我永远不会忘记那次见面。真是刻骨铭心。与其他人相比，保罗还得面对一个残酷的现实：史上最伟大的流行音乐创作搭档从此不复存在了。"

*

或许安迪怎么都不会想到，自己会和洋子成为好朋友。他历史性的访谈终于在 1981 年 1 月播出后，他开始接到纽约打过来的电话。对约翰共同的爱似乎将两人拉到了一起，他们变得愈加亲密。每次列侬周年纪念日临近，洋子总会找安迪，坚持说只有他才能采访她。后来几年，他跨越三个大洲，花了许多时间陪她，也十分喜爱她儿子肖恩。安迪每次前往纽约，无论是去玩还是去工作（比如埃尔顿·约翰会用协和式客机接他参加自己在麦迪逊广场的演唱会），都会和洋子见面。洋子不论何时去伦敦，第一件事也是同安迪联系。不见面的时候，他们会不停地打电话，主动打电话的通常是洋子。她甚至暗示两人的关系具有灵性的层面，常常说："你知道我什么时候会打电话给你，是吧？电话响了，你就知道是我。"然而没过多久，安迪便看清了真相。他起初对洋子不断高涨的精力与热情感到讶异，后来又觉得困惑。这位快乐的寡妇开始在世界各地举办展览，并扩大自己作为音乐人的影响。

她在创作上变得比先前更积极了。

"在我看来,约翰的死明显对她有益,"安迪说,"对于她的一些做法,我开始觉得尴尬和羞愧。比如说,她利用约翰的死来炒作自己的新唱片,急匆匆地在唱片 B 面录上一些约翰的只言片语作为纪念品,营造伤感氛围。她公开将约翰的死同约翰·F. 肯尼迪被刺一事相提并论,并把自己比作杰基·肯尼迪。她宣称他们的影响力比肯尼迪夫妇还大。突然间,'列侬品牌'横空出世,而我知道约翰很厌恶这类东西。我很清楚他一点都不喜欢这种大规模商品化的行为,这不是他的风格。他大概率会对此一笑了之,但内心火冒三丈。"

约翰被杀一年后,BBC 决定组织一场纪念活动,决定让当时的驻华盛顿通讯员马丁·贝尔(Martin Bell)或主持人苏·劳利(Sue Lawley)采访洋子。列侬夫人勃然大怒,坚持只和安迪谈话。虽然安迪越来越反感她的行为,但还是高兴地接受了任命,回到大苹果。

"她使用了自己的摄影团队,这没问题,"安迪说,"我让她坐在达科塔公寓客厅的白钢琴前,她弹得也很好。她哭着说自己有多么想念约翰,那件事发生后她至今感到震惊。一切进行得都非常顺利,但我提到马克·查普曼时,她突然暴怒。她不让人在她面前提起这个名字。

"但我没法相信她的眼泪。我知道她已经和列侬的前助手、比她小二十岁的山姆·哈瓦托伊有了一段新恋情。这真是个大丑闻。"

据说约翰很清楚自己的妻子看上了哈瓦托伊。他出生于伦敦，是一位匈牙利钟表匠的儿子，当过服务员和管家，在纽约的室内设计界一路打拼，同沃霍尔、唐纳德·贝希勒尔等艺术家是朋友，为列侬夫妇在达科塔的一套公寓和几座乡间宅邸做了室内设计。《双重幻想》中有一首歌名为《我正失去你》（*I'm Losing You*）。约翰在两个小时内飞速创作完成了这首歌，他害怕他们之间的爱情已然解咒，母亲的心飞去了别处。

据说就在约翰被杀当晚，山姆搬进了达科塔公寓。二十年来，他几乎未曾离开洋子身边。他很快就有了新形象——这位遗孀让她的哈瓦托伊穿成她前夫的样子，留和约翰一样的长发。这种角色扮演让一些邻居感到震惊又尴尬，其中包括芭蕾舞明星鲁道夫·纽瑞耶夫，他曾对此事发表评论。

洋子与山姆的关系比她和约翰的关系持续得都要久。他们2000年时才分开。山姆于1992年在布达佩斯开了自己的画廊，之后又回到那儿定居。"我不是她丈夫，"他曾说，"我们没结过婚。"他还说他们彼此承诺绝不公开讨论两人的关系。据说洋子支付了一笔巨额封口费。

安迪说："我开始扪心自问，洋子和山姆是不是在约翰去世挺久之前就在交往了？我开始怀疑，是不是洋子怂恿约翰和庞凤仪在一起，这样她就能探索自己对哈瓦托伊的感情？我感到后背发凉。难道这一整出'重新来过'大戏，在我采访他们时达到了高潮，到头来都是在演？难道他们'幸福夫妻重归于好，继续经营婚姻'

的态度其实都关乎这个'产品'——也就是专辑——以确保《双重幻想》能大卖？我对此感到恶心。如果我真被骗了，那她和约翰一定是世界上最好的演员，拿奥斯卡奖都不为过。我对此深信不疑。"

两年后，安迪答应洋子去纽约和她做另一场节目。地点后来改到了洛杉矶，最终又定在东京。

"制作团队和我改签了航班，飞往日本，洋子和她儿子肖恩还有山姆·哈瓦托伊在那里等我们。我们一同前往轻井泽的万平酒店，在日本南阿尔卑斯山的森林深处。约翰和洋子曾在这里度了几个长假。洋子从小就知道万平酒店，她特别喜欢这个地方。能有幸住在这里，对我来说简直太神奇了。唯一令人不适的一点，便是洋子已公开和哈瓦托伊同床共枕。

"我们去的时候是淡季，酒店不对外营业。洋子让酒店专门为我们开放。酒店工作人员专门为我们上班，酒店四处也专门点亮了火光。她还让当地餐馆开门，而客人只有我们几个。为什么？因为她有能耐！我觉得她是想让我佩服她。不得不说，那时她看上去真的很开心。或许让她更开心的是，她再也不用生活在约翰的阴影之下，终于可以从列侬和披头士的没完没了的闹剧中抽身。或者，我是不是可以说，她已然把这场闹剧收为己用。对我来说，最关键的一点在于，她不过是个资质平平的日本艺术家，运气却很好，还葬送了有史以来最伟大的英国乐队。"

在他们待在一起的漫长夜晚，肖恩和安迪聊起了他父亲。

"这个小男孩对他爸有着非常美好的回忆,我对此很高兴,"他说,"我最近因为肖恩掉眼泪的次数比任何事都多,年纪越大越是会这样。我十一岁的时候失去了父亲。孩子永远都无法抚平丧亲之痛,我非常明白他的感受。所以我特别希望肖恩能幸福,我想让他感到被爱。从许多层面上,他让我想到了自己。我真的对他感同身受。或许同他待在一起的时光,让我得以面对失去父亲后我无法面对的某些东西。我们一起坐在沙发上,看他最喜欢的电视节目《神探加杰特》,就这么天南地北地聊。他真是个非常俊秀的男孩,和《双重幻想》中献给他的那首歌描述的一样。很难想象他现在已经是个四十四岁的音乐人了。我真想继续和他保持联系。"

但安迪对洋子十分恼火。在他看来,对方"入了歧途":"因为她的自大,因为她要靠列侬维持自己的重要性。但她并不重要,她不过是列侬的遗孀。她还借此打造自己的事业,这一点让我很不舒服。对于洋子一心想让我佩服以及她不断和我保持联系的事,其实我没什么感觉。我知道这事不会长久,事实也是如此。自打她听说我离开BBC去了别处,我就再也没接到过她的电话了。"

*

伤痛带来怀疑,时常伴随怒火。我们会为无法理解的事寻找理由,寻找可以怪罪之人,但批判小野洋子则太过草率。我们并非世界闻名之人,没有和对上亿人的生活造成积极影响的人结婚,没有坐拥万贯家财,我们不可能知道这种感受到底是特权还是重担。我们永远不可能知道。这一切都会让人做出常人觉得怪诞的行为。毋庸置疑，洋子从那时起便如同一颗冉冉升起的明星。如今她的艺术作品被认为有着很高的价值，她已是一个受业界承认的先锋艺术家。她的作品终于合情合理地得到了世人的欣赏。

"审视一下洋子和约翰之间的化学反应，"迈克尔·沃茨说，"一定是有的。约翰内心充满挣扎与痛苦，而洋子想成为艺术界的明星。约翰全然符合这一标准。对洋子来说，他是那么新奇。而她所做的事在他看来十分有趣，对于从利物浦底层出身的人来说十分有趣。她做的那些疯狂的小事，比如她拍的那些电影，一部关于屁股，还有一部拍的是约翰的阴茎：一个毫无艺术细胞的人会怎么看待这些事？除了像普通人那样嘲笑无法理解之事，约翰面对这些事，应该怎么做呢？洋子让他学会欣赏更为智慧，更注重审美的事物。她让他获得了提升。毫无疑问，她很会操控人。她找到了一个愿意同自己结合的对象。没错，你可以说她盯上了最有钱有名的赞助人。问题是，约翰是觉得自己被利用了，还是自愿配合呢？关键在于，他离开她后，又回到了她身边。他本可以逃脱。但他没有，他要的是她。"

*

克劳斯·沃尔曼最后一次见约翰是什么时候？

"1979年9月，在达科塔公寓。我和儿子奥托一起去的。奥托和肖恩一样大。两个孩子玩得很好。约翰又是烤面包又是煮饭，他很开心。非常居家。聊天的时候，他对我说：'这是我第一次不用被迫为唱片公司做事。我自由了。我想做什么就做什么。'我看得出来,他肩上卸下了重担。人们总觉得他一定很怀念巡演和在录音室录歌的时光,这是他们想要他做的。但他并不怀念。他对我说他有多么热爱现在的生活,他不想上台。那些事他已经做够了。他完全不需要观众。"

有关披头士可能要复合,为越南"船民"(1975年越战结束后逃离越南的难民)举行慈善演唱会一事闹得沸沸扬扬。《华盛顿邮报》报道了此事(仿佛演唱会真的即将举办),称之为"摇滚史上最令人期待的演唱会"。前披头士宣传员锡德·伯恩斯坦在《纽约时报》上刊登了巨幅广告,几乎是在恳求四人答应此事。当时的联合国秘书长库尔特·瓦尔德海姆也承诺赞助此次演出。盛传埃尔顿·约翰会为此次大型演唱会担任主持,由伦纳德·伯恩斯坦指挥的维也纳爱乐乐团也会出席。"除了约翰,其他披头士成员都答应了。"你好,再见[1]。他们是在骗人。

"伦纳德·伯恩斯坦给约翰打电话时我在现场,"克劳斯回忆道,"我见证了这个电话。我听到约翰对他说:'不!我不去!'约翰非常生气,他直说:'我不会为任何人做任何事!我只做我想做的事!'我很开心听到他这么说。其实,只有林戈愿意参加那场演出。其余三人早已撕破脸。多年来,全世界披头士歌迷都梦想着四个人复合。但我们这些一直跟他们关系很近的人都知道这不可能。其实'披头士'对歌迷而言,比对他们四人来说更重要。

---

[1] 出自披头士的歌曲《你好,再见》。

对他们而言，披头士已死。"

所有关于他们复合的希望很快一一破灭。

"事情发生时，我在德国，"克劳斯说，"住在我兄弟家。一家德国杂志给我打电话，问我对'约翰·列侬事件'的感受。什么事件？我根本不知道。我花了很久才接受了他的死。直到今天，我都会想起这件事。

"肖恩还在襁褓中时，有天我去看约翰，我们决定去公园散步。我们离开公寓，走去地下室，穿过车辆，走到阳光下。约翰把肖恩放在背包里背着。我们走了一小会儿，坐了下来，喝了杯咖啡。他和普通人一样逛公园。没人打扰他。我没怎么来过纽约，不像他一样熟悉这里。我看到有疯子在附近跑来跑去，挺害怕的。我当时觉得，哇，这里还挺危险。所以当我听说他被杀了，我第一反应是，这种事先前就可能发生了。

"起初，我对马克·查普曼感到遗憾，对他对我朋友所做之事，对他对这个世界所做之事感到遗憾。但随着时间流逝，他毫无悔意，我改变了想法。约翰的死没有影响我创作音乐的能力，但它让我决定搬回德国，过更简单的生活。我的摇滚时光已经结束。于是我离开了卡莉·西蒙、B.B.King、兰迪·纽曼、曼弗雷德·曼（Manfred Mann）、杰瑞·李·刘易斯、卢·里德等伟大的人们，能和他们一起共事是我的荣幸。但我把一切都抛诸脑后，回了家。"

迈克尔·沃茨的生活也发生了类似的惊人改变："我在约

翰·列侬身上花了很多时间,"他回忆道,"他死了,我便不写有关流行乐的文章了。他的死对我产生了极大影响。不知怎的,我灰心了。我感觉一束光芒消失了。"

在克劳斯看来,如果说约翰的死能带来些许慰藉,那便是此事发生时,约翰已不再迷茫。

"他过着自己想要的日子。他不再是环境或名声的傀儡。没人能指挥他做这做那。他重新掌控了自己的生活,他找到了属于自己的自由。"

皮特·肖顿早上接到电话的时候还在床上:"我立马打电话给乔治(哈里森)。他还在睡,不知道发生了什么事。我开车去他家。他住在泰晤士河畔亨利镇的修道士庄园(Friar Park)。我们坐在桌旁说话。林戈从美国打来电话。乔治家有个录音室,那天他安排了一次录音。音乐人们陆续来访,准备好工作。'你准备继续下去吗?'我问他。'是啊,'乔治说,'我们都要继续生活,还能怎么办呢?'他对此很平静。他内心一定十分焦灼,但他表现得像个哲人,处乱不惊。乔治在宗教哲学这方面造诣很深,你知道的。"

早晨5点50分,保罗·甘巴奇尼的电话响了。他说:"当时我在伦敦。我有个兄弟住在纽约。'有个坏消息,'我兄弟在电话里说,'我觉得你会想从我这里听到这件事。'从他语气里的亲密度,我想:'天哪,一定是亲戚出事了。''约翰·列侬被杀了,'他说,'就在四个街区开外。人们都站在外面唱歌。所有人都吓坏了,惊魂未定。我觉得你会想在电话铃狂响之前知道这件事。'他确实是对的。我刚冲完澡,电话铃就开始响,我生命中最漫长的一天开始了。当时还没有互联网,没有 Skype,我和其他几个人在伦敦四处穿梭,前往各个录音室,晚上最后一份工作是《老灰哨测试》。这一切都表明,这绝不仅仅是一个流行明星的死亡。而是一个时代的终结。人们对约翰的爱超乎想象,所有人都试图表达他对自己的意义。这和猫王去世也不一样,因为猫王已经到达过巅峰了。随着《双重幻想》的发行——这张专辑的反响不及预期,但其中依然不乏佳作——约翰显然是一个仍在发光发热的当红艺人。和英国不同,此事在美国留下了令人毛骨悚然的余韵。因为杀人者(我遵循新西兰总理的传统,不说出他的姓名)还考虑过杀害其他人:约翰尼·卡森、大卫·鲍伊。约翰不幸被选为名气的化身——我没有一语双关,毕竟约翰和鲍伊合作过同名专辑。"

*

洋子并不是唯一在 1980 年 12 月 8 日晚上被"夺去"年轻丈夫的日裔妻子。在纽约以西近五千英里的凯卢阿(位于夏威夷州欧胡岛檀香山东北方),格洛丽亚·博子·查普曼(Gloria Hiroko Chapman)在电视上看到了新闻。还没等记者说出名字,她就知道是自家马克干的。她甚至并不觉得震惊。直到三十八年后的 2018 年 8 月,查普曼准备申请第十次假释时,她才坦白自己当时知道他暗杀约翰的计划。如今她已六十九岁,一头青灰色的头发,骨瘦如柴,十分虔诚。她之前从事旅游中介工作,当年第一次相遇是因为马克请她帮忙规划环球旅行。她仍支持着丈夫。她对媒体说,马克在行凶两个月前跟她说过谋杀约翰的想法。据她说,他是在去东方旅行回来后说了这些话。她斩钉截铁地说,当时他保证他已经改变了主意,并把枪扔到了海里。她说自己没有理由怀疑他。非要说的话,在两人短暂的婚姻中,他曾对她拳脚相加,或许人们能从这一点看出他有伤害他人的能力。但他会去杀人吗?她说她完全不知道八个星期后他离开自己飞回纽约,是要去实施他的计划。

"我之所以同意马克再次离开,唯一原因是他说他需要长大成人,成为一个丈夫,需要时间想一想自己的人生,我相信了他,"她说,"他要我牺牲一下,一个人待一段时间,这样我们就能拥有一段天长地久的幸福婚姻。"

格洛丽亚和我通过电子邮件交流。她不是很想要我来夏威夷,也不是很支持我去监狱见她丈夫。并非所有事都适合公之于众。对他们来说,我的采访总还是会妨碍到假释申请。对查普曼夫妇来说,情况并不是一直很糟。尽管她的生活发生了"翻天覆地的改变",尽管"杀人犯之妻"的恶名已经传遍全球,格洛丽亚还有马克。他们一年有四十四个小时在一起的珍贵时光。在夫妻探视的时间以外,查普曼被单独关押,外界无法知道他的消息,他日夜囿于纷乱的心灵之中,他的生活如同空无一物的荒原。不过一切都是相对而言。尽管他们夫妻相聚的时间微乎其微,一年连两天都不到,但依然比约翰和洋子多。不论查普曼能否出狱,他将永远被关在他内心的监牢中。

而这一切将我们带到这个被世人视为无谓悲剧的核心,但据我们对约翰的了解,他或许会认为这是一个合适的结局。我们可以抓着丑陋的事实不放:这名为无数人的生活增添了光彩的男子被夺去了生命;他无法看着自己的儿子长大成人,无法再见继女一面;他失去了同妻子偕老的机会;他刚重回乐坛就被抹杀,心中还装着那么多音乐,而我们再也听不到了。或许我们也可以自我宽慰:他调整好了状态,他的内心获得了安宁,他亲手杀死了所有无效或虚幻的自我。四十岁时,他找到了答案。他成了一个完整的个体。

草莓地之中的"想象之圆"(Imagine Circle)坐落在中央公园西侧的林中空地里。这里四十年来日日夜夜发生着同样的事。人们称其为"基督教世界为时最久的礼拜仪式"。参与者操着不同的语言,他们年龄各异,来自各行各业。不论刮风下雨、酷暑严寒,人们都聚在那里。有把一朵朵花在马赛克上排出错综复杂的图案的,有在大理石地砖上伸展身体的,有摆姿势拍照的,有吃三明治的,有痛饮啤酒的,有挤在长椅上的,有打盹儿的,有带孩子的,有吹口琴的,有点蜡烛的,有弹吉他的。芸芸众生,沉吟、弹奏、高歌,依偎着彼此,也贴近与约翰的回忆。他们没有哀悼。他们的到来让他不会消逝。人们聚在那里,人们会一直聚在那里。

"为他祈祷吧,"在很久以前,一切改变的那天,乔治·哈里森抱着约翰悲痛欲绝的好友皮特说道,"想想他,他只不过是离开了躯体,不是吗?他一直在。他很好,他只是先走了一步。我们都是过客。当下的我们和真实的我们毫无关系。我们只是顶着一身皮囊周游人间。我们之后也会化作其他形态。

"生命将一直延续。所以不要执着于他的死。我们要记得他这一生。这才至关重要。"[2]

尾声

闪亮的日子：精选时间表

1906 年 4 月 24 日

约翰的姨妈咪咪·史密斯本名玛丽·伊丽莎白·斯坦利，出生在利物浦南部的托克斯泰斯，是一家五个女儿中的老大，父亲是前商船海员乔治·欧内斯特·斯坦利，母亲是安妮·珍。

1912 年 12 月 14 日

约翰的父亲阿尔弗雷德·列侬出生在利物浦，后来被称为"阿尔夫""弗雷德""弗雷迪"等。他先后当过轮船乘务员、商船海员、累犯、酒店门卫、洗碗工和兼职歌手。

1914 年 3 月 12 日

约翰的母亲茱莉娅·"朱迪"·斯坦利出生于利物浦南部的托克斯泰斯，是斯坦利家五姐妹中的老四。

1914 年 7 月 28 日—1918 年 11 月 11 日

第一次世界大战。

1924 年 1 月 3 日

爱丽丝·蒙娜·肖，也就是后来的俱乐部宣传员和"披头士之母"蒙娜·"蒙姐"·贝斯特出生于英属印度的德里。

1926 年 1 月 3 日

乔治·马丁，将来的唱片制作人、"披头士第五人"、英国爵士，出生于伦敦海布里。

1932 年 5 月 19 日

阿尔玛·安杰拉·科根，也就是后来的歌手阿尔玛·科根，"歌声带笑的女孩"、列侬的秘密情人，出生于伦敦东区白教堂地区。

1933 年 2 月 18 日

约翰的第二任妻子小野洋子出生于日本东京一个保守的贵族家庭。她的父母小野英辅和小野矶子一个是富裕的银行家，一个是古典钢琴家。"洋子"的意思为"海洋之子"。她出生时，父亲在旧金山工作，所以洋子两岁前并没有见过父亲。小野一家在加利福尼亚住过一段时间。洋子从四岁开始学钢琴。他们回到日本，1940 年又搬去了纽约。第二年，"二战"期间，他们再次回到日本。

1934 年 9 月 19 日

未来的披头士经纪人布莱恩·爱泼斯坦在利物浦罗德尼街 4 号出生。

1935 年 1 月 8 日

埃尔维斯·亚伦·普雷斯利出生于美国密西西比州的图珀洛。

1938 年 12 月 3 日

茱莉娅·斯坦利与阿尔弗雷德·列侬在博尔顿街婚姻登记处登记结婚。

1939 年 9 月 1 日—1945 年 9 月 2 日

第二次世界大战。

1939 年 9 月 10 日

辛西娅·莉莲·鲍威尔出生于兰开夏郡的布莱克浦,是三个孩子中最小的。她父亲查尔斯在通用电气公司工作。这一家子都是利物浦人,但"二战"一爆发,利物浦的孕妇都被转移到了布莱克浦,于是一家人搬到了中产阶级聚集地威勒尔半岛。查尔斯在女儿十七岁时因肺癌去世。

1939 年 9 月 15 日

咪咪嫁给了开店的奶农乔治·图古德·史密斯。

1940 年 7 月 7 日

理查德·"里奇"·斯塔基,也就是未来的林戈·斯塔尔,出生于利物浦老城区的丁格尔区马德林街的家中,是"开甜食店的"理查德和埃尔茜的独子。

1940 年 10 月 9 日,大约傍晚 6 点 30 分

茱莉娅·列侬于利物浦妇幼医院生下了约翰·温斯顿·列侬,当时正值第二次世界大战。约翰的父亲弗雷迪出海在外。约翰的姨妈咪咪·史密斯一路跑到医院去看他。弗雷迪几乎已经抛弃了茱莉娅,而茱莉娅也很快把约翰交给姐姐咪咪及其丈夫乔治抚养。

1942 年

茱莉娅与阿尔弗雷德·列侬从法律意义上分居了。

1942 年 6 月 18 日

詹姆斯·保罗·麦卡特尼出生于利物浦的沃尔顿医院(他母亲在那里取得了护士资质)。母亲玛丽是护士兼助产士,还是家里收入的主要来源,父亲吉姆是志愿消防员和音乐人。

1943 年 2 月 25 日

乔治·哈里森在利物浦韦弗特里的阿诺德格洛夫街（Arnold Grove）12 号出生，是家里四个孩子中最小的。父亲哈罗德是公交车售票员，母亲露易丝是店员。

1945 年 3 月 9 日

第二次世界大战期间，东京遭受了空袭轰炸。小野洋子和家人躲在麻布区，接着转移到了轻井泽山庄，后来她和约翰多次前去造访。

1945 年 6 月 19 日

茱莉娅同一名威尔士士兵恋爱，生下了约翰同母异父的妹妹维多利亚·伊丽莎白。这个孩子被送人领养，名字后来也被改成了英格丽德·玛利亚。约翰始终不知道她的存在。英格丽德和洋子在约翰死后见了面。

1945 年 11 月

约翰在韦弗特里莫斯匹斯巷小学开始上学。茱莉娅搬去和约翰·"博比"·迪金斯同居。咪咪知道约翰只能和母亲及其男友同睡一张床后，向社会服务部门举报了此事。茱莉娅做出了让步，把约翰交给咪咪姨妈和乔治姨父永久照顾，让他住在他们位于利物浦伍尔顿门洛夫大街 251 号的门迪普宅中。

1946 年

约翰就读于便士巷旁的多夫代尔路小学,在那里认识了一生挚友皮特·肖顿。一天,他父亲弗雷迪去了咪咪家,说要"带他去布莱克浦玩"。但其实弗雷迪计划同儿子一起移民新西兰开始新生活。他母亲茱莉娅听说了这个计划,前往布莱克浦把约翰带回了利物浦。有传言说,约翰被迫在父母之间做出选择,他先选择了父亲,却不忍看着母亲走开,又跑去和母亲在一起,在约翰作为披头士乐队成员成名前,这是弗雷迪最后一次见到儿子。约翰相信自己将再度和母亲生活在一起。但茱莉娅很快就把他送去了咪咪家。约翰和教他阅读、写作、画画的乔治姨父越来越亲近。在乔治姨父的鼓励下,约翰看了许多书籍和报纸。他最喜欢的书有《爱丽丝梦游仙境》和《淘气小威廉》。七岁时,他办了自己的杂志《运动速度与绘画》(*Sport, Speed & Illustrated*),内容包括漫画、插画和笑话等。

茱莉娅和约翰的三个姨妈安妮、伊丽莎白、哈丽雅特都会去咪咪家的门迪普宅看望约翰。约翰的童年幸福、安全又稳定。但在学校里他与其他孩子格格不入,这或许是对父母忽略自己的反抗。他沮丧、愤怒、无聊,虽然艺术天分突出,但总捣蛋,不听话,还喜欢打架。早熟的他满嘴下流笑话,不讨其他孩子的家长喜欢,家长们认为他会把身边人带坏。咪咪尽力让他变得聪明而得体,但他完全不修边幅,以此作为反叛的象征。他勉强通过了 11+ 考试。乔治姨父送了他一辆崭新的翠绿色兰令牌伦顿 MkII 型自行车作为奖励。

1947 年 3 月 5 日

约翰的第二个同母异父妹妹茱莉娅·迪金斯（后来叫贝尔德）在利物浦出生。

1948 年 7 月 5 日

"二战"后，英国艾德礼工党政府建立了国民医疗服务体系，改革医疗服务。

1949 年 10 月 26 日

约翰的第三个同母异父妹妹杰克琳·迪金斯在利物浦出生。

1952 年 2 月 6 日

乔治六世去世后，伊丽莎白公主登基成为英国女王伊丽莎白二世。

1952 年 9 月

约翰和皮特·肖顿就读于采石河岸男子完全中学，他们选择这个学校是因为离家近，比声望较好的利物浦男子学院中学（后来保罗·麦卡特尼和乔治·哈里森就读于此）更方便。约翰成了众人的焦点、班级英雄和孩子王。他和肖顿把所有校规都违反了一遍，经常被班主任拿教鞭抽。约翰打架、写粗俗的打油诗、抽烟、骂人。他的学校报告单上常有不良行为记录：逃学、和老师顶嘴、把黑板擦扔出窗外等等。约翰精力充沛、不遵守校规、不尊重老师，还嘲笑课程和老师的教学方法。有些老师发现他很有幽默感，很机灵，而且很机智。约翰和皮特继续捉弄老师，也不交家庭作业，于是约翰的成绩在班里跌到了末位。他已经发现了自己的"天才"，相信自己是学校里最聪明的人："我不一样，我一直就不一样。怎么就没人注意到我？"他魅力十足的个性让他成了"酷小子"。孩子们都喜欢和约翰一起玩。

十五六岁时，他和母亲建立了很深的关系，对他来说，母亲更像他的姐姐，住在离他不到两英里的地方。约翰开始前往阿勒顿，去母亲及其男友约翰·"抽抽"·迪金斯家度周末。

1953 年 6 月 2 日

女王伊丽莎白二世加冕大典在伦敦威斯敏斯特大教堂举行，一百五十万人聚集在获得集体观看电视许可的伦敦市政厅、医院、教堂中。在伦敦皇家节日音乐厅，三千名持票观众观看了转播。莱斯特广场音乐厅也挤进了同样多的人。从法利到克拉克顿的巴特林度假村中，大批假日露营者也在巨大的屏幕上观看了此次盛典。总计约两千零四十万人观看了至少三十分钟电视转播，几乎是广播观众的两倍，观看现场游行的人数也差不多。当时英国全国只有两百七十万台电视，每台电视供 7.5 个人观看，其中还不包括孩子。

1954 年 5 月 20 日

比尔·哈利和他的彗星乐队在迪卡唱片旗下发行了《昼夜摇滚》。约翰对比尔·哈利时代的音乐无感,但他总会将母亲与那种音乐联系起来,他母亲总喜欢随着这种音乐跳舞。茱莉娅的性格和咪咪截然相反。约翰在她身边感觉更自在。她举止古怪、放浪不羁、与众不同、爱开玩笑。约翰觉得自己继承了母亲的性格。依然在学校闹翻天的他开始办自己的小报《每日一嗥》。这份小报里全是些讽刺漫画和打油诗。他逐渐显露出玩文字游戏和双关语的天赋。

1955 年 6 月 5 日

约翰的乔治姨父由于肝脏出血突然去世,享年五十二岁。当时十四岁的约翰伤心欲绝。他躲进房间默默承受悲痛。他的表姐利拉过来安慰他,两人失去控制大笑不止。约翰后来对此感到内疚。他对创伤性事件的漫不经心的回应将在未来一再发生。乔治姨父葬在伍尔顿的圣彼得教堂墓地。利拉·哈菲兹后来成了利拉·哈维医生,于 2012 年逝世,享年七十五岁。

1955 年 9 月 22 日

独立电视台开始在英国播放节目,预示着商业电视的崛起,BBC 的垄断地位遭到了挑战。

同样在 1955 年

奥斯卡·普罗伊斯从帕洛风唱片/百代唱片退休。二十九岁的乔治·马丁成为帕洛风唱片公司负责人。

极具影响力的美国电影《无因的反叛》(詹姆斯·迪恩主演)和《黑板丛林》(西德尼·波蒂埃主演)上映。

1956 年

二十三岁的小野洋子同日本作曲家、钢琴家一柳慧私奔并结婚。

1956 年 5 月 11 日

来自田纳西州孟菲斯、二十一岁的埃尔维斯·普雷斯利演唱的《伤心旅馆》打入了早期英国单曲榜。某天深夜,约翰在卢森堡电台听到了这首歌。这是首关于寂寞的歌,每个青少年都能听懂它的歌词。它唤醒了十六岁的约翰。他后来说:"在猫王之前,没什么东西真正打动过我。"电影角色对约翰造成了一定影响,但猫王的影响力是实打实的。约翰模仿他的造型,穿紧身裤和绉胶底鞋,留着额发和鬓角,还把自己的气质搞得很忧郁。在咪咪看来,"他一夜长大,这都归功于埃尔维斯·普雷斯利"。约翰在卧室里贴了猫王的海报。他在家里愈加不服管教,愈加不修边幅,咪咪陷入了绝望。

约翰很快迷上了当时的许多艺人:查克·贝里、卡尔·帕金斯、小理查德、杰瑞·李·刘易斯,以及朗尼·多尼根——一位于 1959 年翻唱美国歌曲《罗克艾兰线》大火的英国歌手。DIY 摇滚乐的噪音爵士乐热潮开始了。约翰有了第一把吉他,咪咪后来说那是自己买给他的。教了儿子如何在班卓琴上弹和弦后——他学的第一首歌是"胖子"·多米诺的《多么遗憾》——茱莉娅给约翰买了一把"保证不会开裂"的加罗顿冠军牌原声吉他。因为咪咪不赞同这件事,所以茱莉娅让卖家把吉他寄到她家。咪咪强迫约翰在前廊练琴。约翰练熟了《罗克艾兰线》后,很快就开始找伙伴组乐队。

1956 年 10 月 31 日

保罗·麦卡特尼的助产士母亲玛丽在乳腺癌手术中因栓塞去世,当时保罗十四岁,他弟弟迈克尔十二岁。约翰和保罗认识一年后,约翰失去了茱莉娅。两个孩子因同样失去母亲而建立了深厚的友谊。

1956 年 11 月

约翰和朋友埃里克·格里菲斯组建了一个噪音爵士乐队,皮特·肖顿担任刮板手。同校的比尔·史密斯演奏茶叶箱贝斯。他们自称"黑杰克乐队",没过多久便改成了以学校命名的"采石工乐队"。约翰身兼队长和主唱,负责所有决策以及歌曲的选择。史密斯离队后,空缺先后由奈杰尔·惠利、艾文·沃恩、伦·盖瑞填补。柯林·汉顿、罗德·戴维斯也加入了乐队。列侬、格里菲斯、肖顿、盖瑞、汉顿、戴维斯成了"正式乐队班子",他们开始寻找当地演出的机会。他们之后在利物浦的洞穴俱乐部表演,不过他们的曲目被认为"过于摇滚"。

1957 年 4 月 4 日

征兵时期结束。在此之前,年满十八岁的英国健康男性必须在军队服役十八个月。1950 年朝鲜战争爆发后,兵役延长到两年。英国的征兵制最终于 1963 年才废除。约翰没有被征召。

1957 年 6 月 22 日

在茱莉娅的三居室政府救济房(位于阿勒顿的布洛姆菲尔德路一号)中排练完毕,采石工乐队在利物浦罗斯伯里街举行的庆典上,在一辆运煤卡车后面举行了首次公开演出,之后收到了更多表演邀请。茱莉娅按照班卓琴的调弦方式给约翰的吉他调弦,所以约翰只用吉他的三到六弦,弹班卓琴的和弦。

1957 年 7 月 6 日

采石工乐队在花园庆典上演出过后,在伍尔顿圣彼得教堂大厅,十五岁的保罗·麦卡特尼被共同好友艾文·沃恩介绍给约翰。保罗被约翰弹吉他的古怪方式和他睥睨观众的样子吸引:约翰近视严重,但不喜欢戴眼镜。保罗拿起一把吉他,开始弹奏埃迪·科克伦的《二十段台阶摇滚》和吉尼·文森特的《碧波帕露拉》。接着保罗给约翰和埃里克的吉他调弦，写下了他们所唱歌曲的正确歌词。约翰后来问皮特·肖顿邀请保罗加入乐队怎么样，肖顿表示同意。约翰说："就是那天，我遇见保罗那天，一切开始了。"

1957 年 9 月

快十七岁的约翰进入了利物浦艺术学院。

从踏进学院的第一天起，一身泰迪男孩装扮的他，在一群老派、爱听爵士乐的艺术学生中间显得格格不入。比约翰大一岁的比尔·哈里也无法融入学院氛围，他看到约翰便觉如沐春风。比尔在为音乐杂志撰稿。两人常去学院旁边街角一家叫"裂隙"（Ye Cracke）的小酒吧喝酒，还一起去其他学生宿舍串门。

学院让约翰心烦，他不喜欢里面的条条框框。他觉得学院的课程让他回到了中、小学时期，于是他又开始捣乱，很快赢得了"学院坏男孩"的名声。

采石工乐队一直在当地表演，1957 年底到 1958 年，他们穿梭于利物浦的各个小俱乐部。演出订单开始减少。他们也在私人派对上演出。有些成员失去兴趣退出了乐队。在艺术学院隔壁的利物浦男子学院中学就读的乔治·哈里森是保罗的学弟，当时十五岁，加入了乐队。因为乔治还小，约翰不太看得起他，不过乔治的音乐才能不容小觑。乔治的母亲让乐队在她家练习。约翰、保罗、乔治会在学院食堂的二十一号房间排练，演些翻唱歌曲给其他学生听。咪咪依然不赞成他们的活动，茱莉娅则继续为他们打气。

1958 年 7 月 15 日

四十四岁的茱莉娅离开咪咪家，过马路准备搭公交车回家时被一辆车撞倒，当场死亡，驾驶肇事车辆的是不当班的警察埃里克·克莱格。还好当时约翰不在门迪普宅，而是在母亲家等她回来。一个警察来告知约翰和博比·迪金斯此事。

十四岁就失去亲生母亲的保罗感同身受，他和约翰的感情更深了。

1958 年夏

约翰比以前更叛逆了。他酗酒以麻痹伤痛，他的幽默变成了尖酸毒辣。他至死都没能抚平丧母之痛。他转而向艺术学院同学辛西娅·鲍威尔寻求慰藉。异类相吸。小辛依照约翰的梦中情人法国演员碧姬·芭铎的模样改变了自己的形象。

约翰将所有时间与精力都投入音乐，成绩变得一塌糊涂。保罗·麦卡特尼受他影响，也开始在午休期间逃学去艺术学院排练。约翰和保罗会去保罗家待着，他们一家于 1955 年从斯皮克搬到了阿勒顿福斯林路二十号。《请取悦我》是约翰在门迪普宅自己的房间里写的，而《我见她站在那里》《爱我吧》《从我到你》以及《她爱你》的一部分是约翰和保罗在福斯林路写的，保罗还在那里写了《当我六十四岁》。他们会在那里聊女孩子。

麦卡特尼是个非凡的音乐人和全能乐手，他会演奏好几样乐器。他的许多作品都出自模仿。而约翰充满原创性，独一无二。他有着完美的摇滚声线，唱腔借鉴自巴迪·霍利，但带着英国口音。他不想复制其他人的风格，对自己颇为自信。他是个充满创造力的词作者。保罗则比较擅长写旋律。两人成了绝无仅有的创作组合。他们同意分享所有歌曲的创作权。在创作上，保罗更善于讲故事，而约翰则学着以第一人称表达情感。保罗乐观积极，而约翰时常愤世嫉俗、不停质问、寻求答案。较为年轻的保罗仰慕更成熟和危险的约翰。约翰有时会对这位天使般乖巧的伙伴表现出居高临下的态度，但也承认乐队能有保罗真好。

约翰和斯图亚特·萨克利夫成了朋友。斯图亚特来自苏格兰，身材瘦小，是个极具天分的艺术生。这又是一次异类相吸：斯图谦虚、安静又聪明。两人都很受女孩欢迎。斯图住在乔治时代风格的破旧出租屋中，过着放浪不羁的生活。他俩都对垮掉的一代十分着迷。约翰、斯图、比尔·哈里和罗德·默里（Rod Murray）经常通宵饮酒，讨论新文学和诗歌。

约翰搬出门迪普宅，和斯图一起住在学院旁的甘比尔排屋（Gambier Terrace）。咪咪给了他生活费，挥别了"垮掉派"外甥。一个月不到，他们就把钱花光了，住在外面的日子变得很难熬。冬天来了，他们甚至付不起暖气费。

1959 年 8 月 29 日

蒙娜·贝斯特在利物浦西德比区的海曼斯格林街 8 号开了家卡斯巴咖啡俱乐部。

1960—1973 年

20 世纪 60 年代,反文化运动兴起,这场运动起始于反对美国对越南进行军事干预。在接下来的几年,它将深刻影响许多歌手与他们的歌曲创作。

同时,在利物浦,斯图加入了采石工乐队。当地商人艾伦·威廉斯成了乐队推广人,安排他们在他的蓝花楹俱乐部表演,并为他们争得了更多的表演机会,如作为歌手约翰尼·金特尔的伴奏乐队去苏格兰演出。斯图卖出了一幅画。约翰鼓励他买把贝斯,而斯图并不知道怎么弹贝斯。斯图提议乐队改名为"比托斯"(Beatals),以致敬垮掉的一代运动。

1960 年 8 月

乐队名换了一个又一个,从"比托斯""银色节拍""银色甲壳虫"到"银色披头士",最终定为"披头士"。蒙娜的儿子皮特·贝斯特以鼓手身份加入了乐队。

1960 年 8 月 17 日—11 月 30 日

他们开启了五次西德之旅中的第一次:约翰、保罗、乔治、斯图亚特·萨克利夫、皮特·贝斯特来到汉堡，在新开的因陀罗俱乐部待了两个月。约翰从艺术学院毕业，但字体艺术课考试没及格。披头士乐队住在一家小电影院——斑比影院里，在汉堡红灯区中心的大自由街上表演。因为门票卖得不好，加上当地居民投诉，俱乐部老板布鲁诺·科斯密德把因陀罗关了。披头士便去附近广受欢迎的帝王地下室俱乐部表演，这个俱乐部晚上总是人满为患。他们于10月4日第一次在那里演出。科斯密德让他们"好好演！"，他们完成了一万小时训练，男孩们长大成人。

约翰和斯图越来越亲近。乐队和克劳斯·沃尔曼还有阿斯特丽德·基尔赫成了朋友。阿斯特丽德和斯图坠入爱河。因为乐队违反了和科斯密德还有帝王地下室的协议，去对家前十俱乐部表演，这次德国之旅以灾难收场。乔治·哈里森未成年的身份被曝光，被驱逐出境，保罗和皮特紧随其后。斯图和阿斯特丽德一起留在汉堡，脱离了披头士乐队。

1960 年 12 月 10 日
约翰独自返回英格兰。

1960 年 12 月 27 日
披头士在利物浦利瑟兰镇的市政厅舞厅演出，反响极为热烈。约翰确信他们将所向披靡。他们在这个场地又演了二十场，最后一场演出时间为 1961 年 11 月 9 日。

1961 年

1 月到 3 月，乐队一直在利物浦市内和周边演出。比尔·哈里创办了音乐报纸《默西之声》，报道英格兰北部的流行乐新闻。比尔让约翰写一篇专题文章。约翰交了一篇有关乐队如何组建的文章，标题为《关于披头士可疑起源的消遣小文》。之后他继续投稿，题材有诗歌、故事、素描和漫画。

1961 年 2 月

披头士开始定期在马修街上的洞穴俱乐部表演。

1961 年 3 月 27 日—7 月 2 日

披头士的第二次汉堡之旅。从 4 月 1 日在前十俱乐部首度开演起，他们一共演了九十二晚，还录了第一张正式唱片。制作人为伯特·肯普菲尔特（Bert Kaempfert），他们为歌手托尼·谢里登伴奏了三首歌，列侬与哈里森合作录了一首器乐曲《为阴影哭泣》（*Cry for a Shadow*），并表演了他们的摇滚版叮砰巷[1]流行歌曲《她不可爱吗》（*Ain't She Sweet*）。约翰这时二十岁，以独特的唱腔担任主唱。

1961 年 7 月—12 月

他们在默西河畔不停演出，其间还南下了几次。

---

1 也称锡盘街，是以纽约市第 28 街为中心的音乐出版商和作曲家聚集地。

1961 年 9 月

约翰二十一岁生日的两周前，苏格兰姨妈伊丽莎白给了约翰100 英镑。约翰拿这笔钱和保罗在巴黎玩了两周。他们时常光顾夜店、餐馆、酒吧，还和于尔根·沃尔默见了一面。在"小于"的怂恿下，两人剪了和他一样的发型。

回到洞穴俱乐部，约翰形成了自己的舞台风格。他双腿叉开站立，昂着头，把吉他高高抱在胸前。高度近视的他看不到观众。他的幽默风趣抵消了恶劣的演出条件：场地里电线危险缠绕，电压异常，还经常停电。于是约翰经常跑去边弹钢琴边继续演出，同时说些低俗的玩笑话。和乐队其他成员相比，他看起来更成熟。

1961 年 11 月 9 日

布莱恩·爱泼斯坦在洞穴俱乐部的午间演出时段第一次看披头士现场演出。这位利物浦大型唱片行经理立马迷上了与他截然相反的约翰：布莱恩是个西装革履、温文尔雅的犹太同性恋，约翰则是个不修边幅、满嘴脏话、烟不离嘴，生性好色的摇滚乐手。没当成演员的布莱恩很快被四位披头士成员吸引了。他自告奋勇要当他们的经纪人。他们的皮夹克装扮被换成了西装领带。爱泼斯坦为乐队争来了非常多的表演机会。约翰十分认同"老爱"的生意头脑，但依然忍不住穿得稍稍邋遢些，以此挑衅布莱恩。

1962 年

虽然吃了许多唱片公司的闭门羹,布莱恩依然支持这四个小伙子,并教导他们要相信自己。

1962 年 3 月 19 日

鲍勃·迪伦发行了他第一张同名专辑。这张支持民权运动、反抗战争的专辑是当时流行乐的风向标。

1962 年 4 月 11 日

披头士回到汉堡,在机场见到了阿斯特丽德。她告诉他们,二十一岁的斯图就在一天前因为脑出血去世了。斯图和约翰时常通信,虽然约翰有时不太近人情,两人依然保持着亲密友谊。看惯悲剧的约翰对此没有显露出太多情绪。

1962 年 4 月 13 日

他们在新开张的明星俱乐部进行开业演出,并在那里演了七个星期,直到 5 月 31 日。

1962 年 5 月 9 日

布莱恩从伦敦回到利物浦,带回了一个消息:他与帕洛风/百代唱片谈下了一份唱片合约。披头士当时还在汉堡,他用电报把消息发了过去:"恭喜,小伙子们。百代唱片要求和你们录音了。请排练新歌。"

1962 年 6 月 6 日

披头士和制作人乔治·马丁初次见面。

马丁很快认定皮特·贝斯特不适合当乐队鼓手。小伙子们做不到告诉皮特这个消息,布莱恩替他们当了恶人。林戈·斯塔尔受邀接替贝斯特。披头士在汉堡的时候就认识林戈,当时他是罗里风暴与飓风乐队的鼓手。和约翰关系很好的皮特因此非常受伤。

1962 年 8 月 23 日

约翰在快活山六十四号的婚姻登记处与辛西娅·鲍威尔奉子成婚,反对此事的咪咪拒绝参加他们的婚礼。两人在路旁恼人的风钻声中宣读了结婚誓言。

婚礼在里斯记小餐厅举行,食物有鸡肉和草莓布丁蛋糕杯。随后约翰和小辛搬进了布莱恩在艺术学院旁的一套公寓。布莱恩坚持要两人保守婚姻和孩子的秘密,以免流失女歌迷。

1962 年 10 月 5 日

乐队首张单曲《爱我吧/PS 我爱你》在英国发行。它的销量不温不火,于 12 月登上了排行榜第 17 名。这两首歌是保罗在 1958 年写的,当时他还没加入披头士乐队,而歌曲创作者一栏写的是"列侬—麦卡特尼"。该唱片于 1964 年在美国发行,登上了排行榜冠军。

1962 年 11 月 1 日—11 月 14 日

披头士第四次回到汉堡,再度在明星俱乐部演出。

1962 年 11 月 28 日

小野洋子与美国爵士乐手、电影制作人、艺术宣传商托尼·考克斯结婚,但他们的婚姻很快就被宣告无效,因为洋子当时并没有完成和一柳慧离婚的手续。洋子和考克斯于 1963 年 6 月 6 日重新结婚。

1962 年 12 月 18 日—12 月 31 日

乐队第五次前往汉堡,在明星俱乐部演出。这种演出对于他们来说已经是小儿科了,但布莱恩·爱泼斯坦坚持要他们遵守合约。

1963 年 3 月 22 日

趁着披头士大火,他们的首张专辑《请取悦我》很快就发行了。乐队被宣传为干净整洁、态度轻浮的小青年。约翰不太能接受这种形象,但他忍了下来。他咬牙笑着挥手,但时不时地会流露出真性情。

1963 年 4 月 8 日

辛西娅在利物浦生下了约翰·查尔斯·朱利安·列侬。布莱恩·爱泼斯坦是孩子的教父。

1963 年 4 月 18 日

披头士在伦敦皇家阿尔伯特音乐厅演出，这是他们英国春季巡演的一站。

1963 年 4 月 28 日

儿子出生不到三周，约翰就和布莱恩·爱泼斯坦去了西班牙，两人同性关系的谣言由此而起。

1963 年 5 月 27 日

鲍勃·迪伦发行了专辑《放任自流的鲍勃·迪伦》，其中收录了《答案在风中飘荡》。

1963 年 6 月 18 日

保罗的二十一岁生日派对在利物浦海顿区的金姑妈家的后院帐篷里举行。超绝四人组乐队在现场表演。影子乐队和比利·J. 克雷默参加了派对。保罗当时和他的演员女友珍·爱舍在一起。洞穴俱乐部的鲍勃·伍勒开玩笑地问约翰和爱泼斯坦在西班牙度"蜜月"感觉如何，然后就被喝醉的约翰打了，还住进了医院。约翰后来给伍勒发电报道歉，电报内容外泄，登上了《每日镜报》。

1963年8月8日

朱利安·列侬出生四个月后，小野洋子生下了京子·陈·考克斯。托尼·考克斯照顾孩子，洋子则专心搞艺术。

1963年11月22日

美国总统约翰·F. 肯尼迪在得克萨斯州的达拉斯遇刺。李·哈维·奥斯瓦尔德被捕，但两天后被夜店老板杰克·鲁比开枪射杀。就在那天，披头士发行了第二张专辑《与披头士相伴》，距离首张专辑发行过去了八个月。

1963年12月24日—1964年1月11日

伦敦芬斯伯里公园的阿斯托里亚剧院举办了1963年披头士圣诞节综艺演出。

1964年1月12日

披头士在《伦敦守护神剧院周日夜》节目上遇到了阿尔玛·科根。阿尔玛邀请他们去她和母亲与妹妹同住的肯辛顿街的公寓，参加她著名的派对。

1964 年 1 月 15 日—2 月 4 日

他们举办了 1964 年法国冬季演出，一场在凡尔赛市，另外二十场在巴黎奥林匹亚音乐厅。

1964 年 2 月 7 日

披头士抵达纽约，两天后在 CBS 电视台的《埃德·沙利文秀》上历史性地亮相。半数美国人观看了这个节目，披头士狂热飞速蔓延。他们美国冬季巡演的首站是华盛顿。他们还在纽约的卡内基音乐厅演出，后来在迈阿密的多维尔酒店（Deauville Hotel）再次为《埃德·沙利文秀》演出。

1964 年 3 月 23 日

约翰·列侬的第一本书《约翰·列侬自笔》由英国的乔纳森·凯普出版社和美国的西蒙与舒斯特出版社出版。书中收录了无厘头的诗歌和绘画，获得了巨大成功。

1964 年 4 月和 5 月

他们举办了 1964 年春季演出，包括 5 月 31 日伦敦威尔士亲王剧院那场。

1964 年 4 月 23 日

福伊尔书店在伦敦的多彻斯特酒店为约翰举行了文学午宴，

约翰却由于严重宿醉而无法诙谐地演讲,主办方和观众大失所望。

1964 年 6 月 4 日—8 月 16 日

全球巡演,二十六场演唱会,丹麦、荷兰、中国香港、澳大利亚、新西兰、英国、瑞典。咪咪姨妈同约翰一起去了澳大利亚,她好好打扮了一番,戴着花帽子,借此机会走亲访友,还见了住在新西兰依卡塔胡纳的侄子吉姆·马修斯。

1964 年 7 月 6 日英国(美国为 8 月 11 日)

披头士音乐喜剧故事片《一夜狂欢》在英国上映。该片获得了巨大的商业成功,至今仍被誉为史上最具影响力和启发性的音乐电影之一。盛大的世界首映会在伦敦守护神剧院举行,玛格丽特公主和斯诺登勋爵出席了该典礼,一万两千名粉丝涌入皮卡迪利广场。

1964 年 7 月 10 日

专辑《一夜狂欢》发行。

1964 年 8 月 19 日—9 月 20 日

披头士 1964 年美国与加拿大夏季巡演,首站为旧金山,终站为纽约,演出场地包含洛杉矶的好莱坞露天剧场、丹佛的红石露天剧场、芝加哥国际露天剧场、波士顿花园,以及达拉斯纪念礼堂。

1964 年 8 月 28 日

在纽约市的德尔莫尼科酒店（Delmonico Hotel），他们初次同鲍勃·迪伦见面。迪伦成了一个隐士，用保镖和毒品让自己与世隔绝。他让披头士接触了大麻。

约翰愈加厌烦披头士的形象与国际名声。他在艺术和个人情感的表达中寻求慰藉。一股新勇气融入了他的创作，将其提升到一个新层面。乐队永无停歇的巡回、录歌、宣传行程让所有成员都很痛苦。约翰和乔治尤其厌烦在成百上千名歌迷面前演出，现场的尖叫声让他们听不到自己的声音，听不到自己在演奏什么。不完善的音响设备让他们更加心灰意冷。极端的安保措施让他们无法享受旅程。他们的生活如同没有一丁点欢乐的旋转木马，在飞机、酒店房间与演唱会场馆间转来转去。

1964 年英国秋季巡演

他们在苏格兰、英格兰、爱尔兰、威尔士巡演共计二十七天，第一站是布拉德福德，最后一站是布里斯托。

1964 年 12 月 4 日

专辑《披头士待售》发行。

1964 年 12 月 24 日—1965 年 1 月 16 日

披头士圣诞节综艺演出在伦敦哈默史密斯剧院上演。

1965 年 6 月 12 日

披头士在女王寿辰授勋典礼上拜受大英帝国员佐勋章。

1965 年 6 月 24 日

约翰的第二本书《工作中的西班牙人》出版。书中收录了更多无厘头故事和绘画。

辛西娅和他的儿子已经为公众所知。一家人常常成为新闻和杂志的话题人物。约翰不动声色,但内心的不爽和不安与日俱增。他从丈夫和父亲的身份中抽离了出来。他拒绝和妻儿在一起,但出门巡演时又心生愧疚,于是会写长长的家书。他不让辛西娅知道自己越来越痴迷于女歌迷和迷幻药。他把自己的私生活隐晦地写进了歌里。

1965 年 6 月 29 日英国(美国为 8 月 11 日)

披头士的第二部电影,音乐喜剧/冒险片《救命!》在英国上映。世界首映会在伦敦亭大剧院(London Pavilion Theatre)举行,玛格丽特公主和斯诺登勋爵出席了典礼。该电影为未来的摇滚流行影片提供了一套全新概念。

约翰很不开心,又是酗酒又是暴饮暴食。他后来形容这段时间是他的"胖猫王"时期。

约翰久未谋面的父亲弗雷迪·列侬,如今在离约翰的韦布里奇住处不远的旅馆做清洁工。他前来寻求财务帮助。这是十二年来父子首次见面。

1965 年 8 月 6 日英国（美国为 8 月 13 日）
专辑《救命!》在英国发行。

1965 年 8 月 15 日—8 月 31 日
十六场美国巡演，第一站是纽约的谢伊球场——五万五千六百名歌迷前来观看表演，这是迄今为止规模最大的披头士演唱会。8 月 29 日和 30 日，他们在洛杉矶的好莱坞露天剧场演出。

1965 年 10 月 26 日
女王陛下在白金汉宫为披头士颁发员佐勋章（最优秀的大英帝国员佐勋章）。此事在该年 6 月的女王寿辰授勋典礼上宣布，公众有喜有忧，各持己见。一些之前的授勋者退回勋章以示抗议。

1965 年 12 月 3 日英国（美国为 12 月 6 日）
专辑《橡皮灵魂》在英国发行。

1965 年 12 月 3 日—12 月 12 日
英国巡演于格拉斯哥开始，在加的夫结束。

1965 年 12 月 31 日

约翰的父亲弗雷迪发行单曲《我的生活（我的爱与我的家）》。它获得了媒体的广泛报道，开始在排行榜上攀升，后来又突然消失。创作人之一托尼·卡特赖特怀疑是列侬在背后捣鬼。该专辑是贝斯手诺埃尔·雷丁和鼓手米奇·米切尔的已知最早的录音记录，两人未来都将成为"吉米·亨德里克斯体验乐队"的成员。弗雷迪如吸血鬼般企图以儿子的名声获利一事，日后将被拿来和已故歌手艾米·怀恩豪斯的父亲米奇·怀恩豪斯的行径相比较。

1966 年

披头士愈加成熟的唱片作品超越了他们的现场演出能达到的高度。眼见差距不断拉大，他们十分沮丧。他们开始在台上敷衍了事。

1966 年 3 月 4 日

约翰同乐队之友莫琳·克利夫的访谈刊登在伦敦的《标准晚报》上，访谈里他谈了家庭生活、艺术、书籍、金钱、政治和宗教。在当时的语境下，他关于基督教和耶稣的说法并没有煽风点火之意，但美国青少年杂志《日记本》断章取义他的话，使约翰被指责"自称披头士比耶稣更受欢迎"。一些保守的美国人大肆攻击"渎神"的披头士。二十二家美国电台禁播他们的歌曲。民众焚毁披头士的相关物品，他们的唱片、书籍与周边商品都遭到了恶意破坏。约翰还收到了死亡威胁。三 K 党声称要在乐队的美国巡演途中发起破坏活动。

1966 年 6 月 24 日—7 月 4 日

德国、日本、菲律宾巡演。

他们的首场德国演唱会从 1962 年 12 月开始,最后一场演出是汉堡明星俱乐部的新年演唱会。

他们回到汉堡,同阿斯特丽德·基尔赫和伯特·肯普菲尔特重聚。所有人都认为重回大自由街太过危险,因为会招来大量歌迷和警察。约翰和保罗后来偷偷溜去了那里。

在日本,他们在武道馆演出。这是一个神圣的武术体育馆,许多人反对将此场馆用来开摇滚演唱会,举行了愤怒的抗议活动。因此日本部署了三万五千名警察和消防人员。在 6 月 30 日的新闻发布会上,约翰谴责了越战。

在马尼拉表演时,第一夫人伊梅尔达·马科斯邀请他们和她一起在马拉卡南宫观看演出,披头士无意间拒绝了邀请。为了保命,他们不得不逃离菲律宾。

1966 年 7 月 30 日

在伦敦温布利球场约九万七千名热情的观众面前,英格兰队以 4 比 2 击败了西德队,首次(也是迄今唯一一次)在世界杯决赛中获胜。

1966 年 8 月 5 日

专辑《左轮手枪》发行。

1966 年 8 月 6 日

布莱恩·爱泼斯坦在纽约举行记者会，应对"比耶稣更受欢迎"这一言论引发的抵制浪潮，但他的努力反而为事件火上浇油。

1966 年 8 月 11 日

在风城[1]举行两场演唱会的前一天，披头士在芝加哥的阿斯特高塔酒店（Astor Towers Hotel）举行了后续记者会。出发面对媒体前，约翰在房间默默落泪。他就自己的"错误"公开道歉。

1966 年 8 月 12 日—8 月 29 日

1966 年美国夏季巡演，从芝加哥开始，一路经过克利夫兰、华盛顿、孟菲斯、纽约、洛杉矶和旧金山。

1966 年 8 月 23 日

披头士回到谢伊球场，约翰发表"比耶稣更受欢迎"这一"错误言论"的结果便是他们"只"卖出四万五千张票，空了一万一千个座位。

---

[1] 芝加哥市的别称。

此次美国巡演算不上巨大成功。筋疲力尽的披头士成员厌倦了争议，也不想再展现虚假的公众形象，一致同意中止巡演。约翰找到了音乐的新方向。他们的专辑《左轮手枪》标志着乐队词曲创造风格的转变。他们的迷幻时代开始了。

1966 年 8 月 29 日
他们作为巡演乐队的最后一场演唱会在旧金山烛台球场举行。

1966 年 9 月
约翰参与拍摄理查德·莱斯特的电影《我如何赢得战争》。这是他仅有的一次在非音乐电影中扮演角色，该电影在德国和西班牙拍摄。他开始佩戴圆圆的老太太眼镜，后来这成了他的标志。他意识到在披头士之后开创事业的可能性，变得越发自省。关于披头士即将解散的传言四起。

1966 年 10 月 26 日
阿尔玛·科根在伦敦的米德尔塞克斯医院因癌症逝世。

1966 年 11 月 9 日
拍完《我如何赢得战争》回家两天后，约翰在伦敦参观了日裔美国前卫艺术家小野洋子的展览，该展览在伦敦因迪卡画廊举办。两人一见钟情，并在接下来一年的许多活动中频频见面。

保罗提议披头士以一个虚构的乐队形式来表演,并录一张专辑,让他们在音乐上突破披头士的条条框框,做新的尝试和拓展。受海滩男孩的专辑《动物之声》的启发(而这张专辑受了披头士的专辑《橡皮灵魂》的启发),他们成了"乐队中的乐队"。

1966 年 11 月 24 日

经过两个月的休整,他们在阿比路百代唱片的二号录音室开启了《佩珀军士的孤独之心俱乐部乐队》的录制工作。该专辑用到的录音技术非常繁复,无法以现场表演的方式呈现,录制工作持续了五个月。

1967 年

堕胎与同性恋在英国合法化。人们观念的改变导致议会对多项法案做出修改。1967 年的《性罪行法令》将年满二十一岁的男性之间自愿的同性性行为去罪化;1967 年的《堕胎法案》将某些情况下的堕胎合法化;随后,1969 年的《离婚改革法案》和 1970 年的《同工同酬法案》也相继颁布。

1967 年 5 月 26 日英国(美国为 6 月 2 日)

《佩珀军士的孤独之心俱乐部乐队》专辑于英国发行,听众反响热烈,被称为"爱之夏的原声带"。它的销量超过了披头士先前所有专辑,改变了黑胶唱片的面貌。专辑收录了约翰口中自己作品里的最爱《为凯特先生好!》和他的杰作《生命中的一天》。

1967 年 6 月—7 月

世界上第一场正式的摇滚音乐节蒙特雷国际流行音乐节在加利福尼亚州举行,持续了三天。吉米·亨德里克斯、谁人乐队、拉维·香卡、詹尼斯·乔普林、奥蒂斯·雷丁等艺人都参与了演出。在爱之夏期间,十万嬉皮士突然涌进旧金山的海特-艾许伯里区。嬉皮士运动由此开始。

1967 年 6 月 25 日

在阿比路百代唱片录音室,披头士表演了他们最后三场现场演出的第一场:为《我们的世界》节目卫星直播演出了主题曲《你需要的就是爱》。遍布五大洲的四亿观众观看了该节目。歌曲中的口号概括了 20 世纪 60 年代的思想理念。他们以全新形象面对世界。

约翰将他的劳斯莱斯重新漆成了迷幻风格。

1967 年 7 月 27 日

男同性恋在英国部分去罪化。英国这周的排行榜冠军歌曲为《你需要的就是爱》。日后,1967 年被称为"流行乐出现之年"。

1967 年 8 月 8 日

小野洋子和托尼·考克斯 1966 年的《第四号电影：1966—1967》（别名《臀》）于伦敦首映，片中收录了 365 张知名人士的臀部特写，洋子声称这是为了促进关于世界和平的对话。

1967 年 8 月 24 日

约翰和小辛、乔治和帕蒂·哈里森、保罗·麦卡特尼和珍·爱舍在伦敦希尔顿酒店参加了玛哈里希·玛赫西·优济的超验冥想讲座。

1967 年 8 月 25 日

所有披头士成员从伦敦尤斯顿火车站出发，前往北威尔士的班戈参加玛哈里希的周末研讨会。约翰上了火车，但小辛由于人群拥挤没能上车。她只好坐汽车过去。小辛已经发觉婚姻正在破裂，她将这次倒霉事视作凶兆。

1967 年 8 月 27 日

布莱恩·爱泼斯坦因过量服用巴比妥类药物在伦敦离世。他的讣告中只字未提他的同性恋倾向。约翰认为这场悲剧是披头士终结的预兆。

已不再巡演的披头士想出一个主意，为 BBC 拍摄电视电影《奇幻之旅》，从而以乐队身份进行表演。

1967 年 9 月 11 日—9 月 25 日

《奇幻之旅》开拍，影片大部分在肯特郡的西莫灵取景。影片旅程本身则穿过了德文郡和康沃尔郡（大多数镜头都没被使用），伦敦的苏豪区以及法国南部。缺了爱泼斯坦的指导，他们有点偏离了轨道。

1967 年 11 月 27 日

《奇幻之旅》电影原声带以黑胶唱片形式在美国发行。在英国，电影原声带则于 12 月 8 日以双面迷你专辑的形式发行。

1967 年 12 月 26 日

英国 BBC 一台于节礼日播出《奇幻之旅》。该片因为晦涩难懂又自我陶醉而遭到嘲笑，成为乐队的"首次失败"。好在电影音乐为他们挽回了点面子，其中的点睛之笔是约翰的《我是海象》。面对指向电影的批评，约翰无动于衷。音乐创作者们觉得约翰正将队长的位置让给保罗。

1968 年 1 月

苹果公司成立，取代了原先的披头士有限公司。他们从此完全掌控了自己的艺术与商业事宜。至少这是他们成立该公司的初衷。

1968 年 2 月 4 日

披头士在阿比路的百代唱片录音室录制了保罗的《麦当娜女士》和约翰的《穿越宇宙》。《穿越宇宙》的文字游戏巧妙,歌词诗意,旋律美到令人窒息,是约翰最杰出的作品。但该歌曲一度被搁置,后来成了《顺其自然》的开场曲,而《麦当娜女士》则以单曲形式发行,以便让他们在接下来消失的一段时间中"维持热度"。

该月下旬,他们同许多朋友一同前往印度喜马拉雅山麓的里希盖什,向玛哈里希进一步学习超验冥想。玛哈里希被控骚扰演员米娅·法罗后,众人的幻想破灭了。约翰大失所望。

1968 年 5 月

小辛同朋友在希腊度假时,约翰邀请小野洋子到他韦布里奇的家中。他们一起录音乐,并第一次发生关系。约翰立刻决定离开小辛,与洋子生活。洋子是他今生一直等待的灵魂伴侣。尽管媒体恶言不断,但和约翰最亲近的人都说洋子是发生在他身上最美好的事情。小辛度完假回家,发现另一个女人侵占了她的房子和她的丈夫。小辛逃走了。约翰和洋子十分亲密,他称她为"女装版的我"。英国大众谴责约翰抛弃了妻儿和"披头士的理想"。

1968 年 5 月 30 日

《披头士》,也就是著名的《白色专辑》开始录制,一直持续到 1968 年 10 月 14 日。

1968 年 6 月 15 日

约翰和洋子首次公开一起亮相。他们在考文垂大教堂周围的土地上种下了两颗橡果，一颗朝东，一颗朝西，象征着他们对彼此的爱以及不同文化的融合。

1968 年 6 月 18 日

约翰和洋子去伦敦老维克剧院观看改编自约翰《自笔》的舞台剧。隔天此事被媒体大量报道。

1968 年 7 月 1 日

约翰在位于伦敦杜克街的罗伯特·弗雷泽画廊举办了首次大型艺术展"你在这儿"（You Are Here），此次展览的灵感大多来自洋子的艺术。365 个氦气球的绳子被剪断，飘向伦敦的天空。捡到气球的人将上面的标签还给约翰，让他赶紧回家，回到妻子身边。约翰感到困惑与失望。针对洋子的种族歧视无处不在。约翰不屈不挠，他把洋子带到披头士《白色专辑》的录音现场，打破了不成文的规定：披头士的女伴们必须远离他们的工作。但约翰不想离开他的灵魂伴侣。洋子想一起唱歌，甚至给他们提音乐上的建议，这惹恼了乐队其他成员。

1968 年 8 月 22 日

辛西娅·列侬起诉约翰，要求离婚，理由是他与洋子出轨。

他并没有声辩。

1968 年 9 月 4 日

在特威克纳姆电影制片厂，他们拍摄了最后三场现场演出的第二场：为《嘿裘德》与《革命》拍摄宣传片，导演是迈克尔·林赛-霍格，负责伴奏的有三十六名系着白领带的交响乐团成员。三百名群演大多数是在当地找的，一些时常围在百代录音室外的歌迷也被雇来拍摄。在场的还有电视主持人戴维·弗罗斯特，四天后，该宣传片的片段将在他主持的《弗罗斯特周日秀》(*Frost on Sunday*) 中首播。

1968 年 10 月 18 日

约翰与洋子在林戈位于伦敦蒙太古广场的公寓被逮捕，罪名是持有大麻和妨碍执法。

1968 年 11 月 8 日

辛西娅与约翰正式离婚。

1968 年 11 月 21 日

三十五岁的洋子在伦敦的夏洛特王后医院流产，失去了约翰五个多月大的孩子。约翰自始至终在她身旁，与他在辛西娅怀孕和诞下儿子朱利安时的态度截然相反。洋子和列侬在一起时一共流产了三次,这是第一次。洋子未出生的儿子的预产期为 1970 年 2 月。在失去他前,两人录下了他的心跳,后将其收录在 1969 年的专辑《与狮相伴的日子》(*Life with the Lions*)中,接着是一段两分钟的沉默。这个孩子被取名为约翰·小野·列侬二世,被葬在一个秘密的地方。

1968 年 11 月 22 日

以"白色专辑"之名广为人知的专辑《披头士》由乐队自己的苹果唱片公司发行。该专辑预示着披头士走向解散。苹果公司艰难前行之际,公司的其他部门却在侵吞他们的财富。会计师们不断抗议。乐队成员也开始内讧。林戈很快厌倦了这种氛围。乔治对于保罗和约翰不把他的创作和音乐能力当回事感到沮丧。约翰受够了保罗四处耀武扬威和自我感觉良好,保罗再也无法忍受约翰越来越反常和同洋子秀恩爱的行为。约翰和保罗在歌曲创作上已经分道扬镳。暴风雨即将来临。

1968 年 11 月 29 日

约翰和洋子发行了《未完成音乐一号:一对处子》,该专辑录制于两人在约翰与辛西娅的家里共度的第一个夜晚。专辑正面是他们全裸的正面照,背面是他们全裸的背面照。专辑中的"音乐"混合了他们刺耳的尖叫、叽叽喳喳的说话声以及各种音效。

1969 年

披头士转折之年。

专辑《顺其自然》的录制项目继续。该专辑将成为披头士第十二张也是最后一张录音室专辑,但录制时间比《阿比路》更早。乐队成员间的矛盾影响了专辑录制。他们还在以惊人的速度亏钱。约翰坚持雇用臭名昭著的摇滚经纪人亚伦·克莱因来解决问题。保罗则想要他将来的大舅子约翰·伊斯门(当时保罗已经与摄影师琳达·伊斯门订婚)来负责。林戈和乔治支持约翰。争吵继续。《顺其自然》项目暂停,并在 1970 年 4 月到 8 月重启。

1969 年 1 月 13 日

《黄色潜水艇》电影原声带发行。

1969 年 1 月 20 日

理查德·尼克松宣誓就任美国第三十七任总统。

1969 年 1 月 30 日

披头士最后一场公开演出于伦敦裁缝街 3 号苹果公司总部楼顶举行。键盘手比利·普雷斯顿为他们伴奏。演出影像片段收录在电影《顺其自然》中。

1969 年 2 月 2 日

小野洋子和托尼·考克斯的离婚尘埃落定。洋子得到了女儿京子的监护权。

1969 年 2 月 3 日

在伦敦高等法院为解除披头士合作关系而举办的听证会后,亚伦·克莱因受聘担任业务经理。保罗拒绝接受亚伦,乐队内部矛盾激化。

1969 年 2 月 22 日—8 月 20 日

专辑《阿比路》在阿比路的百代录音室、奥林匹克录音室、三叉戟录音室录制。

约翰如今把越来越多的精力投到个人音乐项目上。比起和披头士其他成员一起工作,他更愿意和洋子合作和实验。他已经向前看了。不过,他依然对这张专辑做出了卓越贡献,创作了《因为》《一起来》《我要你(她这么美妙)》等歌曲。

披头士并没有即刻解散的计划。乐队成员依然是朋友,也打算将来继续一起录歌。

1969 年 3 月 20 日

约翰和洋子在直布罗陀结婚,蜜月期间在荷兰阿姆斯特丹希尔顿酒店的 902 号房间内进行了为期七天的"床上和平运动",紧接着在维也纳的萨赫酒店举行了有关袋主义的记者会。在这场记者会上，他们敲定了"我们只是希望给和平一个机会"的口号。夫妇俩还宣传了他们的前卫电影《强暴》(*Rape*)。1968 年到 1972 年，两人还合作拍摄了：《微笑》(*Smile*)、《自画像》(*Self-Portrait*)、《勃起》(*Erection*)——主要拍的是伦敦洲际酒店的建造过程、《沿着腿向上》(*Up Your Legs*)——拍了 331 人的腿，以及《羽化登仙》(*Apotheosis*) 和《苍蝇》，前者拍了气球飞进云层的短暂画面，外加穿着兜帽斗篷的洋子和列侬，后者拍了一只停在裸体女性身上的昆虫。

1969 年 5 月

约翰申请美国旅游签证遭拒。夫妇最终选择在加拿大传递他们的信息。

1969 年 5 月 26 日—6 月 2 日

约翰和洋子举行第二次床上和平运动，地点选在魁北克省蒙特利尔的伊丽莎白女王酒店。约翰在运动过程中创作并录制了《给和平一个机会》。这首歌被列为列侬—麦卡特尼的作品，但其实算是塑料小野乐队发行的第一首单曲。

1969 年 6 月 8 日

美国总统尼克松与南越总统阮文绍在亚洲和北美之间的北

太平洋珊瑚环礁中途岛会面。尼克松宣布在 9 月前从越南撤出二万五千名美国士兵。

1969 年 6 月 28 日

纽约市爆发的"石墙事件"标志着现代同性恋平权运动的开端。

1969 年 7 月 1 日

约翰在苏格兰高地度假自驾时发生车祸,当时车里还有怀孕的洋子,以及他们的子女朱利安和京子。所有人都在戈尔斯皮的劳森纪念医院接受了治疗,约翰、洋子和京子都因为面部和头部严重受伤缝了针。

1969 年 7 月 3 日

滚石乐队的布莱恩·琼斯(二十七岁)被发现在位于英格兰萨塞克斯的自家泳池中溺亡。

1969 年 7 月 20 日

"阿波罗 11 号"载着尼尔·阿姆斯特朗、巴兹·奥尔德林和迈克尔·柯林斯飞向月球。阿姆斯特朗和奥尔德林登上了月球表面,三人安全返回地球。

1969 年 8 月 8 日上午 11 时 30 分

摄影师伊恩·麦克米伦拍摄了披头士在阿比路录音室旁穿过斑马线的照片。这张照片后来成为他们最后一张专辑的封面，也成了他们有史以来最有辨识度、最受人喜爱的专辑封面之一。

1969 年 8 月 9 日

查尔斯·曼森的"家族"邪教组织成员在罗曼·波兰斯基的位于洛杉矶的豪宅中杀死了有孕在身的女演员莎朗·塔特和她的朋友们。

1969 年 8 月 15 日—8 月 18 日

伍德斯托克音乐节在纽约州的白湖村举办，出场艺人有吉米·亨德里克斯、史莱和史东家族合唱团、拉维·香卡、琼·贝兹、詹尼斯·乔普林、谁人乐队、杰佛森飞船等。香卡对音乐节的状况并不满意，并与 20 世纪 70 年代的嬉皮运动保持距离。鲍勃·迪伦抵制伍德斯托克音乐节，前往英国参加怀特岛音乐节（8 月 30 日—31 日），并在十五万名观众面前表演。出演怀特岛音乐节的艺人还包括乐队合唱团、美丽尤物乐队（the Pretty Things）、畅快乐队（the Nice）、谁人乐队、邦佐狗狗乐队、乔·科克尔等。出席的嘉宾有约翰和洋子、林戈和妻子莫琳、乔治和帕蒂·博伊德、女演员兼活动家简·方达，以及滚石乐队的基思·理查兹。

1969 年 9 月 13 日

塑料小野乐队现身多伦多摇滚复兴演唱会，与 20 世纪 50 年代至 60 年代的知名艺人同台演出。

1969 年 9 月 20 日

乐队在苹果总部举行会议探讨下一张专辑的相关事宜。林戈因病缺席。会上讨论了新单曲。约翰提议用他的最新创作《戒断反应》，保罗和乔治反对。不管怎样，约翰依然和塑料小野乐队一起录了这首歌。他对披头士其他几人说"我退出"和"结束了"。这标志着披头士的真正终结，而非 1970 年 8 月 10 日那天保罗发出的公开声明。乐队创办者约翰的离去之日，便是乐队解散之日。当时他二十九岁。

1969 年 9 月 26 日英国（美国为 10 月 1 日）

《阿比路》专辑在英国发行，反响毁誉参半。而如今人们普遍认为它是他们最杰出的专辑。

1969 年 10 月 15 日

成千上万人参与了"终止越战大游行"，示威运动席卷美国。洋子又一次流产。

1969 年 11 月 13 日—11 月 15 日

二十五万到五十万名抗议者在华盛顿特区举行和平示威,自称"抵制死亡大游行"。

1969 年 11 月 25 日

约翰将大英帝国员佐勋章退还给英国女王。

1969 年 12 月 6 日

滚石乐队主办的阿尔塔蒙特自由音乐节作为"西岸版伍德斯托克"在北加州举行,其间发生了多起暴力事件,在历史上标志着"六十年代的终结"。

约翰和洋子继续通过各种运动和荒唐行为占据媒体头条,让大众关注他们的政治观点和艺术(二者很快便融为一体)。他们以失去可信度为代价,传达着自己的信息。

同样在 12 月,小野和列侬发起了为詹姆斯·汉拉蒂(James Hanratty)洗刷罪名的运动,他是英国最后一批被处以绞刑的犯人之一。两人在十一个城市竖起巨型告示牌,以推进世界和平。告示牌上写着"战争已经结束,若这是你所愿——圣诞快乐,约翰和洋子敬祝"。

1970 年 1 月

约翰和洋子剪短了头发,宣布 1970 年为"和平元年"。

1970 年 2 月 6 日英国（美国为 2 月 20 日）

小野和列侬在英国发行单曲《现世报！（我们都在闪耀）》。

1970 年 4 月 1 日（愚人节）

他们发表了一份开玩笑的新闻声明，宣称两人做了变性手术。

洋子与前夫托尼·考克斯关于女儿京子的抚养权的问题依然没有解决。小野和列侬一路追到马略卡岛。考克斯带着京子逃到了他新伴侣梅琳达·肯德尔的家乡——得克萨斯州的休斯敦。约翰和洋子承受了巨大的精神压力。

1970 年 4 月 23 日

小野和列侬飞往洛杉矶见原始情感疗法的领军人阿瑟·亚诺夫医生，接受为期四个月的心理治疗。约翰直面了他内心最深处的不安全感——父亲的遗弃、母亲的死以及对自己的厌恶。夫妇俩返回英格兰后，约翰在他作为单飞艺人的第一张正式录音室专辑的歌曲中处理了这三方面的问题。

1970 年 9 月 18 日

吉米·亨德里克斯（二十七岁）被发现死于伦敦的一家公寓式酒店。

1970 年 10 月 4 日

詹尼斯·乔普林（二十七岁）被发现死于洛杉矶的地标汽车酒店。

1970 年 9 月 26 日—10 月 23 日

《约翰·列侬 / 塑料小野乐队》在阿比路录音室和位于伯克郡提腾赫斯特庄园家中的阿斯科特之声录音室录制。

1970 年 12 月 11 日

《约翰·列侬 / 塑料小野乐队》发行。专辑主题是"直面你的问题"。该专辑获得了高度评价，收录了《工人阶级英雄》(*Working Class Hero*)和《母亲》(*Mother*)等歌曲。

1971 年 2 月 11 日—2 月 12 日（及 5 月 24 日—7 月 5 日）

《想象》专辑在阿斯科特之声录音室、纽约市唱片工厂录音室和阿比路录音室录制。

1971 年 3 月 12 日英国（美国为 3 月 22 日）

《权力归于人民》(*Power to the People*)在英国发行。约翰和洋子明显采取了更为直接和反叛的立场。

1971 年 7 月 3 日

在滚石乐队成员布莱恩·琼斯逝世两周年纪念日,大门乐队主唱、填词人、诗人吉姆·莫里森(二十七岁)被发现死于巴黎住处的浴缸中。

1971 年 8 月 1 日

乔治·哈里森与拉维·香卡在纽约麦迪逊广场组织了"孟加拉国赈灾演唱会"。这是世界上第一场慈善音乐会,旨在救助 1970 年热带气旋风暴与孟加拉国解放战争中的难民。林戈、鲍勃·迪伦和埃里克·克莱普顿也参与了表演。

1971 年 9 月 3 日(有报道称是 8 月 31 日)

约翰和洋子为了寻找京子,离开英格兰前往纽约短期旅行。约翰自此再也没有回到祖国生活。

他们下榻在瑞吉酒店,后来搬到了西村的一套两室的公寓,在那里他们吸引了一些企图让理查德·尼克松下台的政治激进分子。约翰和洋子开始参与抗议集会和慈善音乐会,有些场合比较令人起疑。他们录制了另一张专辑《纽约城的时光》(*Some Time in New York City*)。联邦调查局逐渐开始留意他们的活动。在他们的抗议歌曲《约翰·辛克莱》(*John Sinclair*)的帮助下,一个因持有大麻而被判有罪的人获释。自此,尼克松总统开始监视列侬夫妇。

1971 年 9 月 9 日

专辑《想象》发行。专辑收录了约翰的代表作《想象》,以及《内心残缺》(*Crippled Inside*)、《妒忌的人》和《你怎么睡得着?》等歌曲。《你怎么睡得着?》充斥着对保罗的挖苦和侮辱,是对保罗在专辑《公羊》中对他的露骨指摘的尖刻反击。

1971 年 10 月 28 日—10 月 31 日

《圣诞快乐(战争已经结束)》("*Happy Xmas*",注意英文"圣诞"的字母 X)在纽约市的东录音工厂录制。这首歌的旋律来自古老的英国民谣《花斑马》。这是约翰独立于披头士的第七首单曲,后来成为越战抗议歌谣和圣诞节经典曲目。

1971 年 12 月 1 日美国(英国为 1972 年 11 月 24 日)

《圣诞快乐(战争已经结束)》在美国发行。但在英国,由于约翰和发行商北方之歌的版权纠纷,专辑的发行时间推迟了将近一年。约翰是首个发行圣诞歌曲的前披头士成员。乔治的《叮咚,叮咚》于 1974 年发行,保罗的《美好的圣诞节》于 1979 年发行,林戈的专辑《我想成为圣诞老人》于 1999 年发行。

约翰谈到要在美国巡演,以抗议尼克松 1972 年的连任竞选。随着投票年龄降低到十八岁,尼克松感到恐慌,担心列侬在年轻选民中的影响力。鉴于约翰在专辑《想象》中对他的攻击,总统很清楚约翰对他的观感,比如《给我些真相》(*Gimme Some Truth*)

里的：" 短发又懦弱的狡猾迪克[1]之子要穿着妈妈装来奉承我。" 这首歌由约翰演唱，乔治·哈里森吉他伴奏。联邦调查局派出探员监视列侬的表演，他们很快发现约翰之前在英格兰因持有大麻有过前科。严格来说，这应该会使约翰无法入境美国。约翰的旅游签证快要到期。尼克松找到了机会。起先约翰觉得自己被车跟踪、电话被窃听只是自己多想，但没过多久他就发现了真相。一场漫长的法庭之战就此拉开序幕。

1972 年 3 月 17 日

林戈发行由乔治·哈里森制作的单曲《反跳波加洛舞》(*Back off Boogaloo*)，林戈称他的朋友马克·波伦是歌词的灵感来源。据说马克协助录制了这首歌。自从第二张暴龙乐队的专辑《电战士》(*Electric Warrior*) 取得突破后，马克的人气势不可当（该专辑在英国成为 1971 年最畅销专辑，之后在《滚石》杂志的 "史上最伟大的 500 张专辑" 榜单中名列 160 位）。该歌曲在美国百大单曲排行榜上位列第九。在英国名列第二，这是斯塔尔在英国国内最畅销的作品。隔天，波伦在温布利帝国球场演了两场，现场歌迷的热情胜过 "披头士狂热"。林戈为苹果电影公司预计推出的纪录片拍摄了演唱会的全程。后来影片扩充成了专题片，其他镜头在阿斯科特提腾赫斯特庄园——约翰和洋子的家中取景，拍摄时，林戈

---

[1] 尼克松的反对者对他的称呼，最早见于 20 世纪 50 年代。

帮他们看家。影片还拍了苹果录音室里的即兴演奏，埃尔顿·约翰弹钢琴，林戈担任鼓手。几周后，马克和妻子琼、乔治·哈里森、林戈等人坐船去戛纳度假。林戈的这部电影《生来布吉》（*Born to Boogie*）在伦敦苏豪区布鲁尔街的奥斯卡一号电影院首映。电影票房惨淡，美国片商和代理商直接无视了它。同年 4 月，马克在乔治·马丁的 AIR 录音室为林戈的同名专辑录制了小样，但没收录在最终版黑胶唱片中。

1972 年 4 月 18 日

约翰和洋子参加了移民听证会，在听证会上，约翰收到了驱逐令，勒令他在六十天内离开美国。

1972 年 5 月

约翰让步了，保证自己不会妨碍尼克松竞选连任的活动。他寻求许多朋友的帮助，包括鲍勃·迪伦、约瑟夫·海勒、伦纳德·伯恩斯坦、琼·贝兹，希望他们支持他上诉继续留在美国。

1972 年 6 月 12 日美国（英国为 9 月 15 日）

约翰与格林威治村乐队"大象的回忆"（Elephant's Memory）和"隐形琴弦"（Invisible Strings）合作的专辑《纽约城的时光》在美国评价不佳，之后的英国发行日再次因为与发行商北方之歌的纠纷而延期。《滚石》杂志指责约翰和洋子"开始进行艺术性自杀",因为该专辑专注于政治与社会议题,如北爱尔兰危机、阿提卡监狱枪击案,等等。约翰似乎首次被歌曲主题问题弄得不知所措。在英国,由于约翰已离开祖国旅居纽约,《爱尔兰人的运气》《血腥星期天》等歌曲并未得到认可,反而越发遭人嫌恶。

1972 年 6 月 17 日

水门丑闻于华盛顿特区曝光。总统竞选连任委员会的腐败行径败露。四十八名尼克松政府的官员被定罪。

1972 年 8 月 30 日

约翰和洋子在麦迪逊广场花园举办了两场"一对一"(One to One)演唱会。约翰买下了价值五万九千美元的门票送给歌迷,并募得了一百五十万美元捐给身心障碍者。虽然约翰之后又登上了几次舞台,但这是他参加的最后一次大型表演。

1972 年 11 月 7 日

理查德·尼克松以压倒性优势成功连任。

1972 年 12 月 23 日

电影《想象》上映。电影主要在提腾赫斯特庄园取景,描述了一对琴瑟相和的恩爱夫妻。但现实并没有如此美好。两人法律问题缠身,继续拼命寻找被绑架的京子,外加政治诉求破灭,婚姻陷入危机。

1973 年 4 月

约翰和洋子搬入纽约上西城豪华的达科塔公寓。

1973 年 7 月

尼克松总统被曝拥有监听系统，白宫与水门窃听案的关联浮出水面。尼克松批准了阻止调查的计划一事大白于天下。

1973 年 7 月—8 月

《心灵游戏》专辑在纽约市东录音工厂录制。这是列侬第一张自己制作的专辑。该专辑的制作标志着他与洋子开始分居。在洋子的鼓励下，从 1970 年就开始与列侬夫妇共事的制作协调员兼助理庞凤仪成了约翰的伴侣兼情人，这段时期日后被称为列侬的"迷失的周末"。这一说法出自 1945 年的同名电影，雷·米兰德在片中饰演一个酗酒的作家。

1973 年 10 月 29 日美国（英国为 11 月 16 日）

《心灵游戏》专辑在美国发行。

1973 年 10 月

约翰和凤仪前往洛杉矶宣传《心灵游戏》并住在当地。身边没有洋子管束的约翰疯狂酗酒。他决定录一张经典摇滚歌曲专辑。他和儿子朱利安修复了关系，他已经四年没见过儿子了。

同样在"迷失的周末"期间，约翰凭借《第九号梦境》夺下了排行榜第 10 名，凭借翻唱《与我同在》夺下了排行榜第 20 名，和大卫·鲍伊合作了《名望》，和埃尔顿·约翰合作了他的翻唱歌曲《露西在缀满钻石的天空》。他为林戈写了《晚安维也纳》（Goodnight Vienna），为约翰尼·温特写了《摇滚人》（Rock and Roll People），还为凯斯·穆恩写了《借过 L 夫人》（Move over Mrs. L）。

1974 年 3 月—5 月

约翰制作了哈里·尼尔森的专辑《软猫儿》（Pussy Cats），专辑名来自他们在洛杉矶醉酒失态招致的负面形象。特邀乐手林戈、克劳斯·沃尔曼、凯斯·穆恩都在专辑中演奏。

1974 年 3 月 13 日

约翰和尼尔森因为行为失态，被洛杉矶的"吟游诗人俱乐部"赶出了门。

在这个三月，洋子联系约翰，让他回达科塔公寓商议戒烟问题。夫妇俩分居时依然每天联系。约翰恳求洋子允许他回家，但她还没准备好让他进家门。

1974 年 3 月 28 日

在《软猫儿》录制期间，约翰和保罗·麦卡特尼在洛杉矶的伯班克录音室完成了一次愉快的即兴演奏。这是他们最后一次在录音室一起演奏，也是从披头士解散到 1980 年约翰被害期间两人仅有的一次合作。他们还讨论了将来的录音事宜。

1974 年 7 月—8 月

约翰在纽约的东录音工厂录制了第五张个人录音室专辑《墙与桥》。

1974 年 8 月 5 日

尼克松总统接受了误导美国的罪责。

1974 年 8 月 9 日

尼克松黯然下台，成了唯一主动辞职的美国总统。尽管因果报应不是当下立刻发生，但对约翰来说足矣。

1974 年 9 月 26 日

《墙与桥》专辑发行。《伴你度过长夜之物》与《第九号梦境》脱颖而出。埃尔顿·约翰也为专辑贡献了自己的才华。他和约翰打赌说《伴你》肯定能拿下排行榜冠军。列侬是唯一没有自己的冠军单曲的前披头士成员，他说要是这首歌拿下冠军，他就和埃尔顿一起在麦迪逊广场花园表演。这首歌真的拿下了冠军。

1974 年 11 月 20 日

约翰搭飞机去波士顿观看埃尔顿·约翰在波士顿花园的表演，并为自己在纽约亮相做准备，克服怯场心理。

1974 年 11 月 28 日

约翰和埃尔顿·约翰在麦迪逊广场花园同台演出。这是约翰最后一次在大型演唱会上亮相。他演唱了《伴你度过长夜之物》《露西在缀满钻石的天空》《我见她站在那里》。约翰为洋子安排了门票。演出结束后，她和约翰在后台重逢。约翰与庞凤仪一起离开现场。不久，约翰和洋子重新开始约会。

1974 年圣诞节

约翰和庞凤仪、儿子朱利安一起在佛罗里达过圣诞节。他们去了奥兰多的迪士尼乐园。

1975 年 1 月中旬（庞凤仪记得是 1975 年 2 月的第一周）

约翰和洋子继续在达科塔公寓共同生活，认为两人的分居是个"失败的尝试"。

1975 年 2 月 17 日

约翰的第六张个人录音室专辑《摇滚》发行,收录了20世纪50年代末到60年代初的歌曲。唱片封面是1961年于尔根·沃尔默拍摄的约翰站在汉堡的门廊前的老照片。该唱片大受好评。

1975 年 4 月 18 日

约翰上了电视特别节目《致敬表演大师卢·格雷德爵士》(*Salute to Sir Lew Grade: The Master Showman*),这是他最后一次登台。

1975 年 10 月 7 日

纽约州最高法院的美国法官撤销了对约翰的驱逐令。

1975 年 10 月 9 日

约翰三十五岁生日那天,洋子(四十二岁)在纽约的一家医院剖腹产诞下了儿子肖恩·太郎·小野·列侬。

1976 年 1 月 26 日

披头士同百代唱片的合约到期。约翰现在没有合约和录歌的义务缠身了。

1976 年 4 月 1 日

约翰的父亲弗雷迪·列侬因癌症在萨塞克斯郡布莱顿逝世,

享年六十三岁。去世前几天，老列侬和约翰保持着联系。

1976 年 7 月 27 日

约翰终于拿到了美国绿卡。五年来，他第一次能自由离开美国而不用担心被禁止入境。在约翰人生的最后四个夏天，一家人在日本度过了长长的假日，他们去了东京、京都、轻井泽等地。约翰迷上了日本的文化艺术和生活方式，见了妻子的家人，还去了很多国家旅行。

1977 年 1 月 20 日

约翰和洋子参加了第三十九任美国总统吉米·卡特的就职典礼。约翰正式成为"受欢迎的人物"。

约翰和洋子从日内瓦搭飞机去埃及开罗，在吉萨金字塔拍照留念。后来有人说他们参与了某次秘密的考古挖掘，并购买了埃及文物。

1977 年 8 月 16 日

埃尔维斯·普雷斯利在田纳西州孟菲斯逝世，享年四十二岁。

1977 年 9 月 16 日

马克·波伦（二十九岁）在伦敦巴恩斯公地的一场车祸中丧生。

1977 年 9 月—10 月

约翰、洋子和肖恩前往日本度长假。

1977 年 10 月 4 日

约翰和洋子在东京的大仓酒店举行记者会，约翰在会上宣布他将从音乐界长期隐退。媒体给约翰冠上了"摇滚界的霍华德·休斯"的名号。

离开音乐界后，他成了家庭主夫，每天照顾宝宝，而洋子则负责打理生意。洋子的工作是处理约翰与披头士相关的法律/财务问题，并让他的资产增值，约翰则负责养育孩子，教他阅读、写字、画画。

照顾肖恩的过程重新点燃了约翰对自己逝去已久的童年的兴趣。他让咪咪姨妈把他的素描、小诗、学校成绩单、校服和其他有纪念意义的东西从老家寄给他。

约翰私下依然会写歌和录制小样，但大多数时间都躺着做白日梦、看电视、阅读、画素描和漫画、写诗。他去世后，这段时间的一些上乘之作被整理并出版成册，名为《凭话语在天空写字》(*Skywriting by Word of Mouth*)。

1978 年 5 月—6 月

据说小野列侬夫妇在巴黎。

1979 年 3 月 20 日

约翰和洋子庆祝了他们的结婚十周年纪念日。

1979 年 5 月 27 日

约翰与洋子在英国的《星期日泰晤士报》上刊登整版广告，题为"来自约翰与洋子的情书：致询问我们何事、何时、何故之人"，让粉丝们知道他俩和肖恩都很好。他们让公众了解他们生活的最新消息，看起来也过得很幸福。在为世界和平斗争多年之后，约翰似乎终于能与自己和平共处了。

约翰这段时间对疯狂歌迷疑神疑鬼，他遇见了保罗·格瑞许（Paul Goresh），这名歌迷成了他散步的同伴。

1980 年 3 月 20 日

约翰与洋子在佛罗里达州西棕榈滩的家中庆祝结婚十一周年纪念日。约翰送给洋子五百朵新鲜栀子花和一颗心形钻石，洋子送了约翰一辆老式劳斯莱斯。

据报道，晚春时，约翰化名"格林伍德先生"独自前往南非开普敦，待在与世隔绝的纳尔逊山酒店。据说他在桌山上冥想。1980 年 5 月 26 日那天，他从南非给庞凤仪打了最后一通电话。相传约翰自己一人或和洋子一起，在此期间搭乘私人飞机或船只去了西班牙、德国、中国香港等地。约翰的咪咪姨妈后来声称，约翰遇害前不久曾秘密造访多塞特郡沙洲半岛的家。

1980 年 6 月 4 日

约翰搭乘帆船"梅根·杰伊号"从罗得岛州的纽波特出发,航向百慕大的哈密尔顿。经历了为期两个月的航行,他在一场狂风暴雨中幸存。此次旅程深深影响了约翰,他重整旗鼓,重拾写歌的热情。他创作了《看着车轮》《重新来过》《女人》等歌曲。从音乐界自我放逐许久,这几首歌曲将孕育出一张全新专辑。四岁的肖恩来百慕大与他同住,洋子也在那里短暂地住了几天。

1980 年 7 月 28 日

约翰坐飞机回纽约,计划录制《双重幻想》。

1980 年 8 月 4 日

约翰和洋子重启录歌事业,与戴维·格芬签了合约。他们也重新开始和媒体互动。

1980 年 8 月 7 日—10 月 9 日

《双重幻想》在纽约的金曲工厂录音室录制。

1980 年 10 月 9 日

约翰四十岁生日,也是肖恩的五岁生日。洋子租了架飞机请飞行员在纽约上空写下"祝约翰和肖恩生日快乐。爱你们的洋子"。

1980年11月17日

专辑《双重幻想》发行。这是约翰和洋子的第五张专辑,也是约翰一生出的第七张也是最后一张录音室专辑。专辑发行后反响惨淡。三个星期后,约翰被害,它随即火遍全球,获得了1981年第二十四届格莱美年度专辑大奖。该专辑交替收录了七首约翰的歌和七首洋子的歌。它重新奠定了约翰作为20世纪伟大作曲家和作词人的地位,也展现了他绝佳的摇滚唱腔。专辑收录的歌曲包括《(如同)重新来过》《我正失去你》《女人》《看着车轮》《美丽男孩(亲爱的男孩)》等。约翰与洋子也为下一张专辑做了小样,并计划搞一场全球巡演。

四十岁的约翰身体健康,戒了毒品、肉和糖(但依然会抽后劲很大的香烟,喝黑咖啡)。

1980年12月6日

他们在纽约接受了BBC广播电台的安迪·皮布尔斯的访谈,主题是约翰对光明未来的美好期待。

1980年12月8日

约翰在达科塔公寓接受了雷电华广播电台的访问,这是他最后一次接受采访。

当天下午,安妮·莱博维茨在约翰和洋子家中为他们拍摄《滚石》杂志封面照片。约翰又一次全裸出镜,洋子则穿戴整齐。

美国东部标准时间下午 4 点 15 分：约翰和洋子出发前往录音室（有些人说是去金曲工厂，也有些人说是去录音工厂），为洋子的新歌《如履薄冰》混音。在公寓楼外，歌迷保罗·格瑞许把自己为他们拍的照片拿给他们看。另一位明显也是歌迷的马克·戴维·查普曼在附近徘徊。约翰为他在《双重幻想》上签名。格瑞许为约翰和马克拍了合照。

晚间 10 点 50 分：约翰和洋子回到住处。查普曼正在等他们。约翰在大楼前下车时（这种事很少发生，他们的司机通常会在达科塔公寓的私人庭院的安全场所放他们下车），查普曼朝约翰连开五枪。四枪命中。约翰被警察送往医院。

晚间 11 点 07 分，约翰在纽约罗斯福医院（后改名为西奈山医院）去世。

1980 年 12 月 9/10/11 日（说法不一，一并罗列）

约翰的遗体安葬在纽约市以北二十五英里处的纽约州哈茨代尔的芬克里夫墓园。洋子没有跟约翰在英国的家属商量该如何处理他的遗骸。她有时说他的骨灰瓮一直"在她床底下"，但她也说过她把骨灰撒在了中央公园，地点便是现在为纪念他而设的草莓地。

1980 年 12 月 14 日

美国东部标准时间下午 2 点，四十万人齐聚中央公园，和世界各地数百万人一同为约翰默哀十分钟。

1981 年 8 月 24 日

马克·查普曼被判处二十年至终身监禁,而最高量刑是二十五年至终身监禁。他承认犯下了二级谋杀罪,因此不需要进行耗时又昂贵的庭审,所以轻判了五年。

1984 年 1 月 9 日英国(美国为 1 月 27 日)

约翰和洋子共同创作的最后一张专辑《奶与蜜》在英国发行。通过这张专辑,我们能窥见约翰赠予世人的音乐的冰山一角,体会世界蒙受了多大的损失。其中最棒的歌曲有《仅剩的时间》(*Borrowed Time*),以及两首试听小样《让我算算有哪些方式》(*Let Me Count the Ways*)和《与我终老》(*Grow Old with Me*)。

1984 年 10 月 15 日

二十一岁的朱利安·列侬发行了出道专辑《瓦罗特》,收录了英国和美国排名前十的单曲《道别已太迟》(*Too Late for Goodbyes*)。这张以创作地法国城堡命名的专辑获得了格莱美奖提名。他将这张专辑献给"我的母亲辛西娅和我的父亲",并在纽约金曲工厂录音室混音,使用了约翰和洋子录制《双重幻想》时用过的录音控制台。

1986 年 3 月 24 日

朱利安发行第二张专辑《白日梦的秘密价值》。

1987年4月1日，伦敦皇家阿尔伯特音乐厅上演了迈克·巴特创作的音乐剧《猎捕蛇鲨》(*The Hunting of the Snark*)，朱利安在剧中饰演面包师。他的下两张专辑分别叫《乔丹先生》(*Mr Jordan*，1989年3月发行)和《自助》(*Help Yourself*，1991年8月发行)。

朱利安离开音乐圈，把精力投到了其他领域，如烹饪、摄影、慈善等。1998年5月，他以第五张专辑《照片微笑》(*Photograph Smile*)复出。2009年，他创办了白羽基金会(White Feather Foundation)，用以支持环保、生态和人道主义议题。他在父亲死后收集了许多披头士纪念品，并在2010年出版了关于这些收藏品的书籍。2011年10月，他发行了自己的第六张专辑《一切都会变》(*Everything Changes*)。

1988年10月9日

蒙娜·贝斯特逝世，享年六十四岁，当天本应是约翰的四十八岁生日。

同样在1988年，乔治·马丁获颁大英帝国司令勋章。

1991年

打小就同母亲小野洋子一起创作音乐的肖恩·小野·列侬十六岁了。他开始自己打拼事业，和蓝尼·克拉维茨共同创作了后者的专辑《妈妈说》(*Mama Said*)。他还成立了不同乐队，并和其他乐队合作与表演，包括疯狂食物合唱团（Cibo Matto）和克莱普尔列侬幻觉乐队（Claypool Lennon Delirium）。1998 年，他发行了首张个人专辑《步入阳光》（*Into the Sun*）。他的下一张专辑《友善的火》（*Friendly Fire*）于八年后的 2006 年 10 月问世。

1991 年 12 月 6 日
咪咪姨妈在多塞特郡的家中逝世，享年八十五岁。

1994 年 4 月 22 日
理查德·尼克松逝世。

1996 年
为了表彰他对音乐界与流行文化的贡献，乔治·马丁受封下级勋位爵士，得到"乔治爵士"的称号。

1997 年 3 月 11 日
保罗·麦卡特尼受封成为保罗爵士。

2000 年 12 月 7 日
约翰逝世二十周年前一天，门迪普宅被挂上了英格兰遗产委员会的蓝色牌匾。2002 年 3 月，洋子买下了这栋房屋，并将它捐给了英国国民信托，英国国民信托将其修复成了原来样貌。

洋子和女儿京子在阔别三十年后重逢。京子随父亲消失时才七岁。洋子成了两个孩子的外祖母。2020 年 8 月,京子已五十七岁。

2001 年 11 月 29 日

乔治·哈里森在洛杉矶的一个朋友家里逝世,享年五十八岁。他在遗嘱中留下了近 1 亿英镑遗产。

2006 年 4 月 10 日

辛西娅·列侬出版了关于前夫的第二本回忆录《约翰》。

2007 年 10 月 9 日

这天本该是约翰的六十七岁生日,洋子在冰岛雷克雅未克的维泽岛上为她的户外艺术作品"想象和平纪念塔"揭幕。

"保有心中之光,要知道,你并不孤单。"

2010 年 10 月 9 日

这天本该是约翰的七十岁生日,朱利安和辛西娅为利物浦的约翰·列侬和平纪念碑揭幕。

2012 年 2 月

约翰与保罗童年时的家——门迪普宅和福斯林路 20 号被英格兰遗产委员会列为二级登录建筑。两人曾独自或一起在家里写歌。

2013 年 11 月 15 日—2014 年 2 月 23 日

八十一岁生日临近之际，洋子在澳大利亚悉尼的当代艺术博物馆举办了名为"战争已经结束！（若这是你所愿）"的大型作品回顾展。

2015 年 8 月 1 日

辛西娅·列侬由于癌症在西班牙马略卡岛的家中去世，享年七十五岁。

2016 年 3 月 8 日

乔治·马丁爵士在威尔特郡逝世，享年九十岁。

2017 年 3 月 24 日

约翰的儿时玩伴皮特·肖顿因心脏病发作在英格兰柴郡逝世，享年七十五岁。

2018 年 3 月 20 日

林戈·斯塔尔在白金汉宫由剑桥公爵册封为爵士，他是最后一个受封的披头士成员。由于爵位不追授，所以乔治·哈里森和约翰都无法成为爵士。

2018 年 5 月

关于洋子同约翰的生活与创作的展览"双重幻想"于利物浦博物馆开幕,此次展览是他们一直持续的想象和平运动的一环。展览第一轮就吸引了超过三十万名参观者,成为该博物馆有史以来最成功的展览之一,展期由此延长。该展览首次探索了约翰同洋子之间在个人与创造力方面的化学反应,展出了许多之前从未展示过的物件、手工艺品、个人收藏和纪念品。

2018 年 12 月 14 日

肖恩·列侬、马克·朗森、米利·赛勒斯翻唱了约翰和洋子的《圣诞快乐(战争已经结束)》。三人在 12 月 15 日全国广播公司电视台的《周六夜现场》节目中表演了这首歌。

2020 年 2 月 18 日

小野洋子已八十七岁。她继续以世界和平之名,维系着约翰的回忆。

www.imaginepeace.com

章节注解

回声

[1] 披头士乐队很早就走到了尽头。1969年9月20日,约翰与保罗和林戈在伦敦西一区裁缝街3号的苹果公司总部开会(当时乔治在柴郡陪母亲),约翰私下告诉两人自己要退出。保罗在1970年4月3日也说了同样的话——不过他是公开说的,在一场关于他在家里秘密录制的个人专辑《麦卡特尼》(1970年4月17日由苹果唱片发行)发布会的一个奇怪问答环节上,仿佛自己在采访自己。这张专辑毫无修饰、结构单一,受到了强烈批评(但依然荣登美国排行榜第一和英国排行榜第二,仅次于西蒙和加芬克尔的《恶水上的大桥》)。专辑收录了作者今生最爱的麦卡特尼的歌曲《也许我很惊讶》(*Maybe I'm amazed*)。记者问:"你能预见和列侬再次合作写歌的那天吗?"保罗答:"不能。"这个回答被媒体解读为披头士乐队正式宣布解散,登上了全球头条,让乔治和林戈震惊又悲伤,约翰对此火冒三丈。他是第一个说要退出的,但被剥夺了公开此事的"权利"。因此1970年4月10日被认

为是"披头士解散之日"。

[2] 这是列侬最著名的言论之一，但这句话不是他说的。根据1957年《读者文摘》杂志上的一篇文章的说法，这句话出自美国记者兼漫画家艾伦·桑德斯（1899—1986年）。

[3] 艾伦·韦斯是WABC电台第7频道《目击新闻》(*Eyewitness News*)节目的资深制作人，他后来因为报道约翰之死获得了艾美奖。《我所有的爱》是披头士在1964年2月9日《埃德·沙利文秀》首场演出的开场曲目。这首歌由保罗作曲，创作者栏写的是"列侬—麦卡特尼"。"这真是首他妈的好歌，"约翰在1980年接受《花花公子》采访的时候承认，"……我的吉他弹得很烂。"

[4] 引自《哈姆雷特》第三幕第一景，该剧本创作于1599年到1602年，是莎士比亚篇幅最长且影响最为深远的戏剧作品。

[5] 贾斯汀·比伯凭借《爱你自己》《对不起》《你什么意思》成为首个在英国官方单曲排行榜同时占据前三名的艺人。

[6] "破碎的光影""摸黑跌撞"出自歌曲《穿越宇宙》[收录于1969年发行的慈善专辑《没人能改变我们的世界》(*No One's Gonna Change our World*)，后重制并收录在1970年发行的《顺其自然》专辑中]。这首歌中的梵文"Jai Guru Deva Om"是经文，翻译过来就是"我向上师德瓦致敬"，德瓦是玛哈里希·玛赫西·优济的老师。这段经文刻在约翰在印度里希盖什购买的黄铜手镯上，当时披头士在那里住了一段时间，和玛哈里希一起修行。

现在手镯归列侬之子朱利安所有。"这首词在我写的歌词里算是数一数二的,"约翰在 1971 年接受《滚石》杂志采访时说,"其实可以算最好的。不用细品,就是首好诗,不管你叫它诗还是别的什么。懂吧,我喜欢的词是那种不需要旋律,光凭文字就能成立的。不用配旋律,就像诗歌,可以用来读。"2008 年 2 月 4 日,为庆祝美国国家航空航天局(NASA)成立五十周年,《穿越宇宙》成了第一首被直接发送到太空中的歌曲。歌曲通过 NASA 的天线被传向距离地球 431 光年的北极星,也是为了纪念这首歌发行四十周年。

第一章

[1] 温斯顿·伦纳德·斯宾塞-丘吉尔爵士,生于 1874 年 11 月 30 日,英国保守党成员,1940 年至 1945 年任首相,带领英国人民在第二次世界大战中取得胜利。于 1951 年至 1955 年再次当选首相。1965 年 1 月 24 日去世,享年九十岁,英国为其举行了国葬。

第二章

[1] 丽塔·海华斯,原名玛加丽塔·卡门·坎西诺,出生于 1918 年 10 月 17 日,20 世纪 40 年代的好莱坞当红影后。她参演了六十一部影片,其中包括 1946 年与格伦·福特共演的《吉尔达》。她的海报在"二战"时期的美国大兵中极受欢迎。她是弗雷德·阿斯泰尔最爱的舞伴,和吉恩·凯利在《封面女郎》中翩翩起舞。她

是好莱坞首位成为王妃的女演员：她的五任丈夫包括阿里汗王子和奥逊·威尔斯。她的双唇曾被评为世界第一。晚年，她成了患上阿尔茨海默病的首位公众人物。她于1980年确诊，引发世人关注，从而推动了关于该疾病的研究和资助。她于1987年逝世，享年六十八岁。

[2] 近代史上最令人震惊的为人堕胎者是一位艺人的母亲。早在披头士狂热出现之前，她就已经让妇女们在过道上尖叫了。由于面容姣好，纳塔利纳·玛利亚·维多利亚·加拉文塔又被人们称作"多丽"（Dolly，意为时髦女郎），她当过助产士，在两次世界大战期间，为新泽西州霍博肯市的意大利天主教妇女提供"安全堕胎"服务。"帽针多丽"至少被逮捕过六次，两次被定罪。她是弗兰克·辛纳特拉的母亲。

[3] 在美国文化中，"the prom"指美国高中和大学的毕业舞会，"down the prom"则是一种老派的英国说法，指在海边或河边散步。我们也会欣赏"The Proms"，这个词指的是在英国各地公园以及BBC大楼旁的皇家阿尔伯特音乐厅举行的夏季"逍遥音乐会"。

[4] 童年不幸经历研究：参见 Bellis, M.A., Hughes, K., Leckenby, N., Perkins, C., and Lowey, H., (2014), 'National Household Survey of adverse childhood experiences and their relationship with resilience to health-harming behaviours in England.' BMC Medicine, 12 (72).

[5] 海辛斯·巴凯特是20世纪90年代的BBC长篇电视剧《维护

面子》中的一个电视情景喜剧角色。帕特里夏·劳特利奇扮演一个自命不凡、总想高攀的中下阶层女主角，她会把自己的名字读成"布凯"（Bouquet）。她一边追求自己的上司，一边努力掩饰自己低微的出身。本剧风靡世界，成了BBC在世界范围内出口最多的电视剧。

［6］利物浦向北不到三十英里的布莱克浦，是当时英格兰西北部兰开夏郡的一个十分火爆的海滨度假胜地，位于爱尔兰海滨。它以埃菲尔式的布莱克浦铁塔、码头、滨海步道、标有"快吻我"（Kiss Me Quick）的帽子、骑驴、炸鱼薯条等海滨文化而闻名。

［7］披头士历史学家马克·勒威森（Mark Lewisohn）在《这些年来第一卷：跟上时代》（*All These Years Volume 1: Tune in*）一书中详细叙述了比利·霍尔的回忆。

［8］英语中，"利物浦方言"（Souse，音撒乌斯）一词是"lobscouse"的简称。"lobscouse"的词源不明，但和斯堪的纳维亚半岛的诸多语言中的一些词有些类似，如挪威语中的"lapskaus"、丹麦语中的"labskovs"、瑞典语中的"lapskojs"等，还有低地德语（德国北部、荷兰东北部使用的语言）里的"labskaus"。这个词原指一种水手常吃的炖菜，由羊肉或牛肉加洋葱、胡萝卜、土豆烹饪而成，和兰开夏火锅或爱尔兰炖肉差不多。在19世纪，利物浦及其周边的穷人经常吃这种炖菜，因为它很便宜，是海员家庭的主食。这些吃"撒乌斯"的社会下层工人被称为"Sousers"……也

被称作"Wackers"或"Wack"。经过多年演变，外地人几乎很难听懂口音浓重的利物浦话。利物浦人会说："you sag off work, give the scallies a swerve, pick your Judy up from the ozzy, bring her some clobber (or threads), and take her for some scran.", 而这句话用标准英语说应该是："you leave work early without permission, avoid your cocky-lad mates, collect your girlfriend from the hospital, give her some clothes and take her out for a meal."。

[9]《爱丽丝梦游仙境》和《爱丽丝镜中奇遇记》的作者刘易斯·卡罗尔有一首名为《伽卜沃奇》的诗，约翰很是喜欢。他还喜欢里奇马尔·克朗普顿的《淘气小威廉》中的故事，肯尼斯·格雷厄姆的《柳林风声》，罗伯特·路易斯·史蒂文森的《金银岛》，以及爱德华·李尔和埃德加·爱伦·坡。他对儿时玩伴皮特·肖顿说，他的志向就是有朝一日"写本《爱丽丝梦游仙境》"。

[10] 皮特·肖顿在与尼古拉斯·沙夫纳共同撰写的回忆录《我生命中的约翰·列侬》(*John Lennon in My Life*) 中如此说道。

[11]《我是海象》是约翰最妙的无厘头歌曲，是为致敬他当时最爱的歌曲——普洛可哈伦乐队的《苍白的浅影》(*A Whiter Shade of Pale*) 而作。"海象"的灵感源于刘易斯·卡罗尔的《爱丽丝镜中奇遇记》中一首名为《海象与木匠》的诗。该歌曲于 1967 年 11 月发行，是披头士的电视电影《奇幻之旅》的主打歌。该电影于同年 12 月上映，还在英国发行了同名迷你专辑，在美国发行了同

名黑胶唱片。这首歌还收录于披头士乐队排行榜首位单曲《你好，再见》的 B 面。该单曲是乐队在经纪人布莱恩·爱泼斯坦死后制作的第一张录音室唱片。单曲和迷你专辑分别占据了 1967 年 12 月英国单曲排行榜的第一位和第二位。皮特·肖顿为列侬提供了他们在学校操场上唱过的儿歌歌词："黄兮兮的奶油蛋羹，绿绿的泔水派 / 放入死狗的眼睛拌起来。抹上三明治，有十英尺厚 / 倒上一杯呕吐物再闷一口。"（这里的三明治指的是那种厚厚的涂着黄油的白面包片，夹上馅料然后对折成单层三明治。这样就成了一道美味佳肴。）

肖顿还建议约翰把歌词里"等着那个人来"改成"等着面包车来"。约翰后来接受《花花公子》杂志采访时（1980 年）承认，这首歌的部分歌词是他吃了迷幻药后写出来的，他"想仿照迪伦，写隐晦的词"。

"海象"在乐队 1968 年的歌曲《玻璃洋葱》中又出现了（"海象是保罗"），在《一起来》（"海象套鞋"）和约翰的单飞歌曲《上帝》（"我曾经是海象，但现在我是约翰"）里也再次出现。

录音中还加入了从广播里剪辑的莎士比亚《李尔王》第四幕第六场的朗读片段。

这首歌一度被 BBC 禁播，因为里面有句歌词："你是个骚女孩，你把裤子脱了下来。"

《伊莲诺·瑞比》是披头士最具传奇色彩的创作之一，收录于

1966年的专辑《左轮手枪》，和《黄色潜水艇》一起作为双A面单曲发行。专辑和双A面单曲同时发售，它连续四周占据英国排行榜首位（冲上了美国排行榜第11位）。《黄色潜水艇》单曲在美国冲上了排行榜第二位。

　　这首富有开创和实验性的歌曲赤裸且直接地描写了孤独与老年的困境，主要由麦卡特尼创作。虽然麦卡（即麦卡特尼）说他从披头士电影《救命！》中的女演员伊莲诺·布罗（Eleanor Bron）那里借用了"伊莲诺"，从布里斯托的一家叫"瑞比与伊凡有限公司"的红酒商店那里借用了"瑞比"。当时他去布里斯托看女友珍·爱舍出演《人生中最快乐的日子》。在约翰儿时所在的伍尔顿教区圣彼得教堂的墓地中，确实埋葬了一位伊莲诺·瑞比。保罗后来同意，他写歌的时候或许下意识地记起了墓碑上的"伊莲诺·瑞比"这个名字，因为他当时和约翰在那里待了很久，很可能见过这几个字。那里还有一块墓碑刻着"麦肯齐"（Mackenzie）。披头士所有成员以及皮特·肖顿都对这首歌的歌词有所贡献。皮特说牧师的名字应该由"麦卡特尼神父"改成"麦肯齐神父"，以防人们认为保罗写的是自己的父亲。保罗还想到了两个孤独老人相见太晚的点子：牧师主持了瑞比女士的葬礼。

　　虽然约翰于1971年声称"这首歌大半的歌词"都是自己写的，1980年的时候还说除了第一段主歌以外，所有歌词都是他写的，皮特·肖顿则表示约翰的参与度是最低的。麦卡说："约翰帮我修改了一些字词，但我认为这首歌八成是我写的。"

[12] 比尔·哈里在 2017 年 3 月 24 日接受《利物浦回声报》采访时如此说道。当时肖顿刚刚因为心脏病突发去世，享年七十五岁。

[13] 大卫·鲍伊永久性的瞳孔放大一直被认为是大卫还在学校的时候，为了一个女孩与乔治·安德伍德发生争执，被他打了一拳所致。我在为《英雄：大卫·鲍伊》（2016）一书做功课的时候，一名一流的眼外科医生告诉我，外伤并不会导致这种情况，它最有可能是先天形成的，源于母亲的梅毒。神经梅毒、脑脊膜血管梅毒等疾病的并发症都会导致视力受损和精神疾病。

[14] 引自约翰于 1969 年 11 月接受电台记者肯·策利希（Ken Zelig）采访时关于圣诞节的原话，采访录制的地点是列侬的提腾赫斯特庄园豪宅。

第三章

[1] 体罚：亦可参见《针对孩童的暴力：兑现人权》[*Violence Against Children: Making Human Rights Real*, (Routledge, 2017), edited by Gertrud Lenzer.]

[2] 引自 1971 年 2 月 4 日出版的《滚石》杂志中詹恩·S. 温纳对列侬的采访。

[3] 引自理查德·休斯：www.richardhighestherapy.com。

参考书目：

Bowlby, J. (2005). *A Secure Base*. UK: Routledge Classics.

Jung, C.G. (2006). *The Archetypes and the Collective Unconscious* (R.F. C. Hull, Trans.). UK: Routledge.

Jung, C.G. (1989). *Memories, Dreams, Reflections* (A. Jaffe, ed.). US: Vintage Books.

Kohut, H. (1971). *The Analysis of the Self*. Madison, CT: International Universities Press.

Kohut, H. (1978). *The Search for Self: selected writings of Heinz Kohut: 1950–1978*, Vol. 2. (P.H. Ornstein, ed.). Madison, CT: International Universities Press.

Schaverien, J. (2015). *Boarding School Syndrome: the psychological trauma of the 'privileged' child.* Hove: Routledge.

Siegel, D.J. (1999). *The Developing Mind*. US: Guilford Press.

Winnicott, D.W. (1971). *Playing and Reality*. US: Basic Books.

Winnicott, D.W. (1990). *Home is Where We Start: essays by a psychoanalyst.* UK: Penguin.

[4]引自茱莉娅·贝尔德的《设想一下：和我哥哥约翰·列侬一起长大》。

[5] 德内斯村为约翰建了一个小型纪念公园。约翰·列侬北方灯火节（John Lennon Northern Lights Festival）于 2007 年在那里举办，以诗歌、音乐、戏剧等艺术形式纪念约翰在当地的时光。约翰在 1969 年的时候和洋子、洋子的女儿京子以及自己的儿子朱利安一起回到了那里，在埃里博尔湖（Loch Eriboll）发生了车祸。

[6] 这句话是他 2002 年时对作家洛娜·麦克拉伦（Lorna Maclaren）说的。查尔斯·斯坦利·帕克斯于 2016 年 1 月因血管性痴呆去世。他的葬礼上播放了披头士的《在我的一生中》和约翰的《想象》。

[7] 没错，当时的人们已经发现 DNA 了。脱氧核糖核酸是一种承载所有生命形态基因蓝图的双螺旋分子结构，在 19 世纪 60 年代晚期被首次观察到，1952 年时由化学家、晶体学家罗莎琳德·富兰克林（Rosalind Franklin）"发现"。在那个某些大学食堂只限男性就餐的时代，这是一项由女性取得的里程碑式成就。1953 年，美国生物学家詹姆斯·沃森（James Watson）与英国物理学家弗朗西斯·克里克（Francis Crick）构建出了它的模型。两位男性共同获得了诺贝尔奖，但罗莎琳德几乎被人淡忘。

[8] 茱莉娅·迪金斯于 1947 年 3 月 5 日出生。她的妹妹杰奎琳被家人唤作"杰基"（Jackie，但有时候也会被写成"Jacqui"）于 1949 年 10 月 26 日出生。

[9] 在美国南部的一些地区，口琴（harmonica）会被称作 harp、mouth harp 或 French harp。现在全世界都用"harp"这个词来称

呼布鲁斯口琴（blues harmonica）。这个词可能源于风弦琴（Aeolian harp）——一种户外乐器，由风"演奏"。希腊神话中的风神埃俄罗斯（Aeolus）便是因此得名。约翰或许称自己的第一件乐器为"gob rion"（口琴的俚语称呼）。

[10] 引自皮特·肖顿与尼古拉斯·沙夫纳共同撰写，并于1983年出版的回忆录《我生命中的约翰·列侬》。

[11] 同上。

[12] 伊丽莎白·安德森于2008年撰写了学术著作《人类与宠物之间强有力的纽带：我们同伴侣动物无间的联系》['*The Powerful Bond between People and Pets: Our Boundless Connections to Companion Animals*' *(Practical and Applied Psychology)*, Prager Publishers, Inc., US.]。

[13] "角笛舞"（hornpipe）一词指的是16世纪英国的多种民间舞蹈，18世纪中期的海员们也会跳。这个词还指舞蹈所配的音乐。而"床单上的角笛舞"则是旧式英国委婉语，指性交。

[14] 当时参加宴会的鲍勃·莫利纽克斯（Bob Molyneux）用一台便携式根德牌盘带录音机录下了采石工乐队的表演。莫利纽克斯于1994年再次偶然发现了这盘磁带，后来在苏富比以78500英镑的价格卖给了百代唱片公司。百代公司购入该录音带，打算将其收录披头士的《精选辑》，但后来因为音质太差而作罢。现在这盘磁带的录音在网上随处可见。

《宝贝来玩过家家》是猫王于 1955 年发行的歌曲。约翰·列侬借用了其中的一段歌词"小姑娘，我宁愿见你死去，也好过见你和别人在一起"，放入披头士 1965 年专辑《橡皮灵魂》的《逃命》（*Run For Your Life*）中。《扮酷》是朗尼·多尼根 1957 年发行的热门歌曲。这首歌由马里昂·特里·斯劳特（弗农·达尔哈特是他更为人熟知的名字）于 1926 年唱红，成了美国的经典歌曲。马里昂·特里·斯劳特是美国创作型乡村歌手，是首位唱片销量超过百万的乡村音乐艺人。

[15] 引自保罗·麦卡特尼 1995 年接受《唱片收藏家》（*Record Collector*）杂志的采访。

[16]《来跟我走》（*Come Go with Me*）是 1957 年嘟·喔普乐队德尔－维京人（Del-Vikings）的当红歌曲。海滩男孩的著名翻唱版本最初以单曲形式发行，后收录在《M.I.U 专辑》（1978 年）以及后来的精选《和声十年》（1981 年）中。

[17] 约翰于 1967 年对本书作者以及披头士传记作家亨特·戴维斯（Hunter Davis）如此说道。

[18] 引自 1970 年时《滚石》杂志记者詹恩·S. 温纳的一篇采访。

[19] 皮特·迈克尔·麦卡特尼生于 1944 年 1 月 7 日，辍学后做了见习裁缝，接着做了理发师学徒，后来加入了音乐喜剧合唱团"断头台"（Scaffold）。团体成员还有表演诗人罗杰·麦高夫（Roger McGough）和喜剧演员兼歌手约翰·戈尔曼（John

Gorman）。为此，他用了"麦卡吉尔"（McGear）这个艺名，因为"吉尔"在利物浦方言中有"绝佳"的意思。这个合唱团在1966年到1974年发行了几首热门歌曲，其中包括1968年圣诞节的冠军歌曲《粉红莉莉》（Lily the Pink）。作为一个作品繁多的摄影师，他出版了几本影集，他拍摄的独一无二的披头士乐队照片广受好评。

[20]《在我六十四岁时》最终收录于披头士1967年的专辑《佩珀军士的孤独之心俱乐部乐队》。1966年12月末，乐队开始录制新专辑，保罗或许记起了这首他十几岁时写的歌，这一年早些时候，他父亲过了六十四岁生日：吉姆·麦卡特尼生于1902年7月7日。

[21] 绝大多数人认为《我失去了我的宝贝》是保罗创作的第一首歌。保罗只用了三个和弦，用自己生平第一把吉他——飞魔士天顶牌（Framus Zenith）17型原声吉他创作了这首歌，这把吉他现在依然在他身边。这首歌收录于麦卡于1991年发行的专辑《不插电（官方私制）》[Unplugged (The Official Bootleg)] 中。这首歌的改编版由列侬领唱，在披头士专辑《回归》的录音过程中表演。

[22] "La Huchette" 可能源于古法语词 "hutchet"，意为军号。这栋建筑坐落在于塞特街5号，最早于1949年被改建成爵士俱乐部，邀请了包括贝西伯爵在内的许多著名音乐人。这家俱乐部曾出现在许多电影中，可以从1958年的《不安分的年轻人》一直追溯到2016年的《爱乐之城》。

[23] 艾伦·赛特纳在1998年对作家、播音员、默西节拍音乐专家斯潘塞·利（Spencer Leigh）说过这样的话。利在2006年1月为赛特纳撰写的讣告中也如此陈述。

[24] 在1961年2月9日洞穴俱乐部的中午场演出上，乔治·哈里森首次登台。

[25] 约翰后来解释道这首巴迪·霍利风格的《你好，小姑娘》，灵感源于他母亲曾经唱给他听的某首"三四十年代的歌"。那首歌是科尔·波特的《真美好》(*It's De-Lovely*)，1962年时披头士在迪卡唱片公司那次失败的试演中唱的就是这首歌。这首歌的创作者为列侬—麦卡特尼，默西节拍乐队"超绝四人组"于一年后录了这首歌，甚至请了乔治·马丁担任制作人。格里和带头人乐队也录了这首歌，但他们的版本没有被选中发行。

[26] 引自茱莉娅·贝尔德撰写的《设想一下：和我哥哥约翰·列侬一起长大》。书的跋中还有一段悲惨的描写：1965年12月，女孩们的父亲博比·迪金斯也因为一场发生在便士巷尽头的车祸丧生。

[27] 约翰于1968年对披头士传记作家亨特·戴维斯如此说道。

第四章

[1] 查尔斯·萨金特·贾格尔（1885—1934年），英国雕塑家，创作了伦敦海德公园角的皇家炮兵纪念碑。

[2]皮特·肖顿在与尼古拉斯·沙夫纳共同撰写，于1983年出版的回忆录《我生命中的约翰·列侬》中如此说道。

[3]保罗创作，署名列侬—保罗的《嘿裘德》是一首于1968年发行的单曲，没被收录进专辑。这首歌常常被认为是有史以来最伟大的歌曲之一，它是登上英国排行榜冠军的单曲中时间最长的歌（7分11秒），也在世界各地斩获了排行榜冠军，在英国、美国、加拿大、澳大利亚拿下了年度销量冠军，也是披头士在属于他们自己的苹果唱片公司发行的第一首单曲。保罗起初写这首歌的时候，名字定为《嘿朱尔斯》(*Hey Jules*)，当时列侬为了小野洋子离开了朱利安的母亲辛西娅，保罗是在表达对列侬的儿子朱利安的同情。这首歌在乐队录制《白色专辑》（又名《披头士》，1968年11月发行）的过程中录了下来，是他们第一首在苏豪区三叉戟录音室用八轨道磁带录制的歌曲。

[4]引自《滚石》杂志的采访"约翰·列侬。第二部分：与狮相伴的日子"，1971年2月，采访者为詹恩·S.温纳。

[5]约翰·莫尔绘画奖依然是英国最知名的绘画比赛，得名于该奖的赞助人约翰·莫尔爵士（1896—1993年）。该奖项于1957年设立，每两年在沃克画廊举办一次展览，是利物浦双年展的一大特色。

[6]引自保罗·麦卡特尼在披头士《精选辑》中说的话。《精选辑》包含一部电视纪录片、三卷双唱片，以及一本讲述乐队历史的书。保罗、乔治、林戈公开合作参与制作。里面也有一些档案性质的

关于约翰的视频片段。纪录片最早在 1995 年 11 月播出，书则在 2000 年出版，后来又分别出了录像带、激光光盘和 DVD 版本，DVD 于 2003 年发行。《精选辑》的三张唱片中收录了花絮片段、未发布的素材，以及两首基于列侬离开披头士之后创作的样带录的新歌，名为《自由如鸟》(*Free as a Bird*) 和《真爱》(*Real Love*)。

第五章

[1]"彼得·潘式偏执"出自阿道司·赫胥黎 1962 年的小说《岛》。精神分析学家丹·基利博士的著作《彼得·潘综合征：那些长不大的男人》最早出版于 1983 年，后来畅销全球。

[2]令人心惊胆寒的摇滚企业家唐·阿登之女莎伦·奥斯本，嫁给了黑色安息日乐队的灵魂人物奥兹·奥斯本，并在其单飞后担任其经纪人。阿波罗尼·卡特罗通过"王子"成名，在他的电影《紫雨》中出演，并创立了她的多媒体人才公司，管理年轻艺人。蒂娜·戴维斯在音乐圈打拼多年，是克里斯·布朗的经纪人。珍妮特·比利希·里奇担任过碎南瓜乐队、洞穴乐队、涅槃乐队、柠檬头乐队（Lemonheads）、莉萨·洛布（Lisa Loeb）等许许多多艺人的经纪人，是受人尊敬的音乐导师。黛安娜·哈特·德拉格拉扎（Dianna Hart de la Graza）以担任女儿黛米·洛瓦托的"经纪人妈咪"而出名。

[3]引自罗格于 2018 年 12 月接受《每日邮报》的戴维·利夫（David Leafe）采访时说的话。

第六章

[1]"一万小时练习量"是大众心理学作家马尔科姆·格拉德威尔提出的原则。按他的说法,一万小时"主动的练习"是在任何领域达到世界级水平的要求。他提出的每周大约付出二十小时并这样持续十年的断言遭到人们质疑。他在《异类:不一样的成功启示录》中写道,披头士成员们很小就在汉堡日夜连轴转地表演,这让他们成为历史上最伟大的乐队;比尔·盖茨之所以能获得巨额财富,多亏了他从十几岁起就不停地用电脑。普林斯顿大学最近的一项研究推翻了这个理论。研究显示,一万小时法则仅仅适用于有固定规范和明确架构的领域,比如国际象棋、网球、古典音乐等,而摇滚和创业这种不那么严谨、更依赖天赋和机遇的"学科"是没有法则可言的。研究用大量数据表明,精通这类领域所需要的不只是练习。而天赋一直以来都无法被定义。

[2]引自约翰在1995年发行的《精选辑》中说的话,2020年是《精选辑》发行二十五周年。

[3]存在主义是一种文学现象,也是一种哲学现象,被认为是20世纪40年代到50年代风行欧洲的一场文化运动。诸多重量级的哲学家被定义或被认为是存在主义者,包括法国的让-保罗·萨特、阿尔伯特·加缪、西蒙·德·波伏娃、莫里斯·梅洛-庞蒂等,以及德国的卡尔·雅斯贝尔斯、马丁·海德格尔、马丁·布伯等。19世纪哲学家索伦·克尔凯郭尔和弗里德里希·尼采被认

为是该运动的先驱。比起萨特的哲学著作（如《存在与虚无》《辩证理性批判》等），人们更多是通过他的小说（如《恶心》《禁闭》等）来了解他的思想。第二次世界大战后，各路作家与艺术家都被归入这一领域，向前可追溯到陀思妥耶夫斯基、易卜生、让·热内、安德烈·纪德、安德烈·马尔罗、塞缪尔·贝克特等。抽象存在主义艺术家有杰克逊·波洛克、阿希尔·戈尔基、威廉·德·库宁等，电影制作人让-吕克·戈达尔、英格玛·伯格曼等人也被归入存在主义者行列。到20世纪70年代中期，存在主义的文化形象已经流于俗套，在伍迪·艾伦的书和电影中被调侃。

[4] 引自鲍勃·斯皮茨的《披头士传》（*The Beatles: The Bipgraphy*）中阿斯特丽德·基尔赫说的话。

[5] 1968年，约翰见到了碧姬·芭铎本人。他十分紧张，全程晕乎乎的。后来回想起来，他觉得那个"黄昏太糟了，甚至比见猫王还糟"。那些关于儿时性感女神的幻想分崩离析，这或许也预示着他和那个在他授意之下用双氧水将头发漂成金色的女子的婚姻出现了转折。

[6] 阿斯特丽德·基尔赫接受了谈话广播节目《清新空气》（*Fresh Air*）的采访。该节目由费城公共调频电台WHYY-FM制作，于2008年1月在全美的国家公共广播电台（NPR）播出。

[7] 引自斯图亚特·萨克利夫粉丝俱乐部上的一段小野洋子的话，俱乐部网站：www.stuartsutcliffefanclub.com。

[8] 引自保利娜·萨克利夫接受加里·詹姆斯（Gary James）采访时说的话（www.classicbands.com）。她和已故记者道格拉斯·汤普森（Douglas Thompson）合写了《披头士的影子：斯图亚特·萨克利夫和他的孤独之心俱乐部》(*The Beatles' Shadow: Stuart Sutcliffe & His Lonely Hearts Club*)，于2001年由西奇威克和杰克逊出版社出版。萨克利夫夫人于2019年10月13日去世。

[9] 引自歌曲《你总是伤害你爱的人》(*You Always Hurt the One You Love*)。该歌曲由艾伦·罗伯茨和多丽丝·费希尔创作，许多歌手演唱过，并且都大获成功，其中包括磨坊兄弟（Mills Brothers）于1944年、康妮·弗朗西斯于1958年、"胖子"·多米诺于1960年的演绎。林戈·斯塔尔在单飞专辑《感伤旅程》(*Sentimental Journey*)中收录了这首歌，并于披头士解散之际发行，这张黑胶唱片收录了林戈小时候母亲埃尔茜·斯塔基在家里唱过的歌。

[10] 引自本书作者对搜索者乐队成员弗兰克·艾伦的采访。

[11] 巨星特德·"特大号"·泰勒（Ted 'Kingsize' Taylor）是特大号泰勒与骨牌乐队的代表人物。乐队于20世纪50年代末出现在利物浦的舞台上，是披头士的竞争对手。布莱恩·爱泼斯坦为该乐队做过经纪人，不过持续时间很短，1963年7月该乐队便与爱泼斯坦解约，探索自己的发展道路。该乐队于1961年1月在洞穴俱乐部首次演出，当时十七岁的西利亚·怀特（Cilla White）是

他们的嘉宾歌手,后来西利亚以西利亚·布莱克为艺名单飞。

阿德里安·巴伯以录制披头士的《1962 年德国汉堡明星俱乐部现场》(*Live! At the Star-Club in Hamburg, Germany; 1962*)而出名。他在艾哈迈德·厄特根和赫布·艾布拉姆森创立的大西洋唱片担任录音工程师和制作人后,名声更响了。1969 年,他在该公司制作了欧曼兄弟乐队的第一张专辑。他还制作了地下丝绒乐队的《满载》(*Loaded*),并于次年发行。

20 世纪 80 年代,一场有关以 CD 形式发行"汉堡录音带"的官司爆发。弗兰克·艾伦被要求作为披头士乐队的证人出庭。他对这件事几乎一无所知。他能说的只有他听过录音播放。"我做不了别的,"他承认,"只能尽我所能,跟乔治·哈里森和克利夫·本内特一起提供一些微不足道的证据。"

《1962 年德国汉堡明星俱乐部现场》于 1977 年以双专辑形式发行,收录了大约三十首披头士表演的歌曲。这段录音由根德牌盘带式家庭磁带录音机和台前的一个麦克风收录,声音保真度很低。泰勒声称列侬个人同意录制表演现场,回报是在乐队表演时提供免费啤酒。专辑的录制日期一直存在争议,但很可能是 1962 年 12 月 31 日,披头士在汉堡的最后一天,其他时间可能也录了一些。泰勒试图在披头士狂热时期把录音带卖给布莱恩·爱泼斯坦,但他并不满意录音带的质量,开了个很低的价钱。于是泰勒一直把录音带保存在家里,直到 1973 年,他决定调查这些录音带的商业价值。艾伦·威廉斯也卷入其中，他否定了泰勒的说法。泰勒的计划是把录音带以十万英镑的价格卖给苹果公司，但这笔买卖并没有做成。

录音技术全面进步在一定程度上提高了录音质量，但无法提高声音体验。这张专辑的价值主要在于，它是一份对披头士乐队走红全球之前的俱乐部表演现场的历史记录。披头士输了这场阻止专辑发行的官司。该专辑以多种形式发行，直到约翰离世后的第十八年，也就是1998年，他们才赢回了这段表演的所有权。

第七章

[1] 即伦敦的皇家戏剧艺术学院。

[2] "汤姆·帕克上校"出生于荷兰，原名安德烈亚斯·科内利斯·范库伊克（Andreas Cornelis van Kuijk）。他十八岁时擅自离船潜逃到美国，可能是为了逃避因涉及犯罪活动而受到的起诉。他一直没有美国护照，这意味着他永远不能离开美国。因为他无法离境，他提携的埃尔维斯·普雷斯利也一直不能在美国境外巡演。帕克先从事嘉年华工作，后来开始推广音乐，并获得了"上校"的称号。他于1955年发现了埃尔维斯。他让自己成为对手下艺人来说不可或缺之人，为艺人谈下了 RCA Victor 唱片公司的唱片合约，并凭借首张专辑《伤心旅馆》的成功谋取利益，通过猫王的商业活动、电视合同和电影角色赚得盆满钵满。帕克要了埃尔维

斯收入的50%，但他出售了普雷斯利早期唱片的版权，收益足以让他安享晚年。披头士撼动了猫王在流行乐坛的地位。普雷斯利欠考虑地同未成年的普瑞希拉·博利厄（Priscilla Beaulieu）恋爱，他们短暂的婚姻损害了他的形象，并让两人付出了代价。埃尔维斯对处方药物上了瘾，还吃得脑满肠肥。他成了拉斯维加斯的马戏团演员，也开了巡演，但已风光不再。帕克淡出了埃尔维斯的生活，赌博输掉了他积累的大部分财产。埃尔维斯于1977年由于心脏病突发去世，年仅四十二岁。帕克多活了二十多年，于1997年1月逝世，享年八十七岁。

[3] 格雷德家族姓维诺格拉斯基（Winogradsky），是俄国犹太移民，三兄弟在20世纪40年代成为英国最杰出的娱乐大亨。洛瓦特（或列夫/路易斯）·维诺格拉斯基成了媒体大亨、制作人、剧院经理卢·格雷德勋爵（Lord Lew Grade）。他的一个弟弟叫鲍里斯（或鲍卢奇），后来成了伯纳德·德尔方特勋爵（Lord Bernard Delfont），也是剧院经理；另一个弟弟拉斯洛又名莱斯利·格雷德（Leslie Grade），是一个经纪人，和卢共同成立了"格雷德组织"。

[4] 弗兰克·辛纳特拉说过一句很出名的话，他宣称《某种特质》是"最近五十年的最伟大的情歌"。他还在现场演出的时候说这首歌是他"最爱的列侬—麦卡特尼的歌"……这或许是弗兰克特有的带有嘲弄感的幽默。在歌曲过渡乐节，他还把歌词中的"now"改成了"Jack"："You stick around, Jack, it might show"。这把乔

治·哈里森逗笑了，他在 1974 年的美国以及 1991 年至 1992 年的日本演出现场也把"now"唱成了"Jack"。

［5］引自杰夫·德克斯特于 2012 年在伦敦接受本书作者的采访。

［6］引自约翰尼·汉普于 2019 年在斯托克波特接受本书作者的采访。

［7］引自辛西娅·列侬于 1989 年同本书作者的谈话。

［8］布莱恩的公寓位于福克纳街 36 号一栋房子的底层，这栋房子因作为网飞热门剧集《浴血黑帮》的拍摄地点而闻名，而且在 2017 年这里还发生了一起真实的谋杀案。约翰和辛西娅都不知道，约翰的母亲茱莉亚在二十四年前是在同一个登记处与父亲阿尔夫结的婚，他们也曾在里斯记小餐厅吃午餐庆祝。

第八章

［1］引自《披头士！皮特·贝斯特的故事》(*Beatle! The Pete Best Story*, Plexus Publishing, 1985) 中皮特·贝斯特对汉堡时光的回忆。

［2］引自《我们所言，最后一次采访》(*All We Are Saying, Last Interview*, Sidgwick & Jackson, 2000) 中约翰所说的话。该书记录了戴维·谢夫 (David Sheff) 于 1980 年 12 月在达科塔公寓对约翰和小野做的最后一次采访。约翰的记忆又一次出了错：他和布莱恩·爱泼斯坦去了位于西班牙东北加泰罗尼亚多拉达海岸上的锡切斯，而托雷莫利诺斯则位于阳光海岸，在西南偏南方向五百

英里开外,开车需要 9 个小时才能到达。

[3] 引自詹恩·S. 温纳的《约翰回忆》(*Lennon Remembers*)一书中约翰的话。

[4] 锡切斯位于巴塞罗那西南三十五公里处,是 20 世纪 60 年代西班牙反主流文化的中心,被誉为"小伊维萨岛"。它事实上是"巴塞罗那海滩",既有同性恋海滩,也有裸体海滩。

[5] 保罗的金姑妈在羽翼乐队 1967 年的专辑《音速之翼》(*Wings at the Speed of Sound*)中的歌曲《让他们进来》(*Let'Em In*)里隆重登场,这首单曲在英国排名第二,美国排名第三。除了他深爱的姑妈之外,保罗还提到了他的弟弟迈克·麦卡特尼和大舅子约翰·伊斯门。"菲尔和唐"(Phil and Don)即埃弗里兄弟乐队,"厄尼叔叔"指的是谁人乐队的鼓手凯斯·穆恩,他在他们的摇滚歌剧《冲破黑暗谷》电影版中饰演厄尼叔叔一角。伦敦交响乐团录制这部作品的时候,林戈为该角色配音。"苏济妹妹"(Sister Suzy)指的是琳达·麦卡特尼,她在 1977 年的时候,以苏济和红条纹乐队(Suzy and the Red Stripes)的名义录制了她创作的歌曲《海滨女子》(*Seaside Woman*)。"马丁·路德"既不是指那个 16 世纪的德国牧师,也不是指 20 世纪的美国人权运动者,而是指约翰·列侬。保罗、林戈和乔治曾经把约翰称作"约翰·马丁·路德·列侬",或许是为了取笑他于 1969 年和洋子结婚后改的名字"约翰·温斯顿·小野·列侬"。

[6] 引自皮特·麦凯布（Peter McCabe）和罗伯特·D. 斯科恩菲尔德（Robert D. Schonfeld）合著的《约翰·列侬：记录》（*John Lennon: For The Record*, Bantam USA, 1984）。

[7] 引自皮特·肖顿与尼古拉斯·沙夫纳共同撰写，于1983年出版的回忆录《我生命中的约翰·列侬》中约翰和皮特的对话。

[8] 在《米克·贾格尔的狂野生活和疯狂天才》（2012）中，作者克里斯托弗·安德森引用了安吉·鲍伊谈到前夫和米克时说的话："我发现他们同床共枕的时候，他们正在写《安吉》这首歌。"

[9] 引自《约翰回忆》一书中约翰对詹恩·S. 温纳说的话。该书的内容是温纳于1970年12月对列侬做的长篇采访。这篇采访还曾在《滚石》杂志上连载。

[10] 谈到录制新奇歌曲，安迪·怀特（Andy White）的妻子琳恩·康奈尔（Lyn Cornell）曾经是弗农女孩合唱组（the Vernons Girls）和珍珠二人组（the Pearls）的成员，师从菲尔·"收集者"·斯威恩（Phil "the Collector" Swern）。作为快乐演唱组（the Carefrees）的一员，她演唱了热卖的披头士主题新奇单曲《我们爱你披头士》（发行于1964年）。这类音乐中，本书作者最喜欢的一直是多拉·布莱恩的怪里怪气的歌曲《我圣诞节只想要一个披头士成员》（发行于1963年，英国排行榜第二十名）。

[11] 引自保罗的一篇被广泛刊登的新闻稿,日期为 2016 年 3 月 9 日。

第九章

[1] 引自列侬在《精选辑》中说的话。

[2] 出自 16 世纪西班牙作家米格尔·德·塞万提斯的《堂·吉诃德》。"攻击风车"意指追求不现实、不实际或不可能的目标,或与假想的敌人作战。

[3] 引自 1979 年乔治·马丁与杰里米·霍恩斯比(Jeremy Hornsby)合著的《你只需要耳朵》(1979)。

[4] "微笑修女"和"歌唱修女"是比利时的创作型歌手让娜-波勒·玛丽·德克尔(Jeanne-Paule Marie Deckers,1933—1985 年)的艺名,她也被称为"让尼娜"。在比利时的多明我会,她被称为"修女吕克·加布里埃尔"(Luc Gabriel)。她于 1963 年因为演唱关于她所在修会司铎的法语流行歌曲《多米尼克》而一举成名,歌曲在不少国家走红,登上了美国公告牌百大单曲榜冠军,她的非凡故事却以悲剧而告终。一份对她不利的唱片合约让她穷困交加,这一经历动摇了她的信仰,她退出修会,在五十二岁时和多年挚友安妮·佩谢(Annie Pecher)双双自杀。

第十章

[1] 引自辛西娅·列侬的第二本回忆录《约翰》(2005)。

第十一章

[1] 萨里郡托尔沃思(Tolworth)的矮胖小酒杯酒吧是20世纪60年代到70年代摇滚巡演的必经之站,许多如今知名的乐队都在那里演出过,例如马迪·沃特斯、齐柏林飞艇、Yes乐队、杰思罗·塔尔(Jethro Tull)、十年后(Ten Years After)、绯红之王(King Crimson)、佛利伍麦克以及后来的扼杀者(Strangler)、绝妙贵宾犬(Fabulous Poodles)、诅咒(the Damned)、超音波(Ultravox),等等。大卫·鲍伊在那里大放异彩,他当时的巡演被称作"齐格·星辰巡演"(Ziggy Stardust Tour)。

各种传记和文献总把矮胖小酒杯酒吧写成齐格·星辰巡演的首站,火星蜘蛛乐队(Spiders from Mars)键盘手兼梅曼公司(鲍伊的经纪公司)经理尼基·格雷厄姆(Nicky Graham)则对此不以为然。"在埃比沙姆大厅(Ebbisham Hall)举行,由DJ"耳语鲍勃"·哈里斯主持的爱普森演唱会(Epsom gig),是我们几个参与者一致认为的齐格·星辰巡演首站,"他坚称,"直到那时,我们才聚到了一起。"该俱乐部在20世纪90年代开始没落,成了现场音乐演化发展的牺牲品,于2000年被拆除。安息吧,曾经的美好。

[2]约翰有两个同父异母的弟弟:出生于1969年2月26日的戴维·亨利·列侬和出生于1973年10月22日的罗宾·弗朗西斯·列侬。

[3]保利娜·列侬的《爸爸,回家吧:约翰·列侬和他父亲的真实故事》(1990)是一部关于她和约翰父亲之间的爱以及列侬父子之间的冲突的回忆录。书的核心内容来自弗雷迪的未出版的自传。保利娜在弗雷迪死后再嫁,改姓斯通。

第十二章

[1]从电影制作人塞缪尔·高德温到高尔夫球运动员加里·普莱耶,各行各业的名人都说过这句话。这句话最初似乎是美国开国元勋和第三任总统托马斯·杰斐逊说的。他说:"我特别相信运气,我发现我工作越刻苦,运气就越好。"

[2]这个观演人数纪录保持了八年,直到1973年被齐柏林飞艇打破。齐柏林飞艇在坦帕球场(Tampa Stadium)举办演出时,粉丝人数达到了56800人。

谢伊球场得名于让美国国家棒球队回归纽约市的纽约律师威廉·谢伊。球场于1964年4月17日正式开业,于1966年8月23日再度邀请披头士前来表演。1970年8月,为和平集资的夏日庆典在那里举行,保罗·西蒙、詹尼斯·乔普林、荒原狼乐队、克里登斯清水复兴乐队等参与了庆典。1971年,大放克铁路乐队在不起眼的馅饼乐队(Humble Pie)支持下,打破了披头士的门票最快售罄纪录。和伦敦的温布利球场一样,谢伊球场成了球场演唱会的标配,接待了杰思罗·塔尔乐队、谁人乐队、西蒙和加芬克尔,以及警察乐队——"我们要感谢披头士,能把他们的球场借给我们!"斯汀在台上大喊。1979年10月,教宗若望·保禄二世莅临该地;1989年10月,滚石乐队在那里演了六晚;1992年9月,埃尔顿和克莱普顿也去了那里。2001年的"9·11"事件发生后,谢伊球场被用作救援队总部,储存医疗物资、食物和水,并为救援人员提供睡觉的场所。

斯普林斯汀和他的E街乐队于2003年10月在那里表演。该球场的最后一场演唱会"谢伊的终曲"于2008年举行,演出者是比利·乔尔,当时托尼·班奈特、史蒂芬·泰勒、唐·亨利等人也一起参加了演出。保罗·麦卡特尼也满含心酸地上台演唱了《顺其自然》。该球场于2009年被拆除。

[3]琳达·伊斯门于1969年同保罗·麦卡特尼在伦敦结婚。琳达于1941年9月24日出生于纽约州斯卡斯代尔,父亲是一名娱乐律师,巧的是,他的名字叫利奥波德·爱泼斯坦,但他后来改了个英式的名字:李·伊斯门。琳达的母亲于三年前,也就是1962年3月,死于美国航空一号班机在皇后区发生的空难。她参加演唱会时和前夫小梅尔维尔·西伊(Melville See, Jr)离婚才几个

星期，两人有一个三岁大的女儿名叫希瑟。琳达当时大学已经毕业，从事摄影工作，获准进入谢伊球场后台。她于1967年5月在伦敦巴格奥尼尔（Bag O'Neil）俱乐部的乔治·费姆（Georgie Fame）演唱会上再次遇见保罗。四天后，她和保罗在布莱恩·爱泼斯坦家里相识，当时那里正举行《佩珀军士》专辑的发行派对。一年后，两人在纽约又一次相遇，当时约翰和保罗在那里处理苹果唱片开业的事。两人的婚礼于1969年3月12日举行，激怒了粉丝，惹了一身骂名，因为她夺走了"最后一个未婚的披头士"。隔周，也就是八天后的3月20日，约翰在直布罗陀与小野洋子结婚。这两名女性都遭到了谩骂，人们无端指责她们拆散了披头士。琳达因乳腺癌于1998年4月17日去世，享年五十六岁。

演员兼模特的芭芭拉·巴赫于1981年4月27日成了林戈太太（如今的斯塔基爵士夫人），他们在那年拍摄《穴居人》（Caveman）时相遇，很快就结了婚。1947年8月27日，原名芭芭拉·哥德巴赫的她出生于皇后区的罗斯代尔，于1977年成为世界知名的"邦女郎"，与罗杰·摩尔在《007之海底城》中演对手戏。她的妹妹玛乔丽是老鹰乐队的乔·沃尔什的第五任妻子。

[4]引自《佩珀军士》专辑中的歌曲《变好》（Getting Better）。

[5]披头士的孩子们：

林戈：扎克·斯塔基出生于1965年9月13日，在谁人、保罗·韦勒、茶水男孩、绿洲等乐队中当过鼓手；贾森·斯塔基出生于 1967 年 8 月 19 日；李·斯塔基出生于 1970 年 11 月 11 日。

保罗：希瑟·麦卡特尼（琳达的女儿，保罗收养了她）出生于 1962 年 12 月；玛丽·麦卡特尼，摄影师，出生于 1969 年 8 月 28 日；斯特拉·麦卡特尼，时尚设计师，出生于 1971 年 9 月 13 日；詹姆斯·麦卡特尼，音乐人，出生于 1977 年 9 月 12 日；比阿特丽斯·麦卡特尼是保罗同第二任妻子希瑟·米尔斯的女儿，出生于 2003 年 10 月 28 日。

约翰：朱利安·列侬，音乐人、摄影师，出生于 1963 年 8 月 8 日；肖恩·小野·列侬，音乐人，出生于 1975 年 10 月 9 日。

乔治：达尼·哈里森，出生于 1978 年 8 月 1 日，为乔治同第二任妻子奥利维娅所生。

[6] 纽约出生的维罗尼卡·"罗妮"·班内特（Veronica "Ronnie" Bennett），绰号"摇滚乐坏女孩"，是大受欢迎的女子团体罗尼特组合的主唱。该团体成员还有她的姐姐艾斯泰勒和堂妹内德拉。虽然深受约翰吸引，约翰也对她倾心，罗妮还是在 1968 年嫁给了她的制作人菲尔·"声墙"·斯佩克特（Phil "Wall of Sound" Spector）。她遭受了多年家暴，甚至被监禁，被用枪抵着，她的事业也被丈夫蓄意破坏。丈夫怕她逃跑，把她的鞋子没收，她在母亲的协助下，于 1972 年被迫光脚逃离铁丝网和看门狗，以及这段婚姻。她出了一本由雪儿作序，比利·乔尔写前言的回忆录《做我的宝贝：我如何在睫毛膏、超短裙与疯狂中幸存，或我作为光

鲜亮丽的罗尼特组合成员的生活》（1990），内容如地狱般残酷。

斯佩克特后来被安排制作《顺其自然》专辑。约翰于1973年雇斯佩克特制作他的翻唱合辑《摇滚》，收录了他深深喜爱的五六十年代的歌曲。这张专辑最终于1975年发行（此前发生了一些闹剧：斯佩克特偷走了母带，随后他遭遇了一场车祸，约翰还和可怕的美国音乐总裁莫里斯·利维闹上了法庭，后者起诉约翰的《一起来》中的一句歌词侵犯了他的著作权）。专辑封面上那张列侬穿着皮夹克站在砖砌门廊前的著名照片是披头士的好友于尔根·沃尔默于1961年4月在汉堡拍摄的，几年后才被正式公开。约翰谈到斯佩克特时说："我十分喜欢他的作品，但不是很喜欢他的个性。"

第十三章

[1]老球场位于旧金山湾时常刮大风的西海岸，得名于所谓的"烛台鸟"——一种杓鹬，又叫镰嘴鸟，在当地很常见。
保罗·麦卡特尼于2014年8月在那里举行了最后一场演唱会，随后球场就被拆除了。始与终：保罗的最爱。

[2]引自T.S.艾略特的《空心人》。

[3]木屐是日本人穿的传统木制厚底鞋，融合了人字拖和木鞋的特征。

第十四章

[1] 约翰·沃尔夫冈·冯·歌德，德国诗人、哲学家、小说家、剧作家、政治家，《浮士德》的作者，18世纪"狂飙突进"文学运动的领军人物。该运动的主旨是通过创造性的活动，尤其是音乐和文学，来表达极致的人类情感。

[2] 百代唱片工程师肯·汤森（Ken Townsend）在约翰的要求下，于1966年早期发明了人工/自动双轨收音（ADT）技术。列侬无法忍受录音过程中耗时费力的双轨收音/原带配音过程，不停纠缠技术人员让他们从机械层面做出改进。汤森灵机一动，用一轨延迟录音叠加在"单薄"又"直白"的第一轨录音上，使约翰的声音变得"丰满"，这种效果就像在吹头发前涂上一层发丝增粗剂一样！延迟录音使声音变得更饱满丰富。披头士也开始用这种技术录制器乐。《明日不可知》其实用的是手动双轨录音，而《左轮手枪》专辑中其他歌曲的录音确实得益于ADT技术。可以听一下乔治在《我只是在睡觉》(*I'm Only Sleeping*)中如梦幻般倒放的吉他演奏，以及他在《税务员》(*Taxman*)中的主音吉他呈现，还有《与你有关，也与你无关》(*Within You, Without You*)、《为凯特先生好！》、《蓝杰道》(*Blue Jay Way*)、《我是海象》等。20世纪六七十年代许多其他音乐人也学会了这项技术。该技术在80年代数字技术兴起后式微。先前难以想象的技术现在可以用简单的电脑软件轻松实现。

[3] 引自1979年乔治·马丁与杰里米·霍恩斯比合著的《你只需要耳朵》。

[4] 20世纪20年代的理发店专属歌曲《婚礼钟声》由威利·拉斯金（Willie Raskin）和欧文·卡哈尔（Irving Kahal）作词，萨米·费恩（Sammy Fain）作曲。保罗或许熟悉1954年由四个老A乐队（Four Aces）录制的版本。

[5] 引自《圣经·新约·哥林多前书》13:11。

[6] 英国录音制品表演权管理协会以及英国表演权协会（PPL PRS Ltd）是英国的音乐审批机构，联合了保护音乐表演权以及代表艺人收取版税的组织。网站：www.pplprs.co.uk。

[7] 披头士《我们的世界》电视节目后来由电脑上色，使其更具现代感，收录在系列纪录片《精选辑》中。

[8] 1970年约翰接受《滚石》杂志的采访。

第十五章

[1] 里希盖什，位于恒河发源的大山入口处，是世界瑜伽中心，每年三月都会举办国际瑜伽节。

[2] 他们的母亲是爱尔兰裔美国演员莫琳·奥沙利文，她参演过六十多部好莱坞电影，20世纪三四十年代在伟大的《人猿泰山》系列电影中扮演简，和扮演泰山的约翰尼·韦斯默勒演对手戏。

她丈夫是导演约翰·维利耶·法罗，两人育有七个孩子。

[3] 引自《花花公子》对约翰的采访，1981年出版。普鲁登丝·法罗于2015年出版了回忆录《亲爱的普鲁登丝：歌曲背后的故事》。普鲁登丝于2015年9月接受《滚石》采访的时候说了这番话。

[4] 珍妮在十六岁的时候遇见了米克·弗利特伍德（Mike Fleetwood），但两人一直分分合合，直到1970年结婚，并于六年后离婚。一年后，她嫁给了佛利伍麦克乐队的鼓手，隔年就离了。两人有两个女儿。后来她第三次做了摇滚乐手的妻子，嫁给了鼓手伊恩·华莱士（Ian Wallace，与鲍勃·迪伦、邦尼·雷特、绯红之王、克罗斯比与史提尔斯与纳许、唐·亨利等人合作过），但同样以离婚收场。在20世纪80年代末，她成了加州大学洛杉矶分校的一位大龄学生，并获得了人类行为学博士学位，成了一名临床心理咨询师和作家。她出版了《不仅仅是摇滚》（*It's Not Only Rock'n'Roll*）、《珍妮弗·朱尼珀：超越缪斯的旅程》（*Jennifer Juniper: A Journey Beyond the Muse*）等书。

[5] 引自多诺万于2012年接受《滚石》杂志的采访。

[6] 詹恩·S.温纳《列侬记得》一书中的引言。

[7] 引自查尔斯·狄更斯《双城记》。

[8] 2019年，有消息称《指环王》导演彼得·杰克逊将把58小时

的影像资料、140 小时的录音素材,外加楼顶现场演出片段整合成一部新的《顺其自然》纪录片。《顺其自然》将再版,于 2020 年随杰克逊的电影一同上市,以纪念该专辑发行五十周年。

[9]《嘿裘德》原本名为《嘿朱尔斯》,是保罗写给朱利安·列侬的,希望他能在父母离异后感觉好受一点。这是第一首以八轨道磁带录制的披头士唱片,录制地点是现已关闭的三叉戟录音室,该录音室位于伦敦苏豪区的圣安妮宫巷。这首歌长达 7 分 11 秒,是迄今为止英国排行榜冠军歌曲中最长的单曲。与之相较,唐·麦克莱恩的《美国派》长达 8 分半(但这首歌被唱片公司拆成了两半),克莱普顿的《莱拉》(专辑版)长达 7 分 8 秒,皇后乐队的单曲《波西米亚狂想曲》长达 6 分钟,理查德·哈里斯的《麦克阿瑟公园》长达 7 分 21 秒,大门乐队的《点燃我的火焰》在专辑中长达 7 分 6 秒。

朱利安直到十几岁时才知道保罗的《嘿裘德》是为他写的。

[10] 保罗的话引自巴里·迈尔斯(Barry Miles)的《保罗·麦卡特尼:多年以后》(*Paul McCartney: Many Years from Now*)。

[11] 朱利安的话引自史蒂夫·特纳(Steve Turner)《笔耕不辍:每首披头士歌曲背后的故事》(*A Hard Day's Write: The Stories Behind Every Beatles Song*)。

[12] 辛西娅和酒店老板罗伯托·巴萨尼尼的婚姻从 1970 年延续到 1973 年,又在 1976 年嫁给了兰卡斯特的工程师约翰·特威斯

特，于 1981 年和他分居，1982 年离婚。她从 1981 年开始，和私人司机吉姆·克里斯蒂在利物浦生活了十七年，直到 1998 年分开。她的最后一段也是第四段婚姻，对象是巴巴多斯人夜店老板诺埃尔·查尔斯，从 2002 年一直持续到 2013 年时查尔斯因癌症过世。辛西娅于 2015 年过世，死因也是癌症。

[13]《约翰和洋子之歌》是披头士于 1969 年 5 月发行的单曲，是他们第十七首单曲，也是披头士的首张立体声唱片，还是他们的最后一张英国排行榜冠军唱片。这首歌是约翰在巴黎写的。只有两位披头士成员参与了录制：约翰弹奏主音吉他，保罗演奏鼓和贝斯。

第十六章

[1] 引自本书作者的采访。

[2] 引自格里·戈芬与卡洛尔·金于 1966 年创作的金曲《回去》（Goin' Back）。许多歌手都录过这首歌，包括达斯蒂·斯普林菲尔德、飞鸟乐队、使用假名"拉里·罗瑞士"（Larry Lurex）的弗雷迪·默丘里，以及卡洛尔本人。

[3] 咪咪姨妈的小屋坐落在目前全球沿海房价最高的地段，那里住的尽是富翁与名人。咪咪死后，洋子将房屋出售，随后房屋被拆除。目前坐落在原址的房子是新修的，被重新取名为"想象"，价值七百二十万英镑。

引自咪咪·史密斯于 1981 年接受英国南方电视台的克里斯托弗·皮科克（Christopher Peacock）采访，这是她仅有的一次接受电视采访。

[4] 披头士从洞穴俱乐部年代就认识莫琳了。她开始和林戈约会的时候才十六岁。对约翰、保罗和乔治来说，她就像弟妹一样，所以才引起了约翰的这句责难。

帕蒂·博伊德激发了十首歌的灵感：披头士的《我需要你》、《某种特质》《为你伤心》（For You Blue）；德里克和多米诺乐队（埃里克·克莱普顿）的《莱拉》；罗尼·伍德的《让我困惑》（Mystifies Me）和《对我呼吸》（Breathe on Me）；乔治·哈里森的《如此悲伤》（So Sad）；埃里克·克莱普顿的《今晚真美》（Wonderful Tonight）、《她在等待》（She's Waiting）、《旧爱》（Old Love）。

[5] 引自皮特·肖顿于 1983 年接受戴维·斯塔克的专访，这段采访录音从未被公开过。肖顿于 2017 年 3 月 24 日由于心脏病突发，在柴郡的家中逝世，享年七十五岁。

[6] 这里提到的十几岁女孩叫盖尔·雷纳（Gail Renard），因为她给洋子五岁的女儿京子带了礼物，才被允许进入房间。虽然她一整周都待在那里，但每晚都被送回家。她在 2008 年拍卖了约翰送给她的《给和平一个机会》手写歌词，筹钱修补家里漏水的屋顶。罗杰·斯科特后来为美国广播联合公司威斯伍德一台（Westwood One）制作了数不清的披头士纪录片，包括九集《佩珀军士的孤

独之心俱乐部乐队：披头士史（1962—1970年）》，共同参与制作的还有披头士历史学家马克·勒威森。罗杰于1989年10月31日去世，享年四十六岁。同年12月7日，阿比路上举行了一场纪念演唱会，参与歌手有克里斯·利亚、马克·诺弗勒、戴夫·埃德蒙兹（Dave Edmunds）、尼克·洛（Nick Lowe）等。第一位激发罗杰对音乐之爱的歌手克里夫·理查德唱了那首点燃斯科特热情的《动起来》。"耳语鲍勃"·哈里斯说："罗杰·斯科特是人类历史上最棒的DJ。"

第十七章

[1] 约翰和洋子于1971年1月接受地下报纸《红鼹鼠报》的塔里克·阿里和罗宾·布莱克本的采访。

引自约翰对朋友罗伊·卡尔说的话。卡尔是经理乐队（the Executives）的乐手兼披头士书籍作家，从1970年开始加入《新音乐快递》，也在1972年成为该杂志的编辑。

[2] 引自托尼·考克斯于1986年2月对美国《人物》杂志说的话。

[3] 这部"关于屁股的电影"是一部短片，名为《第四号电影，1966—1967》，又叫《臀》或"臀电影"。片中全是知名人士的臀部特写，洋子想以此片推动"促进世界和平的对话"。

[4] 英国记者莎伦·丘彻（Sharon Churcher）在2001年1月美国

邪教教育协会（Cult Education Institute）的《宣传报》上报道了此事。

第十八章

[1] 2001年的"9·11"恐怖袭击事件后，美国改革行政部门，前移民与归化局（INS）于2003年3月1日被废除。国土安全部下设立了三个新的子部门，分别是美国公民及移民服务局（USCIS）、美国移民及海关执法局（ICE）、美国海关及边境保卫局（CBP）。

[2] 该说法出自美国作家埃丽卡·容的女性主义小说《怕飞》，意指两个彼此不认识且没有感情基础的人为了性交而性交。

[3] 现为纽约凯悦大酒店。

[4] 尽管约翰是前披头士成员中第一个发行个人单曲的——他和洋子于1969年发行了《给和平一个机会》——却是最后一个拿到排行榜冠军的（指前文中的《伴你度过长夜之物》）。乔治·哈里森于1970年发行的《亲爱的上帝》（My Sweet Lord）拿到了，保罗·麦卡特尼的《生死关头》（Live and Let Die），林戈·斯塔尔的《照片》（Photograph）和《你十六岁》（You're Sixteen）都发行于1973年，也都拿到了排行榜冠军。约翰的《（如同）重新来过》于1980年12月末，也就是他去世后三周，拿下了排行榜冠军。

[5]约翰于1980年同戴维·谢夫谈起此事。

第十九章

[1]菲利普·诺曼在《约翰·列侬传》(2008)一书中对小野洋子的采访。

第二十章

[1]汉克·哈斯塔德(Hank Halstad)船长、泰勒·柯尼斯(Tyler Coneys)和他的表亲埃伦和凯文是约翰当时的船员。

"百慕大死亡三角洲"位于北大西洋,据说有船只和飞机在那里凭空消失,永远找不到了。许多著名的百慕大失踪事件被证伪,但有关超自然现象的阴谋论一直不断。

第二十一章

[1]2017年,美国国家音乐出版协会(NMPA)宣布承认洋子为《想象》的创作者之一,更正了这个"历史性的疏忽",约翰在接受安迪·皮布尔斯采访时也已承认这是他犯的错。洋子后来在接受NMPA的百年纪念奖时说:"这是我生命中最美好的时刻。"

[2]皮特·肖顿接受戴维·斯塔克采访时,引用了乔治·哈里森的话。

其他说法

"你不觉得披头士是把一切都给了出去,才成为披头士的吗?我们把一整段青春全花在那上面了——一整个青春——其他人都在瞎混,而我们一天二十四个小时都在工作!"

约翰·列侬

"在当今的流行乐中,我只对两样东西感兴趣:摇滚和前卫诗歌。我只对当下一个乐队感兴趣,那就是马克·波伦与暴龙。他是唯一让我兴奋的人,我很期待再次和他见面。他的音乐是很好的摇滚,节奏很棒,而且确实能让人摇摆起来。而让我惊叹的主要是他写的词。他的写作方式很新颖,我从没读过那样有趣且真实的歌词。除了少数几个美国人,马克·波伦是唯一引起我注意的人,我相信他的神话是真的。不久后他会出版一本诗集,我期待一读再读。马克·波伦是唯一能超越披头士的人。"

约翰·列侬

"他们让英国人产生了一种东山再起的错觉。我们喜欢听这种评价。天哪，我们真的很喜欢听这种评价。"

戴维·鲍伊

"披头士之所以总是高人一筹，因为他们时刻准备改变，做不同的事。没有两张专辑是一样的。我们绝不会像《星球大战 II》那样，换汤不换药。"

乔治·亨利·马丁爵士，大英帝国官佐勋章获得者

"在我的国家，披头士引领了社会，改变了它的发展方向。我们经历了第二次世界大战的摧残，每个人都精疲力竭，但披头士说：'再也不会这样了。'他们创造了一种信仰体系，无关金钱（虽然金钱显然在其中发挥了一定的作用）、无关信仰、无关战争。它关乎以文化驱动社会，关乎保持年轻，不要像我们父母那样。关乎美好、欢愉和享受。关乎爱。"

《昨日》导演，丹尼·博伊尔

"披头士是我在生意上的偶像。他们四个人彼此抑制缺点。他们互相平衡，于是整体超越了部分之和。这就是我对做生意的看法。商业上的伟大之事从来不是靠单枪匹马就能完成的，它需要团队的力量。"

史蒂夫·乔布斯

"当时我们正开车穿越科罗拉多州,我们开着收音机,排行榜前十名里有八首披头士的歌——《我想握住你的手》之类的,他们早期的歌。他们做的事没人做过。他们的和弦进行怪里怪气的,就是怪里怪气,而他们的和声让一切都显得恰到好处……我知道他们正为音乐指明方向。"

鲍勃·迪伦

"我爱披头士。除了这个我还能说什么呢?我不骗你。我爱他们。他们让我快乐。我觉得他们是最棒的,现在依然如此。"

利亚姆·盖勒格

"我觉得披头士乐队无人能及,连绿洲乐队都无法望其项背。"

布赖恩·梅

"披头士与众不同,音乐界因之天翻地覆。四个小伙子又弹又唱,写自己的歌……摇滚乐进了我的家,好像就再也出不去了……开启了一个充满可能的世界。"

布鲁斯·斯普林斯汀

"那场表演(指《埃德·沙利文秀》)改变了我的人生……在那之前,我从没想过要将演奏摇滚乐当作事业。当我看到四个看着不像从好莱坞明星工厂出来的小伙子,演奏自己的乐器,唱着自己的歌,尤其是你能看到约翰·列侬的表情——他仿佛总在说:'去你妈的!'——我说,我懂他们,我和他们心灵相通,我就是他们。这便是我要做的事:在摇滚乐队里表演。"

比利·乔尔

"他的虚张声势只是表象。他曾经拿下那副老太太眼镜说:'是我啊!'他的眼镜就像墙壁,你知道吗?像盾牌。他拿下眼镜的那些瞬间对我来说非常珍贵。

"他遇害后第二天,我和洋子通了电话,她说的第一句话是:'约翰真的很喜欢你。'"

詹姆斯·保罗·麦卡特尼爵士,名誉爵位及大英帝国员佐勋章获得者

"许多人和我一样震惊……我当时在他纽约的家里,在达科塔公寓。他很好。忙里忙外准备晚餐,放了许多印度音乐,我很吃惊……他很自然地做着这一切。

"关键在于,我很久没见他了。我的意思是,在我看来,他现在应该依然在那里,你知道,因为我已经两年没见过他了。他或许偶尔会寄张明信片来。让我知道他就在电话那端,我想联系他就能联系得上,这便是区别所在。现在,你得有一个连接宇宙的大电话机才能跟他说上话了……我相信生命永不断绝。所以我并不悲伤……我们都会在未来的某个时候再相遇。"

乔治·哈里森,大英帝国员佐勋章获得者

"一想到有个浑蛋朝他开枪,我还是会很激动。

"我们坐飞机去纽约,去了他公寓。'我们能帮上什么忙吗?'洋子就说了一句:'这个啊,和肖恩玩儿吧。别让肖恩闲下来。'我们就那么做了。

"我怀念和他的友谊。我怀念和他一起闲逛。我怀念……只是因为我们现在不在一起了。这就是我怀念的。我去过纽约好多次,看望洋子,但感觉很糟,懂吧?但他依然在我心中。"

理查德·斯塔基爵士(即林戈·斯塔尔),大英帝国员佐勋章获得者

"说到音乐,列侬总是追寻不可能,总向往无法达到的高度。他从不满足。"

乔治·亨利·马丁爵士,大英帝国官佐勋章获得者

"爸爸会向世界大声宣扬和平与爱,但他从不向那些对他最重要的人展现这一点。"

朱利安·列侬

"我有许多与他聊天、一起玩、看电视的回忆。对我来说,互道晚安是我们的亲密时刻。只有我们俩。他的声音有种抚慰人心的力量。他还会做一件非常可爱的事:按照自己说话的节奏开灯关灯。他会说:'晚安,肖恩。'接着灯就关了(嘴里发出开关的

咔嚓声)。这让我感觉无比温馨。"

肖恩·列侬

"他太过诚实这点或许冒犯了一些人……他对人非常直率，极为坦诚。我觉得，有时你得为此付出高昂的代价……但他就喜欢赌这一把，我是这么认为的。"

小野洋子·列侬

"我觉得他找到了属于自己的空间。我不认为他对生活完全满意，因为我觉得他总在探寻，总在寻找，总想要新东西。我的意思是，他到最后，在死之前，本来会回英格兰的。所以他是在不断改变，寻找新征途。但他不论做什么，都是全然真诚，全心全意的。"

辛西娅·列侬

"列侬是很有天赋的人，最重要的是，他也是极为温柔的人。约翰和他的同行们为当代音乐设立的高标准到现在依然适用。"

弗兰克·辛纳特拉

"四十岁就离开这个星球实在太早了，不过对我这种常上舞台表演的人来说，列侬被杀害的原因实在是可怖而悲惨。他确实是世界上最伟大的音乐革新者，我相信很多人会怀念他，哀悼他，尤其是我们这些与他同辈的人。"

史摩基·罗宾逊

"我第一次见到他是 1963 年的时候，在伦敦。罗尼特组合当时在英格兰非常火爆。他看到了我们，然后联系上了我们经纪人，接着便有了派对，我们和大伙儿跳了一夜的舞，还教他们跳纽约舞。他不仅仅喜欢我的歌声……我当时才十九岁，刚刚声名鹊起，他懂得很多……过了些年，我在街上碰到他。他叫了我的名字——"罗妮！"——于是我回过头，真是太神奇了……后来他就被枪杀了……我悲伤极了，在床上躺了一星期。我心都碎了。我每次在录音室都会想起约翰·列侬，我就是忍不住。他就像是我的灵魂，对我说：'别放弃。'"

罗妮·斯佩克特

"我们去班戈（在威尔士，玛哈里希要在那里做演讲）的那个周末时间非常紧，因为我们都是搭火车去的：披头士、我、米克·贾格尔，还有玛哈里希。周末刚过完，我们就接到了爱泼斯坦服药过量死亡的消息。约翰悲痛欲绝，我希望我当时也去了印度的灵修地——不是因为我喜欢玛哈里希，我并不喜欢他。我只是想听听列侬的话，看着一切天翻地覆——的确是这样。我很愿意去那里见证这一切。至于他的遗产？很难用语言形容。我的意思是，真没什么。他只是永远改变了流行乐的面貌罢了，不是吗。"

玛丽安娜·菲斯福尔

"我非常喜欢约翰。他是和我最合得来的人。我们不是那种好兄弟，但关系一直很好。只不过当披头士和滚石不在俱乐部演出后，我们就不常见面了。直到大约1974年，他和洋子分开，我们又成了好朋友。他跟洋子复合后，就销声匿迹了……后来我去达科塔拜访某人，给他留了张字条：'我就住隔壁。我知道你谁都不想见，但如果你想见我的话，就给我打电话吧。'他也没打来。"

迈克尔·菲利普·贾格尔爵士

"很难回想起我究竟是什么时候认识约翰的了。一定是1974年年中前后……我们开始在一起鬼混。他是我这辈子见过最聪明、最机智、最真诚的社会主义者。我这里用的是社会主义的最真实的含义，而不是虚伪的政治口号。他是个真正的人道主义者，有着尖刻的幽默感，身为英国人，我当然很喜欢他这一点。我以为我们会永远是好兄弟，感情也会越来越好。是啊，一切都是梦。"

大卫·鲍伊

"我真的很爱约翰。我觉得，当你如此深爱一个人的时候，是很难从对方的死亡中走出来的。"

埃尔顿·赫拉克勒斯·约翰爵士，大英帝国司令勋章获得者

"我记得听到约翰死讯的时候我在佛罗里达。我前一晚在标准录音室（Criteria Studio）录歌录到很晚，当时刚起床。我现在还是很后悔当时没有放弃录音去达科塔公寓外向他致哀。他绝对是我的英雄。"

巴里·布鲁（Barry Blue）

"他写的就是他所感受到的。他总是写下真相。他总说：'我写下真相，并让它押韵。'他自己便是他的音乐。他也十分慷慨。我说的不是钱，虽然他在金钱方面确实也一样。我指的是，如果他喜欢你并信任你……他会真的与你分享他自己……而这些事情你可以永存于心。"

《想象》专辑工程师、《双重幻想》制作人
杰克·道格拉斯

"我和我闺密希拉里因为无法相信加上悲伤过度而神情呆滞，拿了瓶百利甜酒爬上床看了好几个小时电视表演片段。除此之外，我们还能做什么呢……"

南非籍英国歌手／作曲家
米丽娅姆·斯托克利（Miriam Stockley）

"我在洛杉矶和纽约与约翰见过好几次面，有时候是社交场合，他和我刚好去了同一个地方，在城里，他无论跟谁在一起，都不介意我加入他们。我们第三次见面的时候，我为《旋律制造者》做完一次长篇访谈（对象是他），厚着脸皮问他要电话号码。他说他不记得了，这些东西都归洋子管。但他说如果我想和他联系，就发电报去达科塔公寓，附上我的电话号码。如果他在，他就会给我回电话。我们以这种方式联系了三四次。我就以这种方式安排了两次访谈，从不通过公关人员。雷·科尔曼（作家）让我标明在这些事上引用了他的话。有一次，我们还讨论了他移民的情况。'喂，克里斯，我是披头士的约翰尼。'他打电话来的时候总会这么说。最后，他给了我他私人办公室的电话号码。我至今记在当年的老电话簿里。我参加了他的绿卡听证会，而我最后一次见他是在听证会结束后的街上。他高举着绿卡，我对他说，卡不是绿的，是蓝的！他哈哈大笑。他那天特别开心。没过多久，我最后一次给他发了封电报，他没给我回电话，但寄了张明信片过来。我保存至今。"[1]

记者、作家、综合出版社前总编

克里斯·查尔斯沃思

"约翰·列侬是 20 世纪 50 年代以来音乐界最具代表性的人物。他拥有最高地位：超越迈克尔·杰克逊，超越埃尔维斯·普雷斯利，超越所有人。这种说法并不一定公平。与之相比，保

---

[1] 根据美国移民律师协会（AILA）的说法，为了打击文件欺诈，美国移民与归化局在 1952 年至 1977 年将绿卡重新设计了十七次。比如在 1964 年，绿卡的颜色被改为淡蓝色。这些颜色上的改变能让移民局官员更快地辨别新绿卡和过期绿卡。

罗·麦卡特尼的写歌水平无疑更高。保罗写的旋律优雅精致。约翰的创作则更注重功能性。如果把约翰写的所有歌都放到一起，其实数量并不算多。当然他长久的人气也与他是被暗杀的有关。他整个人就这么变成了传奇。但如果他没有死，今天还会如此受人尊敬吗？我拿不准。这并不是要贬低或蔑视他的聪明才智、他对当代音乐难以置信的认识和理解，以及他操控业界（其实是全世界）的能力。在尝试新的、实验性作品这一块，约翰毋庸置疑是披头士的领袖。他也是乐队中唯一对音乐产业运作问题感兴趣的人。"

唱片制作人、歌曲创作人、艺人经纪人、作家、电影制片人

西蒙·纳皮尔-贝尔

一些致敬约翰的歌曲

1.《如今在此》(*Here Today*)——出自保罗·麦卡特尼 1982 年的专辑《拔河》(*Tug of War*)；

2.《我没时间了》(*I'm Outta Time*)——出自绿洲乐队 2008 年的专辑《挖出你的灵魂》(*Dig Out Your Soul*)*；

3.《十七岁的边缘》(*Edge of Seventeen*)——出自史蒂薇·尼克斯 1981 年的个人首张专辑《美人》(*Bella Donna*)；

4.《那些年前》(*All Those Years Ago*)——出自乔治·哈里森 1981 年的专辑《英格兰某处》(*Somewhere in England*)；

5.《真实生命》(*Life is Rea*l)——弗雷迪·默丘里演唱，出自皇后乐队 1982 年的专辑《炙热空间》(*Hot Space*)；

6.《晚间十一点零七分》(*11:07pm*)——眩晕女孩莉齐乐队(Dizzy Mizz Lizzy)1996年的单曲;

7.《我刚枪杀了约翰·列侬》(*I Just Shot John Lennon*)——出自小红莓乐队1996年的专辑《致逝者》(*To the Faithful Departed*);

8.《约翰·列侬之歌》(*Ballad of John Lennon*)——选择乐队[**]1997年的单曲;

9.《继续摇滚吧约翰》(*Roll on John*)——出自鲍勃·迪伦2012年的专辑《暴风雨》;

10.《空空的花园(嘿嘿约翰尼)》[*Empty Garden (Hey Hey Johnny)*]——出自埃尔顿·约翰1982年的专辑《跳起来!》(*Jump Up!*);

11.《月光之影》(*Moonlight Shadow*)——出自麦克·欧菲尔德[***]1983年的单曲。

作者注:

[*] 呼应约翰的《妒忌的人》和披头士的《生命中的一天》,这首歌不仅使用了电子琴,还邀请了林戈之子扎克·斯塔基担任鼓手,而且收录了约翰在1980年的一次访谈中说的话:"正如丘吉尔所说,每个英国人都有权住在任何他想住的地方。英国会怎么样,会消失吗?是不是等我回来,英国就没了?"

[**] 选择乐队(the Elect)来自赞比亚的卢萨卡,成立于2009年。

[***] 多数人认为这首歌写的是约翰被杀一事。欧菲尔德在1995年的一次访谈上被问及此事,他说:"不算吧……那个,或许吧,现在回过头来看,或许吧。在他被杀的那个可怕的夜晚,我刚到纽约,在位于皮利街的维京唱片宿舍里,和事发地点达科塔公寓就隔了几条街,所以这件事或许进入了我的潜意识……"

音乐

披头士全部十二张专辑（有些人说是十一张，去除了《黄色潜水艇》电影原声带，而有些人说是十三张，这种说法是加上了《奇幻之旅》这张迷你专辑，当时这张迷你专辑并没被做成专辑，但后来在一些地区以专辑形式发行）于仅仅七年间录制完成。

披头士专辑

（英国发行时间）

《请取悦我》*Please Please Me* (1963)

《与披头士相伴》*With The Beatles* (1963)

《一夜狂欢》*A Hard Day's Night* (1964)

《披头士待售》*Beatles For Sale* (1964)

《救命！》*Help!* (1965)

《橡皮灵魂》*Rubber Soul* (1965)

《左轮手枪》*Revolver* (1966)

《佩珀军士的孤独之心俱乐部乐队》Sgt. Pepper's Lonely Hearts Club Band (1967)

《披头士（白色专辑）》The Beatles (the 'White Album') (1968)

《黄色潜水艇》Yellow Submarine (1969)

《阿比路》Abbey Road (1969)*

《顺其自然》Let It Be (1970)

《奇幻之旅》(Magical Mystery Tour) 最初于 1967 年在英国以双面七英寸迷你专辑的形式发行，后来在美国和其他地区以全长专辑的形式发行。

佳作中的佳作

《红色专辑》Red Album 1962—1966 (1973)

《蓝色专辑》Blue Album 1967—1970 (1973)

《披头士在好莱坞露天剧场》The Beatles at the Hollywood Bowl (1977)

《披头士当年经典》The Beatles Past Masters (1988—2009)

《披头士 BBC 现场》The Beatles Live at the BBC (1994)

《精选辑 1》Anthology 1 (1995)

《精选辑 2》Anthology 2 (1996)

《精选辑 3》Anthology 3 (1996)

《1》One (2000)**

《爱》Love (2006)

约翰·列侬的专辑

《未完成的音乐一号：一对处子》*Unfinished Music No. 1: Two Virgins* (1968)

《未完成的音乐二号：与狮相伴的日子》*Unfinished Music No. 2: Life with the Lions* (1969)

《婚礼专辑》*Wedding Album* (1969)

《多伦多和平现场》*Live Peace in Toronto*——塑料小野乐队 (1969)

《约翰·列侬 / 塑料小野乐队》*John Lennon/Plastic Ono Band* (1970)

《想象》*Imagine* (1971)

《在纽约市的时光》*Some Time in New York City*——与小野洋子共同创作 (1972)

《心灵游戏》*Mind Games* (1973)

《墙与桥》*Walls and Bridges* (1974)

《摇滚》*Rock 'N' Roll* (1975)

《柴鱼片》*Shaved Fish* (1975)——收录了约翰在此之前在美国发行的所有个人单曲［之前发行的《与我同在》(*Stand by Me*) 除外］。这是约翰生前发行的唯一一张非披头士歌曲的精选辑，也是他最后一张由苹果唱片公司发行的专辑。

《双重幻想》*Double Fantasy*——与小野洋子共同创作 (1980)

《奶与蜜》*Milk and Honey*——与小野洋子共同创作 (1984)

列侬的佳作

《纽约市现场演出》*Live in New York City* (1986)

《门洛夫大街》*Menlove Ave* (1986)

《约翰·列侬精选辑》*John Lennon Anthology* (1998)

《曾几何时》*Wonsaponatime* (1998)

《原声》*Acoustic* (2004)

《约翰·列侬代表作品合辑》*John Lennon Signature Box* (2010)

本书作者最爱的披头士歌曲

我只能把我最爱的歌列出来。要不然就没完没了了。披头士音乐有一个神奇之处，每个人都能找到适合自己的歌。可以上推特发给 @LAJwriter，告诉我你的最爱。我们可以交换歌单。

他们总共有多少歌呢？这得分情况。核心目录一般会列 213 首（其中有一些只是不同的版本），其中 188 首原创，25 首翻唱。ultimateclassicrock.com 网站认为他们录制并正式发行了 227 首歌，其中不包括 BBC 演出或现场专辑。他们解散后，更多他们的音乐进入了市场，其中包括从未进录音室录制的现场演出歌曲，以及花絮片段和小样，很多都以精选辑、现场专辑、特别版、混录版的形式出现，总之数不胜数。或许日后还会有更多歌曲出现。

他们歌曲的最突出的特点便是简洁。开始时他们词汇量有限，早期的创作主要聚焦于普世情感，表达方式很直白。他们很少用超过三个音节的字词。能够被注意到的便是"俄式三弦琴"（balalaikas，《回到苏联》）、"万花筒"（kaleidoscope，《露西在缀满钻石的天空》）、"蒙特利马尔"（Montélimar，《萨瓦松露巧克力》）。歌词里最常出现的五个词都是单音节词。"You"出现的次数最多（2262 次），其次是"I"（1736 次）、"the"（1355 次）、"to"（1097 次）、"me"（1060 次）。他们仅仅用了 170 次"姑娘"（要我猜肯定更多）和 300 次"宝贝"，"爱"也相对克制地只用了 613 次……有些歌没有直说，但几乎每首歌里都有情感的暗示。*** 说到这个，姑娘的名字很明显地出现在他们创作或翻唱的歌名中：米歇尔、伊莲诺、丽塔、麦当娜、普鲁登丝、玛莎、萨迪、茱莉娅、玛吉·梅、安娜、（迷糊小姐）莉齐、（细长）的莎莉、露西、露西尔、卡洛尔、克拉拉贝拉（Clarabella）、彭妮、玛丽·珍、莫莉、洋子、洛蕾塔、利尔（虽然所有人都叫她南希）。

他们还用了些罕见的词，如《在我六十四岁时》中的"scrimp"、《玻璃洋葱》中的"dovetail"、《杂技空翻》（acrobatic flips）中的"summersets"、《为凯特先生好》中的"hogshead"、《洛基浣熊》（Rocky Racoon）中的"hoedown"、《黄色潜水艇》中的"boatswain"、《穿越宇宙》中的"meander"、《新玛丽珍是什么》（What's the New Mary Jane）中的"chapattis"、《露西在缀满钻石的天空》中的"plasticine"等。他们歌词中还有大量美妙的隐晦表达：《九号革命》（Revolution 9）中"穿着褐色短裤的威尔士兔"（在现实世界指涂着奶酪的吐司）；《嘿裘德》中的"让其进让其出"；《我是海象》中的蛋人、咕咕咕啾和爬埃菲尔铁塔的粗面粉沙丁鱼（啥？）；《阿比路》专辑中的"章鱼花园的女王"和"泡沫塑料帕姆"（Polythene Pam）；《天哪你是个有钱人》（Baby You're a Rich Man）中的"有钱人，在动物园里拿着用棕色袋子装起来的钱"；《晚安》中的"八天的星期"和"熄掉光芒的太阳"。此外还有数不胜数的属于英国的典故：《生命中的一天》里提到的上议院（House of Lords）、阿尔伯特音乐厅（Albert Hall）、布莱克本（Blackburn）、兰开夏（Lancashire）；《罗伯特医生》里提到的国民医疗服务体系；《恶毒的芥末先生》（Mean Mr. Mustard）中的十先令纸钞（ten-bob note）；《一起来》中的歪手指（Wonky finger）[1]、碗橱（sideboard）、橡胶套鞋（gumboots）、惠林顿橡胶靴（wellies）[2]、折脊人（spinal cracker）（整骨疗法？）、脚趾垢（别查了），等等。如果我们因此陷入迷惘（他们的同名歌曲）[3]；继续研究《幸福是一把温热的枪》中的国民信托（National Trust）[4]；《便士巷》中的麦金托什雨衣（Machintosh raincoat）[5]、女王肖像（portrait of the Queen）[6]、四便士的炸鱼和手指派（four of fish and finger pies）[7]的话，我们花上一年都研究不完。

---

1 有些资料上写的是猴子手指（monkey finger）。
2 wellies 并没有出现在歌词里，指的就是 gumboots。
3 "陷入"（get into）在英语里也有仔细研究的意思，"迷惘"即同名歌曲 *Helter Skelter*。
4 和全国人民的信任同义。
5 影射避孕套。
6 影射性幻想对象为自己无法触及之人。
7 影射四人用手指挑逗女性。

所以，没错：他们比同时代、同世纪任何乐队都更勇于创新、更具实验性、更具影响力、更经久不衰。能不能精简一下整个歌单，挑一些列出来？亲爱的，我试过了。

《P.S. 我爱你》(P.S. I Love You)——来自他们的首张单曲唱片《爱我吧》B 面

听着歌里唱道"你，你，你"，我就迷上了。《P.S. 我爱你》于1962年10月5日发行，还出现在他们的第一张专辑《请取悦我》中。那年年初，保罗在汉堡写完了这首歌的大部分，或许是当成一封情书写给他当时的女友多特·罗恩。麦卡反驳了这种说法，坚称这只是一首普普通通的情书式情歌。不管怎样，约翰也插嘴发表了自己的意见。苏格兰兼职鼓手安迪·怀特取代了皮特·贝斯特担任打击乐手，尽管当时乐队已经指派了林戈担任鼓手……林戈出现在专辑录制过程中，负责摇沙锤（并非委婉说法）。斯塔尔后来参演了 BBC 录制的版本。很喜欢小伙子们在单曲封面上腼腆的样子。

《钱（便是我所要的）》[Money (That's What I Want)]——出自《与披头士相伴》(With the Beatles)

这首节奏布鲁斯歌曲是翻唱，由塔姆拉与摩城唱片的创始人贝里·戈迪与美国创作人贾妮·布拉德福德创作，原本由巴雷特·斯特朗（Barrett Strong）于1959年为塔姆拉唱片录制。滚石乐队在他们的首张英国迷你专辑中也翻唱过这首歌,此外还有许多歌手翻唱过,比较著名的有探索者乐队。大门乐队的版本也值得一听,收录在他们 1970 年的《纽约现场演出》专辑中。披头士的现场版本于 1963 年 10 月在斯德哥尔摩录制,收录于《精选辑 1》。典型的嘶吼之王列侬,仿佛吞下了藏着刀片的点心,把喉咙割成了碎片。原始、热烈、狂放不羁。在我看来,这首歌甚至比他们翻唱的《扭吧喊吧》还要好。

《我见她站在那里》(*I Saw Her Standing There*)——出自《请取悦我》

这首歌大部分是保罗写的,在约翰的建议下,保罗一开始将其命名为《十七岁》,这首歌是他们首张专辑的开场曲。据说灵感源于他当时的女友西莉亚·莫蒂默,当时(1962 年 10 月)她正好这个年纪。保罗承认这首歌抄袭了查克·贝里的《谈论你》(*Talkin' About You*)的贝斯连复段(披头士也演奏过《谈论你》,他们的版本收录于双专辑《1962 年德国汉堡明星俱乐部现场》)。在《请取悦我》的唱片封面上,这首歌的创作者一栏写的是"麦卡特尼—列侬"。

《如果我坠入爱河》(*If I Fell*)——出自《一夜狂欢》

这是一首被严重低估的"我们都经历过这些"的歌曲。一首关乎受伤、关乎爱情、关乎把握机会的歌,主要由约翰创作并演唱。约翰说这首歌是他第一次尝试"好好写民谣"。悦耳的旋律、埃弗里兄弟风格的和声搭配复杂的转调。有趣的是，他们现场演出时表演的节奏比录的时候快，唱得保罗和约翰咯咯直笑。这首歌在 1964 年以单曲形式发行，唱片 B 面是《告诉我为什么》(*Tell Me Why*)。这是一首在海外发行的单曲，但最后还是被带回了英国，并在店里售卖。这首歌并没有上过排行榜，一般也不被算作正式在英国发行的单曲。

《我们今天说的事》(*Things We Said Today*)——出自《一夜狂欢》

这首歌也收录在英国单曲《一夜狂欢》的 B 面。歌曲是保罗 1964 年 5 月在加勒比海和他的演员女友珍·爱舍乘船游览时创作的，表现了他们困难重重的爱情。两人都是年纪轻轻就大获成功，但由于彼此的工作安排被迫分隔两地。分离令他俩心力交瘁。这首严肃的歌透露出了真实的不祥预感，悲剧正在降临。这首歌的变速十分美妙。

《我会跟随太阳》(*I'll Follow the Sun*)——出自《披头士待售》

这首歌是保罗在大约十六岁的时候在福斯林路的家里写的，还出现在私制唱片、迷你专辑和单曲唱片 B 面上。麦卡特尼有意想让每首歌都与上一首"不同"。这首歌收录了林戈拍膝盖打节拍的声音。这首纯真、乐观、提醒人们把握当下的歌曲不如他们的另一首"太阳之歌"——乔治的《太阳从这儿升起》(*Here Comes the Sun*）恢宏，亦欠缺了后者积极向上的歌词中透出的丝丝悲伤。

《我感觉不错》(*I Feel Fine*)——单曲，B 面是《她是个女人》(*She's a Woman*)

值得注意的是，他们在这首歌中首次有意使用吉他反馈作为录音效果。约翰唱了这首自己创作的歌。他承认歌中连复段的灵感来自博比·帕克的《当心脚下》(*Watch Your Step*, 1961)，披头士曾在现场翻唱过这首歌。保罗补充说，雷·查尔斯的《我会说的话》(*What I'd Say*, 1959) 影响了该曲的鼓声编排。20 世纪 50 年代的流行乐女星阿尔玛·科根在她 1967 年的专辑《阿尔玛》中翻唱了这首歌。

《我需要你》(*I Need You*)——出自《救命！》

这首歌中林戈敲打的其实是吉普森牌 Jumbo 原声吉他的背面（同时演奏叮咚作响的牛铃），约翰则负责演奏小鼓。这首歌中，乔治录了双轨人声，还弹了原声节奏吉他和十二弦主音吉他。这首有点焦虑和沮丧的歌也是乔治写的，或许写的是他对模特帕蒂·博伊德的感情。他与帕蒂在《一夜狂欢》拍摄现场认识，并于 1966 年 1 月结为夫妻。

《你得隐藏你的爱》(*You've Got to Hide Your love Away*)——出自《救命！》

约翰在《救命！》和《我是个失败者》中找寻到勇气之后，再将灵魂赤裸裸地展现出来。这首歌既具体又晦涩，表现的心理成熟程度完全不像二十四岁的小伙子。有人猜测这首歌写的是他不得不将妻子隐藏起来，生怕别人知道她的存在，担心这会折损他作为披头士成员的名气，另一些人则觉得这首歌在隐射他与一个不知名女子的秘密恋情，还有人说这首歌揭示了名利对他造成的伤害。又或者，其实这首歌写的是乐队的经纪人——从未出柜的布莱恩·爱泼斯坦？不管如何，保罗觉得约翰写这首歌是在学鲍勃·迪伦，以男高音和中音长笛来替代口琴。歌曲中的"嘿"是皮特·肖顿的主意。

《流浪人》(Nowhere Man)——出自《橡皮灵魂》

这首歌由约翰创作并演唱，在英国境外以单曲形式发行，还出现在他们的电影《黄色潜水艇》中。这是列侬的一次最为直接的自我剖析，他以第三人称写自己，跳脱了"她爱我我爱她"的框架，深入内心。他把自己赤裸裸地展现出来。当时他在家里闲坐着，承受着为《橡皮灵魂》赶时间再写一首歌的压力，因为没有灵感而倍感挫折，于是他干脆撒手不管，直接躺平。在某一刻，文艺女神眷顾了他，把整首歌直接送到了他脑海中，词曲皆备。约翰后来在访谈中讨论过他的这段时期，他描述的状态显然是紧张症，如同教科书般典型——一种影响抑郁症患者，或我们现在所谓的双相情感障碍、分裂情感障碍患者的严重心理状态。处于紧张症状态下的人会从所在环境中抽离，或坐或躺，盯着空中，可能表现出僵直或恍惚等症状，不愿或不能同人交谈，无法做出回应，甚至动弹不得。这种状态会持续数日。患者还可能会产生错觉或幻觉，出现"模仿言语"（echolalia）的症状——这是英语中最美的单词之一，指重复说话或对声音、字词进行重复。

《你的鸟儿会唱歌》（*And Your Bird Can Sing*）——出自《左轮手枪》

这首铿锵悦耳的流行摇滚，已经有了后来欧曼兄弟乐队/林纳·史金纳的风格。这首歌主要是约翰写的，他后来斥其为"又是一首我乱写的歌……像空盒子外面的漂亮包装纸"。绝妙的和声中和了他未经修饰的声线。保罗和乔治都在这首令人百听不厌、层次丰富的歌里弹奏主音吉他。

《伊莲诺·瑞比》（*Elenor Rigby*）——出自《左轮手枪》（也与《黄色潜水艇》一起，共同发行为双 A 面唱片）

这是首希腊悲剧一般的歌曲，主题为老去、孤独和死亡。这首歌超越了当时流行乐和摇滚乐的传统和形式，使乐队的魅力更上一层楼。披头士四个成员和皮特·肖顿都对该歌曲做出了贡献。唱片里披头士并没有演奏乐器，歌曲由弦乐团配乐。配乐是乔治·马丁写的。这首歌由保罗主唱，约翰和乔治配唱和声。美如天籁。

《车票》(Ticket to Ride)——出自《救命！》

该歌曲出现在同名电影中，也以单曲形式发行，唱片背面收录的是《没错》(Yes It Is)。啊，乔治用瑞肯巴克牌十二弦吉他弹的连复段真好。玛莉·韦尔斯（Mary Wells，披头士很喜欢她）、约翰的情人阿尔玛·科根、海滩男孩等艺人都翻唱过。尽管很多艺人都录过这首歌，不过我首先会想到卡朋特组合摄人心魂的翻唱版本。约翰和保罗再度针对彼此的贡献说法不一，但这首歌更可能是约翰写的。他描述这首歌为"第一张重金属唱片"。他说这首歌写的是他们在汉堡期间遇到的妓女。按照法律，她们提供性服务（俗称"上车"）前必须出示卡片，表明自己没有性病。

《雨》(Rain)——收录于单曲唱片B面

欢快、迷幻、余音绕梁，充满实验性和疏离感，旋律带有异国情调，速度时快时慢。亮点在于约翰的唱腔和林戈独特的鼓点。这首歌是单曲《平装书作家》的B面，常被认为是他们最棒的B面歌曲。这张唱片是在录制《左轮手枪》期间录的（尽管都没有收录进这张专辑）。这首歌收录了他们早期的"反转歌词"，这种倒带技术也被运用在《左轮手枪》中的《明日不可知》里。该歌曲被广泛认为是"林戈最伟大的作品"。林戈日后也说自己在录歌时"如有神助"。乔治·马丁的助手杰夫·埃默里克把麦克风放得更近，还在鼓里放了件让声音变低沉的针织衫，使林戈的低音鼓声听起来更为震撼。这首歌的节奏有时令人困惑，但依然特别棒。

这首歌的灵感可能来自他们1964年第一次也是唯一一次前往澳洲（世界巡回演出的其中一站）抵达悉尼时遇到的潮湿天气。绿洲乐队或许听了不少次这首歌。

《永远的草莓地》/《便士巷》（*Strawberry Field Forever/ Penny Lane*）——双 A 面单曲

这两首歌是他们极为重要的创作，将作为乔治·马丁最大的遗憾流传后世。并不是说歌曲水平不行，而是因为他认为这两首歌是保罗和约翰（到那时为止）创作的最好的歌曲，却被"弃"为单曲。这两首歌都本应在《佩珀军士的孤独之心俱乐部乐队》专辑里占有一席之地，但唱片公司要求他们在发行下张专辑之前先发一张单曲来讨好歌迷。制作人乔治怕被说成偷工减料，所以坚持不把以单曲发行的歌曲收录进专辑，必须让花钱买专辑的听众觉得自己的钱花得值（设想一下把这一标准套用到今天会如何）。这两首歌标志着一个明显的转折点，它们是披头士宣布不再巡演后的第一批新创作。约翰率先写下《永远的草莓地》。他的思乡之梦促使保罗写下《便士巷》作为回应。两首歌相比，《便士巷》更包容、更顺耳、更有魅力、更商业化，《永远的草莓地》则充满了精英气息、神秘而前卫。

受狄兰·托马斯的诗歌《蕨山》和海滩男孩《宠物之声》的启发，保罗踏上了一条通往童年的怪诞迷幻之路，"蔚蓝的郊外天空大雨倾盆""古怪至极"。他写下的歌曲创造了一种终极的情感体验。值得一提的是，"便士巷"既是利物浦南部的一个街区，也是一条真实的街道，街上的著名标志是一个名为"环岛"的公交车终点站。这条街依然还在，约翰、乔治、保罗小时候剪头发的理发店也还在那里。它现在名叫托尼·斯拉文理发店，店里依然留着当年放在理发椅上用来增高的木板，男孩们都坐过。我去那儿看过它。理发店老板娘阿黛尔还让我拿了一下。木板上刻着哈里·拜欧列提（Harry Bioletti）的缩写，直到今天依然在使用。

听着这首歌，我们自己的童年回忆历历在目。真是那样吗？那些地方真的和我们回忆中一样？那些人真的如我们所想？还是我们在自欺欺人？

保罗在电视上看到兼职乐手大卫·梅森的表演后，便邀请他参与专辑录制。他的高音小号独奏热情洋溢、令人陶醉，确实值得一听。

相较之下，《永远的草莓地》更令人困惑、曲风迷幻。这首歌原名为《这不算太坏》（*It's Not Too Bad*），名字源于约翰童年在伍尔顿的家附近的利物浦救世军孤儿院。虽然咪咪姨妈不允许，约翰仍然和他的狐朋狗友在孤儿院的林子和院子里玩耍。他认为这首歌是他在披头士时期的最佳作品。他创作这首歌时正为歌手阿尔玛·科根的死心烦意乱，他背着妻子辛西娅与阿尔玛谈了恋爱。歌曲中的种种影射反映了他当时阅读的哲学和宗教作品。约翰后来谈到这首歌时，说这首歌以音乐形式阐释了他对自己生活的感受与所有人都"不同"，并说这首歌是"音乐形式的精神分析"。

然而保罗认为约翰顶多就是在用这首歌对刘易斯·卡罗尔致敬，通过这首歌表达他对《伽卜沃奇》的热爱。这首歌既表达了对现实生活地点的怀念，又与其抽离；既朦胧模糊，又精确无比；既充满了迷幻感，又极其清澈。歌中电子琴的开场、小号和大提琴编织的乐曲扣人心弦。参与录制的一名小号手德里克·沃特金斯（Derek Watkins）凭自己能力一举成名，演奏了从《007之诺博士》到《007之大破天幕杀机》的所有邦德电影的主题曲。

这两首歌以及随后《平装书作家》和《雨》的宣传片是最早的音乐录影带，而这种形式直到后来才为人所熟知。保罗高瞻远瞩，评论说将来所有流行音乐都要兼顾视觉和听觉。《永远的草莓地》的宣传片拍摄于塞文欧克斯镇诺尔（Knole）的鹿园（Deer Park），我在那里住了好多年，我和大女儿米娅在她每天放学后都会经过那里。

位于纽约中央公园的约翰纪念花园的名字便是在致敬这首歌曲。

《生命中的一天》（*A Day in the Life*）——《佩珀军士的孤独之心俱乐部乐队》专辑的最后一首歌曲

这首歌大部分是约翰写的。这首史诗般的作品是披头士的代表作，被广泛认为是史上最具创新性和影响力的摇滚歌曲。该歌曲是受新闻启发而作，迷幻、离奇、无可名状、错落失谐、令人恐惧。它将艺术摇滚推入主流，启发弗雷迪·默丘里创作了皇后乐队的杰作《波西米亚狂想曲》。

《她要离开家了》(She's Leaving Home)——同样出自《佩珀军士的孤独之心俱乐部乐队》

这首歌基于十七岁的梅拉妮·科(Melanie Coe)的真实故事。保罗在《每日镜报》上读到了她的故事。

和《伊莲诺·瑞比》一样,这首歌也是披头士为数不多的自己没有参与演奏的歌曲。[此外还有《佩珀军士》中的《身内体外》:乔治确实参与了,但没有演奏吉他。印度乐器西塔琴、塔布拉鼓和迪尔鲁巴琴主要由北伦敦的亚洲乐团(Asian Music Circle)演奏;《白色专辑》中的《晚安》(Good Night):林戈独唱,其他人都没参与,由乔治·马丁指挥的管弦乐队伴奏;以及,呃,《昨日》:保罗演唱,伴奏只有弦乐,而且没用到鼓。]

《当我的吉他轻轻哭泣》(While My Guitar Gently Weeps)——出自《白色专辑》

这首歌由主音吉他手乔治·哈里森创作,当时他已经作为创作人站稳了脚跟。这首歌从哲学层面反映了1968年时乐队四人从印度玛哈里希灵修地回国后的关系。该歌曲的吉他由埃里克·克莱普顿演奏,但没被列入唱片制作人员名单。乔治说这首歌的灵感源于中国古典文献《易经》。乔治对乐队灵性之旅的最终结果感到幻灭,他也认识到了宇宙之爱这一更大主题,并为人类还没有看见光明的事实深感痛惜。这是有史以来最伟大的情歌之一,却矛盾地诞生于绝望时刻。

《茱莉娅》(*Julia*)——来自《白色专辑》[同时是1976年单曲《欧巴拉滴,欧巴拉嗒》(*Ob-La-Di, Ob-La-Da*)的唱片B面]

"若我无法唱出心声,便只能说出想法……"还有比这更痛苦的事吗?约翰在里希盖什的玛哈里希灵修地写下了这首关于母亲的伤感歌曲。民谣歌手多诺万当时也在印度,教了他新的指弹技巧。他注意到约翰试图在歌里营造出《爱丽丝梦游仙境》的氛围,还在歌词方面提了建议。我一直想知道是谁想出了引用卡里·纪伯伦的诗歌并稍作修改的点子,到底是多诺万还是约翰?这首歌只有约翰拿着民谣吉他弹唱,是他在披头士的唯一一首独奏歌曲。他把洋子(意为"海洋之子")也融入了这首歌的意象中——我们知道他喜欢喊她"母亲"。由此,我们可以从各种角度诠释这首歌。不夸张地说,对茱莉娅的感情,约翰自己都说不清。因为在她死后,约翰的每一段重要亲密关系,其实都是母亲替代疗法。

《回到苏联》(*Back in the USSR*)——出自《白色专辑》(也于1976年以单曲形式发行,唱片B面是《扭吧喊吧》)

是针对海滩男孩的《加州女孩》的恶搞?希望他们都是[1]。保罗融入了扭摆舞节奏,再从查克·贝里的《回到美国》(*Back in the USA*)挖来了特定元素,一道糅了进去,成就了一首令人无法抗拒、充满讽刺意味、气势如虹的摇滚歌曲。这首歌也因为其明显的政治立场招来了批评。啊呀。我超爱那段喷气式飞机的引擎

---

1 出自《加州女孩》。

轰鸣声。麦卡确实在苏联解体后的 2003 年前往莫斯科红场表演了这首歌。现场一定超热闹的。可惜英国海外航空公司[1]没能撑到那个时候就倒闭了。林戈当时并不是披头士成员,他因为抗议而退出了乐队[2]。不过没错,他实在是个好鼓手。后来他还是回归了。

《穿越宇宙》(Across the Universe) ——来自《顺其自然》

你也好多年都有疑问对吧?"Jai Guru Deva Om."当年我们查不到资料,只能不断抬起唱针,一次次放回唱片重听,写下歌词,试着研究出约翰到底在唱什么。无果。谁会知道那竟然是一段梵语经文,意思是"向上师德瓦致敬",就是诸如此类的意思。我们也不知道超验冥想是什么。我们都只是孩子。这首歌最先出现于多位歌手的合辑《没人能改变我们的世界》,后被重新编曲收录《顺其自然》。约翰说这首歌的灵感源自小辛对某件事的埋怨。妻子的怨言,幻化成诗意的大作,掩饰了约翰的不满。列侬与麦卡特尼之间,已经剑拔弩张。

《阿比路组曲》(The Abbey Road Melody)

如莎士比亚的作品般包罗万象,充满了悲剧和喜剧,诗歌和戏剧,激烈的高音和绝望的低音,一切元素汇集于《尽头》。实在令人陶醉。旷世杰作。请允许我介绍到此。

---

[1] 出自披头士的歌曲《回到苏联》。
[2] 指《回到苏联》录音过程中,林戈为抗议保罗对他的指责而退出,所以该歌曲由披头士三人录制。

本书作者最爱的约翰歌曲

《现世报！》(*Instant Karma*！)——单曲

我们都光芒四射！[1] 我朋友克里斯·韦尔奇在《旋律制造者》中如此写道："当下的大作！约翰·列侬唱得比之前都要好。他刻薄却意涵丰富的嗓音自带漂亮的摇滚回音室效果，加上精彩的鼓点，造就了塑料小野乐队至今最棒的布吉乐歌曲。"

一报还一报。有因就有果。佛教意味隐现，唯业随身。这不容小觑。约翰当时依然是披头士成员，同洋子的前夫托尼·考克斯、他们的女儿京子，以及考克斯的女友梅琳达·肯德尔待了一段时间，这些人给他灌输了一些新的灵性概念。这首歌由重出江湖并来到伦敦的菲尔·斯佩克特制作，他带来了他的"声墙"音效。克劳斯·沃尔曼和乔治·哈里森也加入了录制团队。约翰剪了头发，尽管过程悄无声息。洋子的歌也收录在一起（得翻到 B 面欣赏）[2]。

《上帝》(*God*)——出自《约翰·列侬/塑料小野乐队》

梦结束了[3]。约翰指的是 20 世纪 60 年代。各种学说和偶像崇拜本该带领我们过上有意义的人生，到头来却毫无意义。为了让自己的观点更有说服力，他对身边一切展开了猛烈抨击，从王室到摇滚明星，从佛教到印度教，从基督教到政治到古代文献和教

---

[1] 出自约翰·列侬的歌曲《现世报！》。
[2] 《现世报！》的 B 面收录了洋子创作的歌曲《谁见过风？》(*Who Has Seen the Wind?*)。
[3] 出自歌曲《上帝》。

派,统统丢进一个袋子里。他曾是织梦者也是海象,但他现在是约翰。"我只信我自己。洋子和我。"他的意思是,要观照内心。

《母亲》(Mother)——出自《约翰·列侬/塑料小野乐队》

麦卡特尼很擅长写这个主题,如《麦当娜女士》(Lady Madonna)、《你母亲应该知道》(Your Mother Should Know)、《顺其自然》(提到了他的母亲玛丽)、《大自然母亲之子》(Mother Nature's Son)、《只有妈妈知道》(Only Mama Knows)、《我失去了我的宝贝》(I Lost My Little Girl)等等。而它们与这首约翰嘶吼歌唱的作品相较都黯然失色。甚至他自己的《茱莉娅》也无法匹敌。

噢,天哪。歌曲开场的丧钟声到结尾的尖叫,充满了一个被吓坏的孩童的极度痛苦。这首原始的、深受亚诺夫医生影响的作品充满了源于拒绝与悲伤的哀号,令人毛骨悚然。说句公道话,这首歌里,他抨击了父母二人:送走他的母亲和抛弃他的父亲。他承认,他需要他们俩,但显然对方不需要他。所以都下地狱去吧。他并不是这个意思。"妈妈不要走,爸爸回家吧"。歌曲结尾那撕心裂肺的恳求毫无遮掩地表明,他从未释怀双亲对他做的一切。

《妒忌的家伙》(Jealous Guy)——出自《想象》

许多人以为这首歌是布莱恩·费瑞写的,因为罗西音乐在原版诞生十年后创作的版本十分受欢迎（但并不如原版）。它粗犷、颤抖，又撕心裂肺。歌曲是在印度构思的，最初版本叫《自然之子》，后来披头士录了小样，但当时并没有继续制作。最终，约翰梦见了过去[1]，一如往常。看看会发生什么吧。该歌曲象征着他放下大男子主义，象征着他对女性的态度的觉醒。当然，他全然不用担心自己是否会妒忌，洋子允许他拥有自己直到死亡。

这是约翰现场演唱过的最后一首歌曲，当时他并没有宣布要唱歌，也没有人陪同，就拿了把民谣吉他，在日本酒店的一家废弃酒吧中弹唱。没有盛大的告别。一切便是这么结束的。并非轰然落幕，而是郁郁而终。再见了，空心人。****

《你怎么睡得着？》(*How Do You Sleep?*)——出自《想象》

随着披头士闹到分道扬镳，原先的创作搭档解散，怨怼纷纷扰扰，约翰便写了这首歌作为报复。保罗的专辑《公羊》惹恼了他，有些歌里存在针对列侬的公然抨击，特别是《太多人》(*Too Many People*)这首歌。《你怎么睡得着？》是首不错的歌，但写得有些过头了，而且专攻要害。举个例子？约翰说所有关乎保罗已死的传言都是真的、他只是个小白脸、他就喜欢被一堆马屁精围着、他写过唯一有点价值的歌只有《昨日》——他在这里一语双关，意指保罗已然过气。约翰甚至挪揄麦卡特尼的音乐："我听着就像

---

[1] 出自约翰·列侬的《妒忌的人》。

助兴背景音乐。"约翰写下并录制这首刻薄的耻笑之歌,这事实在不光彩。也难怪保罗深感侮辱。他把他说得一无是处。约翰后来辩解说这只是"闹着玩的"。行吧,不过歌还是不错的。

《圣诞快乐(战争已经结束)》[Happy Xmax (War is Over)] ——单曲

没错没错,我见过《白色圣诞节》(White Christmas)的销售数据。宾(指演唱者宾·克罗斯比)卖得真好。抛开烦人的缩写词不说,约翰和洋子的这首歌与棒客乐队和柯丝蒂·麦科尔(Kirsty MacColl)的《纽约童话》(Fairytale of New York)都是绝佳的圣诞歌曲。这首歌还一直和多拉·布莱恩的"1963年最佳烂唱片"《我圣诞节只想要一个披头士成员》同时出现(噢,瞧那俊发型)。

首先,这是一首抗议歌曲。是搭配圣诞元素的和平之歌。是众人合作的成果:哈莱姆社区合唱团与儿童合唱团、庞凤仪唱和声、对京子和朱利安的哀伤细语、叮咚作响的雪橇铃。这首歌的制作人是扫雪者菲尔·斯佩克特,歌中约翰的声线真的很迷人,洋子也没唱走调。战争已经结束,若这是你所愿。

《出乎意料》(Out the Blue)——出自《心灵游戏》

噢,洋子,你为几首超棒的歌赋予了灵感。这是首看似简单的绝妙情歌。一首快乐的颂歌。些许奇怪的隐喻之外,歌曲曲调囊括了各种音乐类型，仿佛创作者不知从何下手，以哪种曲风定义，后来则充满自信地下了结论。这是我们梦中的音乐。因为它关乎我们每个人梦寐以求的东西，不是吗？唯一的真爱。心灵相通，命运与共。若真能这样该多好。

《第九号梦境》(*#9 Dream*)——出自《墙与桥》

"啊！böwakawa poussé, poussé"。我不知道这是什么意思。他们也不知道这句话什么意思。约翰梦到了这首歌，还有这些无法破解的歌词，绝非人类的语言。庞凤仪和"精灵朋友们"做了和声，她呢喃着爱人的名字。当人们对列侬的死感到悲伤、感怀、愤怒，这首歌是最令人不忍聆听的。它代表了终结和悲剧。

《看着车轮》(*Watching the Wheels*)——出自《双重幻想》[也在约翰死后以单曲形式发行，唱片 B 面是他写给小儿子肖恩的《美丽男孩（亲爱的男孩）》]

他必须放手。他从荣华中抽身，走下旋转木马，抛弃声名，悄然回到现实。他拥有了一切重要的东西，他将所有事的优先顺序重置。他待在家里当奶爸，做饭。人们当时不理解，现在他们理解了。

《与我终老》(*Grow Old With Me*)——出自《奶与蜜》

这首歌有许多故事。约翰在百慕大录了首以罗伯特·勃朗宁（Robert Browning）的诗为灵感的小样。回到纽约后，洋子碰巧读到一首勃朗宁悲苦的妻子伊丽莎白·巴雷特·勃朗宁写的旧诗，深受启发，也写了一首歌，取名为《让我一一道来》（Let Me Count the Ways），曲调在她脑海中久久盘旋。约翰和洋子是勃朗宁夫妇的转世吗？好吧。他们的这两首歌原本可以都收录进《双重幻想》，但由于赶着发行而未能实现。他们把两首歌糅到一起，成就了这首《与我终老》。这也是两位诗人所做之事——或想做之事。生活会越来越好的。

作者注：

* 《阿比路》于 1969 年 9 月 26 日发行，是披头士录制的最后一张专辑，但不是最后发行的专辑。《顺其自然》的大部分歌曲是在 1969 年 1 月录制的，专辑最终于 1970 年 5 月和同名电影一同面世。数十年来，人们对哪张专辑才是披头士的"最后"一张专辑争论不休。"支持者"与"反对者"都不少。《阿比路》中的《我要你（她这么美妙）》是四个披头士成员在录音室共同演奏的最后一首歌。与其说《顺其自然》是一张纯粹的专辑，不如说是电影的原声。它之所以成为正式发行的录音室专辑，或许只是因为披头士的四名成员已分道扬镳。然而，《顺其自然》从严格意义上说的确是披头士的最后一张专辑，《阿比路》则是历史学家、专家和大多数歌迷心中的"披头士终曲"。2019 年 9 月 26 日，专辑上市五十年后，《阿比路》以多种形式重新发行，经过重新混音，由贾尔斯·马丁担任制作人，萨姆·奥克尔担任录音工程师，另外加入了一些歌曲、纪念品，以及先前从未面世的照片。马丁在专辑说明上写道（他的这个版本基于其父亲，也就是披头士的制作人乔治·马丁的原版立体声混音）："魅力蕴含于演奏乐器的手、披头士的和声以及美妙的编曲。我们的任务只是确保一切听起来如同专辑刚录制时那样新鲜，以其应有的方式震撼人心。"

** 《1》在全世界都拿下了排行榜冠军，这张必买专辑几乎囊括了他们从 1962 年到 1970 年出过的所有英国和美国排行榜冠军单曲。该专辑发行于乐队解散第三十周年——不过这一点的真实性仍待讨论。披头士剩下的三位成员于 1994 年聚到一起参与《精选辑》项目，以约翰的《自由如鸟》和《真爱》为基础录制新歌，并发行专辑《披头士》。

*** 资料来源：2010 年《卫报》。

**** 致敬诗歌《空心人》的作者 T.S. 艾略特。

精选传记与推荐书目

The Holy Bible, King James Version, Oxford University Press.

Baird, Julia and Giuliano, Geoffrey, *John Lennon My Brother*, Grafton Books, 1988.

Baird, Julia, *Imagine this: Growing up with my brother John Lennon*, Hodder & Stoughton, 2007.

The Beatles Book, Omnibus Press, 1985.

The Beatles Lyrics, Futura Publications, 1974.

Bedford, Carol, *Waiting for the Beatles*, Blandford Press, 1984.

Best, Pete and Doncaster, Patrick, *Beatle! The Pete Best Story*, Plexus Publishing Ltd, 1985.

Bramwell, Tony, *My Life with the Beatles*, Thomas Dunne Books, 2005.

Brown, Peter and Gaines, Steve, *The Love You Make*, MacMillan, 1983.

Burger, Jeff, *Lennon on Lennon: Conversations with John Lennon*, Chicago Review Press, 2016.

Clayton, Marie, and Thomas, Gareth, *John Lennon Unseen Archives*,

Paragon/Daily Mail/Atlantic Publishing, 2002.

Coleman, Ray, *John Winston Lennon, Vol. 1*, Sidgwick & Jackson, 1984.

Coleman, Ray, *John Ono Lennon, Vol. 2*, Sidgwick & Jackson, 1984.

Connolly, Ray, *Being John Lennon*, Weidenfeld & Nicolson, 2018.

Davies, Hunter, *The Beatles*, Heinemann London, 1968.

Davies, Hunter (ed.), *The John Lennon Letters*, Weidenfeld & Nicolson, 2012.

Edmunds, Richard A., *Inside the Beatles Family Tree*, A.R. Heritage Publishing, 2018.

Epstein, Brian, *A Cellarful of Noise*, Souvenir Press, 1964.

Faithfull, Marianne, *Faithfull*, Michael Joseph, 1994.

Giuliano, Geoffrey, *The Beatles A Celebration*, Sidgwick & Jackson, 1986.

Giuliano, Geoffrey, *Blackbird: The Unauthorised Biography of Paul McCartney*, Smith Gryphon, 1991.

Goldman, Albert, *The Lives of John Lennon*, Bantam Press, 1988.

Goodden, Joe, *Riding So High, the Beatles and Drugs*, Pepper & Pearl, 2017.

Hamp, Johnnie, *It Beats Working for a Living*, Trafford Publishing, 2008.

Harris, Bob, *The Whispering Years*, BBC Worldwide, 2001.

Harris, Bob, *Still Whispering After All These Years*, Michael O'Mara

Books, 2015.

Harry, Bill, *The McCartney File*, Virgin Books, 1986.

Hoffman, Dezo, *With the Beatles: The Historic Photographs*, Omnibus Press, 1982.

Jones, Kenney, *Let the Good Times Roll*, Blink Publishing, 2018.

Jones, Ron, *The Beatles' Liverpool*, Liverpool History Press, 1991.

Lennon, Cynthia, *John*, Hodder & Stoughton, 2005.

Lennon, John, *In His Own Write*, Jonathan Cape, 1964.

Lennon, John, *A Spaniard in the Works*, Jonathan Cape, 1965.

Lennon, John, *Skywriting by word of Mouth*, Vintage, 1986.

Lewisohn, Mark, *The Beatles Live!*, Pavilion Books Ltd, 1986.

Lewisohn, Mark, *The Beatles, Tune In*, Little, Brown, 2013.

MacDonald, Ian, *Revolution in the Head*, Fourth Estate, 1994.

Marion, Bob, *The Lost Beatles Photographs*, HarperCollins, 2011.

Martin, George, *Making Music*, Pan Books, 1983.

Martin, George, *All You Need is Ears*, Macmillan London, 1979.

McCabe, Peter and Schonfeld, Robert D., *John Lennon: For the Record*, (from an interview recorded in 1971), Bantam USA, 1984.

McCartney, Paul, *Blackbird Singing Lyrics & Poems 1965–1999*, Faber & Faber, 2001.

McKinney, Devin, *Magic Circles: the Beatles in Dream and History*, Harvard University Press, 2003.

Napier-Bell, Simon, *You Don't Have to Say You Love Me*, New English Library, 1982.

Napier-Bell, Simon, *Ta-Ra-Ra Boom De-Ay*, Unbound, 2014.

Norman, Philip, *Shout! The True Story of the Beatles*, Hamish Hamilton, 1981.

Norman, Philip, *The Stones*, Hamish Hamilton, 1984.

Norman, Philip, *Elton*, Hutchinson, 1991.

Norman, Philip, *John Lennon The Life*, HarperCollins, 2008.

Norman, Philip, *Paul McCartney The Biography*, Weidenfeld & Nicolson, 2016.

Pang, May and Edwards, Henry, *Loving John*, Transworld, 1983.

Peebles, Andy and the BBC, *The Lennon Tapes*, BBC, 1981.

Rogan, Johnny, *Lennon: The Albums*, Calidore, 2006.

Salewicz, Chris, McCartney The Biography, Macdonald & Co. (Publishers), 1986.

Scott, Neil and Foster, Graham, plus various artists, Lennon Bermuda (book and box set), Freisenbruch Brannon Media, 2012.

Sheff, David, Last Interview, Sidgwick & Jackson, 2000.

Spitz, Bob, The Beatles: The Biography, Little, Brown & Co., 2005.

Swern, Phil, Sounds of the Sixties, (featuring fifty-nine cover versions of songs written by John Lennon and Paul McCartney or George Harrison), Red Planet, 2017.

Wald, Elijah, How the Beatles Destroyed Rock'n'Roll, Oxford University Press, 2009.

Wenner, Jann S., Lennon Remembers, Straight Arrow Books, 1971.

网站

www.thebeatles.com

www.johnlennon.com

www.beatlesbible.com

推荐

理查德·波特创办的伦敦披头士徒步游

每周安排五次组团游览，外加个人游览。地点包含阿比路等地。具体信息请登录 www.beatlesinlondon.com，或发邮件至：beatlesinlondon@gmail.com。

斯蒂芬妮·汉佩尔的披头士：汉堡游

探访圣保利红灯区和披头士演出原址的音乐之旅。团体和个人旅游皆可。

www.hempels-musictour.de/en

传奇四人组出租车游览

利物浦詹姆斯街 54 号，L1 0AB

www.fab4taxitours.com

邮箱地址：info@fab4taxitours.com

埃迪·康纳［出租车的名字叫"佩妮·莱恩"（音同便士巷）］是我们超棒的知识渊博的司机与向导。

约翰与保罗童年住处的国民信托联合游览

门迪普宅和福斯林路 20 号：这是进入这两栋能让时光倒流的建筑的唯一方式。鲍勃·迪伦和黛比·哈利甚至也参与过这趟旅行！

www.nationaltrust.org.uk/beatles-childhood-homes

爱乐餐厅（Philharmonic Dining Rooms）

利物浦希望街 36 号，L1 9BX

www.nicholsonspubs.co.uk/restaurants/northwest/thephilharmonicdiningroomsliverpool

这是披头士成员们超爱去的餐厅，里面有被列为英国一级登录建筑的男洗手间，在 CBS 电视台《深夜秀》詹姆斯·柯登主持的《车内卡拉 OK》有保罗·麦卡特尼的那一期中出现过。

致谢

本书的研究与写作过程中有那么多人给予了协助，仅挑出一部分感谢似乎有失公允。但我还是想重点感谢以下这些人，他们对我的付出已经无法仅用协助来形容。

我自 2003 年起便一直和同一位代理人合作，一想到要重新找下家我就胆怯，所以我一年多来一直无视这个需求。直到 2019 年，我遇到了克莱尔·赫尔顿，我们一拍即合。我最喜欢她的一点便是她和我截然相反。她做事风风火火，从不说废话。她理解作家。她让我们专心写作。

凯莉·埃利斯和我在商量是否应该重新研究约翰·列侬的时候想法一致。她同意，重点不是在一个重要的纪念年份里为了出传记而出传记，而是在我自己的研究和访谈的基础上从一个新角度做诠释，这是有价值的。她满怀激情地接过我的书，尽心尽力地帮我出版。看着她离开邦尼尔 / 约翰·布莱克出版公司去另一家出版公司工作时，我都哭了。其实我根本不用担心的。接替她工作的是又高贵又酷的詹姆斯·霍奇金森。我喜欢同他共事。

马丁·巴登和雷·坎希克陪我去了汉堡，为本书做调查研究。尽管很匆忙，他们依然以十分专业、友善、幽默的态度制定了我们的行程。少了他们，我就写不出这本书。约尔格和多尔特·甘瑟一路陪伴我们，支持我们，为我们当翻译，他们是那么乐于助人、慷慨可爱。我对他们深表感激。

埃德·菲利普斯是我在利物浦的得力助手。他什么都做，还为我当司机。待我回去后重新看这次旅程，我发现他在我们访问过程中拍下的整套摄影记录非常有价值。

米娅·琼斯是我态度积极、能力出众的助手。她三次往返纽约，还花了非常多时间在档案中翻找出鲜为人知、早已被人遗忘的内容。她先前并未接触过披头士，所以从她的角度去听去看，对我很有启发。

奥萝拉·本廷则做了其他所有的事，从往冰箱里添置食物到贴邮票，不一而足。

感谢戴维·斯塔克的理由数不胜数：尤其要谢谢他带我回默西河岸，参加保罗·麦卡特尼爵士的利物浦表演学院的2019年暑期毕业典礼，就在麦卡之前就读的文法学校里举行。我就在那里，和保罗单独交谈，与他分享故事（和几个小秘密）。我从没想过自己竟然会有这样的机会。戴维还给了我一段从未出版或播出过的、不为人所知的采访录音，他是采访人，受访人是已故的皮特·肖顿——约翰和他从六岁起便认识，成为终生挚友。

十分感谢利物浦希望街酒店、汉堡市NH典藏酒店、纽约苏荷馆酒店。

我深深感激雅各布·诺德比善意地允许我引用他写在 www: blessedaretheweird.com/jacob-nordby/ 网站首页的话。

我永远感谢安迪·皮布尔斯能让我成为据我们所知世界上第一个（也可能是唯一一个）作家，听到 1980 年 12 月 6 日他在纽约金曲工厂录音室对约翰和洋子进行的长达 3 小时 22 分、未经剪辑的完整版采访录音。其实这是披头士解散十年间约翰首次同意接受 BBC 广播电台的盘问，成了约翰最后一次同英国播音员交谈。和所有对列侬的采访一样，此次采访给我们留下了更多疑问而非答案。但这感觉是对的，正是疑问塑造了本书。

如果少了其他许多自愿协助之人，我也无法写出约翰的事——其中有不少和我交谈过，我也保证不公开其姓名之人，我向各位一并致以感谢。至于以下诸君，我将永远珍惜同你们的回忆。衷心感谢你们：

弗兰克·艾伦

基思·奥尔瑟姆

戴维·安布罗斯

丹·亚瑟

朱迪·阿斯特利

迈克·巴特

朱莉安娜·巴特

约翰尼·汉普

戴维·汉考克

斯蒂芬妮·亨佩尔

安迪·希尔

杰基·霍兰

理查德·休斯

帕特里克·汉弗莱斯

布莱恩·本内特　　　　　　詹姆斯·欧文

瓦伦·本内特　　　　　　　黛比·琼斯

埃德·比克内尔　　　　　　特雷弗·琼斯

弗朗西斯·布思　　　　　　大教堂教士艾莉森·乔伊丝博士大人

珍妮·博伊德　　　　　　　贝尔尼·基尔马丁

克莱尔·布拉姆利　　　　　西蒙·金纳斯利

芬顿·布雷斯勒，请安息　　辛西娅·列侬，请安息

克莱姆·卡蒂尼　　　　　　朱利安·列侬

克里斯·查尔斯沃思　　　　史蒂夫·莱文

奇普斯·奇普菲尔德，请安息　马克·勒威森

多米尼克·科利尔　　　　　乔治·马丁爵士，请安息

埃迪·科纳　　　　　　　　琳达·麦卡特尼，请安息

杰夫·德克斯特　　　　　　保罗·麦卡特尼爵士

库诺·德瑞西　　　　　　　汤姆·麦吉尼斯

玛丽安娜·菲斯福尔　　　　利奥·麦克洛克林

保罗·甘巴奇尼　　　　　　斯科特·米兰尼

布莱恩·格兰特　　　　　　乔纳森·莫里什

多尔特·甘瑟　　　　　　　保罗·马格尔顿

约尔格·甘瑟　　　　　　　米奇·默里 CBE

科斯莫·哈尔斯特伦　　　　西蒙·纳皮尔-贝尔

菲利普·诺曼　　　　　　　戴维·斯塔基

庞凤仪　　　　　　　　　　莫琳·斯塔基，请安息

安妮·皮布尔斯	安迪·斯蒂芬斯
艾伦·佩尔	菲尔·斯文
梅雷迪思·普拉姆	朱迪·祖克
理查德·波特	克劳斯·沃尔曼
戴维·库安迪科	约翰尼·沃尔克
蒂姆·莱斯爵士	迈克尔·沃茨
利奥·塞耶	阿德里安娜·韦尔斯
罗杰·斯科特,请安息	约翰·韦尔斯
保罗·塞克斯顿	斯图亚特·怀特
皮特·肖顿,请安息	汤姆·威尔科克斯
厄尔·斯利克	山本清辉

　　本书谨献给我母亲凯瑟琳;亨利、布赖迪和米娅;克利奥和杰西;尼克、亚历克斯和克里斯蒂安;马修和亚当。

　　又及:我爱你们。

L-AJ,2020 年 9 月于伦敦

译后记

披头士意味着什么？对于接触过他们的每一代人，每一个人，或许各异，或许共通。

对我来说，他们如同火焰，美丽而光明，一如青春，炙热而焚身。

闭上眼，我吻你。到明天，我想你。

青春期的我们迷惘而冲动，心虚而自大，抽离而沉溺。

我打火点烟，还不错吧，挪威的森林。

读书时，和好友 Conny 一起去唱片行和地摊上淘碟，还有不少附赠 CD 的音乐杂志。

学校宿舍里也贴着列侬和洋子的海报。战争已经结束，若这是你所愿。

有天，你会发现，我已走远。家乡那家名带"永"字的唱片行并没有撑到今天，音乐杂志也一本接一本地停刊。

到如今，CD 机也不知去向，但当时花大价钱买的正版（是否真是正版呢？）专辑《顺其自然：无修饰版》一直在我身边。

工作后赌上一切做翻译,人们说我疯了,乘着梦度光阴。

他们肯定没见过水下的章鱼花园,里面的黄色潜水艇。

没有艺术,世界照常运转。一如没有青春,人也能生存。

但这样的天地,只剩黑白,只有失了温度的阴霾。

明天或许有雨,所以我跟随太阳。

唯愿此译本能体现真诚,以此致敬我的青春。

感谢所有陪伴过我的人。

王喆

2021年秋于南京百家湖畔

谁是约翰·列侬：
摇滚神话的爱、生命与死亡

[英] 莱斯莉-安·琼斯 著
王喆 译

图书在版编目(CIP)数据

谁是约翰·列侬：摇滚神话的爱、生命与死亡 / (英)莱斯莉-安·琼斯著；王喆译. -- 北京：北京联合出版公司，2023.3
ISBN 978-7-5596-6549-2

Ⅰ.①谁… Ⅱ.①莱… ②王… Ⅲ.①列侬(Lennon, John 1940-1980) —传记 Ⅳ.① K837.125.76

中国国家版本馆 CIP 数据核字 (2023) 第 010262 号

WHO KILLED JOHN LENNON?

by Lesley-Ann Jones

Text copyright © Lesley-Ann Jones, 2020
Originally published in the English language in the UK by John Blake Publishing, an imprint of Bonnier Books UK Limited.
The moral rights of the author have been asserted.
Simplified Chinese edition copyright © 2023
United Sky (Beijing) New Media Co., Ltd.
All rights reserved.

北京市版权局著作权合同登记号 图字：01-2023-0478 号

出品人	赵红仕
选题策划	联合天际·文艺生活工作室
责任编辑	龚 将
特约编辑	徐立子　杨子兮
美术编辑	王颖会
封面设计	@broussaille 私制

出　　版	北京联合出版公司
	北京市西城区德外大街 83 号楼 9 层　100088
发　　行	未读(天津)文化传媒有限公司
印　　刷	北京联兴盛业印刷股份有限公司
经　　销	新华书店
字　　数	350 千字
开　　本	889 毫米 × 1194 毫米 1/32　17.75 印张
版　　次	2023 年 3 月第 1 版　2023 年 3 月第 1 次印刷
I S B N	978-7-5596-6549-2
定　　价	128.00 元

本书若有质量问题，请与本公司图书销售中心联系调换。电话：(010) 52435752

未经许可，不得以任何方式复制或抄袭本书部分或全部内容
版权所有，侵权必究